岸本太樹 著

〔北海道大学大学院法学研究科叢書(21)〕

行政契約の機能と限界

有斐閣

はしがき

本書は、行政契約の基礎理論を取り扱った既発表論文をまとめた論文集である。本書の第一部は、二〇〇一年から二〇〇二年にかけて「北大法学論集」に連載した学位請求論文を基盤とし、他方、第二部と第三部は、二〇〇五年から二〇一四年にかけて「自治研究」及び「北大法学論集」に連載した論文を基盤としている。このうち、第二部及び第三部に収録した既発表論文については、文献の引用方法や体裁を修正したほかは、特に加筆・修正を施すことなく、実質的にそのまま本書に収録している。これに対し、第一部に収録した学位請求論文については、大幅な加筆・修正を施している。編纂にあたっては、本書全体の流れを明瞭にするため、第一部に収録する学位請求論文を思い切ってスリム化することも考えた。しかし、そこで取り上げた個々の論点の重要性又は有用性に関する評価はひとまず置き、ドイツ行政契約論の発展・展開動向を可能な限り網羅的に提示することにも意義があると考えたこと、また、第二部及び第三部で取り上げる近時の学術論議は、それがあくまで、第一部が考察の対象とする伝統的なドイツ行政契約論（即ち、O・マイヤーの公法契約否認論〔一八八八年〕に始まり、戦後、連邦行政手続法第四編「公法契約規定」の成立〔一九七六年〕を経て、概ね一九九〇年代後半までの議論）を基盤に展開されていることに鑑み、敢えて論点の取捨選択はしなかった。この判断の当否は読者の方々の評価を待たなければならないが、ドイツの行政契約論が長い年月をかけて、時に紆余曲折しながらも着実に発展・展開してきたことを描写したかったためでもある。

行政法学という学問領域に出会ったのは、一九九三年に、海老澤俊郎先生が開講された行政法Ⅰ（行政法総論）、行政法Ⅱ（行政救済法）、そして稲葉馨先生が開講された行政法Ⅲ（行政組織法）に於いてであった。当時、法学部の三年次生であった筆者は、我が国の現行法制度や裁判例の解説にとどまらず、古典的な行政法学説（及びその根底に脈打つ思考様式）に言及しながら行政法学の基礎理論を講じられた海老澤俊郎先生、稲葉馨先生の講義を通じて、行政法学という学問領域の奥深さに惹き付けられた。附属図書館に足を運び、学術書を読み始めたのもこの頃であるが、この間、海老澤先生の御著書『行政手続法の研究』（成文堂、一九九二年）を拝読し、ドイツ連邦行政手続法の第四編に公法契約規定なるものが存在することを知った筆者は、塩野宏先生の御著書『オットー・マイヤー行政法学の構造』（有斐閣、一九六二年）を通じて知り得たＯ・マイヤーの公法契約否認論を思い出し、《公法上の契約による法律関係の規律可能性を全面的に否定したＯ・マイヤー》と、逆にそれを肯定した上で《公法上の契約に関する規定を置いた連邦行政手続法》の関係に——漠然と——興味を抱いたことを記憶している。一九九五年に大学院修士課程に進学した際、比較対象国をドイツとして「行政契約論」を研究テーマに選んだのも、このことが影響している。

大学院修士課程では、《Ｏ・マイヤーの公法契約否認論をスタートラインとするドイツの行政法学が、ヴァイマール期から戦後にかけて彼の理論を徐々に克服し、公法上の契約による法律関係の規律可能性を理論的に肯定してゆく過程》に焦点を当てながら、《連邦行政手続法の法典編纂過程に於いて、その第四編（五四条乃至六二条）に「公法上の契約」に関する規定が盛り込まれた背景》を解明することに力を注いだ。本書第一部第一章は、修士論文「行政契約の機能と限界——ドイツ連邦行政手続法制定過程に於ける公法契約と法治主義の調整」（未公表）を基盤としている。

その後、筆者は、一九九七年に大学院博士後期課程に進学し、畠山武道先生の御指導のもと、引き続き行政契約に関する研究を進めた。畠山先生の教え子の中で唯一ドイツ法を専攻し、しかも環境行政法とは直ちに結びつかない議論領域を往来する筆者ではあったが、畠山先生は筆者の興味関心を尊重してくださり、博士後期課程では、連邦行政手続法第四編「公法契約規定」を基盤に展開されるドイツ行政契約論の全体像を解明することに主眼を置いた。先述の通り、第一部に収録した論文の多くは、博士学位請求論文（二〇〇〇年三月学位授与）を基盤としている。

二〇〇〇年四月に北九州大学（現・北九州市立大学）法学部に職を得た後、直ちに論文の公表作業に取り組んだが、その際、筆者は、《ドイツの行政契約論が我が国の行政法学――又は行政契約論の発展・展開――に対していかなる視点を提供し、また具体的にどのような意義を持ち得るのか》を見通し良く提示することに苦しんだ。本書でも述べる通り、連邦行政手続法第四編「公法契約規定」は、《行政行為に代替して締結される契約（行政行為代替型契約＝従属法上の契約）》を中核的な規律対象としている。その典型は、私人が特定の作為義務又は不作為義務を負うこと（反対給付）を条件に、授益処分を発動し又は不利益処分を発動しないこと（行政給付）が合意される「交換契約」（連邦行政手続法五六条）であるが、当該契約によって規律される法律関係が、敢えて契約という行為形式によらずとも、行政行為に付款を付すことによってもまた規律可能であることに鑑みると、こうした行政行為代替型契約を中核的な規律対象とする連邦行政手続法第四編「公法契約規定」に《実務上どれほどの意義が存在するのか》、疑問を感じたのである。《行政行為に代替する機能》は、契約が果たし得る機能の一つに過ぎない。故に、行政契約に妥当する法理論を確立し、その体系化を志向するにあたっては、むしろ《他の契約類型》にも目を向ける必要がある。そう考えながら研究を進める過程で、筆者は、二〇〇〇年に公刊されたV・シュレッテの教授資格論文『契約相手方としての行政』（Volker Schlette, Die Verwaltung als Vertragspartner, 2000.）に出会い、長らく行政行為代替型契約論の枠内で展開されてきたドイツの行政契約論が、自らその限界を直視し、新たな議論を開始しつつあることを知った。幸運にも筆者は、二〇〇三年四月から二〇〇四年九月まで、栗城壽夫先生、小山剛先生（現・慶應義塾大学）のご尽力を得て、フライブルク大学のR・ヴァール（Rainer Wahl）教授のもとで在外研究を行う機会に恵まれた。R・ヴァール教授は、当時、連邦内務省に設置された行政手続法審議会に於いて連邦行政手続法第四編「公法契約規定」の改正作業に従事されていたが、教授は、審議会が開催される度に、「何を論点として、どのような議論が行われたのか」を流暢とは言い難いドイツ語で問う筆者の質問に懇切丁寧に答えてくださった。本書第二部第一編に収録した《公私協働契約（民間委託型契約）》に関する論文は、ドイツ留学中の研究成果である。

その後筆者は、名城大学法学部、熊本大学法学部を経て、二〇一二年四月に北海道大学大学院法学研究科に赴任した。本書第二部第二編に収録した論文は、名城大学及び熊本大学在職中の研究成果である。他方、本書第三部に収録した論文は、北大に赴任した後の研究成果であって、博士後期課程在学中から漠然と意識しながらも後回しとなっていた《契約による立法（行政立法代替型契約）》に関するものである。

これらを一冊の書物にまとめるにあたり、その書名を『行政契約の法理論』とすることも考えたが、収録の対象となった論文が、いずれも、現代行政の行為形式としての契約が果たし得る《機能》と、その法的《限界》を解明しようとするものであることに鑑み、『行政契約の機能と限界』とした。なお解明すべき点や至らぬ点があることを承知しつつ、本書が少しでも今後の議論に貢献できることを願っている。忌憚なき御意見を賜りたい。


研究者として独り立ちをし、本書を出版するまで、実に多くの先生方に御指導を賜った。まず、学部及び修士課程在学中から御指導を賜っている海老澤俊郎先生に深甚なる感謝を申し上げたい。先生の講義と演習によって、筆者の目は行政法学に向けられ、先生の御著書を通じて、筆者の関心は行政契約論へと導かれた。一九九七年一月、海老澤先生のもとに提出した修士論文の題目と同じ書名を持つ本書は、海老澤先生との出会いがなければ、決して完成することはなかった。

博士後期課程在学中は、畠山武道先生、木佐茂男先生（現・九州大学）、亘理格先生（現・中央大学）、村上裕章先生から、厳しくも温かい御指導を賜った。畠山先生は浅学非才な筆者が悪戦苦闘する姿を温かく見守ってくださった。「研究者にとって何よりも大切なことは、一心不乱に己の研究に没頭し、真理の探究に全身全霊を捧げる真摯な姿勢と意気込みである」とは畠山先生から賜ったお言葉であるが、今でも研究に行き詰まる度に、筆者はこの言葉を思い返しては自分を励ましている。

亘理先生には、今日も研究会等の場に於いてフランス法の視点から数々の有益な御指摘を賜っている。本書第二部に収録した論文は、亘理先生の御論文「フランスのＰＦＩ的手法――『公役務の委任』(Délégation de service public) を素材に」(会計検査研究二五号(二〇〇二年)一一九頁以下) に触発されて執筆したものである。本書にドイツの行政契約論を少しでも客観的に分析できている部分があるとすれば、それは亘理先生の御指導のお陰である。

このように、筆者は修行時代から今日に至るまで、極めて贅沢な環境で研究を行う僥倖に恵まれてきた。北九州市立大学、名城大学、熊本大学在職中は、年齢も近い同僚諸氏と専門分野を超えた学術論議を行う機会にも恵まれた。とりわけ、西洋政治思想史の森川輝一先生(現・京都大学)とは、執筆中の論文や長期的な研究構想について議論しあい、数々の刺激を受けた。また、北海道大学では、公法講座の先生方、とりわけ行政法講座の亘理格先生、山下竜一先生、米田雅宏先生に温かく迎えていただいた。なお、二〇一八年四月に亘理先生の後任として北大に赴任された津田智成先生には、本書の草稿段階で、フランス法的な視点から数々の有益な御意見を賜った。こうした北大法学研究科の恵まれた研究環境を生かし、本書の出版を機に一層の研鑽を積みたいと考えている。

本書は、学術振興基金出版助成を得て、北海道大学大学院法学研究科叢書として出版される。厳しい財政状況の中、本書の出版に多大なる御支援を賜った北大法学研究科の先生方に厚く御礼を申し上げたい。

本書の出版にあたっては、有斐閣法律編集局長の高橋均さんに御担当頂いた。収録の対象となった各論文は、それを執筆した時期によって、文体や論理展開の方法が微妙に異なる。また、公表媒体の違いから、文献の引用方法もまちまちであった。高橋さんは、それらを的確に見抜かれ、数々の有益な御助言をくださった。高橋さんには心から御礼を申し上げたい。なお、校正作業にあたっては、法学研究科助教の福島卓哉氏(現・大阪経済大学)と博士後期課程一年の谷遼大君に網羅的に点検して頂いた。
最後に、私事となるが、研究者の道に進もうとする筆者に対し、他分野とはいえ、同じ研究者としての立場から、研究の厳しさと楽しさを教えてくれた父、幼い頃から、物事と格闘する筆者を温かい眼差しで見守り、励ましてくれた母、そして、筆者が最も苦しかった修士課程時代から、論文の構想に耳を傾け、論文の完成を共に喜び、娘・息子と笑顔の絶えない家庭を築いてくれている妻に、本書を捧げる。

二〇一八年一一月

岸本太樹

目　次

初出一覧

序　論　書き下ろし

第一部　第一章〜第七章第二節　「行政契約の法理論（一）〜（五・完）」北大法学論集五二巻四号、五号、六号、五三巻一号、二号（北海道大学大学院法学研究科、二〇〇一年〜二〇〇二年）

第七章第三節　書き下ろし

第二部　第一編　「公的任務の共同遂行（公私協働）と行政上の契約――ドイツ連邦行政手続法第四部『公法契約』規定の改正論議における協働契約論（一）〜（四・完）」自治研究八一巻三号、六号、一二号、八二巻四号（第一法規、二〇〇五年〜二〇〇六年）

第二編　「公私協働促進法の制定とドイツ協働契約論の新展開――競争的対話（Wettbewerblicher Dialog）の導入を中心に（一）〜（二・完）」自治研究八六巻三号、四号（第一法規、二〇一〇年）

第三部　「契約と行政立法――序説　――規範内容形成局面における協働の限界」北大法学論集六五巻三号（北海道大学大学院法学研究科、二〇一四年）

結　論　書き下ろし

序論　問題提起及び本研究の課題

第一節　日本行政契約論の歴史的展開——行政契約論の未発達又は体系性の不備

〝行政契約論の未発達又は体系性の不備〟は、美濃部達吉博士がその著書『行政法撮要』で指摘して以来[1]、我が国行政法学に於ける共通認識となっている[2]。しかしながら、行政上の契約は、なるほど他の行為形式——とりわけ行政行為論——と比較した場合、数の点で劣るとはいえ、戦前に於いては美濃部達吉、佐々木惣一、織田萬、渡邊宗太郎、山田準次郎、田中二郎、柳瀬良幹の各博士等によって、また戦後は、山田幸男、塩野宏、長尾久衛、浜川清、滝沢正、小早川光郎、亘理格、三好充、南博方、原田尚彦、石井昇、大橋洋一、碓井光明、木村琢麿、飯島淳子、濱西隆男、田尾亮介、國井義郎の各教授等によって研究の対象とされ、一定の研究業績の蓄積を見ている[3]。それにも関わらず、〝行政契約論の未発達〟又は〝体系性の不備〟が今なお語られるのはなぜであろうか。〝体系化の実現可能性〟及び〝現時点で実現し得る体系化の程度〟は、本研究の中核的な関心事の一つに位置づけられるが、本書に於いて右の問題を検討するにあたり、その準備作業として、以下に日本行政契約論の歴史的展開を振り返り、議論の動向と内容を確認することを通じて、我が国の行政契約論が〝未発達〟又は〝体系性の不備〟と評価される原因及び背景を明らかにしておこう。

第一款　戦前に於ける行政契約論の展開

〔一〕　美濃部達吉

戦前期の行政契約研究は、公法私法二元論を基盤に、行政主体を一方当事者とする契約（行政上の契約）を「公法上の契約」と「私法上の契約」とに分け、前者——とりわけ行政主体と私人との間で締結される——公法上の契約の可能性、及び、官吏任命・公企業特許・営造物利用の許可等の法的性質——公法上の契約か申請又は同意に基づく単独処分か——を検討することからスタートした。このうち、〝行政主体と私人間の法律関係を公法上の契約によって規律する可能性〟それ自体は学説上一般に肯定されてきたのであって、後に見るO・マイヤー（Otto Mayer）の如く、〝行政主体と私人間の公法上の関係を総じて支配従属関係とみなし、意思の対等性が欠如することを前提に、契約による法律関係の規律可能性それ自体を全面的に否定する見解〟(4)は見られない。美濃部達吉博士も次のように言う。(5)

「公法關係ニ於テモ國家ハ必ズシモ常ニ權力者トシテ臣民ヲ支配スルニ非ズ、國家ノ權力ハ國法ニ依リ限ラレタル權力ニシテ、國家ハ唯國法ノ認ムル限度ニ於テノミ其ノ單獨ノ意思ヲ以テ臣民ニ權利ヲ與ヘ義務ヲ命ズルコトヲ得ルニ止マリ、其ノ範圍外ニ於テハ國家ト臣民トノ關係ハ最早權力者ト服從者トノ關係ニ非ズ、此ノ限度ニ於テハ臣民ハ國家ノ權力ニ服從セザル地位ヲ有スルモノニシテ、國家ハ其ノ單獨ノ意思ヲ以テ其ノ權利義務ヲ定ムルノ權ナク、唯合意ニ依リテノミ之ヲ爲スコトヲ得。卽チ契約ガ其ノ當然ノ形式ナリ。」

このように美濃部博士は、国家又は公共団体と人民との間の公法上の法律関係をア・プリオリに支配従属関係と理解し、意思の対等性が欠如することを根拠に契約の成立可能性を全面的に否定したO・マイヤー流の見解には立脚していない。博士の理解によると、国家又は公共団体が単独の意思を以て法律関係を規律し得るとすれば、それは、国家の単独意思を以て法律関係を規律することを認める実定公法規範が存在するからにほかならず、仮にそうした実定公法規範が存在しないなら、国家はその単独意思を以て法律関係を規律することはできないのであって、この局面に於ける法律関係の規律は、相手方人民との間での合意によるほかなく、ここに国家又は公共団体と人民との間に公法上の契約が成立する可能性が肯定されるのである。ただし美濃部博士は、法律関係の規律に際して臣民の意思が介在することを以て、直ちに公法上の契約とみなすわけではない。博士の理解によると、契約と言うためには、「（イ）雙方ノ意思表示ガ同一ノ内容ヲ有シ、（ロ）其ノ法律的効果ハ此ノ意思表示ノ内容ニ依リテ定マリ、且ハ雙方ノ意思ガ相合シテ其ノ効果ヲ生ズル原因トナルコトヲ要ス」のであって（以下これを美濃部契約指標という）、外形上意思の合致があるように見える場合であっても、「若シ雙方ノ意思表示ガ内容ヲ異ニスルトキ、又ハ雙方ノ意思ガ各獨立ニ法律的効果ヲ生ズルトキ、又ハ一方ノ意思ハ法律上ノ關係ナク其ノ法律的効果ハ專ラ國家ノ意思ノミニ依リテ生ズルトキ」は、公法上の契約ではなく、「申請ニ基ク單獨行爲」とみなされるのである[6]。美濃部博士は、訴願又は行政訴訟の提起に対する裁決又は判決、申請に基づく警察許可等について、その契約性を否定して次のように言う[7]。

「訴願又ハ行政訴訟ノ提起ニ因リ其ノ裁決又ハ判決ヲ爲シ、土地收用ノ申請アルニ因リ其ノ決定ヲ與ヘ、出願ニ因リ警察上ノ許可ヲ與ヘ、又ハ租稅ヲ免除シ、登錄申請ニ基キテ登錄ヲ爲スガ如キハ、何レモ契約ニ非ズ。此等ノ場合ニ於テハ法律ハ國家ノ單獨ノ意思ニ依リ其ノ行爲ヲ爲シ得ベキ權能ヲ認ムルモノニシテ、其ノ効果ハ專ラ國家ノ意思ノミニ基キテ生ズ、相手方ノ申請ハ唯其ノ權能ノ發動スル原因タルノミ、契約ニ非ズシテ一個ノ單獨行爲ナリ。」

他方、美濃部博士は、緩やかに設定した契約指標（美濃部契約指標）に従い、他の論者に比べて比較的多くの事例を公法上の契約とみなす点に特徴がある。美濃部博士が公法上の契約とみなす典型例が「服従契約」である。これは国家と人民との間に一般権力関係又は主に特別権力関係を設定し、人民がこれに服従することを合意する契約であって、外国人の帰化、官吏の任命、公企業特許、公物使用権の特許、営造物利用の出願許可、鉱業権又は漁業権の設定等が具体例とされる(8)。他方、美濃部博士はこのほかにも、公用負担契約(9)、公務委託契約(10)、公務執行契約(11)、土地収用又は使用契約(12)、そして報償契約(13)などを公法上の契約としており、その中には、公務委託契約や公務執行契約のように、現在の指定管理者制度やＰＦＩ制度に相当するものが含まれるほか、公用負担契約や土地収用契約のように、一般に私法上の契約ともみなし得る事例が含まれていることが注目される。

このように契約指標を緩やかに設定した美濃部博士の見解は、一見すると契約的構成に積極的である。しかしその一方で博士は、公法上の契約が有効に成立するための条件として「國法ノ明示又ハ默示ノ承認」を要求し、その場合のほかは、「契約ヲ以テ公法上ノ權利義務ヲ發生セシムルコトヲ得ズ(14)」と言い、公法上の契約による法律関係の規律可能性を抑制する見解に立っているのである(15)。

他方注目されるのは、美濃部博士が公法上の契約の成立と解除の局面に関して、独自の法理論を展開している点である。美濃部博士はその著書『日本行政法（上）』に於いて、国家又は公共団体と人民との間で締結される公法上の契約は、双方の意思の合致によって効果を生ずる点で契約たる性格を失わないとしつつ、双方の意思は対等の価値を持つものではなく、国家又は公共団体の意思は公定力を以て人民を拘束するとの独自の見解を主張して次のように言う(16)。

「公法上の契約は、或は公共團體相互の間の對等關係に於いて成立することも有り、或は國又は公共團體と人民との間の關係のやうな不對等關係に於いて成立することも有る。對等關係に於ける契約に在つては、當事者雙方の意思は對等の力を有することは私法上の契約と同様であるが、不對等關係に於ける契約に在つては、それが雙方の意思の合致に依つて効果を生ずるものであることに於いて契約たることを失はないが、雙方の意思は對等の價値を有するものではなく、國又は公共團體の意思が公定力を有し、相手方はこれに依つて拘束せられる。」

美濃部博士は右の理解を基盤に、意思表示の瑕疵と契約の解除につき公法上の契約独自の法理を主張する。すなわち博士によると、国又は公共団体の意思は公定力を以て人民を拘束するため、契約締結の局面に於いて人民の側の意思表示に法律上の瑕疵があったとしても、国又は公共団体の意思表示があった以上は、契約は有効に成立し、もはや人民は意思表示の瑕疵を理由に取消権を行使することはできない。また契約の解除についても、国家又は公共団体と人民の意思は対等ではなく、行政権の側にあっては一定の要件が備わっている限り一方的に契約を解除し得るのに対し、人民の側にあっては、唯解除を出願し得るのみで、一方的に解除することはできない、というのである(17)。美濃部博士の右見解の当否はともかく、ここに公法上の契約独自の理論の部分的展開を見いだし得よう。

〔二〕　佐々木惣一

一九二一年（大正一〇年）に『日本行政法論總論』を公刊した佐々木惣一博士は、同書第一編（總論）第三章（外部行政法）第一節（行政作用法）第四款（行政行爲の種別）の第二項（様式ニ依ル行政行爲ノ種別）に於いて「公法上の契約」を取り上げ、美濃部博士と同様、「(1) 公法上ノ契約ノ觀念上ノ存否、(2) 公法上ノ契約ノ現行法上ノ存否、(3) 現行法上公法上ノ契約ヲ認ムル範圍」につき、ある程度の紙面を割いて各々検討を行っている。

佐々木博士は、まず始めに、公法の領域に於いて契約が観念上存在し得ること、また公法上の契約は、「統治ノ主體及ヒ統治ノ客體ノ間」に於いても存立し得ることを肯定して次のように言う。

「公法上ノ契約トハ公法關係ニ於テ多數ノ當事者カ一定ノ法上ノ効果ヲ生セシムル爲メニ相互ニ意志ヲ表示シタルモノカ合致シタルトキ、法カ之ニ其ノ効果ヲ附スルモノヲ謂フ。其ノ効果ハ公法關係ニ於ケル權利、義務、權能、責務ニ關スルモノナルカ故ニ固ヨリ公法上ノ効果ナリ。此ノ如キ公法上ノ契約ナルモノカ觀念上考ヘ得ラルルコトハ疑ナシ。蓋シ法カ多數ノ當事者ノ意志ニ基テ其ノ意志表示ノ合致シタルモノニ一定ノ効果ヲ附スルコトハ、……決シテ私法關係又ハ公法關係ノ一ノミニ就テ特ニ考ヘラルト云フヲ得サルナリ。卽チ公法上ノ契約ナルモノハ觀念上存在ス。[18]」

「……統治ノ主體ハ常ニ統治ノ客體ニ命令スルモノニ非ス。之ニ命令セサル範圍アルコトハ曾テ之ヲ述ヘタリ。命令スル範圍ニ在テハ命令者カ被命者ニ對シテ拘束ヲ受クルコトハ考ヘラレサレトモ、命令セサル範圍ニ於テハ統治ノ主體及ヒ統治ノ客體カ相互ニ拘束ヲ受クルコトハ、毫モ妨ケス。從テ相互ノ拘束ヲ目的トスル契約ノ存立ヲ可能トス。[19]」

他方、佐々木博士は法規範の分析を行い、実定公法規範には「契約自由の原則」を認めるものが存在しないこと、したがって公法上の法律関係は、法が認めた場合にのみ、契約を通じて規律し得ることを主張して次のように述べている。

「彼ノ私法關係ニ於テ契約及ヒ契約ノ自由アルハ全ク法カ契約及ヒ契約ノ自由ヲ認ムルニ由ル。公法關係ニ於テモ契約アルカ爲メニハ法ノ認ムルヲ要ス。而モ法ハ……個個ノ關係ニ就テ之〔契約――筆者註〕ヲ認ムルモ一般ニ契約ノ自由ヲ認ムルモノナシ。故ニ現行法上公法上ノ契約ノ自由ナルモノナク、卽チ人ハ一般ニ公法關係ニ於テ意志表示ノ合致ヲ以テ任意ニ法上ノ効果ヲ發生セシムルコトヲ得ルモノニ非ス。[20]」（傍点筆者）

このように、統治の主体と統治の客体間に於ける公法上の契約の可能性を観念上肯定し、他方、公法上の契約に対して法の個別的な承認を要求する佐々木博士の見解は、この限りに於いて美濃部博士の見解と共通し、両者の間に本質的な違いは見いだせない。しかしながら以下の叙述の中に、佐々木博士の見解の特徴が認められる。

「國民カ官吏トシテ自由ヲ制限セラルルハ法ニ依テ當然ニ認メラレタルモノニ非サルカ故ニ、之ヲ爲スニハ國民ノ任意ニ基クヲ要ス。……然ルニ官吏關係ハ法律事項ニ非ス。國民カ官吏トナリタル以上ハ自由ノ制限ヲ受クルモ是レ特別ノ權力關係ニ立ツカ爲メニシテ、一般ノ包括的權力關係ニ於テスルニ非ス。然ルニ法律事項ト否トハ一般ノ包括的權力關係ニ在ル一般國民トシテノ地位ニ關スル事項ニ付テ生スル區別ナルカ故ニ、其ノ地位ニ立チ自由ノ制限ヲ受クルコトハ法律事項トシテノ自由ノ制限ニ非ス。故ニ國民カ此ノ如キ地位ニ置カルルコトニ付テハ、前述ノ理論ニ依テ一般ニハ契約ニ依テ定ムルコトヲ妨ケス。卽チ官吏關係ハ一般ニハ同意ニ基ク處分ニ依テ之ヲ定ムルコトヲ得ヘク、又契約ニ依テ之ヲ定ムルコトヲ得ヘシ。」[21]（傍点筆者）

右の叙述にも明らかな通り、佐々木博士の構成は、当時法律の留保には属さないと考えられてきた特別権力関係の成立局面に於いて公法上の契約の存立可能性を肯定するものであり[22]、この点では、官吏任命行為や公企業特許を「服従契約」の名の下に、これを公法上の契約とみなした美濃部博士の見解と符合するかに見える。しかし佐々木博士は、官吏任命行為や営造物の特別利用等を公法上の契約とみなしたのではなく、単に「公法上の契約たり得る」としたに過ぎない。むしろ博士は、官吏関係の内容が国家及び官吏たる者双方の意思によらず国家の一方の意思のみによって定められている点を指摘し、結論に於いて官吏任命行為や営造物使用の特許を「同意ニ基ク処分」とみなしたのである[23]。結局、佐々木博士にあって公法上の契約とされる事例の多くは地方公共団体相互間で締結される契約であって、行政主体と私人との間で締結される公法上の契約については、所謂〝開発費用負担契約〟の将来的な利用可能性が指摘されている点[24]が注目されるものの、それ以上に、公法上の契約に関する法理論が議論されることはなかった。

〔三〕　山田準次郎

他方、一九三四年（昭和九年）に論文「公法上の契約に就いて」を公表し、美濃部博士の見解を批判したのが山田準次郎博士であった。山田準次郎博士の見解は、美濃部契約指標とほぼ同様の基準に依拠しながら、美濃部博士が申請に基づく単独処分とした事例はもとより、公法上の契約とみなした事例のほとんど全てを同じく申請に基づく単独処分と構成した点に特色がある。山田準次郎博士は、美濃部博士が官吏の任命を公法上の契約（服従契約）とみなしたことを批判して次のように言う[25]。

「官吏の任命に本人の同意を必要とするは議論のない所である。只問題は其同意が獨立の一行爲であるか、それとも任官行爲の部分意思であるかゞ問題なのである。任官行爲の外にあり、任官行爲の前提たるに止まるか、それとも國家の意思と合致して一つの任官行爲なる契約を組成するかが問題なのである。……同意があれば直に契約があると爲すのは早計と云はなければならない。官吏任命行爲の場合に必要な本人の同意又は申請は、まさに前提たる獨立の法律上の行爲であつて、國家の意思と合して任官契約となるものでない。國家の任官行爲は人を官吏となすの公法上の一方的法律行爲卽ち普通に所謂處分であり、人に官吏たる身分を與ふることを內容とする賦與處分である。前提たる相手方の意思とは別個の法律行爲である。……任官行爲の場合に於ける本人の同意は獨立の意思表示であり、國の任官行爲を可能ならしむる前提であつて、任官行爲自身の內容を組成するものでないとすれば、任官行爲を以て公法上の契約なりとすることの誤れるは最も明白である。」（傍点筆者）

結局山田準次郎博士は、「公法上の契約の成立の理論上可能なることは我等の疑はざる所である」と言い[26]、公法上の契約と申請に基づく単独処分の判別につき美濃部契約指標と同じ基準に依りながらも、[27] 美濃部博士が公法上の契約とみなした事例の大半をことごとく申請に基づく単独処分とみなしたのである。[28] したがって山田準次郎博士にあっては必然的に行政主体間契約を除けば公法上の契約とされる具体例は極めて少なく、博士にあって公法上の契約とされたものには、美濃部博士のいう公務委託契約の一部（公の施設の委託経営）のほか、[29] 社会局長と日本医師会との間で締結される健康保険の被保険者に対する診療施行を内容とする合意[30]があるに過ぎない。また山田準次郎博士にあっても、公法上の契約は原則として法がこれを認めることを要するとの見解が維持されており、[31] それ以上に公法上の契約に関する独自の法理が主張されることはなかった。

〔四〕 契約指標をめぐる見解の相違

このように、美濃部達吉博士、佐々木惣一博士、山田準次郎博士等は、いずれも、国又は公共団体と人民との間の公法上の法律関係が契約を通じて規律される可能性それ自体は観念上肯定しており、議論の争点は、法律関係の規律に際して人民の意思が介在する諸々の事例の法的性質論（公法上の契約か申請又は同意に基づく単独処分か）であった。特に見解が対立したのは、官吏任命、帰化、公企業特許等、美濃部博士が服従契約の名の下に公法上の契約とみなした事例であって、美濃部博士の契約構成に対し、佐々木博士は「公法上の契約たり得る」としつつ、これらを申請又は同意に基づく単独処分と説明し、他方山田準次郎博士は、これらを公法上の契約とみなすことを誤りと断じたのである。

官吏任命や公企業特許等の法的性質に関してこのように見解が錯綜する背景には、「契約の指標（又は契約の本質的要素）をめぐる見解の相違」が原因として存在する。すなわち、規律の対象となる法律関係の内容について、両当事者に、対等かつ自由な交渉・決定の余地が存在することを契約の本質的要素と考えるか否かをめぐる理解の相異である。これを契約の本質的要素とは考えず、単に「相対立する二つの意思表示の合致を以て一つの法律行為が組成されること」を以て契約とみなす論者（美濃部達吉、柳瀬良幹博士等）は、官吏任命行為や公企業特許等を〝公法上の契約〟とみなす傾向を示している。例えば柳瀬博士は次のように言う。[32]

「……、二個の意思表示を要素とすると言ふためには、相對立する當事者がともに法律效果の内容及びその發生に就て法律上對等の決定權を有することを必要とするであらうか。或は當事者の一方又は雙方が右の點に就き法律上完全な決定の自由を有しなくとも契約たるに妨げないのであらうか。契約の觀念の問題の分るるところは主として此の點に在る。……當事者の意思の自由の有無は、契約自由を原則とする民法の適用上に於てこそ多少の顧慮を必要とするであらうが、……公法上に於ける契約の可能や不自由の問題に關する限り、特に顧慮することを必要とする程の重大な差異とは考へられない。從つて……契約の觀念としては單に相對立する二個の意思表示よりなる法律行爲と謂ふを以て滿足し、苟くも二個の意思表示がなければ效果を發生し得ない關係に在る以上、その意思表示をなすに就て當事者が法律上如何に嚴重な拘束を受けてゐても、なほ契約に屬するものと解しようと思ふ。」（傍点ママ）

これに対し、「規律の対象となる法律関係の内容につき、両当事者に、対等かつ自由な交渉・決定の余地が存在すること」を契約本質的要素とみなし、これを重視する論者（佐々木惣一博士、山田準次郎博士、田中二郎博士、渡邊宗太郎博士等）は、合意の内容が法律上又は行政主体に於いて既に決定され、相手方人民が唯これに合意するか否かの決定権を持つにとどまる官吏任命行為等を〝申請又は同意を要件とする単独処分〟とみなし、その公法契約性を否定する傾向を示している。以下に掲げる渡邊宗太郎博士の叙述には、それが如実に現れている。[33]

「營造物の特別使用關係は、行政主體の一方的行爲たる許可處分に依るの外、行政主體と行政客體との間の契約に依て成立することがある。……特別使用關係の成立が、許可と契約との何れに因りたるかは、特別使用關係の内容たる行政主體と行政客體との間の法關係、從て、使用者の負擔の内容が、雙方の對等なる意思の任意の活用に依て決定せられたるか、否か、に依て決定せられる。」（傍点筆者）

［五］　田中二郎

こうしたなか、官吏任命行為等の法的性質又は行為形式をめぐる議論のみに終始することの不毛性を唱え、行政法学はむしろ実務上現実に締結されている「契約らしい契約」に目を向けるべきこと、またその際、公法上の契約に法律上の授権根拠を要求する当時の通説との関係でその有効性に疑義が持たれていた所謂「報償契約」を念頭に、理論と実務の乖離を解消し、実務の要請に応え得る新たな理論を提示する必要があることを主張したのが、田中二郎博士であった。一九三三年（昭和八年）に公刊された「公法契約論序説」がそれである。(34)

先述の通り田中博士は、法律関係の内容が当事者の意思によって決定されるところに公法上の契約を観念し、他の概念から区別する実益を認める。(35)したがって、公法上の契約を論ずるにあたり、田中博士が検討の対象とした論点は、以下の二点である。

第一は、国家又は公共団体と人民との間の公法関係を総じて「支配関係」とみなすことにより、相対立する「対等な」意思表示の合致を以て法律関係を規律する余地を全面的に否定する――O・マイヤーに代表される――見解の是非である。(36)

第二は、国家又は公共団体と人民との間の公法関係を規律する実定公法規範を総じて「強行法規」とみなし、相対立する対等な意思表示の合致を以て法律関係の「内容を決定する余地」の存在を否定する――W・ブルクハルト

（Walther Burckhardt）に代表される――見解の是非である。[37]

この点田中博士は第一の論点に関して、「一般に通説が、公法關係卽ち支配關係なりとなし、公法行爲卽ち權力的行爲なりとなすことには贊成し得ないのであつて、公法關係にして權力服從の支配關係たらざるものもあり、從つて、公法行爲にして權力的行爲たらざるものもあり、公法上の關係にも、上下の關係のみならず、對等の關係も亦成立し得ることを認めねばならぬと考へる。[38]」と述べ、公法上の支配関係に於ける契約の可能性を否定する一方、[39]支配関係たらざる公法上の対等関係（田中博士の言う「管理関係」にほぼ対応するものと思われる）に於ける契約の可能性を承認する。[40]

他方、田中博士にあって検討の中心にあるのは、むしろ第二の論点の方である。すなわち田中博士は、実定公法規範を総じて強行法規とみなし、以て相対立する対等な意思の合致――契約――を以て法律関係の内容を決定する可能性を全面的に排除したW・ブルクハルト等の見解を打破すべく、[41]実定公法規範のなかには、強行法規と並んで、相対立する当事者の対等な意思の合致に法律的効果を付与する規範――任意規範――が存在する事実を指摘したW・アペルト（Willibalt Apelt）の見解、さらには、当時法典編纂過程にあったドイツ・ヴュルテンベルクの行政法典草案四七条――《別段の規定なき限り契約に依り法律関係を創設し又は変更することを得》――に依拠しながら、「公法上の契約は、強行法規が存在しない限り、それを授権する法律の明文規定が存在しない場合にあっても許容され、私法に於けると同様、公法に於いても合意は拘束する（pacta sunt servanda）の理論（契約自由の原則）が一般的に承認されるべき」との独自の見解を主張したのである。[42]

W・アペルト及びドイツ・ヴュルテンベルクの行政法典草案四七条に関する田中博士の理解については一部首肯しがたい所があり、この点は本書に於いても後に改めて指摘するところとなるが、[43]少なくとも、公法上の対等関係に於ける契約の可能性を肯定し、この対等関係に於いて、強行法規が存在しない限り、仮に契約形式を明文で授権する法律規定が存在しなくても契約を通じて法律関係を規律する可能性を承認した点は、当時の通説的理解を克服し、実務の要請に応え得る斬新な見解であったことは確かであろう。ただ田中博士の主眼は、当時その有効性に疑義がもたれていた「報償契約」を念頭に、理論と実務の乖離を解消することにあったためか、それ以上に公法上の契約独自の法理論が語られることはなかった。

〔六〕　柳瀬良幹

これに対し一九三六年（昭和一一年）に「公法上に於ける契約の可能及不自由」を公表して右に見た田中博士の見解を真っ向から批判したのが柳瀬良幹博士であった(44)。

先述の通り、公法上の契約の概念指標を緩やかに捉える柳瀬博士は、官吏任命行為や帰化の許可、公企業特許、公物利用関係の設定等を「公法上の契約」とみなしており、この点では、田中博士と見解を異にしている(45)。とはいえ、それは契約指標の捉え方の違いに基づくものであって、柳瀬・田中両説の本質的な対立点ではない。むしろ柳瀬・田中の両説は、「公法上の契約を通じて法律関係を規律する可能性」それ自体を共に肯定し、特にその際、国又は公共団体と人民との間の公法関係を総じて「支配従属関係」とみなし、以て、相対立する「対等な」意思表示の合致を通じて法律関係を規律する可能性を全面的に否定したO・マイヤーを厳しく批判した点に於いては、完全に一致しているのである(46)。

他方、田中博士の見解との比較に於いて柳瀬博士の見解を際立たせるのは、憲法上の法律の留保の理解及び実定公法規範の構造理解にある。

まず、田中博士が「実定公法規範には強行法規のほかにも任意規範――すなわち法律関係の内容及びその発生を相対立する当事者の対等な意思の合致に委ね、そこに法律的効果を付与するに過ぎない法規範――があり、公法上の契約は当該任意規範が存在する場合に許容される」との見解を示したW・アペルトに依拠しながら、一気に飛躍して、「公法上の対等関係に於いては、強行法規が存在しない限り、契約形式を授権する法律の明文規定が存在せずとも契約による法律関係の規律は許容される。ドイツ・ヴュルテンベルクの行政法典草案四七条が確認するように合意は拘束する（pacta sunt servanda）の理論（契約自由の原則）は、公法の領域に於いても一般的に承認される。」（傍点筆者）との見解を提示したことは既に述べた通りである。

これに対して柳瀬博士は、徹底した法実証主義の観点に立ちながら、①法律の留保に関する当時の通説に依る限り、国家と人民との間の法律関係の形成は、その内容と発生につき法律の明示の授権がある場合に限られるべきこと、②法律関係の内容と発生について、これを無制限に当事者の意思の合致に委ねる実定公法規範は今のところ存在せず、したがって公法の領域に於いて契約自由の原則（合意は拘束する pacta sunt servanda）が一般的に妥当すると考えるわけにはいかないこと、③ドイツ・ヴュルテンベルクの行政法典草案四七条は、公法の領域に契約自由の原則を新たに創設する革新的な規定であり、これを規律することは立法政策の問題として立法者の自由ではあるものの、それは伝統的な法治主義の放棄をもたらしかねないものであることの以上三点を主張し、田中博士の見解を厳しく批判したのである。柳瀬博士は言う。

「……少くも現在の學説の解する限り、憲法に於ける『法律の留保』は決してそれ以外の行爲を行政權の專斷に委ねる趣旨ではなく、一切の行政行爲は等しく法律の明示の根據を要するものと解せられてゐる。換言すれば、行政權が人民との間に法律關係を形成し得るのはその内容に就き及びその發生に就き法律の明示の授權ある場合に限り、この點に於て、現在の行政權と人民との間には契約自由の原則の要素たる法律關係の内容及び發生に就ての無制限の許容は全然缺如してゐると言わなければならぬ。……以上の如くして、現行法制の下に於ては、行政權は唯法律の明示に認めた場合に於て明示に認めた内容の法律關係を形成し得るに止まり、相手方の同意も亦何等行政權に對する此の法律の拘束を解除する力あるものではない。即ち現行法に於ては、公法上には契約自由の原則は存在せず、契約は唯法律の明示に認めた場合に於てのみ有效に成立し得るに過ぎず、法律の沈默は私法と反對に契約の不可能のために語るものと言わなければならぬ。」(47)（傍点筆者）

「……公法上の契約の不自由なることは右述ぶる如くであるが、之單に現行公法の規定の結果であつて、公法及び契約の本質上當然に然るのではないことである。……從つて實定公法上如何なる範圍に於て契約を承認するかは一に立法政策の問題であつて、理論上何等の限界の存在するものではない。故に現行の規律を改めて、公法關係に於ても私法と同じく契約自由の原則を採用することは固より立法者の自由になし得るところである。ヴュルテムベルヒの行政法典草案第四七條（修正第八二條）が『別段ノ規定ナキ限リ契約ニ依リ法律關係ヲ設定シ及ビ變更スルコトヲ得』と曰ふのは正に之に該當するものであるが、……此の規定は、決して田中教授の解せらるる如く、現行法上の既存の原理を宣明するものではなく、在來の原則を顚倒し、新に公法上にも契約自由の原則を採用すべきことを定むるものであり、……原理的には傳統的な意味に於ける法治主義の拋棄を意味する革新的な規定であることを忘れてはならぬ。」(48)（傍点筆者）

第二款　中間総括

美濃部・佐々木の両博士から田中・柳瀬の両博士に至る戦前の行政契約研究は、以上概観した通り、行政主体が他の行政主体又は人民との間で締結する契約の全てを対象とするものではなく、公法的法律効果の発生・変更・消滅を目的とする所謂「公法上の契約」に限定されていた。この点、公法上の契約の概念指標を比較的緩やかに捉えた美濃部博士は、当時の実定法規範のなかに「公法上の契約」とみなし得る事例を数多く見いだしている。その中には官吏任命、公企業特許、公物使用権の特許等の服従契約のほか、土地の任意買収契約のように、現在一般的には私法上の契約とみなされているものが含まれている点が注目される。また管見の限り、その見解の当否はともかく、その成立及び解除に関して私法上の契約に見られない独自の公法契約理論の存在を指摘したのも美濃部博士であった。

しかしこうした美濃部博士の見解は必ずしも支持を得たとは言えず、その後の学説は、美濃部博士と同じく契約の概念指標を比較的緩やかに捉えた柳瀬博士を除けば、一般に美濃部博士の契約構成を批判したのであって、特に美濃部博士が服従契約と呼んだ官吏任命行為や公企業特許等は、いずれも「申請に基づく単独處分」とみなす見解がむしろ主流であった。そのため、行政主体と私人間の法律関係を公法上の契約を通じて規律する可能性それ自体は、既に当時の学説上一般に肯定されてはいたものの、それは観念のレベルにとどまった(49)。なるほど田中博士は実務上「契約らしい契約」が出現していることを指摘した上で、「公法上の対等関係に於いては、強行法規が存在しない限り、それを授権する明文の規定が存在せずとも契約を通じて法律関係を規律し得る」との見解を提示し、以て公法上の契約の利用可能性を高めることを志向したが、あくまでその主眼は、当時その有効性に疑義がもたれていた「報償契約」を念頭に、理論と実務の乖離を解消することにあったため、それ以上に公法上の契約独自の法理論が語られることはなかった。また比較的緩やかな契約指標を採り、美濃部博士と同じく官吏任命や公企業特許等を公法上の契約とみなした柳瀬博士にあっても、その主眼はあくまで田中博士の右見解を批判し、公法上の契約にはそれを授権する法律上の明文規定が必要であることを論証することにあったため、やはり、それ以上に公法上の契約独自の法理論が語られることはなかった。また言うまでもなく、列記主義を採った当時の訴訟制度によって訴願及び行政裁判所の審理対象から除外され、かつ公法上の契約であるが故に民事訴訟の対象からも除外された公法上の契約は、判例の蓄積によって独自の法理を形成する途をも塞がれていたのである。

第三款　戦後に於ける行政契約論の展開

戦後、我が国の行政契約研究は、様々な点で大きな転換点を迎えた。日本国憲法の制定に伴い、国家が果たす行政機能は量的に著しく拡大するとともに、質的にも大きく変化した。公団・公社形式による国有企業行政の拡大は、公土木請負契約や納品契約の増大をもたらし、また社会保障制度の拡充に伴う給付行政の拡大は、契約形式の利用を促進する原動力となった。後に山田幸男博士は、こうした状況変化こそが、政府・私人間契約への関心を高め、西洋先進諸国に於いて、その研究を活発化させた最大の要因であったことを指摘している[50]。実際、日本の行政法学もまた行政主体との間で締結される契約についての研究を戦後も引き続き行っている。それは、行政法学が研究の対象とする他の分野と比較した場合、依然数の点で多いとは言えなかったにせよ、少なくとも前款で概観した戦前の議論の単なる焼き直しではない[51]。以下にも見る通り、戦後の日本行政法学は、行政機能の拡大及び質的変化に伴って必然的に比重を増すことになった公土木請負契約や納品契約等、一般に私法上の契約として考察の対象から漏れてきた行政上の契約についても本格的な研究を開始している。また戦後、列記主義が廃止され、行政事件訴訟特例法に公法上の当事者訴訟が規律されたことに伴い、戦後日本の行政法学は、公法上の契約についても、訴訟を意識しながら実体法理を解明する制度的な基盤を獲得した。加えて、戦前と比較して格段に層の厚みを増した日本の行政法学者は、研究の対象をドイツ法以外にも求めるようになっている。行政上の契約に関する研究は、その後もドイツとの比較法研究を継続しながら、もはやドイツ一辺倒ではなく、その範囲は、イギリス、アメリカ、そしてフランスといった先進諸外国の立法、判例及び学術論議の紹介・分析にまで及んでいる。以下本款では、戦後間もない一九五〇年代から一九九〇年代までの我が国に於ける行政契約研究の傾向を振り返っておこう。

〔一〕　フランス行政契約論研究の進展

戦後間もない一九五〇年代から一九六〇年代初頭にかけて、日本の行政契約研究は、比較法研究の対象を明確に広げ、ドイツのみならず、イギリス、アメリカ、そしてフランスの立法、判例及び学術論議の動向を紹介・分析する時代に入った。山田幸男博士の『行政契約論』[52]、綿貫芳源博士の「英國における行政上の契約」及び「アメリカ法における行政契約」[53]は、この時代の代表的な研究業績である。こうした傾向は一九七〇年代以降も続いており、アメリカ法については竹中勲教授の「アメリカにおける政府契約の法的コントロール」[54]が、またフランス法については、浜川清教授の「フランスにおける行政契約一般理論の成立」[55]、滝沢正教授の「フランス法における行政契約の標識を中心として」[56]、亘理格教授の「行政による契約と行政決定（décision exécutoire）――フランス的行政行為観の形成過程に関する一考察」[57]、そして三好充教授の一連の研究業績[58]が相次いで公にされている。これを見てもわかるように、この時代、新たな研究対象として特に注目を集めていたのは、フランスの行政契約論である。

周知の通り、行政契約の母国と呼ばれるフランスは、私法法規の適用が排除され、かつ司法裁判所の管轄ではなく行政裁判所の管轄に属す公法契約（contrat de droit public）を「行政契約（contrat administratif）」と観念し、これを私法契約（contrat de droit privé）から明確に区別するとともに、右に述べた意味での行政契約の一般法理が体系化されている。その要点は、これを簡潔に要約した浜川清教授の論文「行政契約」から抜粋すると次のようになる[59]。

一．フランスに於いて私法法規の適用が排除され、司法裁判所の管轄ではなく行政裁判所の管轄に服する行政契約（公法上の契約）には、以下の二種類が存在する。第一は、「立法」によって司法裁判所の管轄が明示的に否定された所謂「法定の行政契約」である。公物占用契約のほか、ドイツ及び日本に於いては伝統的に「私法上の契約」とみなされてきた公土木請負契約が、フランスに於いては「法定の行政契約」とされている。第二は、一定の指標又は標識に従って「判例」上行政契約たる資格づけがなされた「性質による行政契約」である。フランスでは、判例の展開により、納品契約や雇用契約、そしてドイツ及び日本に於いて伝統的に「申請に基づく単独処分」と理解されてきた公企業特許等が「性質による行政契約」とされている。なお、性質による行政契約に関して問題となる「行政契約の指標」は、「契約当事者（当事者の一方が公法人であること）」及び「契約目的（公役務の執行そのものであること）」又は契約条項（契約条項の中に「普通法外条項」（若しくは「普通法外制度」）が存在すること）」であり、近年に於いても、判例学説上活発に議論されているようである。[60]

二　立法又は判例上行政契約と資格づけられ行政裁判所の管轄に属す契約は、司法裁判所の管轄に属す私法契約と比較した場合、特にその履行局面に於いて独自の法理が妥当する。「行政特権としての契約内容一方的変更権の存在」と「王の行為の理論による補償」、「私人の不完全履行に対する解除並びに代執行権限の存在」、さらには「不予見の理論」がそれである。[61] 浜川教授は次のように言う。[62]

「公法契約〔フランス法にいう行政契約――筆者註〕を私法契約から区別することの意義は、裁判管轄が行政裁判所に属することと、公法契約法理の適用を受けることにある。公法契約法理は契約の成立（締結）と履行とに関するものに大別されるが、成立に関する大部分の法制は行政の結ぶ私法契約と共通であり、さらに契約締結に至る過程でなされる行政庁の一方的行為は、公法・私法契約を問わず『分離しうる行為』（acte détachable）として行政訴訟たる越権訴訟（取消訴訟）の対象となる。その意味からも、公法契約法理の特色をなすのは、履行に関する法理にあるとされている。それは、行政の特権と、両当事者（行政と私人）間の財政的均衡の原理に要約される。それは、社会事情の変化の中で公役務はその目的とする一般利益に常に適合することを要し、また当事者に過失がある場合にも公役務の運行は確保されなければならないという、『公役務の継続性と正規性』の観念に基づく。ここから、行政は契約相手方たる私人の義務について一方的変更権を有し、私人の不完全履行に対して、解除のほか、わが国の行政代執行類似の制裁措置を一方的になす権限……を有する。行政の特権、とくに一方的変更権の行使により生じた私人の負担の加重は補償の対象となり（王の行為〔fait du prince〕の理論）、状況の予見できない重大な変化が解除を制限された私人に壊滅的な負担を生じる場合には、公役務の協働者としての私人はこの不予見の負担について補償される（不予見の理論〔théorie d'imprévision〕）。」

こうした「行政契約に関するフランスの議論及び法システム」を分析し、これを紹介することを通じて、日本の行政法学（日本の伝統的な公法契約論）に新たな視点を提供した先駆者が山田幸男博士であった。以下に述べる通り、山田幸男博士の公法契約論にはフランス法的な思考が色濃く現れている。[63]

第一に山田幸男博士は、我が国の行政法学がドイツに倣って公土木請負契約や納品契約などといった所謂政府契約を私法上の契約とみなし、これに対する法的統制を会計法等による手続的規律にとどめる一方、契約内容については、これを当事者の自治に委ねる結果となっていること（政府契約の私法契約構成）に対して疑問を提起している。すなわち、山田幸男博士の理解によると、公土木請負契約や納品契約は、公益の実現という契約目的の点で「私法上の契約とは異質」なものであり、公益と私益の具体的調整を図る必要上、解除や危険負担等に関して民法の規定によって解決すべきではなく、フランスに倣い、これを行政契約（公法上の契約）と構成し、先に見た「王の行為の理論」や「不予見の理論」等を立法措置によって我が国にも導入すべき旨を主張するのである。[64]

第二に山田幸男博士は、公企業特許及び公物使用の特許についてもフランス法の思考様式に沿った提言を行っている。すなわち博士は、公企業の特許に関するフランスの理解及び訴訟システムを我が国に引き直し、公企業特許を公法上の契約と構成した上で、その締結と解除をめぐる争いを取消訴訟のルートに乗せる一方、契約の履行については——行政事件訴訟特例法によって新たに規律された——当事者訴訟で争わせるべきことを主張したのである。[65]

右に概観した山田幸男博士の主張又は提言に対する日本行政法学の評価・反応については後に改めて検討するが、山田幸男博士が先鞭を付けたフランス行政契約論の研究は、先にも述べた通り、その後一九七〇年代に入って、浜川清教授、滝沢正教授、亘理格教授、三好充教授等によって、また近年では、木村琢麿教授[66]、飯島淳子教授[67]、田尾亮介教授[68]等によって引き継がれ、行政契約に関するフランスの立法、判例及び学説の動向に関する詳細な分析が今日なお精力的に行われていることは、周知の通りである。

〔二〕　ドイツ公法契約論研究の進展

他方、この時期、日本の行政法学は、戦前に引き続き「ドイツの立法及び学説の動向」にも目を向けており、むしろ数の上では依然としてドイツ法研究が優勢である。この時期に於けるドイツ法研究は、公法上の契約に関する戦後の議論を分析し、紹介することに主眼がおかれている。塩野宏「紹介　マルティン・ブリンガー『契約と行政行為』」(69)、原田尚彦「行政契約論の動向と問題点」(70)、藤原淳一郎「ザルツヴェーデルの公法契約論」(71)、長尾久衛「マクス・インボーデン『行政契約論』における基礎的問題」(72)等は、この時代に於けるドイツ公法契約論研究の代表的な業績である。

他方、この時期、ドイツに於いて連邦行政手続法が法典編纂過程にあり、一九六三年に公表された「連邦行政手続法模範草案」の中に「公法上の契約に関する規定」が盛り込まれたことに伴い、草案の内容とそれをめぐる学術論議の紹介・分析を行う業績が相次いでいる。藤原淳一郎「西ドイツ行政手続法草案をめぐる公法契約論」(73)、長尾久衛「西独行政手続法における公法上の契約」(74)が、その代表的な研究業績である。特に、原田尚彦教授は、この時期、当時法典編纂過程にあった連邦行政手続法「公法契約規定」をめぐるドイツの学術論議を参考に、これまで契約による法律関係の規律可能性が否定される傾向にあった「権力的行政領域における契約による法律関係の規律可能性」(75)を検討し、これを肯定的に理解する見解を主張した(76)。また、連邦行政手続法が成立・施行された後、同法が規律する「公法契約規定」の内容を詳細に分析し、これとの関係で「補助金交付契約」に関する学術論議の動向を網羅的に分析・紹介した石井昇教授の研究書『行政契約の理論と手続』(77)が公にされたのも、この時期（一九八七年）のことであった。

日本の行政法学はこの時期、フランス行政契約論の本格的な研究に乗り出すとともに、連邦行政手続法の制定を機に公法上の契約に関する一般法理を確立しつつあったドイツにも目を向け、そこで得られた知見を――そのままの形ではないにせよ――我が国に輸入し、以て「体系的な行政契約論の不備」を補おうとしたのである。

〔三〕　フランス法的視点とドイツ法的視点の混在――浜川清教授の指摘

しかし、こうした努力にもかかわらず、「体系的な行政契約論の不備」は、一九八〇年代に於いては浜川清教授によって[78]、また一九九〇年代に入ってからも大橋洋一教授[79]によって指摘される状況が続いている。我が国の行政法学は「行政契約に関する体系的な法理論とそれを前提とした法システムを持つフランス」と「連邦行政手続法の中に公法上の契約に関する一般規定を持つドイツ」に多くを学び、そこで得られた学術的知見を共有しながらも、それを基盤に日本独自の行政契約論を体系化するまでには行き着いていないのである。浜川清教授は、こうした日本の行政契約論の現状を「多様な視角の混在」と評して次のように述べている[80]。

「……現実に、大半の学説によって説かれてきたところは、公法契約の概念の説明と私法契約に対する若干の差異およびわずかの具体例にすぎない。しかも、同じく公法契約の概念を論じながら、対象が異なるのみならず、概念の持つべき法理論上の意義も必ずしも同一でない。すでに概観したことからも分かるとおり、各国における行政上の契約に関する行政法理論上の取扱いは、視角・制度的前提の異なることから、これを同一次元で論じることに困難がある。わが国における公法契約論は、その抽象的性格から、右の多様な視角をそのまま混在せしめているようにもみえる。」

混在要素の一方に位置する「フランス行政契約論の視角」につき、浜川教授は、山田幸男博士が提唱した「公企業特許の契約的構成（及びこれを基盤とした取消訴訟と当事者訴訟による救済の強化）」論は、それが後に所謂「形式的行政行為論」として定着をみた限りに於いて大きな意義があったと評価しつつも、それがただちに行政契約論発展の契機とはなり得なかったとし、その理由を次のように述べている[81]。

「……、山田教授の契約的構成論は、公務員の任命、公企業の特許の契約的構成について支持をうるには至らなかったが、これらの行為について、法令上の規定ないしは伝統的学説の行政行為的構成にもかかわらず、私法関係とのアナロジーの下で法律関係自体を当事者関係、すなわち行政行為の効力論と区別され、これに妨げられない対等関係として構成しようとした理論的意図は、混合的法律関係論に発展させられ、今日、一般に形式的行政行為論として定着をみている。しかし、右の理論的発展が、行政行為＝権力関係という図式を克服し、行政庁の意思・判断の優越性を限定する意義を有し、いわば行政行為およびこれに基づく法律関係の手続法的再構成としての意義を有したとしても、それはなおも行政契約論の発展の契機を直接なすものではないであろう。山田教授において構想された契約的構成論が当事者訴訟による救済の強化にあったとすれば、混合的法律関係論ないしは形式的行政行為論によっても可能であるからである。」

他方、山田幸男博士が、公土木請負契約や納品契約などの所謂「政府契約」をフランスの行政契約論に倣って「公法上の契約」とみなし、「王の行為の理論」や「不予見の理論」に対応する統制法理を立法措置によって導入すべきとした点についても、我が国の行政法学は、――博士の主張内容それ自体を批判することはなかったにせよ――、博士の説明をそのままの形で受け入れたとは言いがたい。それはドイツ法の影響を強く受けてきた日本に於いて、伝統的に私法上の契約とみなされてきたものを公法上の契約と資格づけることに対する無意識の抵抗感と、一九七〇年代以降、公法私法二元論を基盤に行政上の契約を公法上の契約と私法上の契約とに分け、これら二つの契約類型に妥当する法理論が異なることを前提とする考え方それ自体に対する批判の存在が主な原因であると思われる。(82) 実際、一九八〇年代に政府契約を含む所謂「公共契約」の法理論を考察した碓井光明教授も、公共契約の法的性質論（私法上の契約か否か）に関心を払うことなく、検討を行っているのである。(83)

〔四〕 一九九〇年代以降——行政契約の実証的研究の進展

それでは、混在するもう一つの要素である「ドイツ公法契約論の視角」は、どう評価されたのであろうか。一九九〇年代初頭、ドイツの立法及び学説・判例の動向を比較法研究の対象としながら我が国の行政契約論の発展を思考しつつ、日本に於いて行政契約論が未発達であった原因を探求した大橋洋一教授は、その論文「行政契約の比較法的考察——建設法領域を中心として」のなかで、ドイツ連邦行政手続法第四編公法契約規定（五四条乃至六二条）を基盤に学説上議論されている行政契約の一般法理を概観・紹介しつつ、契約形式が実務上多く用いられる建設法領域に目を向け、土地区画整理契約や地区施設整備契約等といった典型的な行政契約類型の内容と構造を分析し、以て行政過程に於いて契約が果たしている諸機能を実証的に把握し、「契約が行政の行為形式のなかで占める位置」を解明しようとした。同論文に於いて大橋教授が解明し指摘した点は多岐にわたるが、特に注目されるのは、教授が、①契約は裁量権行使としての特色を持ち、契約形式と行政裁量の間には密接な関係があること（契約と行政行為の付款の機能的類似性）[84]、また、②行政契約の最大のライバルは行政行為であり、その発動に先立ち行政と私人との間で交渉が持たれ、交渉・折衝の結果が行政行為の付款により法的に拘束力を持って具体化される行政実態に鑑みると、行政行為もまた付款の利用を通じて非典型的な事例にも対応可能なものへと機能的に変化を遂げており、したがって、——都市建設法領域に現れる契約を除けば——、行政行為と行政契約がともに利用可能な場合、行政官は行政行為を選択する傾向にあること（行政実務における行政行為の優勝性）[85]を指摘している点である。ここに於いて大橋教授は、ドイツ連邦行政手続法の公法契約規定（及びそこに現れた契約法理）が、ドイツの行政実務に対して必ずしも大きなインパクトを持つものではなかったことを暗に指摘しているように拝察される。連邦行政手続法が規律する公法契約規定の内容及び〝その存在意義と限界〟については、本書第一部に於いて後に詳しく検討するが、仮に公法契約規定の内容が行政実務に対して必ずしも大きなインパクトを与えるものでなかったとするならば、かかる公法契約規定を議論の中核に据

えて展開された当時のドイツ公法契約論が、我が国の行政契約論の体系化に寄与しなかったとしても不思議ではなかろう。(86)

ともあれ、この時代の行政契約研究は、従来にも増して「実証的研究」に比重が置かれている点に特徴がある。大橋教授が主張した行政契約の実証的研究の重要性は、その後二〇〇〇年代に入って碓井教授によっても明確に支持されている。特に二〇一一年に公刊された『行政契約精義』は、ドイツ・フランスを中心とした従来の外国法研究の域を超え、むしろ「契約締結の根拠や指針を定める我が国の実定法規範」と「実務上実際に存在する契約・協定の実態」の両面に目を向け、個々の行政領域に於いて実に多種多様な内容と構造を示す行政契約の姿を実証的かつ可能な限り網羅的に把握し、以て契約が現実の行政過程に於いて果たしている機能と役割を描き出しながら、これら各行政契約に妥当し又は妥当すべき法理論を個々具体的に探求し、その蓄積を通じて行政契約法の充実と体系化を図ろうとするものである。こうした謂わば「各論的研究からのアプローチ」とも言い得る碓井教授の研究手法は、必然的に議論の対象となる契約の範囲が極めて広範囲に及ぶ点に特徴があり、考察の対象となった行政契約・協定は、「法律や条例に基づく行政主体私人間契約」、「法律や条例に基づかない行政主体私人間契約」のほか、「法定及び法定外の行政主体間契約」、さらには「行政契約と連続線上にある方式（建築協定や緑化協定、景観協定などの私人間協定を認可する方式や私人の計画等を認可・認定する方式）」にまで及んでいる。(87)

第二節　本研究の目的、考察対象及び叙述の順序

第一款　本研究の目的

前節で概観した通り、我が国の行政法学は、行政上の契約に関して今日一定程度の議論の蓄積を見ているのであって、行政契約研究の軽視[88]又は等閑視[89]という評価は、もはや当たらないように思われる。ただし、我が国の行政法学が比較法研究の主たる対象国としてきたドイツ及びフランスの議論のいずれもが、我が国に於ける行政契約論の体系化に決定的な影響を及ぼし得なかった結果として、一九八〇年代に浜川教授が指摘した多様な視点の混在状態は、その後も継続していると言うべきであろう。

他方、戦後「公法私法二元論」への批判が高まるにつれ、我が国の行政法学は、行政主体を一方当事者とする契約を一括して「行政契約（又は行政上の契約）」の範疇で把握し、諸々の行政契約を「準備行政領域における契約」、「給付行政領域における契約」、「規制行政領域における契約」などに分類した上で、これら各行政領域ごとに、具体的な契約を取り上げ、その個別論点を検討するスタイルを採っている[90]。しかしながら、これと並行して〝領域横断的な契約法理を解明する作業〟が、必ずしも十分に為されないままになっているように思われる[91]。

この点、目をドイツに転じると、同国の行政契約論は、依然として公法上の契約を中核に据えながらも、考察の対象を私法上の契約にまで広げるとともに、契約実務の実態を実証的に把握し、個々の契約が締結される行政領域の特性を考慮に入れながら個別の論点を解明する地道な作業を行いつつ、解明された個々の契約法理を〝一般化・抽象化〟し、それを〝契約の機能に応じて類型化する動き〟を見せている[92]。管見の限り、その傾向は、近年——とりわけ

二〇〇〇年以降――顕著である。本研究は、行政契約論の体系化を段階的かつ継続的に志向するドイツの最新動向に焦点を当て、〝現時点に於けるドイツ行政契約論の体系化の到達点〟を明らかにし、以て今後我が国が行政契約論の体系化を志向する際の視点を得ようとするものである。

第二款　考察対象の限定と叙述の順序

以上の目的を果たすため、本研究は以下の順序で考察を行う。本書は大きく三部から成り立つ。

第一部は「行政行為代替型契約論」である。ここでは、行政主体と私人との間の公法上の法律関係が契約によって規律される可能性を全面的に否定したO・マイヤーの理論（公法契約否認論）を克服してゆく過程で、ドイツの行政法学が、公法上の契約に対して「行政行為への代替機能」を認め、一九七六年に連邦行政手続法を制定した際、その統制原理を公法契約規定として立法化するまでの動きに焦点を当てる。連邦行政手続法が規律する公法契約規定の内容については、既に複数の先行研究業績が存在するところではあるが、本書でも改めてその成立過程を分析することにより、この規定が持つ意義と――特に――その限界を浮き彫りにしたいと考える。

本書の第二部は「公私協働契約論」である。ここでは、様々な行政領域に於いて「公共的な事務・事業の遂行を民間事業者に委任又は委託することを目的とした行政契約」が多数締結される現実を前に、ドイツの行政法学が、二〇〇〇年以降、民間委託型契約（協働契約）に関する共通法原則を模索し、連邦行政手続法公法契約規定のなかに「協働契約に関する統制規定」を挿入しようとした事実に焦点を当て、ドイツ行政法学がこの過程で解明した「民間委託契約の実体的な統制原理」の全体像とその意義を明らかにすることが主たる目的となる（第一編）。また本書第二部の後半では、ドイツがその後二〇〇六年になって、ＥＵの外圧に屈する形で「公私協働促進法」を制定し、民間委託型契約の相手方となるべき民間事業者の選定手続を整備したことを踏まえ、「民間委託型契約の手続的な統制原理」について考察する（第二編）。

本書第三部は「規範制定契約論（行政計画・行政立法代替型契約論）」である。一九九八年に環境法典独立専門家委員会草案が策定・公表され、その三六条が「規範代替型契約」を規律して以来、ドイツの行政法学は、法規命令の制定権限を持つ行政庁が、法規命令の制定によって規制を受けることになる民間事業者（又は民間事業者団体）との間で交渉を行い、制定されるべき法規命令の内容を契約上合意し（真正規範制定契約）、又は逆に、民間事業者等が一定の義務を負うことを条件として、当初予定されていた法規命令の制定回避を契約上合意すること（不真正規範制定契約又は法規命令代替型契約）の是非を議論している。それは「契約に対して法規命令に代替する機能を認めることの是非」をめぐる議論である。ここでは、民主的正統性の確保の観点から、それを否定的に解するドイツの議論動向を紹介、分析することを通じて、行政の行為形式としての契約に機能的限界があることが示される。

(1)　美濃部達吉『行政法撮要（上）〔第四版〕』（有斐閣、一九三五年）一六七頁は、「公法上ノ契約ハ以上述ブルガ如ク其ノ實例頗ル多ク、其ノ適用益多キヲ加フル傾向アリト雖モ、之ニ關スル法律ノ規定ハ殆ド備ハラズ、學問上ノ研究亦其未發達ノ狀態ニ在リ、其ノ詳細ノ原則ヲ論ズルコトハ困難ナリト雖モ……。」という。

(2)　近年に於いて、行政法学に於ける行政契約論の未発達又は体系性の不備を指摘するものとして、参照、浜川清「行政契約」雄川一郎ほか編『現代行政法大系(2)行政過程』（有斐閣、一九八四年）一四九頁以下（特に一六五頁）、石井昇『行政契約の理論と手続——補助金契約を題材にして』（弘文堂、一九八七年）一頁以下（特に五頁）、大橋洋一「行政契約の比較法的考察——建設法領域を中心として」同『現代行政の行為形式論』（弘文堂、一九九三年）一六一頁等。

(3)　個々の論者の各研究業績については、本文中に於いて個別に取り上げて検討する。なお、我が国の行政契約論の全体像を鳥瞰する業績として、浜川・前掲註（2）論文のほか、森田寛二「行政契約・協定方式の問題点」成田頼明編『ジュリスト増刊 行政法の争点〔新版〕』（有斐閣、一九九〇年）八四頁、安達和志「行政上の契約・協定の法的性質」髙木光＝宇賀克也編『ジュリスト増刊 行政法の争点』（有斐閣、二〇一四年）四二頁、石井昇「行政契約」磯部力ほか編『行政法の新構想Ⅱ 行政作用・行政手続・行政情報法』（有斐閣、二〇〇八年）九三頁がある。
(4) O・マイヤーが唱えた公法契約否認論については、第一部第一章第一節（本書四三頁以下）で改めて検討する。
(5) 美濃部達吉『行政法撮要（上）〔第三版〕』（有斐閣、一九三二年）九八頁以下。
(6) 美濃部・前掲註（5）書一〇〇頁。
(7) 美濃部・前掲註（5）書一〇一頁。
(8) 美濃部・前掲註（1）書一六二頁以下。なお、美濃部博士は、公企業の特許を公法上の契約の一類型としての服従契約とみなして次のように言う。曰く「特許契約ハ公法上ノ契約ナリ、公法上ノ契約ハ最モ多クノ場合ニ於テ服従契約ノ性質ヲ有ス。詳シク言ヘハ私法上ノ契約ノ如クニ當事者雙方ノ合意ニ依リテ其ノ權利義務ノ内容ヲ定ムルモノニ非スシテ、當事者ハ或ル範圍ニ於テ國家ノ特別ノ命令權ノ下ニ服スルコトヲ約スルナリ。其ノ服從關係ハ國家ノ單意ニ依リテ生スルモノニ非スシテ、當事者ノ自由意思ヲ以テ之ヲ承諾スルニ依リテ生スルモノナルコトニ於テ、國家ノ一方行爲ニ非スシテ契約タル性質ヲ有スト雖モ、其ノ契約タル所以ハ唯其ノ服從關係カ雙方ノ合意ニ依リテ生スルカ爲ニ在リテ、其ノ權利義務ノ内容カ合意ニ依リテ定マルカ爲ニ在ラス。……公企業ノ特許ハ其ノ國家ノ單獨行爲ニ非スシテ公法上ノ契約ナルコトニ於テモ警察上ノ營業免許ト其ノ性質を異ニス、單ニ行爲ノ形式ヨリ言ハハ、公企業ノ特許モ營業ノ免許モ、等シク當事者ノ出願ニ對シテ國家カ之ヲ許可スルモノニシテ、之ヲ區別スルノ理由ナキカ如シト雖モ、警察免許ハ唯禁止ヲ解除スルノ行爲ニシテ卽チ義務ノ免除ニ止マル。義務ノ免除ハ假令義務者ノ希望ニ基ク場合ト雖モ、尙專ラ權利者ノ單獨ノ意思ニ依リテ成立スルモノナルコトハ、私法上ノ行爲ニ付テモ、債務ノ免除ハ常ニ債權者ノ單獨行爲タルト異ナルコトナシ。公企業ノ特許ハ之ニ反シテ權利ヲ附與スルト共ニ義務ヲ負ハシムルノ行爲ナリ、其ノ雙方ノ合意ニ依リテノミ成立スルモノナルコトハ當然ナリ。」と（美濃部達吉「公企業特許ノ法律上ノ性質」法學協會雜誌三二巻二号〔一九一四年〕三四頁以下三五頁）。
(9) 美濃部・前掲註（1）書一六四頁以下。
(10) 美濃部・前掲註（1）書一六五頁以下。
(11) 美濃部・前掲註（1）書一六五頁以下。
(12) 美濃部・前掲註（1）書一六六頁以下。
(13) 美濃部・前掲註（1）書一六七頁。
(14) 美濃部・前掲註（5）書一〇二頁。
(15) ただし、美濃部博士は、後にこの点に関する言い回しを若干変更しており、『行政法撮要（上）〔第四版〕』（前掲註（1）書）一六八頁に於いては、次のように言う。「公法上ノ契約ノ有効ニ成立スルコトヲ得ルハ唯國法ノ之ヲ認ムル限度ニ止マル。必ズシモ法律ノ明文アル場合ナルコトヲ要件トセズト雖モ、少クトモ法令ノ規定ニ違反スルモノナルコトヲ得ズ。法令ニ牴觸セズ且ツ慣習及條理ノ許ス限度ニ於テノミ公法上ニ於テモ契約ニ依リ有效ニ相互ノ權利義務ヲ定ムルコトヲ得ベシ。」と。

(16) 美濃部達吉『日本行政法（上）』（有斐閣、一九三六年）二四〇頁。

(17) 美濃部・前掲註（16）書二四一頁。ただし、私人による公法上の契約の解除に関して、美濃部博士の見解は変遷している。『日本行政法（上）』（前掲註（16）書）が公刊された年の前年（一九三五年）に出版された『行政法撮要（上）〔第四版〕』（前掲註（1）書）一六九頁以下に於いては、契約の一方当事者である私人による契約の解除権を認めて次のように述べていた。「如何ナル場合ニ於テ當事者ノ一方ノ意思ニ依リ之ヲ解除シ得ルカハ場合ニ依リ一樣ナラズト雖モ、少クトモ當事者ノ一方ガ其ノ義務ヲ履行セザルコトガ確定シ又ハ其ノ履行ガ不能トナリタルトキハ相手方ハ當然契約ヲ解除スルノ權アルモノト認メザルベカラズ。契約解除ノ結果トシテ當事者ノ一方ガ相手方ニ對シ金錢返還請求權現狀回復請求權等ヲ有スル場合ニ於テハ其ノ權利ハ私法上ノ財産權ニシテ民事訴訟ヲ以テ之ヲ請求スルコトヲ得ベシ。何トナレバ公法關係ハ既ニ消滅セルモノナルヲ以テ其ノ後ニ生ジタル權利ハ單純ナル私權ニ外ナラザレバナリ。」と（傍点筆者）。

(18) 佐々木惣一『日本行政法論總論』（有斐閣、一九二二年）四九九頁以下。

(19) 佐々木・前掲註（18）書五〇五頁。

(20) 佐々木・前掲註（18）書五〇一頁。

(21) 佐々木・前掲註（18）書五〇六頁以下。

(22) この点を指摘するものとして、参照、山田幸男『行政法の展開と市民法』（有斐閣、一九六一年）一二三頁以下。

(23) 佐々木・前掲註（18）書五〇七頁以下は、次のように言う。曰く、「其ノ契約ニ非サルコトハ、官吏關係ノ内容カ毫モ國家及ヒ官吏タル者ノ双方ノ意志ニ依テ定メラレス全ク國家ノ一方ノ意志ノミニ依テ定メラルルコトニ徵シテ明ナリ。官吏ノ任命ナル用語其ノモノモ亦既ニ之ヲ暗示スト云フヘシ。然レハ官吏關係ヲ定ムル行爲カ一方行爲ナルカ將又處分ナルカハ官吏關係ナルモノノ性質ヨリ決スヘキニ非スシテ、之ヲ國法ニ徵スヘキモノナリ。營造物ノ特別利用又ハ獨立利用モ亦官吏關係ト同シク法律事項ニ非ス。蓋シ利用者ハ營造物ノ主體ニ對シテ特別ノ權力關係ニ立チ自由ヲ制限セラルルモ、是レ一般國民トシテノ自由ノ制限ニ非サレハナリ。故ニ之ヲ定ムルニハ觀念上契約ニ依ルコトヲ得。而モ我國ノ實際ニ於テハ要求ニ基ク處分又ハ同意ニ基ク處分トシテ行ハルルヲ例トス。」と。

(24) 佐々木・前掲註(18)書五〇二頁以下。
(25) 山田準次郎「公法上の契約に就いて」法学新報四四巻一〇号(一九三四年)五頁以下七頁。
(26) 山田・前掲註(25)論文三四頁。
(27) 山田・前掲註(25)論文一六頁は、美濃部博士とほぼ同じ契約指標に依拠して、次のように言う。「我等は上述の如く合意がある場合に契約となるかならぬかは、同意又は申請が獨立の行爲を爲して居るか否か、換言すれば合意が一法律行爲を組成するか、それとも二法律行爲として各獨自の存在を保有するかに依つて最も簡單明瞭に契約が存在するか否かが判定し得られるものと考へるのである。」と。
(28) 山田・前掲註(25)論文二一頁以下二四頁は、美濃部博士が公用負担契約とした事例を行政行為としての特許と構成している。
(29) 山田・前掲註(25)論文二七頁。
(30) 山田・前掲註(25)論文二八頁。
(31) 山田・前掲註(25)論文三四頁。
(32) 柳瀬良幹「公法上に於ける契約の可能及不自由」同『行政法の基礎理論(1)』(弘文堂書房、一九四〇年)二一九頁以下(特に二二六頁以下二三〇頁)。
(33) 渡邊宗太郎『改訂日本行政法(上)』(弘文堂書房、一九三七年)二六〇頁以下。
(34) 田中二郎「公法契約論序説」同『行政行為論』(有斐閣、一九五四年)二六九頁以下。
(35) 田中・前掲註(34)書二八三頁は次のように言う。「惟ふに公法上の契約の観念を特に認めるのは、法律が自ら豫め法律關係の内容を決定することなく、當事者の自由なる意思決定によつて、その内容の定められる點に、他の概念より區別すべき實益があるからである。勿論此の場合に於ても、その法律的効果を生ずるが爲には、法律の承認を要することは言ふ迄もないが、それは當事者の意思の合致に法律的効果を賦與する所の間接的存在たるに止り、法律關係の内容は直接に意思によつて定められるのである。」と。
(36) 田中・前掲註(34)書二八三頁以下。
(37) 田中・前掲註(34)書二九三頁以下。
(38) 田中・前掲註(34)書二八四頁。
(39) 田中・前掲註(34)書二八五頁。
(40) 田中博士が「公法上の対等関係＝公法上の管理関係」に於いて公法上の契約の可能性を承認する見解であることを指摘するもの

として、参照、原田尚彦「行政契約論の動向と問題点（1）」法律時報四二巻一号（一九七〇年）六九頁以下（特に七三頁以下七四頁）。

（41）田中・前掲註（34）書二九四頁以下は次のように言う。「惟うに公法關係が原則として法律によつて定められて居り、而もその法律が一般に强行性を有することは否定し得ない所で、その意味に於て私法との差異を認めるのは正當であるとしても、總ての公法關係が法律の規定する所であり、總ての公法的作用が法の適用であるとすることは、法の適用の意味如何にもよるが、極端に失するとの非難を免れないもので、法律が契約によつて定むべきことを認める限度に於ては少くとも、疑もなく、行政廳の自由意思に法律的効果を與へんとする趣旨と解すべく、法の適用とは區別して理解せねばならぬ。

勿論公法上の契約に付ても、其の法律的効果の發生に基礎となるべき契約法規の存在を必要とするが、それは後にも述べる通り、明文の規定たるを要するものでなく、ましてや具體的の契約はかかる法規を適用し執行する關係に在るものではなく、唯當事者の意思の合致に法律的効力を賦與する意味の規範たるを以て足るのである。從つて、私の考へる所では、公法上の關係が總て、法規によつて規定されて居るものと解することは一つの獨斷であり、此の獨斷から出發して實質的なる公法上の契約の成立を全く否定するのは誤といはねばならぬ。」と。

（42）田中・前掲註（34）書二九八頁以下三〇三頁。

（43）本書第一部第一章第一節第四款（規範執行手段としての公法契約論）に於いて取り上げるW・アペルトの公法契約論、及び、特に本書第一部第一章の註（32）を参照。

（44）柳瀬・前掲註（32）書二一九頁以下。

（45）柳瀬・前掲註（32）書二三〇頁以下（特に二三一頁の註16）に於いて、柳瀬博士は次のように言う。「故に、例へば官吏の任命や國籍の賦與の如き、効果の内容は全然國家の一方的に定むるところで、相手方たる個人は何等折衝秤量の餘地を有しないが、而もなほその意思表示のない限り効果は絕對に發生しない關係に在るのであるから、此の點に關する限り、契約の要件を缺くものではない。」と。

（46）柳瀬・前掲註（32）書二四四頁以下二五六頁。

（47）柳瀬・前掲註（32）書二六八頁以下二七二頁。

（48）柳瀬・前掲註（32）書二七三頁以下。

（49）この点を指摘するものとして、参照、浜川・前掲註（2）論文一五八頁以下。

(50)　山田・前掲註(22)書一九六頁以下一九八頁。

(51)　滝沢正教授は一九七八年に公表した論文「フランス法における行政契約――行政契約の標識を中心として(1)」法学協会雑誌九五巻四号(一九七八年)三頁以下に於いて、日本の行政契約研究の状況を総括して次のように述べている。曰く、「……最近あらわされた諸論稿のうち、……行政契約の理論的解明を試みた学説上の見解においても、多くは依然として差しあたりドイツ法における行政契約論のみが参照されているにすぎない。また、その問題意識にも拘らず、ほとんどの場合行政契約の具体的内容にまで及ぶ検討はされておらず、昭和初期と大差ない視点から、はなはだ観念的に行政契約の可能性、自由性が論じられるにとどまっている。戦前と異なる点といえば、これもまた近時におけるドイツ行政法の潮流にそって、自由性に対して積極的態度をとる学説がふえたことのみであろう。」と。滝沢教授の右指摘は、当時の状況を的確に捉えてこれを表現したものと思われるが、本書は、滝沢教授を含む多数の研究者が、その後、我が国の行政法学に対して新たな視点を多数提示・提供した事実を重視し、戦後の議論を戦前の議論の単なる焼き直し(又は単なる延長線上にあるもの)とは評価していない。

(52)　山田幸男『行政契約論』(日本評論新社、一九五六年)。なお同書はその後、同・前掲註(22)書に収録されている。

(53)　綿貫芳源「英國における行政上の契約(1)～(3・完)」自治研究三三巻八号一七頁以下、同九号六一頁以下、同一〇号二三頁以下(一九五七年)。同「アメリカ法における行政契約」東京教育大学文学部紀要社会科学論集一〇巻(一九六三年)一頁以下。

(54)　竹中勲「アメリカにおける政府契約の法的コントロール(1)～(3・完)」民商法雑誌七七巻三号三八〇頁以下、同四号五二一頁以下、同五号六四三頁以下(一九七七年～一九七八年)。

(55)　浜川清「フランスにおける行政契約一般理論の成立(1)～(2・完)」民商法雑誌六九巻六号四〇頁以下、七〇巻一号四三頁以下(一九七四年)。

(56)　滝沢正「フランス法における行政契約――行政契約の標識を中心として(1)～(5・完)」法学協会雑誌九五巻四号一頁以下、同五号七七頁以下、同六号一頁以下、同七号五〇頁以下、同九号一頁以下(一九七八年)。

(57)　行政上の契約に関わる亘理教授の研究業績は多数に及ぶが、この時期に於ける教授の代表的な研究業績が、亘理格「行政による契約と行政決定(décision exécutoire)――フランス的行政行為観の形成過程に関する一考察(1)～(3・完)」法学四七巻二号七九頁以下、同三号九一頁以下、四八巻二号六九頁以下(一九八三年～一九八四年)であって、同論文は、行政が主体となって締結する各種契約の形成過程上に位置する諸々の決定行為を「行政行為」と理解し、これに対する越権訴訟の提起を認めるフランスの理論――所謂「分離しうる行為の理論」――が判例及び学説上確立されてゆく過程を詳細かつ体系的に分析し、以て、フランス流の行政行為観の論理構造を浮き彫りにするとともに、越権訴訟の性質（客観的性格）に関して理論的考察を行った先駆的な研究業績である。なお、これと関連して、一つの法律関係について、契約による規律と行政行為による規律とが並存・交錯する可能性を指摘する先行研究業績として、小早川光郎「契約と行政行為」芦部信喜ほか編『岩波講座　基本法学4――契約』（岩波書店、一九八三年）一一五頁以下（特に一二六頁以下）、濱西隆男「『行政契約』私論（上）（下）」自治研究七七巻一号六四頁以下、同九号三八頁以下（二〇〇一年）、亘理格「保育所利用関係における合意の拘束力――保育期間中における保育所廃止・民営化に対する法的制約の存否問題を素材に」小林武ほか編『「民」による行政――新たな公共性の再構築』（法律文化社、二〇〇五年）二〇八頁以下等を参照。なお、かかる「契約と行政行為の併存並びに交錯状況」をめぐるフランスの判例及び学説の最新動向につき、これを詳細かつ体系的に検討・分析した優れた研究業績として、田尾亮介「契約と行政行為の並存・交錯状況――フランスの場合」宇賀克也＝交告尚史編『現代行政法の構造と展開（小早川光郎先生古稀記念）』（有斐閣、二〇一六年）六八五頁以下を参照。

(58) 三好充『フランス行政契約論』（成文堂、一九九五年）所収の各論稿を参照。

(59) 浜川・前掲註（2）論文一五〇頁以下一五二頁。

(60) 行政契約を私法契約から区別する基準（行政契約の指標）をめぐるフランスの議論については、山田・前掲註（22）書二八五頁以下（特に三〇二頁以下三〇九頁）、浜川・前掲註（55）論文、滝沢・前掲註（56）論文、三好・前掲註（58）書が詳しい。なお、この問題を検討する近時の研究業績として、國井義郎「フランスにおける行政契約と官公庁契約――法外制度を中心として」阪大法学五二巻二号（二〇〇二年）一一三頁以下、同「フランスにおける官公庁契約の行政化」阪大法学五三巻五号（二〇〇四年）六七頁以下がある。

(61) 王の行為の理論、不予見の理論等については、山田・前掲註（22）書三一六頁以下、浜川清「フランスにおける行政契約一般理論の成立（2・完）」民商法雑誌七〇巻一号（一九七四年）六七頁以下、滝沢正「フランス法における行政契約――行政契約の標識を中心として（4）」法学協会雑誌九五巻七号（一九七八年）五〇頁以下（特に七八頁以下）、國井義郎「行政契約の解除に関する覚え書き――フランス法との比較法的見地から」近畿大学法学五四巻三号（二〇〇六年）一頁以下等を参照。

(62) 浜川・前掲註（2）論文一五一頁以下一五二頁。

(63) この点を指摘するものとして、参照、滝沢正「フランス法における行政契約――行政契約の標識を中心として（1）」法学協会雑誌九五巻四号（一九七八年）四頁。

(64) 山田・前掲註（22）書一九九頁以下二一七頁。

(65) 山田・前掲註(22)書二四一頁は、次のように言う。「今日においては、むしろ、フランス流に、特許行為そのもの(契約の締結)とか解除とかを抗告訴訟の対象としつつ、他面において、特許に伴う権利義務関係の規律は、その基本的事項を原則として行政法規(法律・法規命令)中に定め、その他の事項を当事者の合意によって自由に定める行政契約約款による、という行き方が考えられてよいのではなかろうか。そうすることによって、特許人は、抗告訴訟上の救済のみならず、行政契約約款の履行に関する争いにつき当事者訴訟上の救済をうけることになり、そして、右の行政契約約款の内容は現在訓令とか行政指導とかに委ねられている事項であるから、その分だけ、当事者訴訟上の救済が現在よりもさらに徹底することになるであろう。」と(傍点ママ)。

(66) 参照、木村琢麿「フランスにおけるPFI型行政の動向――公私協働契約を中心に」季刊行政管理研究一一〇号(二〇〇五年)五六頁以下、同「行政における民間委託の可能性――オーリウにおける《公》と《私》」同『ガバナンスの法理論――行政・財政をめぐる古典と現代の接合』(勁草書房、二〇〇八年)一六五頁以下等。なお、民間委託に関わる行政上の契約については、本書第二部で改めて取り扱う。

(67) 飯島淳子「契約化の公法学的考察(1)~(3・完)」法学七三巻六号一頁以下、七四巻四号一頁以下、同五号一頁以下(二〇一〇年)は、今や世界的趨勢となった「契約化――契約を基軸として社会関係を構成しようとする現象」に焦点を当て、一九世紀から二〇世紀に初頭にかけて判例・学説上「行政契約の理論」が形成・確立されたフランスに於いても「契約化」は「現代を象徴する言葉」となっていること、実際、フランスでは近年、伝統的な行政契約概念・類型であるところの「公役務の管理に関わる契約(官公庁契約・公役務委任契約・公私協働契約)」以外にも、実に様々な行政領域に於いて契約的手法の利用が顕著になっていることを指摘した上で、契約的手法の当事者を基準に実定法制度を体系的に整序しながら、フランスに於ける契約化の現状を詳細かつ網羅的に紹介するとともに、契約化現象が様々な行政領域に浸透する背景と意義を探りつつ、「契約化が公法学(公法理論)に突きつける課題――意思自治を知らない公法理論に『意思』をどのように組み込むか(公法理論は、いかにして「意思」を自らのうちに位置づけ、意味づけることができるか)」を検討する。「公的組織・私的主体間の契約」のみならず、「公的組織相互間及び公的組織内部の契約」をも射程に入れながら「総体としての契約化の法理論の確立・提示」を志向するフランスの学術論議の最新動向を体系的かつ詳細に分析する研究業績として注目に値する。

(68) 参照、田尾・前掲註(57)論文。

(69) 塩野宏「紹介 マルティン・ブリンガー『契約と行政行為』」同『行政過程とその統制』(有斐閣、一九八九年)二六二頁以下。

(70) 原田尚彦「行政契約論の動向と問題点(1)(2・完)」法律時報四二巻一号六九頁以下、同三号八五頁以下(一九七〇年)。

(71) 藤原淳一郎「ザルツヴェーデルの公法契約論」法学研究〔慶應義塾大学〕四八巻一号（一九七五年）四七頁以下。

(72) 長尾久衛「マクス・インボーデン『行政契約論』における基礎的問題（1）（2・完）」名城法学一二巻三・四合併号一一一頁以下、一三巻一号六四頁以下（一九六三年）。

(73) 藤原淳一郎「西ドイツ行政手続法草案をめぐる公法契約論」法学研究〔慶應義塾大学〕四四巻七号（一九七一年）九一頁以下。

(74) 長尾久衛「西独行政手続法における公法上の契約（1）（2）」名城法学二八巻一・二合併号（一九七八年）一五七頁以下、二八巻三・四合併号（一九七九年）一頁以下。

(75) 田中二郎博士が公法上の対等関係（公法上の管理関係）に於ける契約の可能性を肯定する一方、公法上の支配関係に於ける公法契約の可能性を否定していたことについては、本節第一款〔五〕及び前掲註(39)及び(40)を併せて参照。

(76) 参照、原田尚彦「行政契約論の動向と問題点（2・完）」法律時報四二巻三号（一九七〇年）八五頁以下（特に九一頁以下）は、次のように言う。「ところで、契約の機能的考察にあたって第一に検討されるべきは、警察とか租税といった従来権力関係と目された行政領域における権利義務関係を契約によって形成することの可否に関する問題である。従来の学説は、かかる行政領域は、公権力の包括的な支配領域であるとし、契約は法律に明示の規定のないかぎり論理的に成立の余地なきものと考えてきた……。しかし、日本国憲法のもとでは、行政府と国民は原則として対等の地盤に立つと考えられるから、行政府は国民代表議会の定立する法律の個別的授権があれば行政行為あるいは行政強制といった権力的手段をとりうるけれども、法律の授権外では行政府は当然に支配的地位にあるとはいえない。にもかかわらず、法の不存または不備の場合にも、国や公共団体は、公行政を継続的に維持する任務を有する社会的活動体として、恒常的に行政需要を充足していかねばならない。このためには、対等な基盤に立って国民との間に契約を通じて権利義務を設定してゆくほかはないであろう。……従来の学説が、この理に反し、国庫活動のみに契約の自由を認め、公行政上の契約を原則的に否認してきたのは、〈私法の世界〉とは別個に、アプリオリに権力の支配する〈公法の世界〉を承認してきた結果にほかならない。かかる先験的峻別論をとらないかぎり、秩序維持行政をはじめとする権力的色彩の強い行政領域において、契約の可能性と自由性が、論理的次元において排斥されるべき理由はない。」と。

(77) 参照、石井・前掲註（2）書。

(78) 参照、浜川・前掲註（2）論文一四九頁及び一六五頁以下。

(79) 参照、大橋・前掲註（2）書一六一頁。

(80) 浜川・前掲註（2）論文一五九頁。

(81)　浜川・前掲註（2）論文一六五頁。
(82)　原田・前掲註（76）論文九〇頁以下。
(83)　碓井光明『公共契約の法理論と実際』（弘文堂、一九九五年）。
(84)　参照、大橋・前掲註（2）書一九二頁以下一九九頁。
(85)　参照、大橋・前掲註（2）書一九九頁以下二〇〇頁。
(86)　この点については本書第一部第七章第三節に於いて改めて触れる。
(87)　碓井光明『行政契約精義』（信山社、二〇一一年）。
(88)　参照、「論点講座エンジョイ!行政法第四回『公共サービス改革』」法学教室三一三号（二〇〇六年）三〇頁以下（特に三八頁）。
(89)　参照、滝沢・前掲註（51）論文二頁。
(90)　行政契約に触れるテキスト又は概説書の類いは枚挙に暇がないが、例えば塩野宏『行政法Ⅰ　行政法総論〔第六版〕』（有斐閣、二〇一五年）二〇九頁以下は、行政上の契約を「準備行政における契約」、「給付行政における契約」、「規制行政における契約」、「行政主体と民間事業者間契約」、「行政主体間の契約」に、原田尚彦『行政法要論〔全訂第五版〕』（学陽書房、二〇〇四年）二〇一頁以下は、「給付行政と行政契約」、「取締行政における契約方式」に、芝池義一『行政法総論講義〔第四版〕』（有斐閣、二〇〇一年）二四〇頁以下は、行政主体と私人との間の契約を「行政サービス提供に関わる契約」「行政の手段調達のための契約」「財産管理のための契約」「規制行政の手段としての契約」に分けて考察を行うほか、石井・前掲註（3）論文九三頁以下も、行政契約の種別を「給付行政分野」「規制行政分野」「調達および財産管理分野」に分けている。その構成や取り上げる契約の具体例が執筆者によって若干異なることは否定できないものの、現在公刊されている主要なテキスト又は概説書を見る限り、契約が締結される行政分野に応じて、これを幾つかの類型に分け、そこで具体例を挙げながら個別の論点を考察するやり方が一般的であるように思われる。
(91)　碓井・前掲註（87）書五一六頁以下は次のように言う。「考えてみると、行政契約の総論的研究よりも、個別の行政契約ないし協定の方が、深い研究の対象とされてきたといってもよい。戦前からのガス事業者との報償契約については戦後も研究された。また公害防止協定も研究の対象とされた。それらは、行政契約論の入口の議論に終始することなく、内容に立ち入った研究である。筆者も、個別行政分野を支配する条理を探求する必要性を痛感する点において兼子教授に同調するものであるが、そのことは、横断的な検討を無意味にするとはいえないであろう。両方の研究を並行して進めることが有益とも思われる。」と。
(92)　こうした「契約実務の実態を実証的に把握し、個々の契約が締結される行政領域の特性を考慮に入れながら個別の論点を解明する地道な作業を行いつつ、解明された個々の契約法理を〝一般化・抽象化〟し、それを契約の機能に応じて類型化する」研究手法の必要性及び有用性を説くドイツの代表的論者がW・クレプス（Walter Krebs）である（Vgl. Walter Krebs, Verträge und Absprachen zwischen der Verwaltung und Privaten, VVDStRL 52, 1993, S.248ff.）。

第一部　行政行為代替型契約論

第一章　ドイツ公法契約論の歴史的展開

行政主体と私人との間の公法上の法律関係を契約によって規律する可能性及びその許容要件をめぐる議論は、ドイツの行政法学上、長きにわたって論争の的であった。M・ブリンガー（Martin Bullinger）によると、一九六〇年代に於いても見解は錯綜し、定説は存在しなかった。(1) そうしたなか、一九六三年に連邦行政手続法の〝模範草案〟（Musterentwurf eines Verwaltungsverfahrensgesetzes）が公表され、「公法領域に於ける法律関係は、法規定に反しない限り、契約を通じて創設され、変更され、又は廃止され得る。」旨の規定を創設することが提案された（四〇条）。この模範草案四〇条は、その後、一九七〇年に公表された連邦政府草案（七〇年連邦政府草案）の五〇条、そして一九七三年に公表された連邦政府草案（七三年連邦政府草案）の五四条へと引き継がれ、一九七六年に現行法の五四条として成立した。現行法五四条は、次のように規定する。

「第五四条　公法上の契約の許容性

公法領域に於ける法律関係は、法規定に反しない限り、契約を通じて創設され、変更され、又は廃止され得る（公法上の契約）。特に行政庁は、行政行為を発動することに代え、さもなくば行政行為を発動したであろう相手方との間で公法上の契約を締結することができる。」

右規定は、一九七七年に施行された後、一度も改正の対象となることなく今日に至っており、管見の限り、現代のドイツ行政法学に於いても、右の規定を真正面から批判し、その改正を主張する議論は見られない[2]。一九六〇年代まで見解が錯綜し、定説を見ていなかった公法上の契約の許容要件論は、右規定の原型である模範草案四〇条が公表されたことによって、一応の決着をみたことになる。問題は、右規定が〝どのような学術論議を経て成立に至ったのか〟である。これを考察するにあたっては、以下に述べる三つの論点を順に検討する必要があろう。

第一に、「近代ドイツ行政法学の真の創設者にしてクラシカー」[3]と称されるO・マイヤー（Otto Mayer）が主張した〝公法契約否認論〟の内容と、彼がそうした見解を主張した理論的背景を確認する必要がある。というのも、公法上の契約の許容要件をめぐる諸々の見解は、そのいずれもが、O・マイヤーの見解を部分的に修正し、あるいはそれを完全に克服しようとする学術論議のなかで主張されたからであり、その意味でO・マイヤーの公法契約否認論は、許容要件をめぐるその後の議論とは不可分の関係に立つからである。

他方、第二に、O・マイヤーの公法契約否認論を克服してゆく過程で主張された様々な許容要件論の内容と、それら各許容要件論が主張された理論的背景を明らかにする必要がある。連邦行政手続法の五四条が規律する「法規定に反しない限り」という許容要件の意味と、こうした許容要件を規律した立法者の意思は、それら伝統的な見解と比較することを通じて、より明確になろう。

第三に、五四条「第二文」が規律された背景とその存在意義を明らかにする必要がある。というのも、この規定は、その文言――〝特に行政庁は……できる（Insbesondere kann die Behörde……）〟――からも明らかなように、公法上の契約によって法律関係が規律される〝典型的な局面〟を行政庁に対して提示するものであるが、こうした規定を敢えて置いた点に、ドイツ特有の公法契約観（又は公法上の契約という行為形式に対して立法者が持っていたイメージ）が明確に現れているように思われるからである。

第一節　O・マイヤー公法契約否認論とその克服

第一款　O・マイヤー公法契約否認論

公法契約否認論とは、O・マイヤーをその代表的論者とする理論であって、行政主体と私人との間の法律関係を公法上の契約によって規律する可能性それ自体を全面的に否定する理論である。(4) 彼は一八八八年に「公法契約論」を発表して以来、一九二四年の『ドイツ行政法〔第三版〕』に至るまで、一貫してこの見解を主張した。(5)

O・マイヤーは、国家と人民との間の法律関係に公益が存在する場合（公法関係）、国家の意思は人民の意思に対する優越性を認められ、両者は対等ではないこと、したがって、対等な法主体の存在を前提とする契約をもって公法上の法律関係を規律することはできず、それは優越性を認められる国家の意思を通じて一方的に規律されることを主張して、公法上の契約の可能性を否定した。彼は次のように述べている。(6)

「今までの議論に従い、国家と私人を同様に取り扱い、私人に適用される法を国家にもまた適用する場合を除けば、国家には共同体という性質に基づく特別な法的作用力が現れなければならない。それが公権力である。共同体とは、個人を超えた目的のための人類共同体である。国家はその主要な例であり、国家は、歴史的に偉大な産物である国民の未来のために、その中の個人を大きく犠牲にすることを許されている。……共同体のために表明された国家の意思は、その勢力範囲内にいる私人よりも法的に優越した力を持っている。そこに公権力が存在する。……公法は、公権力の主体が、公権力それ自体として介入する法律関係である。」

このようにO・マイヤーは、公法領域に於ける国家の意思が常に人民の意思に優越すること（包括的な支配従属関係）を前提に、公法上の法律関係は常に国家の意思のみにより一方的に規律されるべきことを主張する。このため、公法領域に於ける行政の行為形式は、公権力行使たる「行政行為（Verwaltungsakt）」でなければならず、対等な法主体を前提とする「契約（Vertrag）」が公法領域に於ける行政の行為形式となる余地はないものとされた。したがって、「官吏任命行為」、「国籍付与行為」、「公企業特許」、「公営造物利用の許可」など、公法上の法律関係を創設する際に人民の意思が介在する事例を、彼は「公法上の契約」ではなく、あくまで公権力行使たる「行政行為」とみなした。例えば、官吏任命行為の法的性質について、彼は次のように述べている。(7)

「行政行為は、全てその有効性が法律から導かれる私人の法律行為とは違い、公権力は特別な制約が課せられていない限り、自ら法的に思い通りに活動する。こうした独立行政行為は、以下の二通りのケースで見られる。第一は、国家が個々人の自由や財産へ介入することなく、一方的な命令を通じて決定を行う場合である……。第二は、なるほど国家が個々人に対して負担を課し、個々人の自由に介入する場合ではあるが、個々人の承諾により行政行為を行う場合である。この承諾は、服従者のために構築されている憲法上の法律の留保を除去するのであり、行政行為は自由になる。こうした服従に基づく行政行為の典型例が公勤務に於ける官吏の雇用である。」

このようにO・マイヤーは、官吏任命行為に際して現れる人民の意思表示を、契約締結の際の意思表示とは本質的に異なったものとするために、憲法上の法律の留保について「侵害留保論」に立った上で、官吏任命行為に際して現れる人民の意思表示を「負担的行政行為を行う際に憲法上要求される法律に代替するもの」とみなした。こうして発動される行政行為が所謂「服従に基づく行政行為（Verwaltungsakt auf Unterwerfung）」である。(8) そして彼は、この「服従に基づく行政行為論」を、法律関係の規律に際して人民の意思が介在するその他の事例——国籍付与行為、公企業特許、公営造物利用許可等——にも援用し、これらを全て官吏任命行為同様、「服従に基づく行政行為」とみなしたのである。(9) O・マイヤーによると、仮に国家と人民が契約の締結を通じて法律関係を規律することが許容されるとすれば、それは国家の意思に優越性が認められず、国家と人民とが相互に対等に向き合う私法領域に限定されなければならないのであり、彼の思考体系のなかには、公法上の法律関係が契約によって規律されるための要件（公法上の契約の許容要件）を議論する前提それ自体が、そもそも存在しなかったわけである。

第二款　理論と実務の乖離

ところが、右に見たO・マイヤーの理論は、早くもヴァイマール憲法下に於いて、立法及び行政実務と乖離していた。例えば、この時代のドイツ行政法学を代表するF・フライナー（Fritz Fleiner）は、公法上の契約を明示的に授権する実定公法規範の存在を指摘するとともに、(10) 現実の行政実務が必ずしも行政行為を通じて公益を達成するとは限らない事実を指摘して、次のように言う。(11)

「国家及びゲマインデは、経済的事業という行政任務（ガス・水道・電気等の住民への配慮）を、多くの場合、特別な民間企業を通じて達成している。この民間企業は、国家若しくはゲマインデの特定の協力の下で事業を行い、又はその株式全てが、国家若しくはゲマインデの所有となっている。こうした場合、国家及びゲマインデは経済的活動を行っており、その中で公的福祉事業が具体化される。」

F・フライナーは、ガス・水道・電気等の供給事業が、民間企業の協力のもと非権力的に実施される現象を「経営的行政（Betriebsverwaltung）」と呼んでいる(12)。

他方、W・イェリネック（Walter Jellinek）もまた、当時の行政実務が、道路やゴミ焼却場等といった都市計画施設の設置や、指導的・誘導的な行政活動を行っている事実を指摘し、これを「単純高権行政（Schlichte Hoheitsverwaltung）」と呼んでいる(13)。

右二つの概念は、その内容に違いはあるものの、公益が必ずしも行政行為を通じて一方的に達成されるとは限らないこと、したがってO・マイヤーの理論と行政実務とが乖離していることを示す点で共通している。

他方、O・マイヤーの理論は、法理論上も厳しく批判された。我が国に於いても例えば柳瀬良幹博士は、O・マイヤーが公法領域を常に国家意思の優越性が認められる支配従属領域と把握したことを批判して、次のように述べている(14)。

「マイヤーの學説の根本の誤は、マイヤーが右の國家意思の一般的優越性から直ちに行政行爲の優越性を結論したところに在る。マイヤーは、前記の如く、行政行爲は法律の根據なき場合にも常にその性質上當然に一方的拘束力を有するものであるとし、從つてそれと個人の意思との間に契約の成立することは絶對に不可能であると主張するが、此の主張は、ケルゼンの正當に指摘してゐる如く、法治國理念の核心たる立法者としての國家と行政者としての國家との區別を忘れた根本的の《ママ》謬說である。國家の意思が人民に對して無制限の優越性を有することそれ自身は、前にも述べた如く、如何にも眞理である。併しながら、現代の法治國家に於ては、國家の意思は必ずしも常に單一の形式を以て發現するものではなく、その發現の形式には少なくとも法律と行政行爲との二種の別があり、而して支配者としての國家の優越なる意思の發現としてそれ自身の性質上無條件の一方的拘束力を有するものは前者に限られ、後者はその性質上當然にはかかる力を有するものではないのである。……若し實際上行政行爲がかかる力を有することがあるならば、それは立法者としての國家から傳來したものであり、法律が行政行爲に對して之を認めた結果に外ならない。」

このように柳瀬博士は、O・マイヤーのいう「国家の意思」を「立法者としての国家の意思」と「行政者としての国家の意思」とに区別した上で、人民の意思に対する無制限の優越性をもって発せられるのは前者であり、後者は、法律が認めた場合以外、人民の意思に対する優越性を認められないと主張する。柳瀬博士によれば、法律関係を規律する際に法律上人民の意思表示が要求されているなら、ここに公法上の対等権利領域が存在するのであって、O・マイヤーのように、公法領域に於ける行政の意思に対し、前法律的に優越性を認めることなどできないのである。

このように、公法領域を「国家の意思に常に優越性が認められる支配従属領域」と把握するO・マイヤーの見解は、比較的初期の段階で、立法・行政実務、そして行政法学説の三方向からの批判を受けていたことがわかる。したがって、右の理解を前提に唱えられたO・マイヤーの公法契約否認論が、後のヴァイマール期のドイツ行政法学によって批判され、公法上の契約の可能性を理論的に肯定しようとする動きが生じたとしても、何ら不思議ではない。事実、ヴァイマール期以降のドイツ行政法学には、もはやO・マイヤーの理論をそのまま援用して公法上の契約の可能性を否認するものは存在しないのであって、議論の中心は次第に、公法上の契約の可能性を肯定した上で、その許容要件論へと移行してゆくのである(15)。

ただし以下に見るように、ヴァイマール期のドイツ行政法学説の中には、公法上の契約の可能性を肯定し、その限りでO・マイヤーの公法契約否認論を批判しながらも、O・マイヤーの理論から大きく離れることなく、むしろそれを基盤としながら、公法上の契約の許容要件を検討する動きが見られる。「規範授権理論」がそれである。

第三款　規範授権理論（Normative Ermächtigungslehre）

この見解は、公法上の契約の可能性を肯定する一方、公法上の契約が許容されるための条件として、「それを明示的に授権する実定公法規範又は慣習法の存在」を要求するものであり、ヴァイマール期に於いて、F・フライナーやW・イェリネックによって主張された学説である。[16] それは、公法上の契約の可能性を肯定する点でO・マイヤーの理論と一線を画すものの、公法上の契約が許容される局面を「実定公法規範又は慣習法の明示的授権がある場合」に限定し、それを非常に狭く理解する点に特色がある。彼らがこうした許容要件論を主張した背景には、やはりO・マイヤー理論の影響が見いだされる。

既に述べたように、彼らは公益が常に優越的な国家意思（公権力行使＝行政行為）により達成されるとは限らない事実を「経営的行政」又は「単純高権行政」という概念によって把握し、O・マイヤーの理論がヴァイマール期に於いて通用性を失いつつあることを認識していた。したがって、「公法領域に於ける国家の意思は人民の意思に常に優越する」というO・マイヤーの基本理解を根底から覆し、経営的行政や単純高権行政に於ける行政の行為形式として公法上の契約を広範に承認する可能性はあった。ところが、彼らはいずれも、O・マイヤーの理論をあくまで原則として維持することに主眼をおき、公法上の契約が許容される場面を狭く限定したのである。

F・フライナーは、彼が認識した経営的行政の実態が、O・マイヤーの理論によっては把握できないものであることを理由に、それを「国家及びゲマインデの私法への逃避（Flucht von Staat und Gemeinde in das Privatrecht）」と呼び、これを公法領域から放逐した。[17] このためF・フライナーに於いても、公法領域は依然として「国家の意思が優越する支配従属領域」と理解され、そこに於ける行政の行為形式は、原則として「公権力行使（行政行為）」であり、公法上の契約は、実定公法規範又は慣習法による明示的授権が存在する場合に限って許容される例外的な現象とされた。彼

は次のように述べている。(18)

「立法者が公法上の契約という形式を授権しているのは、関係する法律関係を一方的に規律する際に生じる特別な技術上の困難性や特別な手続上の回りくどさを契約によって回避することができる場合である。公益はこうした場合にもまた認められる。というのも行政庁は、契約形式によっては目的を達成できない場合、一方的な処分によって行政任務を実現する可能性を有しているからである。」

公法領域を「国家の意思に常に優越性が認められる支配従属領域」と理解し、これを基盤に公法上の契約による法律関係の規律を例外視する態度は、W・イェリネックにも共通する。単純高権行政が、非権力的な性質のものであるにもかかわらず、彼はこの領域に於ける公法上の契約の可能性を全く議論しない。(19) 彼が公法上の契約の具体例として挙げたのは、僅かに電気利用契約や道路利用契約のみであり、公法上の法律関係を規律する際に人民の意思が介在する官吏任命行為や公企業特許等――O・マイヤーが「服従に基づく行政行為」とみなした事例――を、全てそのまま「双方的行政行為」(20) としている。(21) それはW・イェリネックがO・マイヤーの理論を基盤としていることの証である。

こうしてみると、F・フライナーやW・イェリネックによって唱えられた規範授権理論は、公法上の契約の可能性を認め、その許容性を議論するものではあるが、それは、公法領域に於ける国家の意思に常に優越性を認め、公法領域を支配従属領域と理解したO・マイヤーの理論を基本的に維持し、あくまでもこの理解を基盤とするものであり、O・マイヤーの公法契約否認論を実定公法規範との関係で部分的に修正したに過ぎないと評価し得るのである。(22)

第四款　規範執行手段としての公法契約論

これに対し、F・フライナーやW・イェリネックと並んで、ヴァイマール期のドイツ行政法学を代表するW・アペルト（Willibalt Apelt）は、O・マイヤーの理論に影響を受けることなく独自の公法契約論を展開したことで知られる。(23)彼は、O・マイヤー以来のドイツ行政法学説が、公法領域を一般的（あるいは原則的）に支配従属領域と理解すること自体に疑問を提起し、公法には支配従属領域と対等権利領域の二種が存在し、後者は公法に於ける例外ではないこと、また公法上の契約は、当該対等権利領域に於ける行為形式の一つとして、正当な地位を与えられるべきことを主張している。彼は次のように述べている。(24)

「公法は、公権力がその分野を支配し、また支配者と服従者の間の法律関係が官憲的行政行為によって創設されるところでは、支配従属の原理を通じて規律されている。しかし公法に於いても、公権力に限界を課す法秩序に基づき、一方的な介入から遠ざけられている法主体の利益領域が存在する。かかる利益領域に関連する活動関係が法的に規律されるべき場合、それは、この利益領域を処分する人の任意の協力によってのみ可能である。この協力は、法律行為的な意思表示の交付により実施されるが、その際、下位の法主体は、官憲的介入から保護された利益領域に関し、上位の法主体と対等に向き合っている。この法律行為的意思表示が、行政行為を発動するための土台を準備する一方的法律行為の性格を持つか、あるいは双方の協力の性質により契約形式を獲得するかは、個々のケースの詳細な状況により、その都度判断される。」

このようにW・アペルトは、公法領域を「一般的又は原則的な支配従属領域」とは考えていない。彼は、既存の公法規範を個別に分析し、それが法律関係の規律に際して人民の意思表示を要求する場合、そこに公法に於ける対等権利領域を見いだすのである。ただし、右の記述にも現れているように、W・アペルトは、対等権利的な公法領域の存在を以て、直ちに公法上の契約を許容するわけではない。彼によると、対等権利領域に於ける行政の行為形式には「公法上の契約」と「同意に基づく行政行為」の二種が存在するのである。(25) そこで問題となるのは、この対等権利領域に於いて、公法上の法律関係を契約によって規律することが許容されるための要件である。この点W・アペルトは、行政行為を明示的に授権する公法規範と、公法上の契約を明示的に授権する公法規範とを比較し、両者の構造上の違いに注目する。(26) そしてW・アペルトは、後者――公法上の契約を明示的に授権する公法規範――から、以下の四要素を抽出している。第一は、契約に参加した当事者の意思が明確に存在すること、第二は、当事者の意思は相互に対立する関係にあり、各当事者は、相手方に対して特定の給付を行う義務を負うこと、第三は、契約当事者の意思表示の対象は、公行政の任務に関わること、そして第四は、公行政の実施にあたり、契約当事者は、契約内容のみならず、法律行為の実施についても自由な裁量が存在すること、である。(27) そしてW・アペルトは、右の四要素のうち、四番目の要素を備えた法規範を「任意法（dispositives Recht）」と呼び、公法上の契約は「任意法が存在する場合に許容される」と考える。(28) したがって逆に、法律関係の規律に際して法律上人民の意思が要求され、その限りで対等権利的な公法領域が存在しようとも、その公法規範が任意法ではなく、法律関係の内容に関して、当事者に自律的な決定権を認めていないなら、そこでの行政の行為形式は公法上の契約ではなく、「同意に基づく行政行為」となる。(29)

このようにW・アペルトによると、公法上の契約の許容性は「任意法の存在」に求められる。それが先に見た規範授権理論に比べて公法上の契約を広範に許容することは言うまでもない。ただし、W・アペルトの見解はあくまでも公法上の契約の許容要件として「任意法の存在」を要求し、その限りで、契約形式による法律関係の規律を黙示的に授権する実定公法規範の存在を要求している点に注意する必要がある。事実彼は、法律が行政庁に対して自由裁量を与えている場合や、とりわけ法律の留保が及ばず、したがって実定公法規範が存在しない場合に於いては、そこに

「任意法が存在しないこと」を理由に、公法上の契約の許容性を否定しているのである。[30]特に実定公法規範が存在しない場合に、公法上の契約が許容されないことにつき、W・アペルトは次のように述べている。[31]

「なるほどこの場合〔法律の留保が及ばず実定公法規範が存在しない場合――筆者註〕法律関係を創設した行政庁の意思は、現実には自由で、法律行為概念を適用する余地があるかの如き外観が存在する。しかしながら私は、こうした場合に於いても官憲的意思は、法律行為的な意思の自由を持たないと考えている。なぜならこの場合、行政庁の意思は、法規の直接的な影響のもとでの法適用としてではなく、自由な裁量による創造的行為として現れるからである。」

右の記述には、公法上の契約を「法律執行の一手段」とみなすW・アペルトの理解が明確に現れている。その意味で彼の公法契約論は、これを「規範執行手段としての公法契約論」と位置づけることが可能であろう。[32]

第五款　中間総括

このように、公法領域に於ける国家の意思が常に優越することを前提に、公法上の契約の可能性を一般的に否認したO・マイヤーの公法契約否認論は、ヴァイマール期に於いて、F・フライナー、W・イェリネック、W・アペルト等によって一応克服されている。しかしヴァイマール期のドイツ行政法学説は、依然O・マイヤーの影響を強く受けていた。そのため、公法上の契約の可能性を認めつつも、同時にそれが行政の行為形式として確固たる地位を占めることを懸念した。こうして、ヴァイマール期のドイツ行政法学説の趨勢は、O・マイヤーの理論を基本的に踏襲し、それを基盤としながら、それを部分的に修正した規範授権理論を支持したのである。[33]

しかし当時の行政実務の実態は、こうした行政法理論とは大きく乖離するものであった。E・フォルストホッフ

(Ernst Forsthoff) は、一九三六年に公表した著書『現代行政の任務としての生存配慮』の中で、人口の増加と都市化の進行により、人間が生活する上で不可欠な生活財 (Lebensgüter) の社会的欠乏が生じていることを指摘し、国家が欠乏する生活財の供給を行うべきことを主張した。(34) 彼は、水道・電気・ガスの供給、郵便・電信電話といった交通手段の提供のほか、保健衛生上の保護、老傷病者や失業者の配慮などを「生存配慮」の中で理解したが、その比重が年々拡大する傾向にあった事実を次のように述べている。(35)

「公経済 (この言葉の意味は一般的な意味のものであり、帝国・諸州・市町村組合・ゲマインデ・社会保障団体・帝国鉄道・帝国郵便事業を含む) は、一九二四年には社会生産の二九パーセントをコントロールしていたが、その割合は、一九三〇年には約五三パーセントにまで増加し、現在もその割合は増加傾向にある。」

E・フォルストホッフが増加傾向にあることを指摘した行政任務の内容は、ヴァイマール期にF・フライナーが指摘した経営的行政の実態とほぼ同じであり、それは非権力的な性質のものである。したがって当時の行政実務が、E・フォルストホッフの言う生存配慮という行政任務を履行するにあたって契約形式を用い、また右行政任務の比重拡大が、そのまま契約形式の利用拡大につながったことは想像に難くない。公法上の契約の許容要件として「実定公法規範又は慣習法による契約形式の明示的授権」を要求し、あるいは「任意法の存在」を要求した当時の行政法理論は、いずれも行政実務の実態とは乖離していたのである。こうして、公法上の契約の許容要件を実定公法規範又は慣習法の明示的授権と考える規範授権理論はもちろん、その許容要件として任意法の存在を要求するW・アペルトの見解をも批判し、以て行政実務の要請に応え得る新たな法理論を構築しようとする動きが芽生えることになる。J・ザルツヴェーデル (Jürgen Salzwedel) の公法契約論がそれである。

第六款　法治主義補完手段としての公法契約論

実定公法規範若しくは慣習法による契約形式の明示的授権、又は任意法による契約形式の黙示的授権を超えて公法上の契約を広く許容することを求める行政実務の要請に応えようとする動きは、戦後、ボン基本法下に於いて現れている。J・ザルツヴェーデルは、一九五八年に公表した著書『公法上の契約の許容性の限界』の中で、従来とは全く異なる革新的な見解を展開している(36)。

J・ザルツヴェーデルは、公法上の契約の許容要件について、行政実務と行政法理論の間には今なお「独特の不協和音（eigenartige Zweispältigkeit）」が存在するという。すなわち、従来の学説は、O・マイヤーの公法契約否認論を克服し、公法上の契約の可能性を肯定した上で、その許容要件を議論するようになってはいるが、依然として公法上の契約を「行政法に於ける異物（Fremdkörper in Verwaltungsrecht）」とし、それが許容される領域を狭く限定しており、結果、行政実務の要請に応えることができていないと言うのである(37)。その上で彼は、行政法理論を行政実務に対応させることこそ、こうした不協和音の解消につながると考える。そして、そのためには「公法の絶対的不可侵性という法ドグマ（das juristische Dogma von der ausnahmslosen Unantastbarkeit des öffentlichen Rechts ）」を絶対視すべきではないと主張した(38)。彼は次のように述べている(39)。

「公法は原則として強行法規である。したがって、そこから明示的又は黙示的な処分権が生じない限り、高権主体も非高権主体も任意に公法を処分することができない。公法の強行法規的性格は、その規範の中に一定の国家利益が客観化されている点に基礎づけられる。契約を必要とする行政利益も、そして私的な特殊利益も、原則として、規範の中に客観化されている国家利益に対して優越性を主張し得ない……。しかしながら、規範に於いて客観化された国家利益が、契約を要求する強い行政利益の背後に後退しなければならないケースが、ごく希にではあるが存在する。」

このようにＪ・ザルツヴェーデルは、「公法規範に於いて客観化された国家利益」と「契約を要求する強い行政利益」とを比較衡量し、後者が前者を上回る場合に、公法上の契約の許容性を肯定する。したがって彼の理論によれば、「契約を要求する強い行政利益」が「公法規範に於いて客観化された国家利益」を上回る限りに於いて、公法上の契約は、法律が存在しない場合はもとより、時として実定公法規範に違反する契約ですら、その許容性を肯定されるのである。[40] この理論が、法治主義を形骸化させる危険性を持つ反面、公法上の契約の許容要件として実定公法規範若しくは慣習法による明示的授権又は任意法による黙示的授権を要求したヴァイマール期の行政法理論と比較した場合、公法上の契約に対して、より広範な許容領域を提供することは言うまでもない。Ｊ・ザルツヴェーデルがイメージする公法上の契約は、単なる法律の一執行手段ではなく、むしろ法律の執行によっては十分な問題解決に至らない場面で用いられる行政の行為形式なのである。彼の公法契約論を我が国に紹介した原田尚彦教授もまた、行政利益を法治行政と対比させるＪ・ザルツヴェーデルの利益衡量論に「露骨な行政便宜主義の感がしないではない」との批判を加えつつ、法治主義によって得られる共同の利益と、それを排除することによって得られる共同の利益を比較衡量し、最大の共同利益を確保しようとしたＪ・ザルツヴェーデルの理論に「功利主義的発想」を読みとり、彼の理論を、法治主義の形式化の弊害を補完しようとする実質的理論と評価している。[41]

第二節　連邦行政手続法五四条の成立

連邦行政手続法の模範草案が「法規定に反しない限り」という許容要件を提示したのは、Ｊ・ザルツヴェーデルが革新的な理論を唱えた一九五八年から数えて五年後の一九六三年のことである。模範草案に添付された理由書からは、この草案の策定者がJ・ザルツヴェーデルの理論に大きく影響を受けていた事実が明らかになる(42)。

まず模範草案の作成委員会は、O・マイヤーが公法上の契約の可能性を全面的に否認する際の論拠とした「公法領域に於ける国家意思の一般的優越性」を、現在に於いては法的にも政治的にも消滅した過去の考え方と断じ、彼の公法契約否認論を退けている(43)。

他方、F・フライナーやW・イェリネックが唱えた規範授権理論に対しては、この学説がO・マイヤーの見解を基盤に主張されていること、またこの学説が、自由裁量領域や、法律が存在しない行政領域での公法上の契約の許容性を否定してしまうことを理由に、これを退けている(44)。なお、規範授権理論に対する右の批判は、同時に、公法上の契約の許容要件として「任意法の存在」を挙げ、同じく自由裁量領域や法律が存在しない行政領域での公法上の契約の許容性を否定したW・アペルトに対する批判にもなっていることに留意する必要がある。すなわち模範草案の作成委員会は、法律自体が存在しない行政領域に於いてもまた公法上の契約によって法律関係を規律することを許容する立場に立って、実定公法規範若しくは慣習法による契約形式の明示的な授権又は任意法による契約形式の黙示的な授権を要求した規範授権理論及びW・アペルトの理論を同時に退けたのである。こうした模範草案策定委員会の立場が、J・ザルツヴェーデルの理論に類似することは明らかであろう。なぜなら、J・ザルツヴェーデルもまた、法律が存在しない行政領域に於ける公法上の契約の許容性を肯定し、そこに法治主義の補完機能を期待したからである。

もっとも、模範草案の策定委員会は、J・ザルツヴェーデルの理論にそのまま依拠したわけではなく、彼の理論を部分的に修正している。模範草案の四〇条――現行法五四条――によれば、いかに「公法上の契約による法律関係の規律を要求する強い行政利益」が存在しようとも、「法規定に反しない限り」という要件を満たさない限り、公法上の契約は法的に許容されないからである。模範草案作成委員会の議長であったF・リートドルフ（Fritz Rietdorf）は、

模範草案公表の翌年（一九六四年）に発表した論文「行政手続法模範草案について」の中で、次のように述べている。(45)

「公法上の契約の許容性につき、いかなる場合にそれが個別的に締結され得るかを、この法律で排他的に規律することは不可能である。模範草案はその第四〇条〔現行法五四条——筆者註〕で、《法規定に反しない限り》公法上の法律関係を、契約により創設・修正・変更し得る旨を確認することで満足した。ゆえに模範草案は、公法上の契約の許容性に明示的な法律の授権も要求しなかったし、またその利用領域を行政裁量領域に限定することもしなかった。ただ決定的なのは、法規定が契約の締結を妨げているか否かである。このことは必ずしも表面的に判断されるべきではなく、法規定の全体的な評価が必要で、法規定の全体的解釈から、特定の行政活動が拘束的に規律されているかが審査されねばならない。」

右の記述は、いわゆる「法律の禁止法理」が、公法上の契約の許容要件の一つとされたことを物語っている。すなわち、民事法学に於いて「法律の禁止」は、「契約による法律関係の規律自体が全面的に排除された状態」を意味するが、(46)模範草案以来の立法者はこの法理を公法上の契約にも援用し、「契約を通じて法律関係を規律すること自体が法律上禁止されていると解される局面に於いては、いかに契約による法律関係の規律を要求する行政利益が存在しようとも、公法上の契約を通じて法律関係を規律することは許容されない」との立場を明確に示したのである。それは、模範草案以来の立法者が、J・ザルツヴェーデルの理論に強く影響を受けながらも、法治主義の形骸化を防止するために、彼の理論を修正した事実を物語っている。契約による法律関係の規律が禁止される具体的局面、及び法律の禁止という許容要件に違反して締結された公法上の契約の効力については、後に改めて検討するが、(47)「法規定に反しない限り」という許容要件は、以上の議論を経て、模範草案の四〇条に取り込まれ、七〇年及び七三年の各連邦政府草案を経て、現行法五四条へと引き継がれたのである。

第三節　公法上の契約と法律の留保

このように、模範草案以来の立法者は、契約形式による法律関係の規律を授権する法律が存在しない行政領域に於いても、契約による法律関係の規律が法律上禁止されていない限り、公法上の契約による法律関係の規律を広く許容する見解に立脚してきた。しかしながら、「法律の留保論」の視点から、こうした立法者の立場を眺めた場合、なお釈然としない点がある。(48)

「法律の留保」については、侵害留保論と全部留保論の対立に見られるように、その解釈をめぐり様々な学説が主張されてきたが、ドイツの判例及び学説は、現在所謂「本質性理論」に立っている。(49)本質性理論は「市民に直接影響を及ぼすあらゆる根本的問題は、議会の法律を通じて決定されなければならない」という考え方であって、(50)その特徴は、「本質的な事項は、行政の行為形式を問わず、議会制定法の留保に服す」と考える点にある。すなわちこの理論は、行政の行為形式の性質に焦点をあてて留保領域を決定する我が国の「権力留保論」とは違い、行政領域の内容に焦点をあてて留保領域を決定するのであって、公法上の契約といえども、法律の留保から自由だとは即断できないのである。

そうすると、契約による法律関係の規律が法律上禁止されていない限り、公法上の契約を通じて法律関係を規律することを広く許容した立法者の見解に対しては、「公法上の契約もまた法律の留保に服す場合がある事実を見落としていないか」との批判が生じても不思議ではない。事実「法規定に反しない限り」という許容要件が実定法化された後、それを規律する五四条の解釈をめぐって議論が生じている。(51)そこで本節では、法規定に反しない限りで公法上の契約による法律関係の規律を許容する連邦行政手続法の五四条が、本質性理論との関係でどのように解釈されているのかを検討することにしよう。

第一款　本質性理論（Wesentlichkeitstheorie）

「本質性理論」は、一九七〇年代にドイツの連邦憲法裁判所によって採用され、これまで多数の判例がこの理論に立脚している。連邦憲法裁判所の一九七五年十月二八日の決定は、「立法は憲法秩序に、執行権及び裁判権は、法律及び法に拘束される」と規定する基本法の二〇条三項に、法律の留保の憲法上の根拠を求めた上で、具体的に法律に留保される行政領域について、次のように述べている。(52)

「一九世紀の憲法上の市民的・自由主義的国家思想によって特徴づけられる公式によると、《自由及び財産への侵害（Eingriffe in Freiheit und Eigentum）》が問題となる限りでのみ法律が必要とされるのであるが、それはもはや今日の憲法思想には全く適合しない。基本法がそうであるように、民主主義的、議会主義的国家思想の領域に於いては、市民に直接影響を及ぼす、あらゆる根本的問題に関する決定が、法律を通じて行われること、つまり実務に於いて普及している《侵害》という基準から離れるべきことは当然である。……この点、議会によって決議される法律には、単なる行政活動に比べて直接的な民主的正統性が存在し、また議事手続は討論や決定の探求の大規模な公開を保障しており、これにより相対立する利害の調整という偉大な可能性を保障している。以上の点は全て、一般的な法律の留保を、古典的な限界を超えて拡大することに有利な材料を提供する。」

他方、連邦憲法裁判所の一九七八年八月八日の決定（所謂カルカー決定）は次のように言う。(53)

「法律の留保という基本原則は確かに憲法上明示的には言及されてはいないが、その妥当性は基本法第二〇条の第三項から生じる。法律の留保という基本原則をめぐる理解は、とりわけその民主主義的構成によって近年変化している。立法者は――侵害（Eingriff）というメルクマールから離れて――根本的な規範領域、特に基本権行使領域に於いて国家による規律が行われる限りで、あらゆる本質的決定を自ら行わなければならないのであり、それは今日、確立した判例である。」

右二つの判例を見る限りでは、法律の留保が及ぶ具体的な行政領域は明らかではない。判例はいずれも「市民に直接影響を及ぼすあらゆる根本的問題」、「根本的規範領域」、「あらゆる本質的決定」などといった抽象概念を用いているからである。しかし共通するのは、両判例が侵害留保論を批判し、留保領域の拡大を視野に入れている点である。

他方、一連の判例を眺めると、本質性理論からは、以下の二つの特色を見いだし得る。

本質性理論の第一の特色は、この理論が侵害留保論を批判しつつも、それを全面的に否定しない点である。(54) 例えば連邦憲法裁判所の一九七八年四月一九日の判決は、「自由と平等」に影響を及ぼす決定を「本質的決定事項」とし、これを留保領域に数える。(55) また前出のカルカー決定も、核エネルギーの平和利用に関する決定が、「市民の自由と平等」に広範な影響を与えることに鑑みて、これを「根本的・本質的決定」としている。(56) 他方、E・シュミット＝アスマン（Eberhard Schmidt-Aßmann）とW・クレプス（Walter Krebs）も、侵害留保論に於ける留保領域が、本質性理論をとる現在も、依然として留保領域に含まれるとして、次のように述べている。(57)

「今やそれだけに限られないが、依然として自由や財産への〔侵害〕は、法律の留保という前提要件を充足する。〔基本権的〕法律の留保の要求に従い、基本権によって保護されている領域の最終的な侵害として理解される〔基本権侵害〕は、法律により、あるいは法律に基づいてのみ許容される。」

他方、本質性理論の第二の特色は、全行政領域に法律の根拠を要求する全部留保論を批判し、留保領域の限定を図る点にある。一九六〇年代、民主政原理や議会の最高機関性を根拠に、法律による授権がない限り行政活動は禁じられるとする全部留保論が、D・イェッシュ（Dietrich Jesch）により主張されたが、(58) 学説及び判例は、「議会に直接的な民主的正統性があるにせよ、それ一事を以て、全ての権限を一次的に議会に帰属させ、法律による授権がなければ行政権限の行使が否定されると結論づけることはできない」として、これを退けたのである。(59) その意味で本質性理論は、侵害留保論を拡大しつつ、他方では全部留保論を縮小する見解であって、いわば両者の折衷説に位置づけられる。(60)

ただ本質性理論の難点は、この理論が繰り返し用いる本質性基準の抽象性の故に、留保領域の範囲に不明確な点が多いことである。(61) しかし判例及び学説は、近時、基本権、法治国家原理、民主政原理などの憲法原理を手掛かりに、法律の留保を呼び起こす「本質的事項」の内容を具体化しつつある。例えばW・クレプスは次のように言う。(62)

「〔本質性〕という公式は、各専門領域の特殊性を考慮しつつ、法律の留保を生み出す憲法命題や憲法原則を組み合わせることにより具体化されなければならない。必要不可欠な立法領域を確定する憲法原理に数え上げられるのは、一つには民主政原理である。それは議会に対してその政治的な指導的役割を与える。また他方で、法治国原理が挙げられる。それは予測可能かつ統制可能な行政活動を目指すものである。さらに基本権もまた、必要不可欠な立法領域を確定する憲法領域に数えられる。……言うまでもなく、先に掲げた憲法基準は、個々具体的ケースで〔法律の留保が及ぶ領域と及ばない領域とを——筆者註〕区別するには、あまりにも抽象的である。しかしこれらの憲法基準は十分な指標を内包している。……選択された行為形式に関係なく、したがって行政が契約締結の方法で行動するか否かに関係なく、行政によって履行される任務の重要性が、立法者による誘導を要求する場合がある。行政によって履行される任務が、行政に対して憲法上与えられている自らのイニシアチブによってはもはや処理され得ず、立法者による誘導作業を要求するほどの広がりを持っている場合には、法律の留保の民主的機能を考慮して立法者による誘導が行われる。例えば都市建設計画化領域に関する立法は、その事例である。」

このように本質性理論によると、「行政活動が基本権に広範な影響を及ぼす場合」や「国民に対する予測可能性を保障し、行政活動の統制を確保する必要上、法律が必要とされる場合」、さらに「行政任務の重大性に鑑みると、多くの世論を反映し、適切な利害調整機能を果たす議会により、それが事前に誘導されるべき場合」に、行政の行為形式に関係なく、法律の留保が要請される。このため、留保領域は必ずしも行政活動の全領域に及ぶものではないが、自由・平等といった基本権に影響を及ぼす侵害行政はもとより、社会権的基本権に影響する給付行政（社会扶助の提供や補助金交付など）のほか、都市建設領域、原子力領域など、かなり広い範囲に及ぶ。(63)

W・クレプスは、本質性理論が、自由・平等に影響する活動を依然として留保領域に含み、また給付活動にも留保領域を広げている事実を捉え、それが基本権保護に仕えるという意味で、これを「基本権的法律留保」と呼び、そこに「主観法的側面」があると指摘しつつ、他方で、本質性理論が、民主政原理を考慮することにより、議会と行政の権限配分の問題に関わり、主観的権利利益の保護を超えた「客観法的側面」をも併せ持った法律の留保論であると結論づけている。(64)

第二款　本質性理論と公法上の契約

このように、「基本権保護を目的とする主観法的側面」と「民主主義国家に於ける議会と行政の権限配分を目的とする客観法的側面」を併せ持つ本質性理論は、公法上の契約とどのような関係にあるのであろうか。

〔一〕　法律の留保の主観法的側面と公法上の契約（基本権的法律留保と公法上の契約）

本質性理論は基本権保護をその目的の一つとし、行為形式に関係なく、基本権に影響を及ぼす行政作用を留保領域の一つに数える（基本権的法律留保）。特に、侵害留保論に於ける留保領域の拡大を目指す本質性理論にあっては、自由・財産への侵害は、今なお留保領域に属す。ここから、本質性理論と公法上の契約の関係が問題になる。というのも、行政主体の契約相手方となった私人が、公法上の契約を通じて何らかの義務を引き受けた場合、ここに「基本権的自由の縮小」が認められるからである。仮に、公法上の契約による義務の引受けが、自由・財産への侵害（基本権侵害）と理解されるなら、行為形式に関係なく基本権侵害作用を法律の留保の下におく本質性理論にあっては、公法上の契約もまた法律の留保に服さなければならないことになり、義務の引受けを認める法律が存在しない限り、公法上の契約の締結は法的に許容されないことになる。こうした見解を示すのがC・シンプフ（Christian Schimpf）であり、彼は次のように述べている。(65)

「基本権は契約上の義務を通じて侵害される。……基本権及び基本権行使を法律行為によって制約することは基本権侵害であり、基本権に添付されている法律の留保が証明しているように、基本権侵害は立法者に帰属すべきものである。」

しかし、公法上の契約に於いて、行政給付の提供のみが合意されるケースなど希であり、多くの場合、契約相手方たる市民が契約上何らかの義務を負う事実に鑑みると、この見解は、ほとんど全ての公法上の契約に対して法律上の根拠を要求することになり、ヴァイマール期の規範授権理論やW・アペルトの公法契約論と実質的に変わらないことになる。(66)こうした見解が模範草案以来の立法者見解と齟齬を来すことはいうまでもない。連邦行政手続法の立法者は、公法上の契約に対して実定公法規範の明示的授権を要求する規範授権理論又は任意法の存在を要求したW・アペルトの見解を退け、「法規定に反しない限り（契約による法律関係の規律が法律上禁止されていない限り）」法律が存在しない行政領域に於いても公法上の契約を通じて法律関係を規律することを許容しようとしたからである。(67)

こうして、立法者の意思を尊重しながら、公法上の契約と法律の留保（本質性理論）の関係を整合的に説明しようとする動きが生じることになる。それがW・クレプスである。彼は、公法上の契約による義務の引受けは、行政主体の契約相手方たる市民による基本権の行使であり、したがって基本権的法律留保を呼び起こす基本権侵害ではないとして、次のように述べている。(68)

「問題は、行政契約の締結に関して、一般的に（基本権的）法律の留保を呼び起こす基本権侵害が存在するのかである。それは契約を通じて引き起こされた私的な契約相手方の法的義務に関してのみ判断され得る。契約による法的義務から、確かに――以前――存在していた活動機会の制約が生じる。他方、ただこうした所見に基づいて、基本権侵害の推定が試みられている。しかしここで見過ごされているのは、基本権的自由が義務を負わない状態を意味するわけではなく、また活動の選択肢が基本権の担い手により減少せしめられたことが基本権侵害を意味するわけではないという点である。……少なくとも自らの決定に基づいて義務づけられる可能性が、基本権によって保護されている自由の中に含まれる旨は正当に指摘されている。一般に、基本権によって保護されている自由の行使は、自ら課した義務なしには存在し得ない。それは例えば基本法第一二条第一項の職業選択の自由や、――とりわけ都市建設上の契約の観点のもとでは――基本法第一四条第一項によって保護された自由に当てはまる。それらは、財産権を自由に処分する可能性を含んでいる。したがって契約上の市民の法的義務は、必ずしも基本権侵害だとは限らず、それは基本権の行使でもある。……その意味で、私的な契約相手方の行政契約上の法的義務を基本権侵害と性格づけることは、不適切な法ドグマ上のカテゴリーを用いている。」

このようにW・クレプスは、基本権の主体には、委ねられた自由を行使して自ら義務を引き受ける権能があると考える。W・クレプスによれば、それは基本権の行使（私的自治の現れ）であって基本権侵害ではない。そのため、少なくとも「基本権的法律留保」という意味での「法律の留保」の要請は生じないのである。(69)

「契約の締結が、基本権によって保護された私的自治の現れであり、それが私的自治的な活動であるならば、――主観法的に基礎づけられた――法律の留保〔基本権的法律留保――筆者註〕は介入しない。」

〔二〕　法律の留保の客観法的側面と公法上の契約

他方、本質性理論は、法律の留保領域を決定するにあたって、基本権、法治国原理、民主政原理などの憲法原理を総合的に勘案する。したがって留保領域は単に権利保護の必要性にのみ基づいて決定されるわけではなく、権利保護という観点からは法律の留保が不要な場合でも、民主政原理等を考慮して行政活動に「法律の根拠」を要請することがある。これが法律の留保の「客観法的側面」である。

問題は、右に述べた法律の留保の客観法的側面と公法上の契約の関係である。この点、C・シンプフとW・クレプスは、「法律の留保の主観法的側面（基本権的法律留保）と公法上の契約の関係」については相対立する見解を主張したが、「法律の留保の客観法的側面と公法上の契約の関係」については、全く同じ見解を示している。特にC・シンプフは、民主政原理を考慮して法律の留保が要請されるにも関わらず、法律がなお存在しない状況に於いて、相手方私人の同意があることのみを理由に契約を通じて法律関係が規律されることになれば、議会制民主主義のもと、多種多様な利害関係を調整する議会の権限が侵され、憲法上の権限組織が崩壊するとして、これを厳しく批判している。彼は次のように言う。(70)

「代表・非命令的民主政（die repräsentative, nichtimperative Demokratie）に於いて特徴的なのは、議会の決定が具体的な市民の意思と矛盾する場合にも、それが民主的正統性を持つものとして通用することである。したがって、具体的ケースに於ける同意を通じて確立された市民の意思は、一般的な代表機関を不要にする正統性の代用品たり得ない。……法律は、個人的な自由と財産領域を保護することの中で使い果たされるわけではない。むしろ法律は、具体的かつ直接的な市民の利害関係性の調整を越えた機能（コントロール機能）や、問題や手段、可能性等の社会的重要度を優先的に決定する秩序化機能を果たす。連邦憲法裁判所が、あらゆる本質的決定は立法者によって行われなくてはならない旨を判示する場合、それは自由・財産の保護を越えた議会の指導的役割を指し示している。仮に市民がその同意を通じて立法行為に代替する能力を持つとするならば、代表民主政に於いては市民に与えられていない機能〔議会に与えられている指導的機能――筆者註〕を市民が果たすことになろう。民主的な権限に於いて市民にはそうした能力は存在しない。……法律の留保は基本法上の権力分立の現れでもある。行政がもっぱら市民の合意に依拠して、さもなくば考慮されなくてはならない法律の授権なしで済ますことができるならば、こうした権限組織はぐらつくことになる。」

第三款　連邦行政手続法五四条と法律の留保の関係

それでは、以上の検討結果を前提に、「法規定に反しない限り」で公法上の契約による法律関係の規律を許容する連邦行政手続法の五四条が、法律の留保論との関係で、どのように解釈されているのかを検討することにしよう。

ドイツ行政法学説の中には、五四条が「法規定に反しない限り」で公法上の契約による法律関係の規律を許容している事実、そして模範草案以来の立法者が、法律の存在しない行政領域に於いて公法上の契約の許容性を広く認めようとした事実を重視して、「公法上の契約は、法律の禁止に違反してはならないという意味で法律の優位には服すが、法律の留保には服さない」と主張する論者がいる。それがC・H・ウレ（Carl Hermann Ule）とH-W・ラウビンガー（Hans-Werner Laubinger）であり、彼らは次のように言う。(71)

「契約を締結する行政庁は、確かに法律の留保には服さないが、しかし法律の優位には服す。したがって行政庁は公法上の契約により、何ら規範的根拠が存在しない給付を与え、約束し、約束させることができる。」

他方、H・マウラー（Hartmut Maurer）は、「法規定に反しない限り……できる」と規律する五四条を、公法上の契約に対する一般的授権規定とみなし、現在、公法上の契約が法律の留保に服すか否かを個別に考慮する必要はなくなったと考えている。(72)

C・H・ウレやH-W・ラウビンガーのように、公法上の契約が法律の留保にそもそも服さないと考えるか、H・マウラーのように、公法上の契約も法律の留保に服すことを一応の前提としつつ、五四条を通じて一般的な授権が行われた現在、公法上の契約が法律の留保に服すか否かを個別に検討する必要はなくなったと考えるかはともかく、これらの見解はいずれも、法律の留保に公法上の契約への制約を読み込まない点で共通している。

これに対し、公法上の契約もその内容によっては法律の留保に服すと考えるW・クレプス及びC・シンプフは、法律の留保に公法上の契約への制約を読み込まないC・H・ウレ、H-W・ラウビンガーそしてH・マウラーの見解を強く批判する。彼等によれば、憲法の下位規範である連邦行政手続法が、憲法原則としての法律の留保を廃止することなどできないのであって、「法規定に反しない限り」で公法上の契約を許容する連邦行政手続法の五四条は、法律の留保と整合性を保ちながら解釈されなければならないのである。(73)

C・シンプフによれば、「法規定に反しない限り」で公法上の契約を許容する五四条は、「法律の優位」に関する規定であって、この規定は「法律の留保」に関する規定ではない。(74) ゆえに、契約による法律関係の規律自体が法律上禁止されていないなら、法律が存在しない行政領域に於いて行政主体が私人との間で公法上の契約を締結し、これを通じて法律関係を規律する可能性は一次的には肯定される。しかしそれは、五四条との関係での話であり、右の契約が法律の留保論との関係でも法的に許容されることになるかは、別次元の問題である。したがって、仮に契約の規律内容が、本質性理論との関係で法律の留保に服すべき事項であるならば、法律の根拠もなく公法上の契約を以て法律関係を規律することなど法的に許容されないのである。C・シンプフは、これを次のように述べている。[75]

「契約による形成を法律の留保から除外する根拠を認識することはできない。それは、法律による規律が未だ行われていない領域に於ける契約による法律関係の規律が、法律の留保が及ぶ限りで適法となり得ないことを意味する。故に、法律による規律が未だ行われていない領域に於ける従属法契約は、一般的に、適法とも言えなければ、一般に違法とも言えない。本質性理論という基準に従い、法律の留保が要求されない限りに於いて、契約による法律関係の規律もまた、法律の根拠なく法的に許容される。」

第四節　ドイツ公法契約論――従属法契約の重視とその帰結

以上の通り、ドイツ行政法学上の議論によると、公法上の契約による法律関係の規律が法的に許容されるためには、以下の二つの要件を満たす必要がある。第一は、契約による法律関係の規律が法律上禁止されていないこと、である。[76][77][78]これを規律したのが連邦行政手続法五四条の第一文である。第二は、契約の規律事項について関連する法律規定が何等存在しない場合にあっては、契約の規律事項が、本質性理論との関係に於いて法律の留保事項に該当しないこと、である。これら二つの要件に抵触しない限りで、行政主体は、契約形式による法律関係の規律を授権する明示又は黙示の授権規範が存在しない場合に於いても、関係人との間で契約締結交渉に入ることが法的に許容されることになる。そして、連邦行政手続法の五四条の第二文によれば、この場合「特に行政庁は、行政行為を発動することに代え、さもなくば行政行為を発動したであろう相手方との間で公法上の契約を締結することができる。」のである。

本章の冒頭でも指摘した通り、こうした規定を敢えて置いた点に、ドイツ特有の伝統的な公法契約観がみて取れる。すなわち連邦行政手続法に「公法上の契約」に関する規定を創設した際、立法者が特に念頭に置き、典型とみなした公法上の契約は、法律上行政行為の発動権限を持つ行政庁と当該行政行為の潜在的な名宛人との間で締結され、謂わば「行政行為に替わって法律関係を規律する機能を果たす公法上の契約――行政行為代替型契約――」である。これを一般に「従属法上の契約又は従属法契約（Subordinationsrechtlicher Vertrag）」と言うが(79)、この従属法契約――行政行為代替型契約――を公法上の契約の典型又は中核に位置づけた立法者は、公法契約規定の中に、従属法契約にのみ適用される特別規定を設けているのである(80)。本書第一部の第三章以下に於いて取り上げる五五条（従属法上の和解契約）、五六条（従属法上の交換契約）、五九条二項（従属法上の和解・交換各契約の無効原因）、六一条（即時執行の合意）の各規定がそれである。

このように、行政主体と私人間で締結される公法上の契約を「行政行為に代替して締結される従属法契約」と「それ以外」とに分けた上で、公法契約規定のなかに、従属法契約にのみ適用される特別規定を設けて、より強い法的統制を及ぼそうとした理由は、一般的に次のように理解されている(81)。

「……連邦行政手続法第五四条第二文及びこの規定と関連づけられた諸々の規定〔五五条、五六条、五九条二項及び六一条――筆者註〕が考慮に入れているのは、以下に述べる状況である。すなわち、行政庁が持つ高権的な権限というヒエラルヒーの陰のなかで契約を締結せざるを得ない市民を特に保護する必要がある、ということである。他方行政庁は〔契約を通じて――筆者註〕高権的な権限がいわば買い取られてしまうような事態から保護されなければならない。こうした目的論的な考慮に基づき、行政主体と私人との間で締結される公法上の契約は、これを十把一絡げに、連邦行政手続法第五四条第二文のもとに置くことなどできないのである。」

公法上の契約を「従属法契約とそれ以外」とに分ける公法契約規定の構造は、その後のドイツ公法契約論にも大きな影響を及ぼしたようである。すなわちドイツの公法契約論は、従来、「行政行為に代替して締結される公法上の契約＝従属法契約」に焦点を当て、その具体的な契約類型である「従属法上の和解契約」及び「従属法上の交換契約」の統制原理に議論の重点を置くことになったのであり、――爾後も適宜繰り返し指摘するように――、その議論は必然的に「行政行為論との比較」を基本としているのである(82)。ドイツの行政法学が、その限界を明確に認識し、議論の方向性を大きく転換し始めるのは、一九九九年から二〇〇〇年代初頭にかけてのことになるが、その点についての検討は、本書第二部に委ねることとし、本書第一部に於いては、一九七六年に成立した連邦行政手続法の公法契約規定を基盤に、その後、行政行為に代替して締結される従属法契約を主眼に展開されることになった伝統的なドイツ公法契約論に焦点を当て、その全体像を把握することにしよう。

(1)　M・ブリンガーは、次のように述べている。「公法上の契約がいかなる法律の根拠も必要とせず、行政行為にも勝るとする見解から、公法上の契約の法律に対する無条件の服従に至るまで、数多くの学説の虹が架かっている。……しかし、概念構成から法的許容性をめぐる問題に至るまでうかがわれるかなりの相違性は、一つの確立された教義をほとんど語り得ないことを証明している。」と（Vgl. Martin Bullinger, Vertrag und Verwaltungsakt, 1962, S.48）。なお、この点については、参照、塩野宏「紹介　マルティン・ブリンガー『契約と行政行為』」同『行政過程とその統制』（有斐閣、一九八九年）二六七頁。

(2)　本書第二部でも論じる通り、ドイツ連邦政府は一九九九年一二月一日に「連邦行政手続法が規律する公法契約規定を改正し、そこに民間委託を内容とする契約（公私協働型契約）に関する規定を新たに挿入すべき」旨を閣議決定した。これを受けて公法契約規定の改正論議がいきおい本格化し、二〇〇一年七月には、一二名の専門家（G・F・シュッペルト及びJ・ツィーコーの各教授）が各々、鑑定意見と規定草案を作成・公表している。また連邦内務省に設置された行政手続法審議会も、これら二つの鑑定意見及び規定草案を参考に、二〇〇四年、公法契約規定の改正草案（審議会草案）を策定・公表している。ただし、右改正草案（審議会草案）

は、公法上の契約の許容要件を規律した五四条以下の現行規定を改正する必要性につき、これを議論の俎上にすら上げていない。

（3）　Ernst Forsthoff, Lehrbuch des Verwaltungsrechts, Bd.1, 10.Aufl. 1973, S.51.

（4）　なお、行政主体と私人間の法律関係を公法上の契約を通じて規律する可能性を否定する見解は、O・マイヤー以外にも、W・ブルクハルト（Walther Burckhardt）等によって主張されてきたところである。ただし、一口に公法契約否認論と言っても、O・マイヤーのそれとW・ブルクハルトのそれとでは、論拠が異なる。公法が総じて強行法規の支配する法領域であることを前提に、公法上の法律関係の内容が、意思の合致——契約——を通じて決定される可能性を全面的に否定したのがW・ブルクハルトである。W・ブルクハルトの見解については、田中二郎「公法契約論序説」同『行政行為論』（有斐閣、一九五四年）二六九頁以下（特に二九四頁以下）を参照。

（5）　O・マイヤーが主張した公法契約否認論については、参照、柳瀬良幹「公法上に於ける契約の可能及不自由」同『行政法の基礎理論』（弘文堂書房、一九四〇年）二四四頁以下、塩野宏『オットー・マイヤー行政法学の構造』（有斐閣、一九六二年）二一九頁以下、二七二頁以下、原田尚彦「行政契約論の動向と問題点（1）」法律時報四二巻一号（一九七〇年）七〇頁以下、淡川典子「公法契約論序説」名大法政論集四七号（一九六九年）七頁以下、長尾久衛「オットー・マイヤー公法契約論」名城法学一五巻一・二合併号（一九六五年）六一頁以下、石井昇『行政契約の理論と手続——補助金契約を題材にして』（弘文堂、一九八七年）一〇四頁以下。

（6）　Otto Mayer, Deutsches Verwaltungsrecht, Bd.1, 3.Aufl. 1924, S.15：なお、この点については、参照、塩野・前掲註（5）書二六〇頁以下。

（7）　Mayer, a.a.O(Fn.6)., S.97f.

（8）　官吏任命行為の法的性質に関するO・マイヤーの見解、及び「服従に基づく行政行為」については、塩野・前掲註（5）書二一八頁以下、鵜飼信成『公務員法〔新版〕』（有斐閣、一九八〇年）七五頁以下を参照。

（9）　公企業特許の法的性質につき、O・マイヤーは次のように言う。「特許はそれを付与された者に対し、公的事業を自己の名の下に所有し経営する能力を与える。他方それは企業者の負担により履行すべき義務を生み出す。人民の自由・財産への介入を意味する当該負担は、一般原則に従えば法律の根拠を必要とする。しかしこの一般原則は、申請や特許の同意の中に見られる関係人の服従により代替されうる。」と（Mayer, a.a.O(Fn.6)., S.255.）。また営造物利用関係についても、O・マイヤーは、利用申請という人民の意思表示を、営造物権力に服従する際、憲法上必要な法律に代替するものと説明している（Mayer, a.a.O(Fn.6)., S.284f.）。なお公企業特許、営造物利用関係に関するO・マイヤーの理論については、参照、塩野・前掲註（5）書二二六頁以下、岡田雅夫「ドイツにおける営造物学説の展開」阪大法学八六号（一九七三年）八七頁以下。

（10） Fritz Fleiner, Institutionen des deutschen Verwaltungsrechts, 8.Aufl., 1963, S.211.

（11） Fleiner, a.a.O(Fn.10)., S.326.

（12） F・フライナーの経営的行政概念については、参照、成田頼明「非権力行政の法律問題」公法研究二八号（一九六六年）一四〇頁以下、岡田・前掲註（9）論文九二頁以下、塩野・前掲註（5）書三一二頁、原龍之助『公物営造物法〔新版〕』（有斐閣、一九七四年）五頁以下。

（13） Walter Jellinek, Verwaltungsrecht, 3.Aufl., 1948, S.20ff.；なお、W・イェリネックが唱えた単純高権行政については、参照、人見剛『近代法治国家の行政法学――ヴァルター・イェリネック行政法学の研究』（成文堂、一九九三年）一六頁以下、高木光『事実行為と行政訴訟』（有斐閣、一九八八年）一四七頁以下、成田・前掲註（12）論文一四〇頁以下、村上武則「給付行政とその法形式」法学論叢八九巻五号（一九七一年）五二頁以下、塩野・前掲註（5）書三一一頁、原・前掲註（12）書五頁以下。

（14） 参照、柳瀬・前掲註（5）書二五〇頁以下。

（15） この点については、参照、村上・前掲註（13）論文六七頁。

（16） W・イェリネックがいかなる要件のもとで公法上の契約を許容するのかは不明確な点が多く、彼自身規範授権理論に立脚する旨を明確に述べているわけではない。しかし彼は一般にF・フライナーと同様、規範授権理論の支持者に位置づけられている。この点については、Vgl. Hartmut Maurer, Der Verwaltungsvertrag—Probleme und Möglichkeiten—, DVBl 1989, S.800.

（17） Fleiner, a.a.O(Fn.10)., S.326f.；F・フライナーが経営的行政を「私法への逃避」として行政法学の対象から除外したことについては、参照、岡田・前掲註（9）論文八七頁、同九四頁以下、塩野・前掲註（5）書三一一頁、成田・前掲註（12）論文一四〇頁。

（18） Fleiner, a.a.O(Fn.10)., S.212.；F・フライナーの公法契約論を紹介・検討するものとして、参照、原田・前掲註（5）論文七二頁以下、石井・前掲註（5）書一〇八頁以下。

（19） 単純高権行政に於ける公法上の契約の可能性が不明確であることを指摘するものとして、参照、高木・前掲註（13）書一四九頁。

（20） W・イェリネックのいう「双方的行政行為」は、O・マイヤーが唱えた「服従に基づく行政行為」を人民の権利保護の観点から修正したものであり、人民の意思表示に瑕疵がある場合に無効となる点に特徴がある。しかし、この一点を除けば、O・マイヤーが唱えた服従に基づく行政行為と、W・イェリネックが唱えた双方的行政行為は同じであり、両概念とも「公法における国家意思の優越性」を前提としている。W・イェリネックの次の叙述は、それを明確に物語っている。曰く、「双方的行政行為を行う際も、国家は、国家に対置された人民に優位している。すなわち双方的行政行為は、二つの非対等的な行為から成り立っているのである。それは市民法の適用に服す個々人の私的な意思表示と、公法によって存在し、従って少なくとも適法・有効の推定の上に成り立った国家の意思表示である。」と（傍点筆者）。この点については、Vgl. Jellinek, a.a.O(Fn.13)., S.250f.：なお、双方的行政行為については、参照、人見・前掲註（13）書二四二頁以下、塩野・前掲註（5）書二二六頁、杉村章三郎「紹介及批評　Festgabe zur Feier des fünfzigjährigen Bestehens des Preussischen Oberverwaltungsgerichts, 1925.」国家学会雑誌四〇巻八号（一九二六年）一二一頁以下。

(21) Jellinek, a.a.O(Fn.13)., S.251f.

(22) F・フライナー及びW・イェリネックによる規範授権理論が、O・マイヤーの理論の部分修正に過ぎないことについては、参照、原田・前掲註（5）論文七三頁。

(23) W・アペルトの公法契約論については、参照、柳瀬・前掲註（5）書二二三頁以下、田中・前掲注（4）書二九八頁以下、原田・前掲註（5）論文七二頁、石井・前掲註（5）書一〇五頁以下。

(24) Willibalt Apelt, Der verwaltungsrechtliche Vertrag, 1920, S.54ff.：この点については、石井・前掲註（5）書一〇六頁以下も参照。

(25) 事実W・アペルトは、官吏任命行為等を公法上の契約とすることに否定的（Apelt, a.a.O(Fn.24)., S.105）であり、これを同意に基づく行政行為と説明している。これに対し、行政行為とも理解し得る行為を、可能な限り契約と理論構成することに力点を置いた柳瀬教授は、官吏任命行為の契約的性格を否定し、これを行政行為としたW・アペルトを批判しており（柳瀬・前掲註（5）書二三一頁以下）、この点に両者の見解に差違が見られる。

(26) Apelt, a.a.O(Fn.24)., S.21.

(27) Apelt, a.a.O(Fn.24)., S.23ff.

(28) Apelt, a.a.O(Fn.24)., S.12ff.

(29) Apelt, a.a.O(Fn.24)., S.95ff.

(30) Apelt, a.a.O(Fn.24)., S.96f.：彼は、自由裁量領域に於ける公法上の契約の許容性を否定して次のように述べる。「自由裁量によって、行政庁には考慮の余地が存在する。しかし、この場合に於いてもまた、行政庁の意思は基本的に拘束されている。個別事例の具体的規律に際して、法規範が行政庁に対して活動の自由を与えている場合でも、広範に制約が存在するのである。……自由裁量による決定に際しても、行政庁の意思には、法律行為的活動の本質を特徴づける自由を失わせる制約が、明らかに存在する。」と

（Apelt, a.a.O(Fn.24)., S.96)。

(31)　Apelt, a.a.O(Fn.24)., S.97.

(32)　以上の通り、W・アペルトは、公法上の契約が許容されるための要件として、「任意法としての性格を持つ実定公法規範の存在」を挙げている。したがってW・アペルトにあっては、法律関係を規律するための行為形式として「契約形式」が法律上明示的に指定されている必要はない。彼にとって重要なのは、「契約形式の明示的授権」ではなく、「任意法としての性格を持つ実定公法規範の存在」である。他方、この事実は、彼が公法上の契約の許容要件として実定公法規範（任意法としての実定公法規範）の存在を重視し、それが存在しない場合に、公法上の契約の許容性を否定したことを意味する（実際W・アペルトは、法律の留保が及ばず、したがって実定公法規範が存在しない局面に於ける公法上の契約の許容性を否定している）。本書が、W・アペルトの公法契約論を「規範執行手段としての公法契約論」と位置づけたのもそのためである。他方、本書序論「問題提超及び本研究の課題」の第一節第一款の［五］でも指摘したように、田中二郎博士は、「公法上の契約は、強行法規が存在しない限り、それを授権する法律の明文規定が存在しない場合にあっても許容され、私法に於けると同様、公法に於いても合意は拘束する（pacta sunt servanda）の理論（契約自由の原則）が一般的に承認されるべきである」との見解を主張しており、その際、W・アペルトの見解を同旨と理解しているようである（田中・前掲註（4）書二九八頁以下）。しかし、先述の通り、W・アペルトは、なるほど契約形式を明示的に授権する法律規定の存在までは要求していないものの、あくまで「任意法たる性格を持つ実定公法規範の存在」は要求しているのであって、田中博士のように「強行法規が存在しない限り」という要件のみで、公法上の契約の許容性を肯定する見解には立っていない。仮にこうした本書の理解が正しければ、W・アペルトの見解と田中博士の見解は、必ずしも同じではないように思われる。

(33)　参照、原田・前掲註（5）論文七二頁以下、石井・前掲註（5）書一〇八頁以下。

(34)　Ernst Forsthoff, Die Daseinsvorsorge als Aufgabe der modernen Verwaltung, in : Rechtsfragen der leistenden Verwaltung, 1959, S.23-26.：E・フォルストホッフが唱えた生存責任及び生存配慮については、参照、塩野宏「紹介 エルンスト・フォルストホフ『給付行政の法律問題』」同『公法と私法』（有斐閣、一九八九年）三〇〇頁以下、村上武則「給付行政の諸問題」雄川一郎ほか編『現代行政法大系(1) 現代行政法の課題』（有斐閣、一九八三年）八一頁以下、成田・前掲註（12）論文一四一頁以下、高田敏『社会的法治国の構成』（信山社、一九九三年）一九九頁以下。

(35)　Forsthoff, a.a.O(Fn.34)., S.28.

(36)　J・ザルツヴェーデルの公法契約論については、参照、原田尚彦「行政契約論の動向と問題点（2・完）」法律時報四二巻三号

（一九七〇年）八七頁以下、藤原淳一郎「ザルツヴェーデルの公法契約論」法学研究［慶應義塾大学］四八巻一号（一九七五年）四七頁以下、山田幸男『行政法の展開と市民法』（有斐閣、一九六一年）三三五頁以下、石井・前掲註（5）書一〇九頁以下。

（37）Jürgen Salzwedel, Die Grenzen der Zulässigkeit des öffentlich-rechtlichen Vertrages, S.12ff.：この点については、藤原・前掲註（36）論文四九頁でも指摘されている。

（38）Salzwedel, a.a.O(Fn.37)., S.18f.：原田・前掲註（36）論文八七頁。

（39）Salzwedel, a.a.O(Fn.37)., S.18f.：石井・前掲註（5）書一一二頁以下、原田・前掲註（36）論文八七頁、藤原・前掲註（36）論文五一頁。

（40）なお彼は、契約を要求する強い行政利益が公法に於いて客観化された国家利益を上回って契約が許容される場合、そこには和解・交換という二つの契約類型があり得ると述べる（Salzwedel, a.a.O(Fn.37)., S.119f.）。「和解契約」とは、法的状況や事実関係に不明確性が存在する場合に、行政庁と相手方国民とが妥協して締結する契約である。例えば、ある法律要件事実の存否について、行政庁と相手方国民の間に見解の相違が存在する場合、両者が妥協し、契約を締結して法律関係を規律する場合などがその典型である。J・ザルツヴェーデルは、こうした契約を認めることが、法治主義の要請を歪めかねないとして、その危険性を認識しつつも、莫大な時間と経費の浪費を回避し、事案の迅速な処理を実現するために和解の締結を求める行政利益は正当だとし、公法上の契約の一類型として和解契約を挙げた（Salzwedel, a.a.O(Fn.37)., S.120ff.）。他方「交換契約」は、相手方国民が何らかの反対給付を提供することを条件に、行政庁が公法上の義務を免除し、又は権利を付与することを内容とする契約である。彼は和解契約の場合と同様、交換契約が法治主義を歪めかねないことを認識しつつも、こうした契約を締結する必要性が法治主義の利益よりも大きい場合、交換契約は有効なものとして許容されるべきだとしている（Salzwedel, a.a.O(Fn.37)., S.123ff.）。なお、J・ザルツヴェーデルが具体的な公法契約類型として掲げた和解契約と交換契約については、藤原・前掲註（36）論文五五頁、五七頁以下、原田・前掲註（36）論文八七頁以下を参照。

（41）原田・前掲註（36）論文八七頁。

（42）模範草案以来の立法者見解が、J・ザルツヴェーデル理論の影響を少なからず受けているとの評価については、参照、原田・前掲註（36）論文八八頁。なお藤原・前掲註（36）論文六〇頁以下は、J・ザルツヴェーデルが公法上の契約の具体的類型として挙げた和解・交換の両契約が、そのままでないにせよ模範草案に取り入れられた事実を指摘している。

（43）Musterentwurf eines Verwaltungsverfahrensgesetzes, 2.Aufl., S.185.

(44) Musterentwurf, a.a.O(Fn.43)., S.190.

(45) Fritz Rietdorf, Zum Musterentwurf eines Verwaltungsverfahrensgesetzes, DVBl 1964, S.336.

(46) ドイツ民法典の一三四条が規律する「法律の禁止」の意味については、柚木馨『独逸民法〔I〕民法総則（現代外国法典叢書（1））』（有斐閣、一九五五年）二一五頁以下を参照。また「法規定に反しない限り」という連邦行政手続法五四条の許容要件が、ドイツ民法典一三四条が規律する「法律の禁止」と同義であることについては、Vgl., Willy Spannowsky, Grenzen des Verwaltungshandelns durch Verträge und Absprachen, 1994, S.147.

(47) 法律の禁止の具体例については本章の後掲註（76）（77）（78）を、また法律の禁止に違反して締結された契約（五四条に違反して締結された契約）の存続効については、本書第一部第五章第一節を参照。

(48) 連邦行政手続法の五四条により「法規定に反しない限り」で許容されることになった公法上の契約と「法律の留保」の関係を検討するものとして、参照、大橋洋一「行政契約の比較法的考察——建設法領域を中心として」同『現代行政の行為形式論』（弘文堂、一九九三年）一九三頁以下。なお石井・前掲註（5）書五七頁以下は、補助金契約を念頭に、公法上の契約と法律の留保の関係を検討している。

(49) 本質性理論については、大橋洋一「法律の留保学説の現代的課題——本質性理論（Wesentlichkeitstheorie）を中心として」同『現代行政の行為形式論』（弘文堂、一九九三年）一頁以下が詳しい。

(50) BVerfGE40, S.237ff.

(51) 詳しくは、本章の第三節第三款を参照。

(52) BVerfGE40, S.248f.

(53) BVerfGE49, S.126.

(54) 大橋・前掲註（49）書四三頁は、本質性理論が侵害留保論を批判しつつも、それを全面的に否定するものではないことに注目し、本質性理論を侵害留保論の延長線上に位置づける。

(55) BVerfGE48, S.221.

(56) BVerfGE49, S.127.

(57) Eberhard Schmidt-Aßmann/Walter Krebs, Rechtsfragen städtebaulicher Verträge, 2.Aufl., 1992, S.185.；なお同旨の見解を主張する者として、Vgl., Christian Schimpf, Der verwaltungsrechtliche Vertrag unter besonderer Berücksichtigung seiner

Rechtswidrigkeit, 1982, S.154.

（58）　D・イェッシュは、次のように言う。「憲法構造は、根本的に変化した。基本法という憲法秩序の下に於いては、もはや執行権に有利な権限推定など存在しないのであって、行政権は、それが以前有していた活動の自由を失った。行政権はもはや単に憲法により制限されるのみならず、そのあらゆる権限を憲法から初めて獲得する。さらに基本法の秩序構造に従えば、行政権は——独立した、しかし利己的ではない政府機能を別とすれば——真に執行権になったのであり、これにより、当該執行権に対して憲法が明らかに十分な権限を与えていない限りで、全ての行為形式に関して、議会による授権に依拠する。」と（Dietrich Jesch, Gesetz und Verwaltung, 1961, S.205.）。なおD・イェッシュの全部留保論については、大橋・前掲註（49）書四頁以下を併せて参照。

（59）　C・シンプフは、議会の民主的正統性を根拠に全部留保論を唱えたD・イェッシュを批判して、次のように言う。「民主政原理に基づき、議会には、単なる行政活動に比べてより直接的な民主的正統性が存在することが前提とされなければならない。……法律は、行政の議会的そして民主的な統制手段である。同時に議会は、相対立する利害が調整されるべき国家機関である。議会手続は、かなりの規模の世論を担保し、それにより多様な利益の適切なる調整を保障する。こうして議会には、特定の指導的役割が帰属する。……しかし、議会の民主的正統性からも、また権力分立原則からも、法律の留保に関する一般的な結論は導き出され得ない。それは第一に、基本法第二〇条の第二項と第三項により、国民は執行権を通じてもまた国家権力を行使し、したがって執行機関もまた、少なくとも間接的には民主的正統性を持つという状況と関連する。したがって、行政活動が法律の執行に限定されているという思考には賛成できない。こうした考え方はヴァイマール憲法下、すなわち基本法の憲法史上の出発点に於いても受け入れられなかったのであり、また基本法からも、行政機能に関する全面的な改革が行われるべき旨は推定されていない。基本法から読みとられる執行に関する行政への委任は、核心領域に於いてでさえも立法の浸透を妨げている。」と（Schimpf, a.a.O(Fn.57)., S.150f.）。また、前記カルカー決定は、連邦首相による政策基本ラインの決定（基本法六五条第一文）、連邦議会の解散（同法六八条）、立法の緊急状態（同法八一条）及び外交政策上の決定など、基本法自身が「法律化を免れた行政領域」の存在を認めている事実を指摘し、全部留保論を批判している（BVerfGE49, S.124f.）。このほかにも、「突発的に生じた問題を迅速に解決する可能性を阻害することになる」という理由もまた、全部留保論に対する有力な批判となっている（Schimpf, a.a.O(Fn.57)., S.159.）。全部留保論に対する批判については、大橋・前掲註（49）書五頁を参照。

（60）　Schimpf, a.a.O(Fn.57)., S.143.

（61）　本質性理論を支持するC・シンプフ自身、「本質性」という概念の不明確さが、本質性理論の弱点である事実を認めて次のように言う。「判例〔本質性理論に立つ判例――筆者註〕に対する批判は、特に本質性という概念に向けられている。つまり、この概念は何ら独立した基準ではなく、総じて法的不安定性を招くという批判である。また、結局何が本質的で何が非本質的なのかは、バラバラで統一することはできないという批判が存在する。」と（Schimpf, a.a.O(Fn.57)., S.142.)。この点については、参照、阿部泰隆『行政の法システム（下）〔新版〕』（有斐閣、一九九七年）六九五頁以下、藤田宙靖『第三版　行政法Ⅰ（総論）〔改訂版〕』（青林書院、一九九五年）八七頁以下。

(62) Schmidt-Aßmann/Krebs, a.a.O(Fn.57)., S.190f.

(63) Schimpf, a.a.O(Fn.57)., S.163f.：なおこの点については、大橋・前掲註（49）書九頁以下も参照。

(64) Schmidt-Aßmann/Krebs, a.a.O(Fn.57)., S.182ff.

(65) Schimpf, a.a.O(Fn.57)., S.216.

(66) ヴァイマール期の規範授権理論並びにW・アペルトの公法契約論については、本章第一節の第三款及び第四款を参照。

(67) 本章第二節を参照。

(68) Schmidt-Aßmann/Krebs, a.a.O(Fn.57)., S.186.：なおW・クレプスは、一九九二年のドイツ国法学者大会でも、同じ主張を繰り返して、暗にC・シンプフを批判している（Vgl. Walter Krebs, Verträge und Absprachen zwischen der Verwaltung und Privaten, VVDStRL 52, 1993, S.265.)。

(69) Schmidt-Aßmann/Krebs, a.a.O(Fn.57)., S.187.

(70) Schimpf, a.a.O(Fn.57)., S.204f.：なおW・クレプスもまた、法律の留保の客観法的側面を考慮して法律の留保が要請される場合には、法律の根拠なく公法上の契約を以て法律関係を規律することは許容されないと考える（Schmidt-Aßmann/Krebs, a.a.O(Fn.57)., S.191.)。

(71) Carl Hermann Ule/Hans-Werner Laubinger, Verwaltungsverfahrensrecht, 3.Aufl., 1986, S.518f.

(72) Maurer, a.a.O(Fn.16)., S.804.：なお、H・マウラーと同旨の見解を示すものとして、Vgl. Frank Götz, Nichtigkeit des substituierenden Verwaltungsvertrages nach dem Verwaltungsverfahrensgesetz (VwVfG), DVBl 1977, S.684.

(73) C・シンプフは次のように言う。「行政手続法は、法律の留保を廃止したわけでも、また行政手続法第五四条第一文という一般条項により、法律の留保の要請が満たされたわけでもない。法律の留保は憲法上の効力を持つのであって、単一の法律によって、当該憲法上の効力が処理されてはならない。行政権は契約的行政活動の領域に於いてもまた法律の留保に服すのであり、個々の法律は、法律の留保を自由に処分することはできない。……確かにこの規定〔連邦行政手続法五四条――筆者註〕の文言は、内容に関する一般的授権を内包する旨の解釈の余地を残してはいるが、しかし、この規定は必ずしも、そうした解釈を強制するわけではなく、むしろ形式の授権に限定されたものと解されるのであって、また憲法に適合するような解釈がとられなくてはならないのである。」と(Schimpf, a.a.O(Fn.57)., S.243f.)。なおW・クレプスも「憲法原則としての法律の留保は、単一の法律により廃止され得ない。」と述べ、C・シンプフと全く同様の見解に立っている(Vgl. Krebs, a.a.O(Fn.68)., S.265.)。

(74)　彼は次のように言う(Schimpf, a.a.O(Fn.57)., S.243.)。曰く「行政手続法の第五四条第一文後段は、契約を妨げる法規定への参照を指示する規定であるが、それは単に、法律の優位を指示するに過ぎず、法律の留保をめぐる問題を解決するには、全く貢献しない。」と。

(75)　Schimpf, a.a.O(Fn.57)., S.179.

(76)　判例上、法律上の禁止に抵触することを理由に法的許容性を否定された公法上の契約の中に選挙和解がある。事案は以下の通りである。

「一九七八年三月五日に、ゲマインデUで議会選挙が行われた。ゲマインデ選挙法の第一六条によると、選挙当日までに少なくとも六箇月間ゲマインデ内に存在していなかった者は、被選挙権を認められなかった。ところが、一九七七年八月一日より、ドイツ語教師として一時渡仏していたため、選挙当日までに六箇月間ゲマインデに在住していなかった訴外Aが、右選挙に立候補し、当選した。選挙審査庁M(被告)は、一九七八年三月二一日の決定により、ゲマインデUにおいて実施された議員選挙の全体が無効であるとした。この決定に対し、先の選挙で当選した議員等(原告)が訴訟を提起したが、その後、本件選挙があくまでも全体として無効であることを前提に、被告Mは全体的な選挙のやり直しを命じるのではなく、既に実施された一九七八年三月五日選挙の得票数に従い、訴外Aを除いて当選人を決定し直す旨で和解が成立した。」

地方議会の選挙に瑕疵がある場合、選挙審査庁には審査を開始する権限が与えられている。ゲマインデ選挙法の三七条二項によると、選挙規定への違反が存在し、かつ選挙結果に影響が生じたと認定される場合、選挙審査庁は、職権で選挙の無効を宣言し、理由を付記することを義務づけられる。また同法三七条三項によれば、本件のように、被選挙権を持たない者が当選した場合、その部分のみが無効となり、選挙全体が無効になるわけではない。バイエルン上級行政裁判所は、以上を前提とした上で、「選挙審査庁は、第三七条第三項に従って、機械的に選挙の部分無効を宣言し、無効となった部分(訴外Aの議席分)につき、選挙を新たに実施する義務を負い、したがって、議員との和解により、選挙の効力のほか、事後選挙の実施方法を決定することは、選挙法上禁じられている」と判断し、結局、本件和解契約は、法律の禁止に違反し、バイエルン州の行政手続法五四条（連邦の行政手続法五四条と同じ内容である）により許容されないと結論づけている（Vgl. DVBl. 1980, S.62f.）。

(77) 他方、租税免除協定もまた、判例上、それが法律の禁止に抵触することを理由に、その法的許容性が否定されている。事案は以下の通りである。

「原告は、自己所有の工場を、現在のBからJへ移転しようと考えていた。原告と被告（ゲマインデの長）との交渉後、原告は工場へ通じる道路の改修を約束し、他方ゲマインデ側は、原告の希望通り工場移転を許可し、かつ事業税と賃金税については、一九五〇年八月二八日から向こう五年間、土地税については二年間免除する旨を内容とする契約（本件契約）が締結された。原告は本件契約に基づき、毎年租税調査を受けることも、申告することもなく事業を行っていた。これに対し、自治体監督庁が異議を申し立てた。結局ゲマインデ議会は、一九五五年三月二五日に、右租税免除を撤廃し、同年四月一二日、原告に対してこれまで契約に基づき免除されていた土地税、賃金税、事業税併せて四二〇〇〇マルクの課税を行った。」

この事案に関して連邦行政裁判所は、基本法の二〇条三項、同一〇五条、帝国租税通則法の一条一項に根拠を持つ租税法律主義に鑑みると、それを認める明文の規定がない限り、租税免除協定を締結することは禁じられているとし、本件契約の許容性を否定している（なお本判決は、同じく法律の禁止に抵触することを理由に、事業税や賃金税についても、それを免除することを内容とする協定の許容性を否定している。Vgl. BVerwGE8, S.331）。なお、本件事案に於いては、註（76）に於いて取り上げた「選挙和解」同様、契約形式による法律関係の規律を禁止・排除する旨の明文規定は存在しなかったが、連邦行政裁判所は、基本法や租税法規を総合的に解釈して、いわば「黙示的な法律の禁止」を読み込んでいる。学説もまた、憲法原則を視野に入れた規範の総合解釈により、そこに禁止法が存在するか否かを判断すべきとの立場に立ち、そこに黙示的な「法律の禁止」（黙示的禁止規範）があることを認めている。例えばW・スパンノヴスキー（Willy Spannowsky）は次のように言う。「一般的な契約形式の禁止は、憲法からは導き出され得ない。ただ、平等原則の厳格なる遵守が命ぜられ、基本権並びに民主政原理、さらには連邦国家原理の不可侵の中核部分が、行政や個々人の自由な処分を剥奪している場合には、契約規律の余地は存在せず、契約形式の禁止が読み込まれなければならない。……契約形式が明らかに排除されている場合や、あるいは行政が活動余地を何ら自由に処分し得ないが故に契約による規律にとっての余地が全く存在しない場合にのみ、契約形式の禁止が読み込まれなければならない。」と（Vgl. Spannowsky, a.a.O (Fn.46), S.147.）。

(78) なお、法律の禁止に抵触して許容性を否定される公法上の契約には、本文で取り上げる選挙和解や租税免除協定のほか、特定の内容を持った行政計画を策定することを事前に合意する契約（計画契約）、さらには民間事業者等が一定の作為・不作為義務を負うことを反対給付として、法規命令の制定権限を持った行政庁が、特定の内容を持った法規命令の制定を見合わせることを内容とする契約（これを一般に法規命令代替型契約という）等が存在する。このうち、計画契約と法規命令代替型契約の法的許容性をめぐる議論については、本書第三部「規範制定契約論（行政計画・行政立法代替型契約論）」に於いて、改めて検討する。

（79）ドイツ公法契約論に於いて議論される従属法契約の概念に関する我が国の先行研究業績として、参照、石井・前掲註（5）書九三頁以下、大橋・前掲註（48）書一六六頁以下。

（80）事実、連邦行政手続法模範草案作成委員会は、その理由書の中で明確に「公法上の契約に関する規定を設けるにあたっては、特に従属法上の契約に重点を置いた。」と述べている（Musterentwurf eines Verwaltungsverfahrensgesetzes, 2.Aufl., S.194f.）。

（81）Vgl. Jan Ziekow/Thorsten Siegel, Entwicklung und Perspektiven des Rechts des öffentlich-rechtlichen Vertrages- Teil 1, VerwArch. 94, S.593ff (S.606).

（82）連邦行政手続法の五五条が規律する従属法上の和解契約、同五六条が規律する従属法上の交換契約、及び従属法上の和解・交換両契約類型の無効原因を規律した同五九条二項、第三者の同意要件を規律する五八条、さらには従属法上の契約に於ける即時執行の合意を規律する同六一条をめぐる学術議論の中身が「行政行為論と密接な関係」にあり、これを明確に意識しながら展開されたものであることについては、大橋・前掲註（48）書のほか、本書第一部の第三章、同第四章、同第七章を併せて参照されたい。

第二章　行政手続の通則規定と公法上の契約

連邦行政手続法の公法契約規定には、契約手続に関する明文の規定は存在しない。しかしながらこの事実は、契約手続の法的統制が立法段階で意図的に断念されたことを意味しない。正確に言えば、連邦行政手続法の立法者は、敢えて「契約手続に関する固有の規定」を公法契約規定の中で規律する必要性を特に感じていなかったようである。というのも、連邦行政手続法の第二編には「行政手続の通則規定（九条乃至三四条）」が存在し、それは「行政行為」のみならず、「公法上の契約」にも適用されることになっているからである（六二条第一文）。[1]また既に指摘したように、連邦行政手続法の公法契約規定は、行政行為に代替して締結される契約――従属法契約――を公法上の契約の典型とみなし、この従属法契約に対して、他の公法上の契約に比べて特に強い法的統制を及ぼす構造となっているため、同規定の枠内で議論される公法契約論は、行政行為論との比較又は対比の様相を示すことになる。[2]それは契約手続論についても当てはまる。すなわち、公法契約規定の枠内で展開されてきたドイツの伝統的な公法契約論は、つい最近まで「行政行為に代替して締結される契約――従属法契約の手続」と「行政行為手続」とを比較し、「両者の基本的同質性」を主張することに力点を置いてきたのである。二〇〇〇年に公刊された教授資格論文『契約相手方としての行政』に於けるV・シュレッテ（Volker Schlette）の以下の叙述は、それを明確に物語っている。[3]

「拘束力を持った個々的な決定の実施を目指した行政手続が常に同じ基本構造を持っており、それは、行政行為の発動が問題となっているのか、それとも契約の締結が問題となっているのかには左右されない旨が明らかになる。したがって、行政行為と契約は、それを実体的に見れば完全に対立的な決定類型であり得るが、手続的観点に於いては、明らかに、相互に接近せしめられている。行政行為と契約という二つの行為形式を手続に関して融合するという法律領域での決定は、明らかに正当である。なぜなら、手続の開始時点では、最終的にいかなる決定が行われるかを、必ずしも常に見極めることはできないからである。したがって、当初は、一方的・高権的な措置が予定されていたものの、関係する市民との接触が始まった際に、契約の締結をふさわしい〔vorzugwürdig〕と思わせるような状況が判明する場合があり得る。逆に、何らかの理由により、契約の合意が獲得され得ない場合に、もともとはコンセンサスを取り付けることを意図した行政の活動が、一方的・高権的な措置に行き着く場合もあり得る。場合によると、手続が、完全に《結果について懸案のまま》とりあえず開始され、行為形式の決定が、後の手続状況に於いて初めて、包括的な利益衡量に従って行われることもあり得る。これらは全て、手続の進行が相互に統一化されることにプラスの材料を提供する。」

本章では、基本的に公法契約規定の枠内で学術論議を展開してきたドイツの伝統的な公法契約論のうち、特に「契約手続論」に関する議論に焦点を当て、その全体像を把握しながら、当該議論の特色を浮き彫りにすることにしよう。

連邦行政手続法六二条の第一文により、公法上の契約にも適用される「行政手続の通則規定」は、同法の第二編（九条乃至三四条）に存在し、第一節「手続原則（九条乃至三〇条）」、第二節「期間・期日・現状回復（三一条・三二条）」、第三節「職務上の認証（三三条・三四条）」から成り立っている。これらは、規律事項の性格に従って「行政手続に関与する法主体に関する規定」、「行政手続を実施する上での法技術的事項を定める規定」、「行政手続の実施方法に関する規定」の三種類に分類し得る。

第一節　行政手続に関与する法主体に関する諸規定の適用

第一款　関与能力・行為能力・代理

連邦行政手続法の六二条第一文を経て公法上の契約に準用される規定としては、「関与能力」に関する同法の一一条と、「行為能力」に関する同法の一二条が挙げられる。(4)

まず「関与能力」に関する連邦行政手続法の一一条は、自然人及び法人（一号）、権利を帰属させ得る団体（二号）、及び行政庁（三号）に対し、行政手続へ関与する能力を認める。この規定は、関与能力という用語を用いているが、内容は、行政手続に関与し、権利義務の担い手になる能力（権利能力）に関するものである。(5)

他方「行為能力」に関する連邦行政手続法の一二条は、民法典により行為能力を有する自然人（一号）、民法典により行為能力を制限されてはいるが、行政手続の対象については行為能力を持つ自然人（二号）、法人及び権利帰属性を肯定される団体（三号）のほか、行政庁（四号）に対し、手続行為を行う行為能力を認める。(6)

さらに、連邦行政手続法の一四条乃至一九条の規定は代理人に関する規定である。(7)

結局、これを公法上の契約に引き直すと次のようになる。すなわち、連邦行政手続法の一一条により関与能力を認められる主体は、公法上の契約の当事者となることができ、また同法の一二条により行為能力を認められた者、又は、同法の一四条乃至一九条により代理権を付与された者は、契約締結の交渉を行い、契約を締結し得る。(8)

第二款　関係人の参加

他方「関係人の参加」に関する連邦行政手続法の一三条も、同法の六二条第一文を経て公法上の契約に準用される(9)。したがって一三条によって行政手続への参加を認められる関係人は、公法上の契約の交渉手続への参加を認められることになる。

関係人の概念と参加形態について規律する連邦行政手続法の一三条は、次のように規定する。

「第一三条　関係人

(1)　次の者を関係人とする。

1.　申請人及び申請に反対する者。

2.　行政庁が行政行為を向けようとし、又は向けた者。

3.　行政庁が公法上の契約を締結しようとし、又は締結した者。

4.　第二項の規定により、行政庁によって手続に参加させられた者。

(2)　行政庁は職権により又は申立てにより、手続の結果により法律上の利益に影響を受けることがあり得る者を、関係人として参加させることができる。手続の結果が第三者に対して権利形成的効果を持つ場合、申立てに基づき、この者を関係人として手続に参加させなければならない。この者が行政庁に知れている場合、行政庁はその者に手続の開始を通知しなければならない。

(3)　聴聞されるべき者は、第一項の要件が存在しなければ、関係人になることはない。」

我が国に於いても、既に海老沢俊郎教授が指摘したように、一三条の関係人は、一項の一号乃至三号が規律する関係人と、一項の四号及び二項が規律する関係人に分類され、前者は「本来の関係人」、後者は「手続への参加による関係人」と呼ばれる。(10)

さて、これを特に公法上の契約の視点で見た場合、そこには二種類の関係人が存在することがわかる。第一は、行政庁の契約相手方として行政手続に参加する「本来の関係人（一三条一項三号）」であり、第二は、一三条の一項四号、及び同条の二項により、契約の交渉手続への参加を認められる「手続への参加による関係人」である。

問題は、一三条の一項四号、及び同条の二項により関係人の地位を与えられる者（手続への参加による関係人）の具体的範囲であり、またその参加形態である。この点C・H・ウレとH-W・ラウビンガーは次のように述べている。(11)

「この規定〔一三条一項の四号、及び同条の二項——筆者註〕の目的は、申請人・申請に反対する者・行政行為の名宛人・公法上の契約の相手方としての関係人ではないが、行政手続によりその法的利益に影響を受けるものを手続に召喚し、その利益を主張する機会を与えることにある。したがって、既に第一三条第一項の第一号乃至第三号により関係人となった者は、この規定により手続へ召喚されることはない。……行政裁判所法は、単純参加（第六五条第一項）と、必要的参加（第六五条第二項）とを区別している。なるほどそうした概念を用いてはいないが、これに対応して行政手続法も、単純参加（第一三条第二項第一文）と必要的参加（第一三条第二項第二文）とを区別している。以上二つの行政手続への召喚形式については、異なった前提要件が妥当する。単純参加は任意的なものであり、これに対して必要的参加は強制的なものである。」

右の説明にも明らかなように、一三条の一項四号、及び同条の二項によって「関係人」となり得るのは、行政手続の結果により権利又は法律上の利益に影響を受ける者である。したがって逆に、手続の結果により、単なる事実上の利益を侵害されるに過ぎない者には関係人の地位は認められない。(12)

他方、手続の結果により権利又は法律上の利益に影響を受ける関係人の参加方式には、「参加させるか否かについて、行政庁に裁量が認められる単純参加」と、「行政庁が参加させることを義務づけられる必要的参加」の二種が存在する。ここで「単純参加」とは、一三条二項の第一文により、「手続の結果により法律上の利益に影響を受けることがあり得る場合の参加形態」を指し、他方「必要的参加」とは、一三条二項の第二文により、「手続の結果が第三者に対して権利形成的効果を持つ場合の参加形態」を意味する。

問題は、単純参加と必要的参加の具体的な振り分けである。一三条二項の第一文・同第二文は、「手続の結果によって法律上の利益に影響を受けることがあり得る場合に単純参加」、「手続の結果が権利形成的効果を持つ場合に必要的参加」としているが、単純参加と必要的参加を振り分ける右の抽象的なメルクマールは、具体的にどのように理解されるべきであろうか。(13)

K・オーバーマイヤー（Klaus Obermayer）によると、「単純参加」とは、手続の結果が、当該手続の対象ではない別の法的問題の解決にとって拘束的な事前決定としての性格を持ち、そのため第三者の権利領域に間接的に影響が及ぶ場合に、行政庁が義務に適った裁量に従い、当該第三者を手続に参加させることを意味する。(14)

他方、「必要的参加」とは、手続の結果により、第三者の権利又は法律上の利益が直接影響を受ける場合に、必ず行われるべき手続への参加である。(15) 例えば、建設許可の名宛人たる建築主の隣人は、建築許可（手続の結果）により直接、権利又は法律上の利益に影響を受けるため、一三条二項の第二文により、行政手続への必要的参加が認められるのである。(16)

したがって、これを公法上の契約に引き直すと、次のようになろう。すなわち、公法上の契約の締結によって、直接、自己の権利又は法律上の利益を侵害される第三者は、一三条二項の第二文により手続への参加を申し立て、行政庁はこの者を必要的参加させなければならず、他方、公法上の契約により、直接的には自己の権利又は法律上の利益に影響を受けないものの、別の法律問題についての判断が、右公法上の契約の存在により論理的に決定される結果、将来間接的に自己の権利又は法律上の利益に影響を受ける第三者の場合は単純参加が問題となり、この場合行政庁は、職権により、又は申立てに基づいて、この者を義務に適った裁量により参加させることができるのである。(17)

第三款　除斥・偏頗の危惧

以上検討した「関与能力」、「行為能力」、「関係人」、及び「代理」に関する連邦行政手続法の一一条乃至一九条の規定が、契約の交渉手続に参加し得る法主体の範囲と参加の態様に関する規定であるのに対し、行政職員の「除斥」と「忌避」を定めた同法の二〇条と二一条は、逆に「誰が公法上の契約の交渉手続から除外されるのか」に関わる。

右の二規定は、「非党派的職務遂行の原則（Grundsatz der unparteiischen Amtsausübung）」という法治国家の当然の原理を行政手続の場面で具体化したものであり、(18)関係人と特殊な関係にある行政職員を行政手続から除斥・忌避し、公正な判断を保障するものである。(19)ドイツの判例・学説は、右の二規定が公法上の契約の締結手続にも適用されることを認めている。(20)

二〇条は、関係人と特殊な関係にあり、予断を持つと推定される行政職員を定型的に定め、これを機械的に職務遂行活動から除外する。すなわち、行政職員自身が関係人である場合（一号）、関係人が行政職員の親族（同条五項に定義規定がある）である場合（二号）、行政職員が関係人の代理人である場合（三号）、関係人の代理人が行政職員の親族である場合（四号）、行政職員が関係人に雇用され、あるいは役員等の構成員である場合（五号）のほか、行政職員が、職務外で手続の対象につき鑑定等を行った場合（六号）のいずれかに該当する行政職員は、法律上当然に、行政手続への参加を認められず除斥される。(21)

他方、二一条は、行政職員が予断を抱いている旨の憂慮を正当化する客観的な手掛かりが存在する場合に、行政庁の長が、決定を以て当該行政職員を行政手続から排除（忌避）することを認める。二一条による忌避は、実際に行政職員が予断を持っている必要はなく、不公正な職務遂行が為される疑いがあれば認められる。[22]

第二節　技術的規定の適用

連邦行政手続法の第二編が規律する「行政手続の通則規定」の中には、職務用語（二三条）や、期間・期日（三一条）、現状回復（三二条）などの法技術的な事項を規律する規定が存在する。これらの規定が、同法の六二条第一文を経て、公法上の契約に適用されることについても、学説上争いはない。[23]

第三節　手続の実施方法に関する諸規定の適用

最後に、連邦行政手続法の第二編が規律する「行政手続の通則規定」のうち、「行政手続の実施方法に関する諸規定」の公法上の契約への適用可能性について検討しよう。ここでは、二四条「職権探知原則」、二五条「助言・情報提供」、二六条「証拠方法」、二八条「関係人の聴聞」のほか、二九条「関係人による記録閲覧」などの適用可能性が問題となる。端的に述べると、関係人の聴聞を規律した二八条は別として、それ以外の規定は全て、公法上の契約への適用を肯定されている。

第一款　職権探知原則と証拠方法

個々の行政決定が、特定事実に特定の法規範を適用して導かれることに鑑みると、行政決定が法律や法に適合するためには、その前提として事実関係が正しく認識されなければならない。その意味で、事実関係の調査は行政手続の出発点である。(24)

問題は、行政決定の基礎となる事実関係の調査方法・手続である。これに関して連邦行政手続法は、二四条と二六条を置く。まず両規定の内容を確認しておこう。

「第二四条　職権探知原則

(1)　行政庁は、職権により事実関係を調査する。行政庁は調査の方法及び範囲を決定する。行政庁は、関係人の主張及び証拠の申出に拘束されない。

(2)　行政庁は、関係人に有利な情報を含めて、個々の場合で重要な一切の事情を考慮しなければならない。

(3)　行政庁は、事案に於いてそれが許されない、若しくは理由がないとして、その管轄範囲に属する陳述又は申立ての受理を拒絶することはできない。」

「第二六条　証拠方法

(1)　行政庁は義務に適った裁量により事実関係を調査するために必要と認める証拠方法を用いる。行政庁は、特に以下の各号に掲げることをなし得る。

1.　各種の情報を収集すること。

2.　関係人を聴聞し、証人及び鑑定人を尋問し、又は関係人及び証人から書面による意見を聴取すること。

3.　文書及び記録を取り寄せること。

4.　検証すること。

(2)　関係人は、事実関係の調査に際し、協力するものとする。関係人は、特に自己の知る事実及び証拠方法を申告するものとする。それ以上に、事実関係の調査に際し協力すべき申告義務、特に出頭義務又は意見陳述義務は、法規により特に定められている場合に限り存在する。

(3)　証人及び鑑定人は、法規により定められている場合、意見を陳述し、又は鑑定を行う義務を負う〔以下略〕。」

右に掲げた二箇条に示された事実関係の調査方法・調査手続は、概略的に以下の三点に要約し得る。

第一に、行政庁は関係人との交渉により事実関係を確定するのではなく、関係人の意見に拘束されずに職権でこれを調査する（二四条一項）。これが職権探知原則であり、それは行政手続をはじめ、公益の実現が問題となる全ての手続に妥当する共通原理である。(25)

第二に、行政庁は事実関係の調査方法や調査範囲につき決定権を持ち（二四条一項第二文）、二六条一項の各号に掲げられた方法を採り得る。

第三に、職権探知原則は、事実関係の調査につき、行政庁の恣意を許すものではなく、また関係人を事実関係の調査から例外なく排除するものではない。(26)二六条の一項二号は、関係人の聴聞又は意見陳述による事実関係の調査を認め、また二六条の二項は（違反に対するサンクションがないとはいえ）、手続に参加した関係人に対し、事実関係の調査に協力し、自己の知る事実や証拠方法を申告する義務を負わせるからである。(27)この場合行政庁は、関係人による陳述や申立ての受理を拒絶することはできず（二四条三項）、関係人に有利な情報を含め、重要な事情の全てを考慮して事実関係を確定する義務を負う(28)（二四条二項）。

こうした事実関係の調査方法・調査手続に関する基本原則は、全ての行政手続に妥当し、それが行政行為の発動で終結するか、公法上の契約の締結で終了するかには関係ない。すなわち、公法上の契約の交渉手続に於いても、行政庁は契約締結の基礎となる事実関係を職権で探知する義務を負い、その際、契約相手方を含む関係人により申告された事実及び証拠を受領し、これを考慮する義務を負う。逆に、契約相手方を含む関係人は、契約締結の基礎となる事

実関係の調査につき協力し、特に自己の知る事実や証拠を行政庁に申告する義務を負うのである。(29)

第二款　記録閲覧権と行政庁の助言・情報提供義務

さて、行政行為手続の場合、二四条及び二六条により職権で事実関係を探知した行政庁は、二八条に従い、関係人に対して「法的聴聞」を行った上で行政行為を発動し、行政手続を終結させる。法的聴聞に関する連邦行政手続法の二八条は、次のように規定する。

「第二八条　関係人の聴聞

(1)　関係人の権利を侵害する行政行為の発動に先立ち、この者に対し、決定にとって重要な事実について意見を述べる機会を与えなければならない。

(2)　個々の事件の状況により、その必要がない時は、聴聞を省略することができる。特に、

1.　遅滞のおそれがあるため、又は公益上即時の決定が必要と認められる場合。

2.　聴聞を行うことにより、決定のために定められた期間の遵守が疑わしくなる場合。

3.　申請又は意思表示の際に関係人がなした事実に関する主張から逸脱して当該関係人にとって不利な結果とならない場合。

4.　行政庁が一般処分若しくは大量に同種の行政行為を発動し、又は自動装置を用いて行政行為を発動しようとする場合。

5.　行政執行上の措置を行う場合。

(3)　強行的公益が聴聞に反対する場合、聴聞は行われない。」

二八条が規律する聴聞制度は、以下の二点に要約し得る。(30)

第一に聴聞は、二八条の二項、及び同条の三項の要件に該当しない限り、関係人の権利を侵害する行政行為が発動

されるであろう場合に行われる。問題は、「関係人の権利を侵害する行政行為」の概念であるが、これには不利益処分のほか、授益的行政行為の拒否（申請拒否処分）も含まれる。[31]

第二に、二八条を文字通り解釈すると、聴聞の対象は、決定にとって重要な事実である。すなわち行政庁は、関係人の権利を侵害する行政行為を発動するに先立ち、当該行政行為を発動する際に基礎となった事実関係について、これを関係人に通知し、意見を述べる機会を与えなければならない。[32] この点、二八条には明示的に規律されてないが、行政庁は関係人がなした陳述の内容を認識し、それを真摯に考慮した上で行政決定をなす義務を負う。これを行政庁の斟酌義務という。[33]

問題は、聴聞を保障する二八条の公法上の契約への準用可能性であるが、学説の趨勢は、これを否定する傾向にある。例えばC・H・ウレとH-W・ラウビンガーは、「聴聞」が、行政行為に特有の手続原則であるとし、二八条を公法上の契約に適用することに反対する。[34]

「例えば、連邦行政手続法の第二八条（聴聞）のほか、同法の第三五条乃至第五三条（行政行為の成立・存続効及び時効法上の効果）のように、特に行政行為に焦点を当てた規定は、同法の第六二条第一文によって公法上の契約に適用することはできない。」

これと同じ見解を示す論者は多く、H・J・ボンク[35]（Heinz Joachim Bonk）、H・J・クナック[36]（Hans Joachim Knack）、W・クレプス[37]、K・オーバーマイヤー[38]、そしてV・シュレッテ[39]等も、聴聞を保障する二八条を公法上の契約に適用する必要性を否定している。

問題となるのは、二八条「聴聞」が公法上の契約への適用を否定される理由である。この点に関して例えばH・

J・ボンクは、公法上の契約の締結手続の特色に焦点を当てて、次のように言う[40]。

「行政行為の発動に先立つ関係人の聴聞に関する第二八条の規定は、公法上の契約への適用から除外される。というのも、契約の相手方は、交渉過程に於いて必然的に聴聞が行われ、行政庁に対して異議を申し立てることができるからである。」

このようにH・J・ボンクは、「契約の交渉」に「聴聞」と機能的同一性を見いだし、「聴聞」を保障する二八条を敢えて契約の交渉手続に適用する必要はないと結論づけるのである。したがって「公法上の契約に二八条の聴聞が準用されない」としても、二八条「聴聞」に関する法理論は、そのまま聴聞と同一の機能を果たす「契約交渉」にも妥当することになる。すなわち、契約上義務の引受けを求める場合、行政庁は基礎となるべき事実関係を職権で調査し、それを契約交渉に於いて関係人に通知し、意見を述べさせ、かつ陳述内容を斟酌しなければならないのであって、単に「義務引受けに同意するか否か」の判断のみを迫ってはならないことになる。また「契約交渉」が「聴聞」と同一の機能を果たす以上、「聴聞」を効果的に行うために設けられた諸制度は、そのまま「契約交渉」を効果的に行うための制度として、公法上の契約への適用を肯定されることになる。すなわち、連邦行政手続法の二九条が保障する「記録閲覧」と、同法の二五条一項が規律する「助言・情報提供」である。

「記録閲覧（Akteneinsicht）」を保障する二九条の一項第一文によると、法律上の利益を主張し、防御するために必要な限りで、行政庁は、手続に参加する関係人に対し、手続に関連する記録の閲覧を認めなければならない[41]。閲覧の対象は、関係人が参加する手続に関連する文書である。これには、他の行政庁の記録や、行政庁を召喚した裁判所の記録が含まれるが、逆に、手続に関与する行政職員の履歴書など、手続に直接関係ない記録は閲覧の対象にはならない[42]。また記録の閲覧により行政任務の秩序ある実施が阻害される場合や、記録内容が知れることにより連邦又はラントの福祉に不利益が生じるおそれがある場合のほか、法律上又はその性質上、関係人又は第三者の正当な利益のために秘密にする必要がある場合にも、記録の閲覧は否定される（二九条二項）。

いずれにせよ、関係人の法律上の利益の主張又は防御のために必要な限りで記録閲覧が認められる事実に鑑みると、この制度は「聴聞」と密接な関係を持ち(43)、したがって「聴聞」と同一機能を果たす「契約交渉」に於いても、重要な制度に位置づけられることになる。実際、ドイツの学説は、二九条が保障する「記録閲覧権」が公法上の契約にも適用されることを肯定している(44)。

同じことは、二五条一項が規律する「助言・情報提供」についてもいえる。連邦行政手続法の二五条一項は次のように規定する(45)。

「第二五条　助言・情報提供

(1)　それが、もっぱら明白な過誤若しくは不知により行われず、又は不正確に提出され、若しくは行われた場合、行政庁は、陳述若しくは申立てを促し、又は陳述若しくは申立ての補正を促すものとする。行政庁は、必要と認める限り、行政手続に於いて、関係人に属する権利及びその者に課せられている義務につき情報を与える。」

二五条一項の第一文によれば、明白な過誤・不知により陳述・申立てが行われなかった場合や、それが不正確に行われた場合、行政庁は関係人に対し、職権で陳述・申立てを行うよう促し、又は不正確になされた陳述・申立てを補正するよう促す義務を負う。これを一般に、教示義務（Belehrungspflicht）という(46)。

他方、同条同項の第二文は情報提供に関する規定である。この規定に於いて行政庁は、関係人に帰属する権利の内容や、彼に課せられた義務の内容について情報を提供する義務を負う(47)。

C・H・ウレとH-W・ラウビンガーによると、教示義務と情報提供義務は、憲法上の社会的法治国家原理に根拠を持つ「国家の保護義務」の下位概念であり、教示義務と情報提供義務のみを規律する二五条一項は、その意味で国家の保護義務の一部を規律したに過ぎない(48)。しかし、二五条一項が規律する「教示・情報提供義務」が、聴聞権の保障をその目的の一つとすることが明白である以上(49)、この規定は、記録閲覧権を保障する二九条とともに、聴聞と同一の機能を果たすべき契約交渉にも等しく妥当することになる(50)。つまり、関係人が法的専門知識を有した弁護士等をつけることなく契約の交渉手続に関与した結果(51)、明白な過誤や不知により陳述や申立てを行わず、又はこれを不正確に行う場合には、行政庁はその旨を教示して、関係人に対し適切な交渉活動を行うよう促す義務を負う一方、同じく関係人が、法的専門知識を持った弁護士等をつけることなく契約の交渉手続に関与し、自己の手続法上及び実体法上の権利義務の内容を把握しないまま契約交渉を行っている場合、行政庁は、当該関係人に対して、情報を提供する義務を負うのである(52)。

(1)　Walter Krebs, Verträge und Absprachen zwischen der Verwaltung und Privaten, VVDStRL 52, 1993, S.260. は次のように言う。「契約は、権利を創設するための共同手続の産物であるが、私人間契約に対する行政契約の異質性、とりわけ契約当事者の非対等性は、既に、契約が締結される前の手続に影響を及ぼすことになる。行政手続法は、公法上の契約に関し、そうした結論〔契約当事者が対等でないことから、契約が締結される前の手続に影響が及ぼされることになるという結論――筆者註〕を導きだし、手続法上、契約を行政行為に接近させた。行政手続法第九条は、行政手続の終局としての〝公法上の契約の締結〟を、〝行政行為の発動〟と同列の立場に置き、また行政手続法第六二条の第一文は、契約に関して、この法律の〝その他の規定〟の参照を指示している。」と。

(2)　参照、本書第一部第一章第四節。

(3)　Volker Schlette, Die Verwaltung als Vertragspartner, 2000, S.412.

(4)　Carl Hermann Ule/Hans-Werner Laubinger, Verwaltungsverfahrensrecht, 3.Aufl., 1986, S.520. ; Stelkens/Bonk/Sachs, Verwaltungsverfahrensgesetz, Kommentar, 4.Aufl., 1993, §62.Rn.5. ; Knack, Verwaltungsverfahrensgesetz, Kommentar, 5.Aufl.,

1996, §62.Rn.2.1.；Klaus Obermayer, Kommentar zum Verwaltungsverfahrensgesetz, 1983, §62.Rn.10ff.

（5） Ule/Laubinger, a.a.O(Fn.4)., S.520.；なおV・シュレッテは、連邦行政手続法の一一条が、同法の六二条第一文を経て公法上の契約にも準用されること自体は認めるが、しかし、「行政上の法律関係に於いて権利義務の担い手になる能力（権利能力）を持ち、契約当事者になり得るのは、原則として行政主体（連邦・ラント・郡・ゲマインデ・その他の公法上の法人）であり、行政主体に帰属し、行政主体のために活動する行政庁は、法律が個別に当該行政庁に対して権利能力を与えた限りにおいてのみ権利能力を持ち、契約当事者になり得る。」とした上で、行政庁に権利能力がある旨を規律する一一条三号は、行政庁が（個々の法律による授権に関係なく）一般に権利能力を持つかのごとき誤解を招くとして、この規定の文言を批判している（Vgl. Schlette, a.a.O(Fn.3)., S.438f.）。

（6） Ule/Laubinger, a.a.O(Fn.4)., S.520.

（7） Ule/Laubinger, a.a.O(Fn.4)., S.520.；Bonk, a.a.O(Fn.4)., §62.Rn.5.；Obermayer, a.a.O(Fn.4)., §62.Rn.10 und Rn.19.；Schlette, a.a.O(Fn.3)., S.440f.

（8） 行為無能力者が締結した契約の効力については本書第一部第五章第一節第一款を参照。

（9） Carl Hermann Ule/Hans-Werner Laubinger, Verwaltungsverfahrensrecht, 4.Aufl., 1995, S.167.；Obermayer, a.a.O(Fn.4)., §62.Rn.17.；Knack, a.a.O(Fn.4)., §62.Rn.2.1.；Bonk, a.a.O(Fn.4)., §62.Rn.5.；Schlette, a.a.O(Fn.3)., S.414.

（10） 海老沢俊郎『行政手続法の研究』（成文堂、一九九二年）一三五頁以下（特に一四二頁以下）を参照。

（11） Ule/Laubinger, a.a.O(Fn.9)., S.167.

（12） Ule/Laubinger, a.a.O(Fn.9)., S.167.；海老沢・前掲註（10）書一四七頁も参照。

（13） 連邦行政手続法一三条二項の第一文・同第二文が規律する「単純参加」と「必要的参加」の振り分けについては、海老沢・前掲註（10）書一四六頁以下を参照。

（14） Obermayer, a.a.O(Fn.4)., §13.Rn.27.

（15） Obermayer, a.a.O(Fn.4)., §13.Rn.38ff.；なお、連邦行政手続法一三条二項の第二文を文言通り解釈すると、必要的参加は「申立て」により行われることとされているが、K・オーバーマイヤーはこれを批判し、行政手続の結果が第三者に対して権利形成的効果を持つ場合には、当該第三者の申立てがあるか否かを問わず、常に必要的参加が行われなければならないと考えている。第三者による申立てを必要的参加の要件とする連邦行政手続法の一三条二項第二文に対する学説の批判については、海老沢・前掲註（10）書一四八頁が詳しい。

(16) Obermayer, a.a.O(Fn.4)., §13.Rn.38.

(17) なお、連邦行政手続法の一三条二項により「単純参加」又は「必要的参加」を認められる第三者関係人と、同法の五八条により契約に対する同意権限を与えられる第三者関係人の関係については、本書第一部第四章第一節第一款［三］を参照。

(18) Eberhard Bohne, Informales Verwaltungs- und Regierungshandeln als Instrument des Umweltschutzes, VerwArch 75(1984). S.351f.；なお、海老沢教授は、「非党派的職務遂行の原則」を「公正判断保障原則」（Objektivitäts- und Unbefangenheitsprinzip）と呼び、それがドイツの判例・学説上「法治国的行政手続の重要な構成要素」と理解されてきた事実を指摘する（海老沢俊郎「行政手続法の諸問題」公法研究五六号（一九九四年）二一六頁）。

(19) Ule/Laubinger, a.a.O(Fn.9)., S.128 は、次のように言う。「公正判断保障原則は、行政手続に於いても妥当する。この原則は、以下の三つの機能を果たす。第一に、偏見を持たない職務遂行者が手続に参加することを利害関係人に対して保障する。第二に、公行政の利益が職務遂行者の利益と衝突するケースに於いて、公行政の利益を保護する。第三に、個人的に利害関係を持つ職務遂行者を紛争から保護する。」と。

(20) Ule/Laubinger, a.a.O(Fn.4)., S.520.；Bonk, a.a.O(Fn.4)., §62.Rn.5.；Knack, a.a.O(Fn.4)., §62.Rn.2.1.；Obermayer, a.a.O(Fn.4)., §62.Rn.22ff.

(21) Ule/Laubinger, a.a.O(Fn.9)., S.131ff.；この点については、山田洋『大規模施設設置手続の法構造』（信山社、一九九五年）六七頁も併せて参照。

(22) Ule/Laubinger, a.a.O(Fn.9)., S.129.；山田・前掲註（21）書六七頁参照。

(23) Ule/Laubinger, a.a.O(Fn.4)., S.520.；Knack, a.a.O(Fn.4)., §62.Rn.2.1.；Obermayer, a.a.O(Fn.4)., §62.Rn.31ff.

(24) 参照、海老沢・前掲註（10）書七三頁以下。

(25) Ule/Laubinger, a.a.O(Fn.9)., S.222.；海老沢・前掲註（10）書七五頁。

(26) 参照、海老沢・前掲註（10）書七六頁。

(27) Ule/Laubinger, a.a.O(Fn.9)., S.223f.

(28) Ule/Laubinger, a.a.O(Fn.9)., S.224.

(29) Schlette, a.a.O(Fn.3)., S.416f.

(30) 連邦行政手続法の二八条が規律する「聴聞」については、参照、海老沢・前掲註（10）書一五四頁以下二三八頁、同・前掲註

（18）論文二一九頁以下。

（31）Ule/Laubinger, a.a.O(Fn.9)., S.235.；海老沢・前掲註（10）書一六四頁以下一七〇頁参照。

（32）Ule/Laubinger, a.a.O(Fn.9)., S.236.；海老沢・前掲註（10）書一八二頁以下、同・前掲註（18）論文二二〇頁参照。

（33）Ule/Laubinger, a.a.O(Fn.9)., S.238.；海老沢・前掲註（10）書二〇一頁以下参照。

（34）Ule/Laubinger, a.a.O(Fn.4)., S.521.

（35）Bonk, a.a.O(Fn.4)., §62.Rn.5.

（36）Knack, a.a.O(Fn.4)., §62.Rn.2.2.

（37）Krebs, a.a.O(Fn.1)., S.260.

（38）Obermayer, a.a.O(Fn.4)., §62.Rn.30.

（39）Schlette, a.a.O(Fn.3)., S.423f.；なお、我が国に於いても、海老沢・前掲註（10）書一四四頁は、契約の相手方私人及び関係人には、二八条「聴聞」の保障が及ばない旨を指摘している。

（40）Bonk, a.a.O(Fn.4)., §62.Rn.5.

（41）Ule/Laubinger, a.a.O(Fn.9)., S.242.；なお連邦行政手続法の二九条が規律する記録閲覧制度を詳しく研究したものとして、参照、海老沢・前掲註（10）書二三九頁以下参照。

（42）Ule/Laubinger, a.a.O(Fn.9)., S.243.

（43）Ule/Laubinger, a.a.O(Fn.9)., S.236.も、連邦行政手続法二八条の「聴聞」と同法二九条の「記録閲覧」を一体的に把握して次のように言う。「行政庁は第二八条により、発動される行政行為により権利を侵害される関係人に対し、証拠調べの結果を通知する義務を負う。この義務は、決定にとって重要な証拠調べの結果に限定されている。……これに対応して関係人は、第二九条による記録閲覧権を行使することができるのである。」と。なお二八条の「聴聞」と二九条の「記録閲覧」の関係については、海老沢・前掲註（18）論文二二〇頁、同・前掲註（10）書二四四頁を参照。

（44）Ule/Laubinger, a.a.O(Fn.4)., S.520.；Obermayer, a.a.O(Fn.4)., §62.Rn.10.；Knack, a.a.O(Fn.4)., §62.Rn.2.1.；Bonk, a.a.O(Fn.4)., §62.Rn.5.

（45）連邦行政手続法の二五条一項が規律する「助言・情報提供」について詳しく検討したものとして、参照、海老沢・前掲註（10）書一九五頁。

(46) Ule/Laubinger, a.a.O(Fn.9)., S.263 は、市民の申請に基づき与えられる事実及び法律状態の説明を「助言」、他方、行政庁が自らの主導で、職権により行う事実及び法律状態の説明を「教示」と呼ぶべきことを主張し、二五条一項の第一文は、行政庁の助言義務ではなく、むしろ教示義務を規律したものだという。この点については、海老沢・前掲註(10)書一九九頁の註(118)を参照。

(47) Ule/Laubinger, a.a.O(Fn.9)., S.257f.：なお、連邦行政手続法の二五条一項が定める情報提供義務の範囲については、学説上争いがある。E・ボーネは、二五条一項の情報提供義務の範囲を狭く捉え、ここには関係人の実体法上の権利義務に関する情報は含まれないと理解する（Bohne, a.a.O(Fn.18)., S.347.）。E・ボーネによれば、仮に行政庁が関係人に対して、実体法上の権利義務について情報を与えるなら、それは法的に要請される範囲を広く超えたインフォーマルな行政活動である（Bohne, a.a.O(Fn.18)., S.349.）。しかしこれに対してC・H・ウレとH-W・ラウビンガーは、関係人に対して提供されるべき情報の範囲は、単に手続法上のみならず、実体法上の権利・義務を含むと考えて次のように言う。「第二五条〔一項――筆者註〕の文言は、例えば、関係人が記録の閲覧をなし得るのか否か、関係人がいつまでに申請を行わなければならないのか、原状回復が可能か否かなど、手続の進行に関連する手続法上の権利義務に関してのみ、情報が提供されなければならない旨の推論を想起させる。この規定は、およそこうした厳格な解釈を価値のないものとしており、かつ文言上かかる解釈を命じてはいない。むしろ《行政手続に於ける》という限定文言は、開始された行政手続に関して重要な権利及び義務についてのみ、行政庁は法的情報提供をする必要があるという意味に解釈されなければならない。こうした前提の下、関係人は、その実体的権利義務に関する情報提供を求めることができるのである。」と（Ule/Laubinger, a.a.O(Fn.9)., S.258.）。

(48) Ule/Laubinger, a.a.O(Fn.9)., S.254.

(49) 海老沢・前掲註(10)書一九六頁参照。

(50) Schlette, a.a.O(Fn.3)., S.419.

(51) V・シュレッテは、連邦行政手続法の二五条一項を通じて行政庁に課せられる教示・情報提供義務の範囲が、関係人の認識レベルに応じて相対的に伸縮する旨を主張し、行政庁は、行政と市民の間に根本的な情報格差が生じている場合（つまり、契約交渉に関与する関係人が、法的専門知識を持った弁護士に弁護されていない場合）にのみ、二五条一項に従い、教示・情報提供義務を負うと結論づける。その結果、彼によると、契約相手方私人が、高度に熟練した顧問弁護士に弁護された大企業である場合や、弁護士に代理された私人である場合は、原則として、二五条一項の教示・情報提供義務は問題にならない（Schlette, a.a.O(Fn.3)., S.419f.）。

(52) W・スパンノヴスキーは、次のように述べている。「契約の相手方は、連邦行政手続法の第二五条に従い、行政庁の助言義務や情報提供義務によって保護されている。したがって行政庁は、契約相手方に存在する権利に関し、広範囲にわたって助言を行うことを義務づけられる。……助言義務に対する違反は、契約交渉段階での過失に基づく損害賠償請求権を導く。」と（Willy Spannowsky, Grenzen des Verwaltungshandelns durch Verträge und Absprachen, 1994, S.249.）。

第三章　契約類型及び契約内容

先述の通り、ドイツ連邦行政手続法第四編「公法契約規定」（五四条乃至六二条）は、行政主体と私人間で締結される公法上の契約を「五四条第二文の意味での契約――従属法契約」と「それ以外」の二つに分け、前者――従属法契約に対して特に強い法的統制を及ぼす規定構造となっている（従属法契約にのみ適用される特別規定の存在）。連邦行政手続法に公法上の契約に関する規定を創設するにあたって、当時、立法者が特に重視したのは、「行政行為の発動権限を持った行政庁と当該行政行為の潜在的名宛人との間で契約が締結される局面」であった。すなわち立法者は、行政行為権限を背景として優位な立場にある行政庁と契約を締結せざるを得ない市民を保護し、又は、高権的な権限の行使・不行使が私人の経済的反対給付の提供に依存せしめられ、高権的権限が売買される事態が生じることを防止するために、「五四条第二文の意味での契約＝行政行為に代替して締結される公法上の契約」を「従属法契約」と呼び、これに強い法的統制を及ぼすべく、特別規定を設けたのである。(1)こうした「従属法契約重視」の姿勢が最もよく現れているのが、契約類型を規律した五五条（和解契約）及び五六条（交換契約）である。本章ではまず始めに右の二箇条に焦点を当て、行政行為論を意識しながら、和解及び交換という二つの従属法契約に関する統制法理を確立していったドイツの議論動向及び立法過程を概観することにしたい（第一節及び第二節）。なお、この議論は、契約類型をめぐる議論であると同時に、視点を変えれば、契約内容に関連する議論でもある。この点に鑑み、第三節以下では、契約内容の統制に関する議論に焦点を当て、第三節では六一条が規律する「即時執行の合意」を、また第四節では、六〇条が規律する「特別な場合における適状及び解約告知」と密接な関係にある「解約の事前合意」について、検討を加えることにしたい。

第一節　従属法上の和解契約

一般に「和解契約」とは、事実関係又は法的状況について不明確性が存在し、争いとなっている場合に、当事者双方が互いに譲歩（互譲）し、争いをやめることを内容とする契約である。(2) この和解契約を公法上の契約の一類型として認めたのが、連邦行政手続法の五五条である。

「第五五条　和解契約

第五四条第二文の意味での公法上の契約であって、事実関係又は法的状況を理性的に評価した場合に存在する不明確性を互譲により除去するもの（和解）は、行政庁が義務に適った裁量に従い、当該不明確性を除去するために和解を締結することが合目的的であると認める場合に締結することができる。」

五五条は、行政主体と私人間で締結される公法上の和解契約の全てを規律の対象とするものではない。この規定の適用範囲は、その規定文言――五四条第二文の意味での公法上の契約であって――からも明らかな通り、従属法上の和解契約に限定されている。すなわち、五五条が規律対象とする和解契約とは、行政行為権限の行使又は不行使を判断する際の基礎となる事実関係又は法的状況に不明確性が存在し、それが原因となって、行政行為権限を持った行政庁と当該行政行為の潜在的名宛人との間に見解の相違（争い）が生じている場合に、両者が互譲――和解――することを内容とするものであり、同じく和解であっても、訴訟上の和解や行政行為権限の行使又は不行使が問題とならな

い局面に於いて締結される和解は、同条の適用範囲には含まれていないのである。(3)

この規定の原型は、一九六三年に公表された模範草案の四一条である。それは、一九七〇年の連邦政府草案五一条、及び一九七三年の連邦政府草案五五条へと引き継がれたが、途中、一九七〇年の連邦政府草案五一条の段階で、若干の修正を受けている。(4) 模範草案の四一条は、次のような規定であった。

「模範草案第四一条　和解契約
理性的評価に際して存在する事実関係又は法的状況に関する不明確性が除去される場合には、和解を対象とする公法上の契約を締結することができる。」

現行の五五条と模範草案の四一条とを比較して気づくのは、以下の三点である。

第一に、理性的な評価に際して存在する不明確性を除去することが和解契約の目的とされている点で両者は共通する。

第二に、和解契約の具体例として、「事実関係の和解」と「法的状況の和解」の二つを挙げている点でも、両者は共通する。

しかし第三に、両者は以下の点で異なる。すなわち、模範草案四一条にあっては、理性的評価に際して事実関係又は法的状況の不明確性が存在すれば、直ちに和解契約の締結が許容されるのに対し、現行の五五条は、それのみで和解契約の締結を認めず、「行政庁が義務に適った裁量に従い、当該不明確性を除去するために和解を締結することが合目的的と認める場合」という要件を追加しているのである。

以下では、模範草案以来一貫して受け継がれてきた和解契約の許容要件――理性的評価に際して存在する不明確性

——について、事実関係の和解と法的状況の和解に分けて、その意義を検討し（第一款）、続いて模範草案の段階では存在しなかった許容要件——義務に適った裁量に基づく和解締結の合目的性審査——が追加された理由及びその存在意義を探求することにしよう。

第一款　客観的不明確性の存在

〔一〕　事実関係の和解

前章でも述べた通り、公益の実現に関わる行政手続では、それが行政行為の発動で終結するか、公法上の契約の締結で終結するかに関係なく、事実関係は職権で探知される（職権探知主義・連邦行政手続法二四条）。しかし、人間の知覚能力の限界に起因して、いかに努力しても事実関係を解明できない場合がある。「事実関係の和解」は、こうした法律要件事実の存否について不明確性が存在し、行政庁と私人との間に争いが生じている場合に、両当事者が互譲し、当該紛争をやめる法技術である。(5) それは、事実関係の不明確性に起因して生じる規律の遅れを回避し、また事実関係の調査にかかる時間と経費を削減する点で、行政経済に資する利点を持っている。模範草案策定委員会は、理由書の中で次のように述べている。(6)

「契約による法律関係の規律は、行政経済（Verwaltungsökonomie）にも奉仕しうる。契約による法律関係の規律により、もはや引き延ばすことのできない法的又は事実関係の不明確性を処理することが可能になり、事実の確定にとって全く不適切な調査費用の支出を抑えることにも役立つ（いわゆる和解契約、参照第四一条）。」

しかし右の利点にも関わらず、「事実関係の和解」に対しては、学説上根強い批判が存在した。というのも、和解が法律関係の迅速な規律に寄与するとはいえ、和解に於いて前提とされた事実関係が真の事実関係と異なるならば、和解の内容は「違法」と評価されるからである。特に和解に於いて前提とされた事実関係が真の事実関係と附合することが希であることに鑑みると、「事実関係の和解」のほとんどは（厳密には）違法であり、その許容は法治主義の形骸化を招きかねないのである(7)。

他方、事実関係に関して不明確性が存在する場合には、「立証責任の分配ルール」に従って事案を処理すればよく、敢えてこうした和解類型を認める必要はないとの批判も存在した(8)。

問題は、右の批判にもかかわらず、「事実関係の和解」が実定法化された理由であるが、この点、最も明快な説明を行うのはC・シンプフである。彼は「法治主義の形骸化」及び「立証責任分配ルールの存在」が、「事実関係の和解」を否定する根拠たり得ない旨を主張して、次のように言う(9)。

「確かに法は、事実関係が不明確なケースのために、当該不明確性を考慮に入れたルール網、つまり立証責任分配ルールを用意している。立証責任は、決定にとって重要な事実関係の不明確性が、誰の負担となり、いずれの紛争当事者が、事実関係の不明確性によって不利益を被るのかを意味する。このルールの存在を理由に、事実関係の不明確性が和解を正当化しない旨が主張されている（市民に対する負担的措置の場合は行政庁が要件事実の立証責任を負い、市民が授益を要求する場合は、市民が立証責任を負えばよいというのである）。……この見解は、立証責任の特性につき短絡的な顧慮に基づいている。立証責任自体は、決して規範の適用範囲の遵守を保障してはいない。事実関係は、立証責任ルールの適用を通じて確定されるのではなくて、その存在が擬制される。……立証責任自体は、それにより導き出された結論が、法律と合致することを保障してはいない。立証責任は、行政の法律適合性を保障してはいないのである。」

すなわち彼は、立証責任の分配ルールが、和解と同様、事実関係の存否を擬制する理論である点に注目した上で、このルールに従って規律された法律関係もまた、必ずしも適法とは限らないと主張するのである。彼によれば、「事実関係の和解が法律違反を犯す可能性」と「立証責任の分配ルールが法律違反を犯す可能性」は、同程度なのである。したがって、法律違反の危険性を根拠に「事実関係の和解」を否定することは妥当ではなく、それは「立証責任の分配ルール」と並ぶ正当な地位を与えられるべきことになる。各草案の立法者もこれと同じ立場に立ち、法律違反を犯す危険性を認識しつつ、事実関係の和解を許容した(10)。したがって問題は、「和解による法治主義の形骸化をいかに防ぐか」である。

「理性的な評価に際して存在する不明確性」という許容要件が、模範草案以来一貫して受け継がれてきたのも、実はそのためである。すなわち連邦行政手続法の立法者は、模範草案以来一貫して、「事実関係の不明確性」に限定をかけ、当該不明確性が、「理性的に評価した場合の不明確性であること」を要求し、契約当事者が恣意的に事実関係の不明確を主張し、安易に和解契約を締結して、法律とは異なった内容の法律関係を創設することを防止したのである。C・シンプフも、「事実関係の和解」が許容されるためには、少なくとも、契約当事者が事実関係を解明するために、あらゆる手段を尽くしていることが前提で、事実関係が客観的に不明確でなければならないとして、次のように述べている(11)。

「和解契約は、あらゆる挙証手段を尽くしたにも関わらず事実関係が明らかにならず、かつ当該不明確性が互譲を通じて考慮される場合には、行政の法律適合性との矛盾には陥らない。他方、挙証手段を尽くす旨の要請は、厳格でなくてはならない。全く解明することができない事実関係の場合に限り、挙証責任の結果を回避するために和解が行われ得る。事実関係の隠蔽の中には、まさに規範や形式の濫用という大きな危険性が存在しているからである。先に述べたように、和解契約を締結した場合に於ける法律違反の蓋然性が、和解契約を締結しなかった場合〔に於ける法律違反の蓋然性――筆者註〕と同じ程度であるが故に、事実状況の和解が法律適合性原理と衝突しない場合であって、事実関係のさらなる解明を通じて当該法律違反を回避する可能性がない場合に限り、事実状況に関する和解は正当化される。したがって事実関係は客観的に不明確でなくてはならず、契約当事者の視点に於いて〔主観的に――筆者註〕不明確であってはならないのであって、また客観的に、さらなる解明が期待し得るものであってはならない。」

〔二〕　法的状況の和解

他方、「法的状況の和解」は、法律の意味内容について不明確性が存在し、当事者間で争いが生じている場合に、その争いを解決し、法律関係の規律を可能にするために締結される契約である。具体例を挙げよう。[12]

「連邦イミッション防止法上、許可を得なければ建設できない施設の中に、工場の冷暖房施設が入るか否かについて、争いが生じた。行政庁と工場経営者は、イミッション防止法上、許可を要する施設の範囲について不明確性が存在することを理由に和解し、冷暖房施設が同法の第三条以下の施設に該当せず、建設にあたり許可を必要とする工場施設には該当しない旨を合意した。」

この和解類型もまた、「事実関係の和解」と同様、強い批判に晒された。なぜなら行政庁は、法律解釈を通じて不確定法概念の意味内容を確定した上で法律関係を規律しなければならず、また行政解釈の是非は、最終的には裁判所によって判断されるべきだからである。[13]特に裁判所が行政解釈を支持する可能性が残っている事実に鑑みると、「法的状況の和解」は違法状態を生み出し、法治主義を形骸化させる危険性を持つ。[14]

学説も、「法的状況の和解」に内在する右の危険性を考慮して、これを認めるにせよ、そのためには少なくとも、「法的状況が理性的評価に際して不明確であること」を要求している。すなわち「法的状況の和解」は、（不確定法概念の解釈をめぐって学説及び下級審判例が様々な見解を出して対立し、最終審裁判官の判断を待たなければ、その意味内容が解明できないという意味で）客観的に不明確でなければならないのである。(15)

第二款　義務裁量に基づく和解締結の合目的性審査

他方、先述の通り、和解契約は、事実関係や法的状況につき客観的な不明確性が存在することのみを以て、直ちに許容されるわけではない。事実関係や法的状況の客観的不明確性の存在のみを以て和解契約の許容性を肯定した模範草案の四一条は、その後、一九七〇年の連邦政府草案五一条に於いて修正され、「和解契約締結の合目的性審査」という許容要件が新たに追加されたからである。(16)

例えばC・シンプフは、「事実関係の和解」について、事実関係の客観的な不明確性が存在する場合でも、和解契約の締結が許容されない場合があるとして、次のように言う。(17)

「立証責任の結果を回避するために和解契約が締結されてもよい旨の基本原則には、重大な例外が存在しなければならない。問題となるのは、構成要件事実が立証されない場合に、いかなる法的効果が生ずべきかを、実体法自らが決定しているケースである。それは構造的には、以下に述べる二通りの方法で起こり得る。

第一に、行政措置の実体法上の前提要件の範囲が排他的で、さらに立証責任ルールがどのように機能するのかに関する正式な規律が付加されており、規範の前提要件が充足されているか否かが確定していない限り、当該規範が適用されない場合である。

第二に、その他の構成要件事実の立証それ自体が、行政措置の実体法上の（付加的な）前提要件とされ、他の前提要件が肯定的に立証され得ない場合には、行政措置の実体法上の前提要件が存在しない旨が確定する場合である。」

右の説明からは、「和解締結の合目的性審査」という許容要件が、「事実関係や法的状況の客観的不明確性」という要件とともに、和解による法治主義の形骸化を防止するために設けられた特別要件であることがわかる。そしてこの点にこそ我々は、単に契約当事者の主観的な不明確性の存在のみで締結することが可能な民事法上の和解契約と、公法上の和解契約との間に、根本的な法理論上の相違点を見いだし得るのである。(18)

第二節　従属法上の交換契約

他方「交換契約」とは、私人による反対給付の提供を前提に、行政給付を提供することを内容とする契約である。例えば、私人が一定の金銭を支払う旨を約束し、これに対して行政庁が建築許可や義務免除を約束する契約は、まさに交換契約である。交換契約に於いて約束される行政給付と私人の反対給付は、作為義務を内容とすることもあれば、不作為義務を内容とすることもあり、また必ずしも金銭的価値を有するとは限らない。(19) 反対給付の存在が行政給付の前提となっており、そこに交換関係が存在すれば、交換契約の存在が認定される。(20) 交換契約に関する連邦行政手続法の五六条は、次のように規定する。

「第五六条　交換契約

(1)　第五四条第二文の意味での公法上の契約であって、行政庁の契約相手方に反対給付の提供を義務づけるものは、反対給付が特定の目的のために契約に於て合意され、それが行政庁にとって公の任務の遂行に役立つ場合に締結することができる。反対給付は、全事情に従って相当で、かつ行政庁の契約上の給付と実質的に関連しなければならない。

(2)　行政庁の給付を求める請求権が存在する場合、行政行為の発動に際して、第三六条の規定に基づく付款の内容になり得る反対給付に限り、約束され得る。」

五六条もまた、行政主体と私人間で締結される公法上の交換契約の全てを規律の対象とするものではない。この規定の適用範囲は、その規定文言——五四条第二文の意味での公法上の契約であって——からも明らかな通り、従属法上の交換契約に限定されている。すなわち五六条が規律の対象とする交換契約とは、私人が契約上の反対給付として一定の作為又は不作為義務を負うことを条件として、行政庁が契約上の給付として行政行為権限の行使又は不行使を約束する場合のように、行政行為権限を持つ行政庁と当該行政行為の潜在的名宛人との間で締結されるものである。(21)

第一款　成立過程

この規定は、一九六三年の模範草案の四二条、一九七〇年の連邦政府草案の五二条、一九七三年の連邦政府草案の五六条を経て実定法化された。(22)和解契約とは対照的に、交換契約を規律した模範草案の四二条は、立法過程で内容面での修正は全く受けていない。しかしこの事実は、交換契約に対して全く批判がなかったことを意味しない。むしろ交換契約には、これを痛烈に批判する論者が存在した。M・ブリンガー（Martin Bullinger）である。彼は、模範草案が公表される前年（一九六二年）、その著書『契約と行政行為』に於いて、交換契約に対する痛烈な批判を展開していたのである。(23)

「公行政と市民の間での契約の締結は、友好関係の象徴として、あるいは、官憲と服従者の間の権威的関係克服の象徴として説明されている。行政庁がその高位から降り、市民と対等秩序の基盤に立つことが民主的行政とみなされ、あるいは、それが行政行為に対する契約の利点であると多くの人々によって信じられている。……しかし、公行政における契約の実際の姿は、法論理上、法治国観念と至る所で調和しない。以下の事例は、それを示している。ラントが大規模駐車場を建設するための資金として、建築主が十万マルクを支払うことが契約上約束され、これを理由にゲマインデが、建築主に課せられた駐車場設置義務を免除しつつ、建築許可を与えたとしよう。……連邦通常裁判所は、こうした対等当事者間での合意を契約と認め、それを公法上の契約としている。なぜなら、この契約の対象は、公法上の駐車場設置義務の引受けにあるからである。……しかし、法治国家に於いて、法律上定められた駐車場設置義務が、金銭の支払いによって免除されてよいのかという、重大な疑問が提起されなければならない。……契約が法治国的行政の基本原則との関係で紛争をもたらすことは明らかである。契約と法治国的行政の基本原則との間に生じる紛争は、数多くの観点の中に現れる。法治国家に於いては、行政活動は法律により正当化されなければならないが、これに対して契約は、〔合意は拘束する〕ということの中に、正当性を持つ。これにより契約が法律違反を犯す危険性が生じ、契約の正当性が法律適合性に違反する危険性が生じる。特に、公行政の商業化のおそれが契約によって生じる。契約は、〔汝が与うが為に与う〕という交換的正義の理念によって支えられている。反対給付を得るために、授益的な行政決定や負担的行政決定の免除を経済的価値として契約に持ち込むことが許されるなら、国家行政の高権性は、商人根性的な値切りの中で失われ、正当な決定に代わり、商人的計算が登場することになる。」

このように、交換契約による法治主義の形骸化を懸念したM・ブリンガーの見解は、その後の学説・判例によっても基本的に支持されている。例えば、連邦行政裁判所の一九七三年七月六日の判決は、「連結禁止原則」という用語を用いつつ、次のように述べている。(24)

「連結禁止原則は、以下に述べる二つの異なった意味内容を持つ。第一に、行政契約によってもまた、相互に内的関連性を持たないものが結びつけられてはならないということである。第二に、通常、高権的措置は、付加的な経済的反対給付に依存せしめられてはならないということである。」

しかしその一方、連邦行政裁判所が、行政給付と市民の反対給付の連結（交換）を一定の要件下で許容してきたことも事実である。先述の一九七三年七月六日の判決は、次のようにも述べている。[25]

「連結禁止原則は例外を許さないものではない。一般的な見解によると、以下の場合には、行政権限と私人の反対給付の結合は正当化されるべきである。すなわち、経済的反対給付が、疑義ある行政決定の実施を可能にする場合であり、したがって反対給付によって、行政決定を妨げる法的障害が克服される場合である。」

すなわち判決は、私人の反対給付が行政権限を発動する法的前提を整える場合や、逆に行政権限の発動を行う法的必要性を失わせしめる場合には、行政権限を私人の反対給付に依存せしめても法的に問題はないと考えるのである。交換契約が許容される場合とは、右にみた「連結禁止原則の例外状況」である。そして連邦行政手続法の立法者もまた、これと同じ立場から、「連結禁止原則の例外状況」に於いて交換契約を許容することとし、そこに幾つかの許容要件を置いた。それが連邦行政手続法の五六条に規律された交換契約の許容要件である。

第二款　交換契約の許容要件

〔一〕　反対給付の目的拘束——行政給付との実質的関連性

五六条一項の第一文は、私人の反対給付が「特定の目的のために契約に於いて合意され、それが行政庁の公の任務の遂行に役立つこと」を要求する。また同条一項の第二文後段は、「反対給付が行政給付と実質的な関連性を持つこと」を要求する。私人の反対給付が、行政権限を発動するための法的前提を整え、又は権限の行使を法的に不要ならしめるために約束される以上、反対給付の使用目的は限定されなければならないのである。(26) 模範草案の理由書も次のように述べている。(27)

「経済的な反対給付と結びつけられて、公法上の義務が免除されるなら、当該反対給付は、以下のように、その使用目的が限定されなければならない。すなわち、当該反対給付は、契約によって免除される法律上の義務と同じ目的に仕えなければならない。これにより、権利や特典を購入する事態が防止されるはずである。公的任務は、市民の反対給付が、行政庁の契約上の義務と実質的に関連性を持つことにより具体化される。したがって、建築に関する契約に於ける市民の金銭給付は、建築法上の行政任務を遂行することに仕えなければならず、例えば社会福祉基金のためなど、行政の思うがままの公的任務のために支払われてはならない。」

〔二〕　比例原則

他方、五六条一項の第二文前段は、「反対給付が全事情に従って相当であること」を要求する。反対給付が行政権限を発動するための法的前提を整え、又は、権限の行使を法的に不要ならしめるために合意される以上、それは右の目的を達成するに必要かつ十分なものでなければならないからである。(28) 逆に行政庁が優越的地位を濫用し、右目的の達成に不必要な過大なる反対給付の提供を約束させるなら、それは私人の権利を不当に侵害することにもなる。(29) 連邦行政手続法の立法者は、この点を念頭に置いて、反対給付の使途に限定を加えつつ、比例原則の観点から反対給付の範囲に限定をかけ、それが全事情に従って相当であることを要求した。模範草案の理由書は、次のようにいう。(30)

「反対給付は、相当なものでなければならない（muß angemessen sein）。それは、行政法を支配する比例原則（Grundsatz der Verhältnismäßigkeit）に対応する。行政庁の契約相手方の反対給付について、それを超える義務が定められてはならない。」

〔三〕　付款論

最後に、五六条の二項は、「私人に行政給付を求める請求権が存在する場合、反対給付は付款の内容になり得るものに限られること」を要求する。その理由は、私人に行政給付を求める法的請求権が存在する以上、ここに行政権限の発動を妨げる法的障害はなく、私人は、反対給付を約束せずとも、行政給付を請求し得るからである。それにも拘わらず、行政庁が優越的な地位を濫用して、相手方に反対給付を求め、その提供があるまで行政権限の発動を留保するならば、それはまさに連結禁止原則への違反であり、違法である。模範草案以来の立法者は、行政庁が私人の法的無知につけ込み、法律上問題なく発動されるべき授益的決定を不必要な反対給付に依存せしめる事態を回避するために敢えてこうした規定を置き、「行政権限の発動を求める法的請求権を持った私人に対して反対給付を要求し、授益的決定を当該反対給付の提供に依存せしめてはならないこと」を改めて確認しつつ、例外的に、「授益的行政決定を発動するにあたり、法律上付款を付すことが認められている場合にのみ、その内容となり得るものに限って、反対給付となし得ること」を明文化したのである。この点、模範草案の理由書は次のように述べている(31)。

「市民が法律上、行政給付を求める実体的請求権を持っている場合、公法上の契約の締結は希であろう。しかしそれでも、第四二条の第二項〔現行法五六条の二項――筆者註〕は、特に法的に無知な者を保護すべきである。というのも、彼は自分が獲得しようとしている行政給付を、行政行為によって要求することができることを知らず、行政行為の発動を請求する権利を持っていることを知らないからである。こうした場合、市民が事実上正当でない反対給付を義務づけられることは阻止されるべきである。なぜなら、その者は、行政給付を、契約に於いて反対給付を提供することなく要求し得るからである。したがって反対給付は、行政行為による規律の際、付款の内容となり得るものに限定されるのである。」

第三款　判例の動向

このように、連結禁止原則との関係で法的許容性が判断される従属法上の交換契約については、判例の展開・蓄積がみられる。以下、その代表的な事例を取り上げておこう。

〔一〕　公害防止協定(32)

「被告ゲマインデYは、原告企業Xの操業規模を拡大するために必要な措置として、訴外企業Dを別の場所に移転させるための費用を引き受けることを約束した（産業育成措置）。ただ、Xの操業活動に対して、これまで騒音や悪臭に関する苦情が絶えなかったため、Yは、付近の住環境に配慮する必要性に鑑み、Xと交渉を行い、本件契約が締結された。その内容は、〔Yは X に対して上記の産業育成措置をとる代わりに、Xは、新たに工場建造物を新築・改修する際、必ずYの同意を得る〕というものであった。

その後Xは、新たに倉庫を建設することを企画し、本件契約に基づいてYに対して同意を求めた。この建設案は、計画法や建築規制法上の許可要件を満たしており、また連邦イミッション防止法上も問題ないものであったが、Yは本件契約に基づき、Xに対して、付近の住環境を維持するために必要な更なるイミッション防止措置の実施を要求し、これが実施されるまで、建築措置に対する同意を留保した。」

連邦行政裁判所の一九八九年一二月一五日の判決は、「産業育成措置を実施するゲマインデには、法定基準を上回る基準でイミッションの防止を行う権限がある」とした上で(33)、産業育成措置の実施をXの（法定基準より強められた）イミッション防止策の実施に依存せしめても連結禁止原則には違反せず、したがって法的に問題はないと結論づけた。Xが提供する反対給付によって、産業育成措置を実施するための法的前提が整うからである。判決は次のように言う(34)。

「イミッションを防止するための特別な建設上の予防措置をとらずに企業の拡大を行うと、企業と住宅が相互に近郊に混在することによる衝突が、ますます激しくなる。……原告企業の周辺住民から多くの苦情が提起されたことから、被告ゲマインデがなおさら、イミッション状況の悪化に対する予防策なしでの企業拡大を支援するに値しないとみなしたことは明白である。ゲマインデが企業投資の支援に関する契約に於いて反対給付を約束させ、本件のように、プロジェクト計画への関与を通じて、近隣への広範なイミッションによる負担を回避する場合、それは相当かつ適切なものである。こうした反対給付によって初めて、ゲマインデは、投資により自ずと生じる疑念〔イミッション発生という疑念――筆者註〕を除去することが可能になるからである。」

〔三〕　駐車場設置義務免除契約(35)

「被告Yは、K市の中心部に土地を所有していた。原告Xは、一九六九年、Yが六階建ての住居と、その背後に二階建ての事務所を建設することを許可した。バーデン＝ヴュルテンベルク州の建築規制法第六九条に従った算定によると、本件土地には、二〇台分の駐車場の設置が必要であった。しかし、これだけの収容能力を持つ駐車場を設置することが物理的に無理であったため、同年九月四日にXYの間で契約が締結された（本件契約）。その内容は、以下の三点にわたった。

一、Yが、K市内にある大規模駐車場との間で、二〇台分の駐車場につき、長期賃貸借契約を締結することを条件に、Xは、二〇台分の駐車場設置義務を免除する。

二、何らかの理由により右長期賃貸借契約が失効した場合は、Y所有地の周辺三〇〇メートル以内にある別の駐車場との間で、二〇台分の駐車場を借りなければならない。

三、仮にこれも不可能である場合は、一台につき六〇〇〇マルク、二〇台分総額一二万マルクを分担金としてXに支払わなければならない。Xはこの分担金を、公営駐車場の設置費用に充てるが、仮に公営駐車場が建設されたとしても、Yには、その優先的利用権を認めない。

当初Yは、K市内の民間駐車場に二〇台分の駐車場を賃借していたが、一九七〇年、これが解約された。またその後の調査で、Yが建設計画に違反して、土地を住宅地として利用しているため、実際は三二台分の駐車場が必要であり、それだけの駐車場が確保されていない事実が判明した。そこでXは本件契約に基づき、六〇〇〇マルク／一台×三二台分の総額一九万二〇〇〇マルクの支払いを求めた。Yがこれを拒否したため、Xが訴訟を提起した。」

本件契約は、駐車場設置義務免除契約と呼ばれるもので、車の出入りが予想される建築物を建設する際、建築主に法律上課される駐車場設置義務を、一定の反対給付の提供を条件に免除することを内容とする。(36) 私人の反対給付と行政給付（駐車場設置義務の免除）には交換関係が存在するため、この契約は交換契約に分類される。問題となるのは、こうした契約が連結禁止原則との関係で、果たしてその許容性を肯定されるのかであるが、この点については、判例上見解の対立が見られる。

駐車場設置義務免除契約の許容性を判断した連邦通常裁判所の一九七八年一二月一四日の判決は、一定額の分担金の支払い（反対給付の提供）を条件に、駐車場設置義務の免除（行政給付）を行うこと自体は否定しなかったが、それが認められるためには、以下の二つの要件が満たされなければならないと判示した。すなわち、第一に、駐車場の設置義務を免除する代わりに支払われた分担金は、ゲマインデによる公営駐車場の設置費用に充てられなければならないこと、第二に、分担金を支払って駐車場設置義務を免除された者には、右公営駐車場に対して優先的利用権が認め

られなければならないことである。(37)

連邦通常裁判所が「連結禁止原則」を意識して、こうした見解を示したことは明らかである。分担金が公営駐車場の建設費に充てられ、かつ分担金を支払った建築主に公営駐車場の優先的利用権が認められる場合にのみ、彼に駐車場設置義務を課す法的必要性がなくなるからである。こうした連邦通常裁判所の示した判例理論に従えば、本件契約は「連結禁止原則」に違反して、許容性を否定されることになる。公営駐車場を優先的に利用する権利を持たないYには、駐車場設置義務を免除する法的前提が存在しないにも関わらず、それが金銭供与により免除されているからである。実際、原審であるマンハイム上級行政裁判所は、本件契約を連結禁止原則違反と認定し、これが連邦行政手続法の五六条に違反して許容されない旨を判示している。(38)

これに対し、本件上告審である連邦行政裁判所一九七九年七月一三日判決は、駐車場の設置義務を免除する代わりに支払われた分担金が、ゲマインデによる公営駐車場の建設費用に充てられている事実を以て、本件契約の連結禁止原則違反を否定し、逆にその許容性を肯定している。(39) 連結禁止原則の厳格なる適用という視点から見た場合、この連邦行政裁判所判決には疑問が残るところではあるが、Y（建築主）が優先的に利用できる公営駐車場を、Y所有地の近隣に設置することが現実には不可能であることに鑑み、学説も、右の連邦行政裁判所判決を是認する傾向にあるようである。(40)

〔三〕　開発費用負担契約(41)

「被告企業Yは、原告ゲマインデX内の集落に、八八棟の一戸建て住宅を建築するために、建築許可申請を行った。原告ゲマインデXは、開発後に必要となる自治体施設（学校・病院など）の建設費用の一部として、住居一棟につき一五〇〇マルクの開発費用負担金の納付を求め、これについて合意が成立した（本件契約）。納付額が多額であったため、契約に於いて分割払いが合意され、総額一三万二〇〇〇マルクのうち、その半額は建築許可の付与と同時に支払われるべきこと、残る半額は、建築許可付与の半年後に支払われるべきこととされた。Yが後に開発費用の納付を拒絶したため、原告ゲマインデXは訴訟を提起した。」

新たな宅地開発により、必然的に公共施設の整備が必要となるが、ドイツの建設法典（Baugesetzbuch：BauGB）は、公共施設のうち、道路、上下水道、公園、緑地、ゴミ焼却施設、電気・ガス供給施設など、建設による土地利用を行うために必要な施設を「地区施設（Erschließungsanlage）」と呼び(42)、その整備がゲマインデの任務であること(43)、整備費用のうち、建設法典又は地方租税公課法に基づいて徴収可能とされているものについては、事後に施設利用者（受益者）から徴収すべきことを規定している(44)。

他方、開発によって必要となる公共施設ではあるが、右に述べた意味での地区施設には該当しない学校、病院等の建設費用（開発費用）は、本来、ゲマインデが支出しなければならない。しかしそれが自治体財政を圧迫することから、ゲマインデは頻繁に「開発費用負担契約」の締結を試みる。そこでは、開発費用負担金の提供（反対給付）を条件に、建築許可又は地区詳細計画の策定（行政給付）が約束される(45)。

問題は、建築許可等の行政給付を、開発費用負担金の納付（経済的反対給付の提供）に依存させ、両者に交換関係（牽連関係）を持ち込むことが、連結禁止原則の観点から許容されるのかである。

この点、今までの議論を前提にすると、「開発費用負担契約は連結禁止原則に違反するのではないか」との疑義が生じる。その理由は以下の点に求められる。

建築許可の付与又は地区詳細計画の策定により後に必要となる公共施設の整備が自治体の財政を圧迫する原因となることから、ゲマインデは右行政権限の行使に消極的になる。しかし法律が、建築許可の付与又は地区詳細計画の策定に際し、財政状況を考慮するよう要求していないことに鑑みると、「自治体財政の圧迫」は、行政権限の行使を妨げる法的障害ではなく、単なる事実上の障害でしかない。そうすると、建築許可の付与又は地区詳細計画の策定は、自治体の財政圧迫を理由に私人の反対給付（開発負担金納付）に依存せしめられてはならず、それを内容とする開発費用負担契約は、連結禁止原則に違反するとの評価を受けかねないのである。

こうした事情を考慮したのであろう。本件連邦行政裁判所は、「開発費用負担契約が連結禁止原則に違反するか否か」を判断するにあたり、「私人の反対給付が、行政権限の行使を妨げる法的障害を除去するか」という視点ではなく、別の視点からこの問題を考察し、概略的に次のように述べた(46)。

「連結禁止原則は例外を許さないものではない。一般的な見解によると、以下の場合には、行政権限と私人の反対給付の結合は正当化されるべきである。すなわち、経済的反対給付が、疑義ある行政決定の実施を可能にする場合であり、したがって反対給付によって、行政決定を妨げる法的障害が克服される場合である。それが支持されるべきか否かは、ここでは議論しない。開発費用負担契約は、これとは別の理由により、連結禁止原則の例外に服しているからである。

開発費用負担契約については、高権の切り売り（Verkauf von Hoheitsakten）の危険性が存在するという主張があるが、こうした主張を、開発費用負担契約の許容性に対する原理上の異議として支持することはできない。……開発費用負担契約に際しては、高権の《切り売り》ではなく、地区詳細計画の策定や建築の許可が生ぜしめた、あるいは生ぜしめるであろう支出の軽減が行われる。つまり民法典第三二〇条以下の売買契約についてみられる厳格な意味での給付交換ではなくて、いわば民法典第六七〇条による費用償還と類似する軽減が問題となっているのであり、故に高権的行為が商品とみなされることはなく、正当化されない経済的不当利得になるという批判も問題にならない。」

このように本判例は、「行政権限の行使を妨げる法的障害が存在し、私人による反対給付の提供が、当該法的障害の除去に仕え、行政権限行使の法的前提を生み出すことに寄与するのか」に焦点を当てたのではなく、私人による開発費用の負担を条件に、建築許可の付与や地区詳細計画の策定を約束したところで、連結禁止原則が防止すべき高権の売買が生じないことを理由として、開発費用負担契約の連結禁止原則への違反可能性を否定し、その許容性を肯定したのである。

第四款　補　論

最後に補論として、従属法上の交換契約と連結禁止原則との関係に関するW・スパンノヴスキー（Willy Spannowsky）の見解を取り上げておきたい。彼は、説明の便宜上、以下に掲げる実務事例を挙げている(47)。

「Xは、ゲマインデYに存在する自己所有地に、四階建ての住宅を八棟建設することを計画し、建築許可を受けた上で建築行為に入っていた。工事の途中でXは、屋上に増築を行いたいと考え、屋上増築の許可申請を行った。Xの所有地は、既存の建築物が作り出す地域構造の固有性を基準にして建築案の許容性が審査される連担建設区域に存在していたが、周辺領域では、四階建て以上の家屋が多く存在していたため、屋上増築の申請を拒否すべき法的理由はなかった。ところが、X所有地の隣でマンションを建設していた訴外Sが、Xによる屋上の増築計画に異議を唱えた。増築部分の部屋からはS所有のマンションの各部屋が展望でき、マンションの価値が下がって販売が困難になると危惧したからである。当初ゲマインデYは、Xの屋上増築計画が法的には問題ないものであることを理由に、Sの主張を根拠なしと考えていたが、ゲマインデYの市長はSに便宜を図り、Xに対して屋上増築の許可を付与しないよう指示するとともに、Xが以下の提案に同意した場合に限り、屋上増築の許可を与える旨の見解を表明した。すなわち第一に、四階以上の部分には、S所有のマンション側に窓を設置してはならないこと、四階以上の部分につながる階段に設置される窓は、磨りガラスとし、開閉不可能なものにすること、最上階は家屋として利用しないことである。Xは、このまま工事が遅れると賃貸料等の収入が遅れ、損害を被ると考え、不本意ながらこれに合意した。」

言うまでもなく、本件交換契約は「連結禁止原則」に違反して許容されない。行政権限の行使が反対給付の提供に依存せしめられ得るのは、反対給付の提供により、行政権限を行使するための法的前提が整う場合である。本件のように、増築許可の法定要件が整い、Xに許可を求める法的請求権が存在する場合、ここに許可発動を妨げる法的障害の存在は認められないため、許可の発動を反対給付の提供に依存せしめることは、連結禁止原則違反となり、特に連邦行政手続法の五六条三項に違反して許容されないのである。[48]

他方、W・スパンノヴスキーの理解によると、「許可要件が充足されている以上、行政庁は機械的に許可を義務づけられ、それ以外何もなし得ない」と結論づけることには理論の飛躍がある。Xの増築計画に対して反対運動が生じている場合に、行政庁が紛争を回避するためにXに対して何らかの提案を行うこと自体は、法的に可能だからである。そして彼の説明によると、行政庁の提案にXが同意しない場合でも、法定要件を充足した増築許可を付与することを認めた上で、S所有のマンションに面した部分に窓を設置しない――仮に設置するにしても磨りガラスにする――ようXに提案し、Xが、そうした提案を引き受ける法的義務がないことを十分認識した上で、この提案に理解を示し、任意にこれを承諾するのであれば、その合意は法的に問題なく許容される。なぜなら、この契約は、連結禁止原則に違反せず、またXが、こうした法定外の義務を任意に契約上引き受けることは、自由権的基本権の行使として法律上禁じられていないからである。ただし、本件のように、反対給付の提供を行うまでもなく許可発動の法的前提が存在している場合、相手方私人が、敢えて行政庁の提案に従って法定外の義務を契約によって引き受けることは、現実には希であろう。したがって、このような場合に、相手方私人が行政庁の提案通りに義務を引き受けたとするならば、私人は「行政庁の提案に従わなければ許可が下りない」と錯誤を来しているか、行政庁が優越的地位を濫用し、「行政庁の提案に従わない限り、許可を付与しない」と強制した（連結禁止原則違反）可能性が高い。W・スパンノヴスキーは、こうした事情を考慮して、私人による義務引受けの意思表示が、私人の錯誤や行政庁の優越的地位の濫用に基づくものではなく、真に任意的なものであるというためには、「行政庁の提案通りに義務を引き受けずとも許可が与えられることが適切に教示されていること」が必要であり、かつ「相手方がそれを十分理解した上で、任意に義務を引き受けたことにつき、行政庁が立証責任を負うこと」を主張しているのである。(49)

第三節　遅滞利息・違約罰・即時執行の合意

公法上の契約が、行政の行為形式の一つとして公益の実現に仕える以上、行政主体と私人との間で合意された事項は、適時かつ適切に履行される必要がある。ここで、仮に公法上の契約の一方当事者が、契約上合意した事項を遵守せず、又はその適時かつ誠実な履行を怠る場合、他方当事者は、ドイツ民法典が規律する「債務不履行規定」に従って法的対応措置を講じることが認められる。連邦行政手続法の六二条第二文は、「第五四条から第六一条までの規定から別段のことが生じない限りで」という留保付きながら、公法上の契約への民法典の準用を認めているからである。(50)判例も、公法上の債権債務関係につき債務不履行が生じた場合に、民法典の規定が準用されることを基本的に肯定している。(51)

しかしながら、民法典が規律する債務不履行規定に従って公法上の契約の義務履行確保を行うことに、問題がないわけではない。というのも、この方法では、債務不履行の時点から契約が実際に履行されるまでの間、時間的空白が生じるため、その期間、契約が履行されないことによる公益侵害の発生を防げないからである。(52)公法上の契約が行政の行為形式の一つとして公益の実現に仕える以上、適法・有効に存在する公法上の契約は、確実かつ迅速に履行されることが公益の観点から望ましいことは言うまでもない。本節で検討する「遅滞利息」、「違約罰」、「即時執行」の各合意は、確実かつ迅速な履行確保を実現するための手段として、近年、ドイツでその積極的な活用が主張されている制度である。

第一款　遅滞利息の合意

遅滞利息とは、金銭債務が履行遅滞に陥った段階で、債務者が損害賠償として支払わなければならない金銭をいう。(53)

ドイツ民法典の二八八条が遅滞利息に関する規定であり、次のように規定する。

「民法典　第二八八条　遅滞利息

(1)　遅滞がある間は、金銭債権について年四分の割合で利息をつけなければならない。債権者が法律上の原因により、これを超える利息を請求しうる場合は、その利息を支払わなければならない。

(2)　その他の損害の主張は妨げない。」

右の規定によれば、民事契約が履行遅滞にある場合、契約中に遅滞利息条項が存在するか否かに関係なく、債務者は法律上、年四％の利率で利息を支払わなければならない。また契約当事者が、契約締結時に遅滞利息に関する合意を行い、法定の四％を超える利息を支払うことも許容されている。遅滞利息制度は、債務の履行を心理的に強制し、債務の履行を確実にする機能を持つ。

問題は、公法上の契約の履行遅滞に際し、遅滞利息の請求がいかなる要件下で許容されるのかである。この問題について、ドイツの学説は対立している。

C・H・ウレとH‐W・ラウビンガーは、民法典の二八八条が連邦行政手続法の六二条第二文を経て公法上の契約に準用されることを前提に、契約中に遅滞利息条項が存在しない場合でも、債権者は常に、年四％の遅滞利息を請求

できると考える。彼等は次のように言う。(54)

「履行遅滞中、民法典の第二八八条に従い、金銭債務には少なくとも年四％の利息をつけなければならない。」

これに対しW・スパンノヴスキーは、右の見解を厳しく批判する。彼は、「契約中に遅滞利息条項が存在する場合」か、「契約上の金銭債務につき、遅滞利息の請求を認める実定公法規範が存在する場合」に限り、遅滞利息の請求は法的に許容されるとし、次のように述べている。(55)

「行政とその契約相手方が、履行遅滞に関して遅滞利息の支払いを合意した場合には、それが不当でない限りで、契約によって合意された利息請求権の行使を行うことには原則として何らの疑義も存在しない。しかし、利息請求が契約による合意に基づかない場合は別である。……契約当事者の対等性を前提とした民事法規定の適用によって、行政が対等秩序というマントを覆い、法律による明示的な正当化根拠もなく、市民の負担を拡大し得ることに行き着いてはならない。ゆえに原則として遅滞利息は、それが履行遅滞を想定して、契約当事者間で適法に合意されている場合に限り承認され得ることが要請されなければならない。行政の契約相手方が、契約における主要な義務に関して遅滞に陥っている場合でも、民法典の第二八八条が無条件に準用されてはならない。」

W・スパンノヴスキーが右の主張を展開した背景には、「法律の留保」への配慮がある。本書第一部第一章の第三節でも述べた通り、法律の留保について本質性理論を採用するドイツでは、人民の自由・財産への侵害的効果を伴う行政活動は、今なお法律の留保領域に属する（基本権的法律留保）。ただし、契約に於いて私人が義務を引き受けること自体は、自由権的基本権の行使であり、基本権の侵害にはあたらないため、仮にそれを認める個別の法律規定が存在しない場合でも、私人が契約に於いて、金銭債務の履行遅滞に際して遅滞利息を支払う旨の義務を引き受けることは法的に可能である（この場合、遅滞利息についての合意〔契約条項〕が法的根拠となって、遅滞利息の請求が許容される）。しかし、遅滞利息条項が契約中にない場合、私人の財産にとって侵害的効果を持つ遅滞利息請求は、その正当化根拠を（契約以外の）法律に求めなければならないのである[56]。

法律の留保論との整合性という視点で見た場合に、W・スパンノヴスキーの見解の方が説得力を持つように思われるが、いずれにせよ、行政主体と私人が、金銭債務の履行遅滞を見越して遅滞利息条項を契約中に設け得る点では学説上争いはない[57]。また遅滞利息の合意が、契約の履行可能性を高め、特に契約相手方たる私人の側の履行遅滞による公益侵害の発生を抑制する事実に鑑みると、行政主体は遅滞利息の合意を、むしろ積極的に活用すべきことになろう[58]。

第二款　違約罰の合意

他方、違約罰は、債務不履行に陥った債務者が債権者に対して支払う旨を約束する金銭である[59]。その意味で違約罰の合意は、債務者に対して契約の履行を促す効果を持つとともに、債務不履行により生じた損害の一部を確実に賠償させる機能を持つ（債権者は、不履行に基づいて損害が発生したことを立証することなく、違約罰を損害賠償の一部として受け取ることができる）[60]。違約罰については、ドイツ民法典の三三九条以下に規定が存在する。問題は、この民法典規定が連邦行政手続法の六二条第二文を経て、公法上の契約にも準用され得るのか、すなわち、公法上の契約に於いて違約罰条項を設けることが法的に許容されるのかである。この問題を取り上げた判例を検討しよう。事案は次の通りである[61]。

「被告Yは、ラントLが所有する土地を賃借し、そこに建築資材置場と事務所を建てていた。Yは特別許可を得ることなく、既存の自動車道路を拡張し、工事用車両の乗り入れを可能なものにした。道路建設局は、右の拡張行為を否認した。一九七一年二月五日、ラントLを代理した連邦とYとの間で契約が締結され、Yは同年一二月三一日までに建築資材置場を明け渡し、許可なく拡張した道路を自らの費用で除却することを義務づけられた。またYが約束期日までに、明渡しを行わなかった場合には、一万マルクの違約罰を支払う旨が同時に合意された。」

マンハイム上級行政裁判所は、本件違約罰の合意の法的許容性を肯定して、次のように述べた。(62)

「違約罰の合意が一般に公法に於いて許容されるかについて、当法廷は、この場で必ずしも排他的に決定する必要はない。いずれにせよ、本件のような事実関係に於いては、こうした合意は法的に問題ない。というのも、本件違約罰は、行政強制に匹敵する強制という目的を追求するのみで、道路建設局は、本件契約第二条の規律を行政行為により行うことができ、また強制執行の要件が存在する場合には、例えば強制金などで威嚇することができるからである。また、本件で合意された違約罰の額については、比例原則の観点の下、何らの疑義も生じない。」

つまり本判決は、行政庁が本件土地の明渡し義務を法律上行政行為形式によってもYに課し得たこと、また、その義務不履行に際して法律が行政強制制度を用意していることに鑑み、これと同じ内容の義務が契約によって引き受けられた場合に、契約当事者が義務不履行を見越して違約罰を合意したとしても、その額が比例原則に違反しない限りで、法的問題はないと考えたわけである。(63)

これに対し、特に問題となるのは、不履行に際して行政強制の措置をとることを認めた法律規定が存在しないところの義務が契約上引き受けられる場合に於ける違約罰の合意の法的評価であるが、契約上義務を任意に負う市民の行為は基本権の行使であり、法律の留保を呼び起こす基本権の侵害ではない。[64] このため、仮に義務不履行に際して行政強制の措置をとることを認めた法律が存在しない場合であっても、市民が契約上任意に違約罰を合意することは、法的に許容されよう。[65][66] むしろ、ドイツ行政法学説の中には、違約罰の合意が公法上の契約の履行可能性を高める機能を果たすことに鑑み、この制度を積極的に活用すべきことを主張する論者も存在する。[67]

第三款　従属法契約に於ける即時執行の合意

他方、公法上の契約の迅速かつ確実な履行を確保することを念頭に置いた制度として、連邦行政手続法の六一条が規律する「即時執行制度」がある。[68] 六一条は次のような規定である。

「第六一条　即時執行への服従

(1)　各契約締結者は、第五四条第二文の意味での公法上の契約に基づいて、即時の執行に服すことができる。行政庁はこの場合に於いて、行政庁の主催者、その一般代理人又は裁判官資格を有する公務員若しくはドイツ裁判官法第一一〇条第一文の要件を満たす公務員により代理されなければならない。即時執行への服従は、それが契約締結庁の専属管轄を有する監督庁によって認可された場合に限り効力を有する。この認可は、服従が連邦の最高官庁若しくはラントの最高官庁から、又はこれらに対して宣言されたときは不要である。

(2)　第一項第一文の意味での公法上の契約については、契約締結者が第一条第一項第一号の意味に於ける行政庁である場合は、連邦行政執行法が準用される。私法上の自然人、法人又は権利能力なき社団が、金銭債権を理由とする執行を行おうとするときは、行政裁判所法第一七〇条第一項から第三項までの規定を準用する。執行が、第一条第一項第一号の意味での行政庁に対し、作為、黙認又は不作為の強制に関して向けられる場合、行政裁判所法第一七二条を準用する。」

〔二〕　即時執行の要件

（a）　行政行為代替型契約（従属法契約）

六一条の一項は、即時執行の合意が行われるために必要な要件を規律した規定であり、同条の二項は、即時執行の具体的実施方法を規律した規定である。その規定文言――五四条第二文の意味での公法上の契約に基づいて――からも明らかな通り、即時執行制度の対象となる公法上の契約は、「従属法契約――すなわち、行政行為に代替して締結される契約」に限定されている。五五条が規律する従属法上の和解契約であれ、五六条が規律する従属法上の交換契約であれ、行政行為権限を持った行政庁と当該行政行為の潜在的名宛人との間で、当該行政行為に替えて締結される公法上の契約（従属法契約）に於いて、契約の両当事者は、即時執行に服することを合意し得る。「各契約締結者は」となっていることからもわかるように、私人のみならず、行政庁もまた即時執行に服す旨を合意することができる。(69) 一旦それが合意され、従属法上の公法契約に即時執行条項が盛り込まれると、当該契約は、強制執行によって実現される請求権の存在を公に証明する文書、すなわち「執行名義」となり、債務不履行が生じた場合、これに基づいて直ちに強制執行が開始されることになる。特に行政庁が強制執行をかける場合、ここに連邦行政執行法が準用されるため（六一条二項第一文）、行政庁は裁判所を経由することなく、従属法上の公法契約を執行名義として自力執行を行い得ることになる。(70) ここに我々は、「行政行為を通じて課された義務の履行確保制度である連邦行政執行法上の行政強制制度」に対応する制度として「即時執行制度」を構築した立法者の意図を読み取ることができるのである。即時執行の合意が行政行為に代替して締結される契約（従属法契約）に限定されているのも、そのためである。(71)

いずれにせよ従属法契約に於いて即時執行が合意され、契約が執行名義とされている場合、債務不履行から強制執行が行われるまでにかかる時間は大幅に短縮される。その意味で、先に検討した「遅滞利息」や「違約罰」の合意が、適時かつ確実な債務の履行確保を目的として、債務者に対して心理的圧力をかけ、債務不履行を事前に予防する手段であったのに対し、「即時執行の合意」は、不履行に陥った債務の迅速な履行確保に仕える手段である。特にこの規定が、金銭給付のみを即時執行の対象とすることを認める民事訴訟法とは対照的に、給付の種類に関係なく、広く契約上の権利義務一般を即時執行の対象としていることに鑑みると、公法上の契約は、民事契約に比べて執行名義として認められる範囲が広く、それだけ迅速な履行を確保された義務の範囲は広い(72)。ここに我々は、行政の行為形式の一つとして、公益の実現に寄与すべき公法上の契約の中でも、「行政行為に代替して締結される契約（従属法契約）」を特に重視し、その迅速かつ確実な履行を広く保障しようとした立法者の意思を読み取ることができるのである。

（b）　即時執行条項

従属法契約に基づいて即時執行を行うためには、契約の中に「即時執行条項」が存在しなければならない(73)。こうした要件が設けられた背景には、やはり「法律の留保論」が存在する。本質性理論に立つドイツに於いて、人民の自由・財産への侵害的効果を持つ行政強制は「法律の留保事項」である。このため行政強制は、法的正当化の根拠として行政強制を認める法律の存在が必要となる。先述の通り、「従属法契約に於ける即時執行制度」は、それが「行政行為に於ける行政強制制度」に対応するものである以上、同じく法的正当化の根拠が必要となる。それが即時執行条項（即時執行への服従に関する契約当事者の合意）であって、これがあって初めて、従属法契約を執行名義として、行政強制に対応する即時執行を行うことが法的に正当化されるのである。この点は、模範草案以来の立法者が、繰り返し強調してきた点である(74)。

（c）　監督庁の認可

従属法契約に基づく即時執行は、即時執行条項に対する監督庁の認可を要する（六一条一項第三文）。その例外は、従属法契約を締結する行政庁が、連邦又はラントの最高官庁である場合に限られる（六一条一項第四文）(75)。この要件は、一九六三年の模範草案四七条には存在しておらず、現行の六一条二項とともに、一九七〇年の連邦政府草案の五七条の段階で追加されたものである。一九七〇年の連邦政府草案の理由書には、こうした要件を追加した理由は明確に示されてはないが、義務不履行に対する行政強制を授権する法律の多くが、監督庁の認可を行政強制の要件としていることに鑑み、従属法契約に基づく即時執行についても、監督庁の認可を要求したようである。(76)(77)

第四節　解約の事前合意

第一款　特別な場合に於ける契約の適状・解約告知

前節で検討した「遅滞利息」、「違約罰」、そして「即時執行」に関する契約条項は、公法上の契約（なお即時執行については公法上の契約の中でも従属法契約のみ）の確実かつ迅速な履行確保を目指して合意されるものであり、これらはいずれも、契約の履行が公益の実現に仕えることを前提とした議論であった。

しかしながら、公法上の契約は、その履行が常に公益に適合するとは限らないのであって、場合によると、その履行によって逆に公益が侵害されることもあり得る。特に、継続的な債権債務関係を生み出す契約の場合、それを取り巻く環境の変化によって、契約が違法又は不当なものとなり、その公益適合性が失われることも少なからず存在する。また契約締結後の事情変更により、公法上の契約が違法・不当となった場合、その履行は、単に公益のみならず、契約当事者にとっても好ましからざる場合が多い。公法上の契約も行政の行為形式として公益適合性や法律適合性に服す以上、契約締結後の事情変更によって、それが違法又は不当となった場合、何らかの法的対処が必要となる。連邦行政手続法の六〇条は、まさにそのために設けられた規定である。(78)

「第六〇条　特別な場合に於ける適状と解約告知

(1)　契約内容の確定にとって決定的な諸関係が、契約締結後、一方当事者に対して当初の契約規律への固執を期待することができないほど本質的に変化した場合、その契約当事者は、変化してしまった関係に契約内容を適状させるよう要求し、適状が不可能であるとき、又は適状を相手方当事者に対して期待することができない場合には、契約を解約告知し得る。行政庁はさらに、公共の福祉に対する重大な損害を防止し、又は除去するために、契約の解約を告知し得る。

(2)　解約告知は、法規範により別段の形式が定められていない限り、書面形式を必要とする。解約の告知には理由を付すものとする。」

六〇条一項の第一文は、契約内容を確定する際に決定的であった諸状況が契約締結後に本質的に変化し、現在の状況下に於いては契約が締結されなかったであろうという意味で、契約締結行為の基盤（行為基礎）が喪失した場合、契約内容を現在の状況に合わせて改訂し、それが不可能である場合に契約の解約を認める[79]（事情変更原則）。

C・シンプフによると、「契約内容確定の際に基礎とされた法規範が後に改正された場合[80]」や、「契約内容を確定する際に基礎とされた法規範が、後に連邦憲法裁判所の判決により無効とされた場合[81]」、さらに「契約内容を確定する際に基礎とされた法解釈が、後に連邦憲法裁判所の判決により、基本法に反する解釈である旨を宣言された場合[82]」には、行為基礎の喪失が認められ、契約は適状・解約され得る[83]。その意味で、事情変更による契約の適状・解約を認める六〇条一項の第一文は、違法となった契約の履行を回避し、公益侵害の防止に一定限度寄与する。

しかし、六〇条一項の第一文は、その履行が公益を侵害する全ての公法上の契約の適状・解約を保障していない。なぜなら、この規定による適状・解約は、事情変更原則の適用を前提としており、「契約内容を確定する際に決定的であった諸状況が契約締結後に本質的に変化し、現在の状況下に於いては契約が締結されなかったであろうという意味で、契約締結行為の基盤（行為基礎）が喪失していること」を要求するからである。したがって、いかに契約の履行により公益侵害の危険性があろうとも、この要件の存在が認められなければ、六〇条一項第一文の適用は問題にならず、この規定による適状・解約は法的に不可能なのである。

このように、六〇条一項の第一文による契約の適状・解約には限界が存在する。このため、模範草案以来の立法者は、行政の公益適合性原理を考慮して、契約の履行が公共の福祉にとって著しい損害となる場合には、当該契約を一方的に解約する権限を行政庁に対して与えたのである。これが六〇条第一項の第二文による解約である。(84)

第二款　解約条項の意義

このように、公法上の契約の解約に関する連邦行政手続法六〇条一項の第一文、同第二文は、契約の履行による公益侵害の発生を防止することに一定限度寄与する。しかし、これによってもなお対応できない場合がある。

先述の通り、六〇条一項の第一文による適状・解約を行うためには、契約内容を確定する際に決定的であった諸状況が契約締結後に本質的に変化し、現在の状況下に於いては契約が締結されなかったであろうという意味で、契約締結行為の基盤（行為基礎）が喪失していることが必要である。

また、契約の履行が、公共の福祉にとって著しい障害となることが肯定されなければ、六〇条一項の第二文による解約は許容されない。契約が現在の法的状況との関係で違法・不当であり、その履行が何らかの意味で公益上好ましくないとしても、その履行が、公共の福祉にとって著しい損害と評価されなければ、契約を解約することはできないのである。(85)

しかし、公益の擁護者としての行政庁は、仮に六〇条一項による解約可能性を否定されたとしても、その活動を常に公益に適合させる任務から解放されたわけではない。また契約の解約は、何も六〇条一項の要件を満たした場合に限定されなければならないわけでもない。したがって、六〇条一項の存在にも関わらず、なお契約による公益侵害を防止するための法的措置を講ずる余地は存在する。「解約の事前合意」は、まさにそのための手段である。行政庁は、六〇条一項では解約できない公法上の契約が履行され、公益が侵害される状態を回避するために、契約に解約条項を盛り込むことにつき契約相手方たる私人と交渉し、当該私人がそれに合意する限りで、六〇条一項の第一文・同第二文よりも広げられた解約権を獲得することができるのであって、それは法的義務ではないにせよ、むしろ望ましい措置である。近年、この問題を論じたW・スパンノヴスキーは、公益保護のために解約条項を積極的に活用すべきことを説き、概略的に次のように述べている(86)。

「市民全体の利益（公益——筆者註）は、公法上の契約については、連邦行政手続法の第六〇条に規律された特別要件下でのみ、ただ限定的にしか考慮され得ない。したがって行政庁は、既に契約交渉の段階で、適切な形成形式を選択することにより、公益の損害発生を排除しなくてはならないのである。こうして行政庁が、公法的拘束に矛盾する契約拘束を生み出すことが回避される。」

（1）　参照、本書第一部第一章第四節。

（2）　民事上の和解は、訴訟法上の和解と裁判外の和解とに分類される。ドイツ民法典（BGB）の七七九条が和解に関する規定を置き、訴訟上の和解、裁判外の和解ともにこの規定の適用を受ける（参照、柚木馨ほか編『独逸民法〔Ⅱ〕債務法（現代外国法典叢書（2））』（有斐閣、一九五五年）七六一頁以下）。これに対応して行政上の和解も、訴訟上の和解と裁判外の和解に区別される。前者を規律するのが行政裁判所法の一〇六条であり、後者を規律するのが連邦行政手続法の五五条である。ここでは、連邦行政手続法の五五条が規律する裁判外の和解についてのみ検討を加える。なお行政裁判所法の一〇六条が規律する行政訴訟上の和解については、参照、南博方「行政訴訟上の和解」同『行政訴訟の制度と理論』（有斐閣、一九六八年）一三三頁以下。

（3）　公法上の契約の一類型として和解契約を挙げたのがJ・ザルツヴェーデルであったことは、本章第一部第一章の註（40）でも指摘した通りである。なお、連邦行政手続法の五五条が規律する和解契約について紹介・検討するものとして、参照、大橋洋一「行政契約の比較法的考察――建設法領域を中心として」同『現代行政の行為形式論』（弘文堂、一九九三年）一六五頁以下、石井昇「行政上の和解契約の許容性」甲南法学三〇巻三・四合併号（一九九〇年）五五五頁以下。

（4）したがって、現行法五五条の文言は、一九七〇年の連邦政府草案五一条によって確立されたものである。一九七〇年の連邦政府草案が審議未了のまま廃案となったため、連邦政府は一九七三年に再び連邦政府草案を提出しているが、一九七三年の連邦政府草案は、公法契約規定については一九七〇年の連邦政府草案をそのまま継受し、両草案の間に違いは見られないからである。なお、連邦行政手続法の制定過程については、海老沢俊郎『行政手続法の研究』（成文堂、一九九二年）六二頁以下が最も詳しい。

（5）Vgl. Christian Schimpf, Der verwaltungsrechtliche Vertrag unter besonderer Berücksichtigung seiner Rechtswidrigkeit, 1982, S.221.

（6）Musterentwurf eines Verwaltungsverfahrensgesetzes, 2.Aufl., S.187.

（7）C・シンプフは、事実関係の和解が、真の事実関係を捉えて適法である可能性と、逆に真の事実関係を捉え損ねて違法である可能性の双方を持つ旨を繰り返し述べている（Vgl. Schimpf, a.a.O(Fn.5)., S.223f.）。

（8）事実関係が不明確な場合に敢えて「事実関係の和解」を認めずとも事案の処理が可能であることを指摘するW・スパンノヴスキーは次のように言う。「行政手続及び行政訴訟手続に於いては職権探知主義が妥当するため、利害関係人は、原則として、事実関係について自由に処分することを禁じられている。行政庁及び裁判所は、原則として、職権に基づいて確定された事実関係を基礎として決定を行わなければならない。……なお確定されるべき事実が十分な確信に至らない場合には、原則として、立証責任の分配ルールが適用されることになる。」と（Willy Spannowsky, Grenzen des Verwaltungshandelns durch Verträge und Absprachen, 1994, S.212.）。

（9）Vgl. Schimpf, a.a.O(Fn.5)., S.222.

（10）模範草案の理由書は次のように述べている。「公法上の和解契約は、事実関係ないし法的状況の不明確性を、両当事者の話合いによる合意を通じて除去する点で、民法上の和解と共通性を持つ（民法典第七七九条）。他方、公法上の和解契約の許容性に対する疑義は、以下の点に存在する。すなわち、私法における契約当事者は、その権利に関して自由に処分することが可能であり、契約自由の範囲内で、相互の交渉内容について合意し得る。これに対し行政庁は、行政の法律及び法適合性の原則、平等原則などといった、行政活動を支配する諸原則に拘束されている。契約の締結もまた法律執行に仕えること、及び契約もまた公行政の手段であることに鑑みると、それらは公法上の契約にもまた適用されることになる。しかし、だからといって、公法上の和解契約が許容できないという考え方は極端過ぎる。」と（Musterentwurf, a.a.O(Fn.6)., S.196.）。

（11） Schimpf, a.a.O(Fn.5)., S.223.；なお、V・シュレッテ（Volker Schlette, Die Verwaltung als Vertragspartner, 2000, S.488f.）をはじめ、C・H・ウレとF・ベッカー（Franz Becker）も、これとほぼ同じ趣旨の主張を行っている。特にC・H・ウレとF・ベッカーは次のように言う。曰く「行政法――行政手続及び行政訴訟手続――に於いては、職権探知主義とともに、行政の法律・法適合性の原則が妥当する。職権探知主義は、行政手続に於いて、決定の基礎となる事実関係を職権で調査する義務を行政庁に負わせ、また法律による行政の原理により、行政庁は法律によって望まれた法的効果を実現する義務を負う。問題は、こうした基本原則が、行政と市民の契約的合意により打破され得るか、どの程度で打破され得るかである。職権探知主義に関しては例外を認め得る。個々人が請求権を行使し、かつ職権により事実関係の解明が行われたにもかかわらず明確な結論に至らない場合、不明確な事実関係についての和解契約が許容されなければならない。」と。C・H・ウレとF・ベッカーの右叙述については、Vgl., Carl Hermann Ule/Franz Becker, Verwaltungsverfahren im Rechtsstaat, 1964, S.67f.

（12） Spannowsky, a.a.O(Fn.8)., S.212f.

（13） Spannowsky, a.a.O(Fn.8)., S.213.；Schlette, a.a.O(Fn.11)., S.486f.

（14） Carl Hermann Ule/Hans-Werner Laubinger, Verwaltungsverfahrens recht, 3.Aufl., 1986, S.523.；Schimpf, a.a.O（Fn.5）., S.228.

（15） Schimpf, a.a.O(Fn.5)., S.231.；Spannowsky, a.a.O(Fn.8)., S.214.

（16） ただし、一九七〇年の連邦政府草案の理由書は、「行政庁は、具体的ケースに於いて常にあらゆる諸状況を考慮し、和解の締結が合目的であるかを付加的に審査しなければならない。したがって、現に不明確性が存在するというだけでは、和解契約の締結には不十分である。」と述べるのみで、こうした要件を追加した理由を詳しく述べているわけではない（Zitiert nach, Friedrich Eichler, Verwaltungsverfahrensgesetz, 1983, §55, S.1f.）。

（17） Schimpf, a.a.O(Fn.5)., S.225.；なお、C・H・ウレとH-W・ラウビンガーも、「存在する不明確性を除去するために要する費用があまりにも大きいがために、和解の締結が合目的的とみなされる場合でなければ和解の締結は許容されない」とし、客観的不明確性の存在のみを理由に即座に和解が締結され、安易に違法状態が生み出されてはならない旨を述べている（Ule/Laubinger, a.a.O(Fn.14)., S.525f.）。またW・スパンノヴスキーも、「通常、不明確性の除去が極端な費用支出を意味し、かつ行政庁によって追求されるべき公益が、譲歩〔和解――筆者註〕によって著しく抑制されない場合に限り、義務に適った裁量の行使は〔和解締結の――筆者註」合目的性を肯定する。」と述べ（Spannowsky, a.a.O(Fn.8)., S.214.）、同じく客観的不明確性が存在することのみを理由に、直ちに和解が許容されるわけではないことを指摘している。したがって、V・シュレッテが適切に指摘するように、事実関係や法的状況について客観的不明確性が存在する場合でも、行政庁は和解の締結を法的に義務づけられるわけではない。事実関係が客観的に不明確ではあるが、和解の締結が合目的的ではないと判断する場合、行政庁は立証責任分配ルールに従って法律関係を規律することができるのである。また不確定法概念の意味内容が客観的に不明確ではあるが、後に裁判所が行政解釈を支持する可能性が高いと考えるのであれば、行政庁は和解締結の合目的性を否定することができ、敢えて和解を締結する必要はない。この場合、行政庁は法律を自ら解釈して不確定法概念の意味内容を確定した上で、法律関係を（行政行為を通じて）規律し、その是非を裁判所の判断に委ねればよいのである（Schlette, a.a.O(Fn.11)., S.491.）。

(18) 民事法上の和解が、主観的不明確性の存在をもって直ちに許容されることについては、参照、柚木・前掲註（2）書七六三頁。

(19) Ule/Laubinger, a.a.O(Fn.14)., S.529.

(20) Ule/Laubinger, a.a.O(Fn.14)., S.527f.

(21) 連邦行政手続法の五六条が規律する交換契約について紹介・検討するものとして、参照、大橋・前掲註（3）書一六八頁以下、石井昇『行政契約の理論と手続——補助金契約を題材にして』（弘文堂、一九八七年）一三五頁以下。

(22) なお、和解契約と同様、交換契約を公法上の契約の一類型として挙げたのがJ・ザルツヴェーデルであったことについては、本書第一部第一章の註（40）を参照。

(23) Martin Bullinger, Vertrag und Verwaltungsakt, 1962, S.17f.；なおM・ブリンガーの見解については、参照、塩野宏「紹介 マルティン・ブリンガー『契約と行政行為』」同『行政過程とその統制』（有斐閣、一九八九年）二六二頁以下、石井・前掲註（21）書一一三頁以下、藤原淳一郎「西ドイツ行政手続法草案をめぐる公法契約論」法学研究［慶應義塾大学］四四巻七号九一頁以下（特に一〇三頁以下）（一九七一年）。

(24) BVerwG, Urt.v.6.7.1973(BVerwGE42, S.338f.)；なお、連結禁止原則の意義を詳細に検討したものとして、参照、高橋正徳「連結（Koppelung）の法的統制——ドイツ行政法学説の展開（1）（2・完）」名大法政論集一一一号一頁以下、一一二号一二一頁以下（一九八六年）。

(25) BVerwGE42, S.339.

(26) Schimpf, a.a.O(Fn.5)., S.250f.；Ule/Laubinger, a.a.O(Fn.14)., S.530.；Spannowsky, a.a.O(Fn.8)., S.218f.und S.343.

(27) Musterentwurf, a.a.O(Fn.6)., S.197.
(28) Ule/Laubinger, a.a.O(Fn.14)., S.530. ; Spannowsky, a.a.O(Fn.8)., S.347.
(29) この点、模範草案の理由書は次のように述べている。「模範草案の中に持ち込まれた保護措置は、交換契約の承認により危惧される高権の大安売りを防止するとともに、契約関係及び契約関係から生み出される〔汝が与うが故に与う〕を考慮してもなお正当化され得ない拘束から市民を保護しなければならない。」と(Musterentwurf, a.a.O(Fn.6)., S.196.)。
(30) Musterentwurf, a.a.O(Fn.6)., S.197.
(31) Musterentwurf, a.a.O(Fn.6)., S.198.
(32) BVerwG, Urt.v.15.12.1989(NVwZ 1990, S.665ff.) ; なおこの判決については、Vgl., Spannowsky, a.a.O(Fn.8)., S.344ff.
(33) 判決は次のように言う(NVwZ 1990, S.666.)。「基本法第二八条の第二項第一文は、法律の範囲内で、自らの責任の下、地域共同体に関するあらゆる事項を規律する権利をゲマインデに対して保障している。地域経済構造の改善のため、また雇用の創設や維持のために、企業の誘致や拡張を促進することがこれに含まれる点は一般に認められている。こうした権限は、ゲマインデの都市建設上の任務とも密接な関係に立つのであって、それはとりわけ建設管理計画の策定を通じて保障されている。その際、一方では経済や雇用の維持、確保、創設といった事項が、他方では、健全な住宅事情や労働環境に関する一般的要請、並びに環境保護という事項が考慮されなくてはならない(建設法典第一条の第一号・第七号・第八号)。また建設法典は一般的に、建設管理計画に関し、人間の尊厳に適った環境を確保するという目標をゲマインデに対して課している(建設法典第一条Ⅴ一)。他方ゲマインデは、右の目標を追求する際、建設管理計画に於て、排出施設の操業者がイミッション防止法上一般的に許容された限界を越えない限り活動を行い得る旨を決定することに制約されているわけではない。むしろゲマインデは、連邦イミッション防止法によって定められた基準よりも強められた基準によって、防止されるべきイミッションの防止を達成しようとすることができるのである。」と。
(34) NVwZ 1990, S.667.
(35) BVerwG, Urt.v.13.7.1979(DÖV 1979, S.756ff.) ; なおこの事件の事実の概要については、NJW 1980, S.1294ff. が詳しい。
(36) 駐車場設置義務免除契約については、参照、大橋・前掲註(3)書一八七頁以下。
(37) BGH, Urt.v.14.12.1978(NJW 1979, S.642.).
(38) 原審マンハイム上級行政裁判所判決については、Vgl. DÖV 1979, S.757.
(39) BVerwG, Urt.v.13.7.1979(DÖV 1979, S.758.).

（40）Vgl., Spannowsky, a.a.O(Fn.8)., S.380f.
（41）BVerwG, Urt.v.6.7.1973(BVerwGE42, S.331ff.).
（42）地区施設の概念及びその具体例については、Ernst/Zinkahn/Bielenberg, Baugesetzbuch, Kommentar, §123.Rn.1ff.；Hans-Joachim Driehaus, Erschließungs- und Ausbaubeiträge, 4.Aufl., 1995, S.55ff.
（43）Driehaus, a.a.O(Fn.42)., S.60.
（44）建設による土地利用にとって必要不可欠な歩道・住宅道・児童公園・緑地・イミッション防止施設などは、建設法典の一二七条により、また電気・ガス・水道などの供給施設のほか、下水道処理施設などは、地方租税公課法により徴収される。この点については、Vgl., Driehaus, a.a.O(Fn.42)., S.137ff.；邦語文献としては、参照、原田純孝ほか編『現代の都市法』（東京大学出版会、一九九三年）一一八頁以下。なお、地区施設整備契約を含め、地区施設整備費用の徴収システムを検討するものとして、藤田宙靖「市街地再開発における公共施設整備費用と公私間での負担配分のあり方に関する研究」同『行政法の基礎理論（下）』（有斐閣、二〇〇五年）四一一頁以下（特に四三六頁以下）、三木義一『受益者負担制度の法的研究』（信山社、一九九五年）一三三頁以下、大橋・前掲註（3）書一八三頁以下を参照。
（45）開発費用負担契約については、三木・前掲註（44）書一三三頁以下、大橋・前掲註（3）書一八六頁、原田ほか編・前掲註（44）書一二四頁以下を参照。
（46）BVerwGE42, S.339f.
（47）Spannowsky, a.a.O(Fn.8)., S.394ff.
（48）Spannowsky, a.a.O(Fn.8)., S.397.
（49）Spannowsky, a.a.O(Fn.8)., S.417-421.；なお、これとほぼ同旨の見解を主張するものとして、Vgl., Schlette, a.a.O(Fn.11)., S.421f.
（50）Klaus Obermayer, Kommentar zum Verwaltungsverfahrensgesetz, 1983, §62, Rn.101.；Ule/Laubinger, a.a.O(Fn.14)., S.560ff.
（51）例えばBGH, Urt.v.1.10.1981(NJW 1982, S.1277.) は、公法上の契約などの公法上の対等秩序関係に民法典が規律する債務不履行規定が準用されることを肯定する。
（52）C・H・ウレとH-W・ラウビンガーは、民法典の債務不履行規定に従った公法上の契約の義務履行確保が、多くの時間とコストを要する事実を指摘している（Ule/Laubinger, a.a.O(Fn.14)., S.567.）。
（53）Spannowsky, a.a.O(Fn.8)., S.253.

（54） Ule/Laubinger, a.a.O(Fn.14)., S.563.

（55） Spannowsky, a.a.O(Fn.8)., S.253ff.；なお、Hans Joachim Knack, Verwaltungsverfahrensgesetz, Kommentar, 5.Aufl., 1996, S.932f. もまた、W・スパンノヴスキーと同様の見解を示して次のように言う。「遅滞利息は、それが法律上又は契約を通じて決定されている場合に限り支払われなければならない。遅滞利息を支払うことを義務づける行政法の一般的な基本原則は存在しない。公法上の金銭債権の不履行の効果は、個々のケースで規律された特別法に従う。連邦行政手続法の第六二条に於ける、私法及び民法典第二八八条の包括的な参照指示は、準用という方法により、これまで行政法に於いて一般的に妥当してきた法的思考を逆転させることに行き着いてはならない。行政庁と市民が、その裁量に従って行為形式を選択できるとしても、かかる行為形式の選択は、利害関係人の権利・義務の性質及び範囲にとって意義を持ってはならない。〔とはいえ——筆者註〕行政行為にあっては遅滞利息が生じない場合でも、当該行政行為に代えて公法上の契約が締結され、かかる契約に於いて遅滞利息請求権が明示的に基礎づけられている場合は別である。」と。

（56） 連邦行政裁判所もまた、こうした見解に立脚している Vgl. BVerwG, Urt.v.26.3.1965(DVBl 1965, S.731.).

（57） 遅滞利息条項が契約中に存在するか否かに関係なく遅滞利息の請求可能性を肯定するC・H・ウレとH-W・ラウビンガーも、公法上の契約の中に遅滞利息条項を設けることは否定していない（Ule/Laubinger, a.a.O(Fn.14)., S.563.)。

（58） Spannowsky, a.a.O(Fn.8)., S.256.

（59） Spannowsky, a.a.O(Fn.8)., S.252.；Obermayer, a.a.O(Fn.50)., §62, Rn.179.

（60） Obermayer, a.a.O(Fn.50)., §62, Rn.180.

（61） VGH Mannheim, Urt.v.18.5.1981(NVwZ 1982, S.252f.).

（62） Vgl., NVwZ 1982, S.253.

（63） 学説も一般に、マンハイム上級裁判所判決を支持している。本件判例を紹介するものとして、Vgl., Spannowsky, a.a.O(Fn.8)., S.252.；Knack, a.a.O(Fn.55)., S.934.

（64） 本書第一部第一章第三節第二款［二］を参照。

（65） Spannowsky, a.a.O(Fn.8)., S.252f.；特にV・シュレッテは次のように言う。「民事契約並びに行政法上の契約の締結は、それが著しい義務拘束を生み出す場合に於いてもまた、個々の市民にとってみれば、私的自治による自己決定の現れであり、基本権行使である。よって、基本権的侵害留保という意味での《侵害》が欠如しているがために、契約による違約罰の合意の許容性は、——市民の、他のあらゆる任意的な契約上の義務と同様——個別の法律による授権を必要とはしないのである。」と（Schlette, a.a.O(Fn.11)., S.527f.）。

(66) なお、K・オーバーマイヤーは、違約罰が債務不履行によって生じる損害を補填するために用いられなければならず、それが営利的な利得になってはならないこと、したがって損害賠償額を超えるような多額の違約罰は合意し得ないことを主張している（Obermayer, a.a.O(Fn.50)., §62, Rn.182.）。

(67) 特にW・スパンノヴスキーは、「特殊な公共の福祉との関連性に鑑みると、個別的に違約罰を通じて強化された義務は正当化され得る。」と述べ、公益の観点から違約罰の合意を活用すべきことを主張している（Spannowsky, a.a.O(Fn.8)., S.253.）。またV・シュレッテも次のように言う。「行政法上の契約における違約罰の合意は、基本的に許容される。それは、行政庁の契約上の義務のみならず、市民の契約上の義務を守るためである。いずれも法律適合性には矛盾しない。特に市民による違約罰の合意には、今後も実務上の必要性が存在する。——他方、こうした理由に基づき、契約による違約罰の合意が許容される旨が、法律上明示的に保障されることが望まれる。」と（Schlette, a.a.O(Fn.11)., S.528.）。

(68) 連邦行政手続法の六一条が規律する即時執行制度については、大橋・前掲註（3）書二一四頁以下、石井・前掲註（21）書二六六頁以下参照。

(69) Ule/Laubinger, a.a.O(Fn.14)., S.567.

(70) Ule/Laubinger, a.a.O(Fn.14)., S.566.

(71) この点、一九六三年に公表された模範草案の四七条は「各契約締結者は、公法上の契約に於いて即時執行に服従し得る。行政庁はこの場合に於いて、行政庁の長、一般代理人、ドイツ裁判官法により裁判官の資格を有する者に代理されなければならない。」と規定するにとどまり、規定文言上、即時執行の合意を「従属法上の公法契約（行政行為代替型契約）」に限定していなかった。「即時執行の合意」が規定文言上「従属法上の公法契約」と明示的に結びつけられ、その利用局面が行政行為に代替して締結される公法上の契約（従属法上の公法契約＝行政行為代替型契約）に限定されたのは、一九七〇年連邦政府草案の五七条以降のことである。Vgl. Musterentwurf, a.a.O(Fn.6)., S.203f.

(72) Ule/Laubinger, a.a.O(Fn.14)., S.569.；なお、即時執行の対象が金銭給付に限定されないことについては、模範草案以来、一貫して認められてきたことである（Vgl. Musterentwurf, a.a.O(Fn.6)., S.204.）。

(73) C・H・ウレとH-W・ラウビンガーは、次のように述べている（Ule/Laubinger, a.a.O(Fn.14)., S.567.）。曰く、「公法上の契約の相手方及び行政庁は、契約に基づく請求権を、いとも簡単に強制執行することはできない。そのためには、権限ある行政裁判所への請求を通じて獲得し得る執行名義が必要である。こうした——時間と費用がかかる——方法は、執行を受ける債務者が、公法上の契約に基づく即時執行に服従した場合に限り、踏まれる必要性がなくなるのである。」と。なお、即時執行の合意については、一般的に、書面化が必要だと考えられている（Vgl. Ule/Laubinger, a.a.O(Fn.14)., S.568.）。

（74）Musterentwurf, a.a.O(Fn.6)., S.203f.

（75）Ule/Laubinger, a.a.O(Fn.14)., S.568.

（76）義務不履行に対する行政強制を授権する法律の多くが、監督庁の認可を要求している事実については、Vgl. Musterentwurf, a.a.O(Fn.6)., S.204f.

（77）即時執行の実施方法について敷衍しておこう。連邦行政手続法六一条二項の第一文により、行政庁が従属法契約に基づいて即時執行を行う場合には、連邦行政執行法が規律する行政強制手続に従うべきことになる。

　他方、連邦行政手続法六一条二項の第二文及び同第三文は、行政の契約相手方たる私人が、従属法契約に基づいて、行政庁に対して強制執行を行う場合の手続に関する規定である。これによると、即時執行条項を持つ従属法契約に於ける行政庁の義務が金銭給付を内容とし、これが債務不履行にある場合、行政裁判所法の一七〇条一項乃至三項に従って即時執行が行われる（連邦行政手続法六一条二項第二文）。つまり、債権者たる私人による申立てにより、第一審裁判所は、行おうとする執行措置を行政庁に通知し、一箇月以内に執行を免れるための措置をとるよう催告した上で、強制執行を行う。他方、即時執行条項を持つ従属法契約に於ける行政庁の義務が、作為・黙認・不作為を内容とし、これが債務不履行にある場合には、行政裁判所法の一七二条に従って即時執行が行われる（連邦行政手続法六一条二項第三文）。つまり、債権者たる私人による申立てにより、第一審裁判所は、一定期間内に義務の履行が行われなければ、二〇〇〇マルク以下の強制金を賦課する旨を警告し、義務が履行されるまで繰り返しこれを課すことになる。なお、ドイツ行政裁判所法の規定内容については、最高裁判所事務総局行政局監修『欧米諸国の行政裁判法制について（行政裁判資料六九号）』（法曹会、一九九六年）一頁以下を参照。

（78）連邦行政手続法の六〇条が規律する公法上の契約の適状及び解約告知については、大橋・前掲註（3）書二〇五頁、石井・前掲註（21）書二四八頁以下を参照。

（79）Ule/Laubinger, a.a.O(Fn.14)., S.556.；Schimpf, a.a.O(Fn.5)., S.303f.

（80）Schimpf, a.a.O(Fn.5)., S.304f.

(81) Schimpf, a.a.O(Fn.5)., S.305.
(82) Schimpf, a.a.O(Fn.5)., S.305.
(83) なおC・シンプフによれば、「契約が締結された後に法律が改正され、合意事項の履行が法律上禁じられた場合」には、事情変更原則によってではなく、客観的後発的履行不能の問題として、民法典の債務不履行規定に従った処理が行われることになる(Schimpf, a.a.O(Fn.5)., S.306.)。Obermayer, a.a.O(Fn.50)., §62, Rn.111. もこれと同旨の見解を主張する。
(84) Schimpf, a.a.O(Fn.5)., S.307.；Ule/Laubinger, a.a.O(Fn.14)., S.559.；なお、公共の福祉に対する著しい損害の発生を防止するために、契約を一方的に解約することを認める連邦行政手続法の六〇条一項第二文には、損失補償に関する規定が存在しない。C・H・ウレとF・ベッカーは、模範草案が公表されて以来、この場合には、損失補償が必要であることを説き、その旨を明文化するよう主張してきたが、結局、現行法には盛り込まれなかった。ただし、現在のドイツ行政法学の通説によれば、行政行為の撤回に関する補償規定である連邦行政手続法の四九条五項の類推適用が認められており、公共の福祉に対する著しい損害を防止するために公法上の契約が一方的に解約された場合、相手方たる私人には、損失補償請求権が生じるものと理解されている。C・H・ウレとF・ベッカーの見解については、Vgl. Ule/Becker, a.a.O(Fn.11)., S.72.
(85) Schimpf, a.a.O(Fn.5)., S.307. は、違法な行政活動の全てが、常に公共の福祉に対する著しい侵害とみなされるわけではないとし、それが、必ずしも連邦行政手続法の六〇条一項第二文によって解約されるわけではない事実を指摘する。
(86) Spannowsky, a.a.O(Fn.8)., S.321.

第四章　公法上の契約の成立

民事契約は、一部の例外(1)を除いて諸成契約であり、合意の成立は原則として契約の成立を意味する。これに対して公法上の契約は、単に合意の存在だけでは成立しない。それが法的拘束力を持って成立するためには、連邦行政手続法が定める一定の要件を充足しなければならないのであって、公法上の契約は、要物契約化されているのである。本章の課題は、契約の成立要件を規律した連邦行政手続法の五七条及び五八条に焦点を当て、その規律内容を確認するとともに、立法者が、右二箇条を置くに至った理由及び背景を明らかにすることにある。なお、契約の成立要件を規律する右の二箇条は、――五八条二項を除けば――前章で取り上げた五五条、五六条、六一条とは異なり、規定文言上、その適用範囲は「五四条第二文の意味での公法上の契約（従属法契約）」に限定されてはいない。とはいえ、立法理由書又は右二箇条に関する学説の議論を仔細に検討すると、制度設計及び解釈運用の両局面に於いて、明らかに「行政行為との比較」が行われている事実が判明する。

第一節　第三者及び他の行政庁の同意

公法上の契約の成立に関する規定は、連邦行政手続法の五七条と五八条に存在するが、説明の便宜上、五八条が規律する契約の成立要件（第三者及び他の行政庁の同意）から先に検討することにしよう(2)。連邦行政手続法の五八条は、次のように規定する。

「第五八条　第三者及び他の行政庁の同意

(1)　第三者の権利を侵害する公法上の契約は、当該第三者が書面により同意した後に有効になる。

(2)　法規定により、その発動に際して他の行政庁の認可、同意又は了解を必要とする行政行為に代えて契約が締結された場合、この契約は、他の行政庁が定められた形式で協力を行った後に有効になる。」

五八条の一項によると、交渉を通じて確定された契約内容が、第三者の権利を侵害する場合、当該第三者が書面により同意を行って初めて契約は有効に成立する。(3)また同条の二項によると、その発動にあたり、他の行政庁の認可等が必要な行政行為に代えて契約を締結する場合、当該第三者行政庁が所定の形式で同意して初めて契約は有効に成立する。(4)その意味で、第三者及び他の行政庁の同意は、契約の有効要件である。

五八条が規律する契約の成立要件は、一九六三年に公表された模範草案の四四条に、その原型を見いだし得る。模範草案の四四条は、「第三者の権利を侵害する公法上の契約は、第三者が同意して初めて有効になる。」と規定し、書面化こそ要求していなかったものの、現行の五八条一項に相当する規定を持っていたからである。(5)ちなみに、第三者の同意について「書面化」が要求され、新たに「他の行政庁の同意」が契約の成立要件とされたのは、一九七〇年の連邦政府草案五四条以降のことである。(6)

第一款　第三者の同意

〔一〕　制度設計の趣旨・背景――取消訴訟制度の機能不全

C・H・ウレとH-W・ラウビンガーは、第三者の権利を侵害する公法上の契約が、当該第三者の書面による同意があるまで暫定的に無効とされる理由を、公法上の契約に於ける「取消訴訟の機能不全」に求めている。すなわち、行政行為を通じて権利を侵害される第三者が、当該行政行為の取消訴訟を提起し得るのに対し、公法上の契約によって権利を侵害される第三者は取消訴訟の提起を認められず、これを事後に争う方法が存在しない。したがって、第三者の権利を保護するためには、「取消訴訟に代わる第三者の権利保護制度」が用意されなければならない。五八条の一項に規律された「第三者の同意」がそれであり、それは「取消訴訟と同一の機能を果たすべき第三者の権利救済制度」に位置づけられる。彼等は次のように言う(7)。

「行政手続法の第五八条によると、第三者の権利を侵害する公法上の契約は、当該第三者が書面により同意した場合に初めて有効になる。この規定の背後には、以下に述べる考慮が存在する。すなわち、公法上の契約は、行政行為と同様、第三者の権利を侵害することがある。行政行為の場合に保障されている第三者の権利保護は、公法上の契約の場合は否定される。なぜなら争訟手続は、行政行為を念頭に置いて作られているからである。それゆえに、第三者の権利を侵害する公法上の契約は、当該第三者の同意があるまで、暫定的に無効とされるべきなのである。」

五八条の一項が規律する第三者の同意に取消訴訟と同一の機能を期待するC・H・ウレとH–W・ラウビンガーの見解は、ドイツに於ける一般的な見解であり(8)、連邦行政手続法の立法者も、一九六三年の模範草案以来、一貫してこれと同じ説明を行っている(9)(10)。

〔二〕　同意権限を与えられる第三者の範囲——取消訴訟原告適格論との整合性確保

このように、第三者の権利を侵害する公法上の契約が、当該第三者の書面による同意があるまで暫定的に無効とされる理由が、「公法上の契約に於ける取消訴訟の機能不全」に求められ、第三者の同意が、取消訴訟に匹敵する第三者の権利保護制度に位置づけられるとするならば、五八条の一項により、公法上の契約に対する同意権限を付与される第三者の範囲は、自ずと限定されてくるはずであり、それが、取消訴訟を提起する資格（原告適格）を認められる第三者の範囲と完全に一致するであろうことは容易に想像がつく。事実、E・シュミット＝アスマンとW・クレプスは、五八条の一項により同意権限を与えられる第三者と、取消訴訟に於いて原告適格を有する第三者とを同義とみなして、次のように述べている。(11)

「連邦行政手続法の第五八条第一項は、行政行為を発動することに代えて契約を締結した行政庁が、行政行為による活動の場合と比較して、契約活動の場合に於ける第三者保護を弱めることによって生じる第三者保護の欠如を回避しようとしている。……第三者の法的地位は、行政庁が行政行為を通じて活動する場合と、契約を通じて活動する場合とで、実定法上また憲法上、異なってはならないのである。」

他方C・シンプフも、公法上の契約によって規律された法律関係が、仮に行政行為を通じて規律されたであろう場合に、権利侵害を理由に取消訴訟を提起する資格（原告適格）を認められたであろう第三者には、五八条の一項により、公法上の契約に対する同意権限が与えられるべきだとして、次のように言う。(12)

「第五八条の第一項による同意の必要性は、対応する内容の行政行為の取消権限と同じ範囲でなければならない。したがって、第三者に対して明らかに負担を課す契約はもちろん、例えば競業者に対して授益的措置を講じる契約を通じて第三者に対して負担的効果が生じる場合、当該第三者が……行政行為に関する訴訟を提起するために必要な要件の充足を証明できるのであれば、この者に公法上の契約に同意する権限を与える必要がある。」

したがって逆に、契約を通じて規律された法律関係が、仮に行政行為を通じて規律されたであろう場合に、当該行政行為に対する取消訴訟を提起する資格を認められない第三者は、五八条一項の同意権限を認められないことになる。すなわち、行政行為を通じて単に事実上の利益や反射的利益を侵害されるに過ぎない第三者が、当該行政行為に対する取消訴訟を提起できないことに対応して、[13] 公法上の契約を通じて事実上の利益や反射的利益を侵害されるに過ぎない第三者は、五八条の一項による同意権限を認められないのである。[14] 五八条の一項により同意権限を与えられる第三者は、行政行為に対する取消訴訟を提起する資格を持つ第三者であり、それは、行政行為又は公法上の契約により、権利又は法律上保護された利益を侵害される第三者である。Ｅ・シュミット＝アスマンとＷ・クレプスも、次のように述べている。[15]

「契約が、第三者に対して間接的又は事実上負担的効果を生ぜしめるに過ぎない場合、それが連邦行政手続法の第五八条第一項の意味での第三者の権利への侵害だと評価されるのかが問題となる。この点、第三者に対して負担を課す行政行為の場合と同じ問題が生じており、間接的又は事実上の基本権侵害からの基本権保護をめぐる教義には、著しい不確実性が内在している。その際、まずはじめに指摘されなければならないのは、第三者は、行政行為や私法上の契約の場合と同様、行政法上の契約〔公法上の契約――筆者註〕による事実上の利益侵害に対する絶対的な保護を獲得しないということである。……これに対し、第三者の利益は、個々の立法者がそれを規範上保護した場合、強く保護される。隣人保護規定や第三者保護規定は、連邦行政手続法の第五八条第一項の意味での同意権限を、第三者に対して斡旋する。」

問題となるのは、いわゆる「義務づけ契約（Verpflichtungsvertrag）」である。例えば、建築主の反対給付の提供を条件として、行政庁が、契約上、第三者の権利を侵害する建築許可等の行政行為の発動を義務づけられる契約は、典型的な義務づけ契約である。[16] この契約の特色は、その履行によって初めて、具体的な権利形成的効果が生じる点にある。[17] すなわち、契約の第三者としての隣人は、義務づけ契約によって直接その権利又は法律上の利益を侵害されるのではなく、義務づけ契約が将来履行され、実際に、建築主に対して建築許可等の行政行為が発動されることによって初めて、その権利又は法律上の利益を侵害されるわけである。[18]

「義務づけ契約」の右特色は、その履行によって将来権利又は法律上の利益を侵害されることになる第三者の法的地位に関して、見解の対立を生み出している。

ある論者は、五八条の一項が、第三者の権利を侵害する公法上の契約を第三者の同意に依存せしめていること、第三者の権利又は法律上の利益は、義務づけ契約自体によってではなく、その履行行為によって侵害されることを理由に、「義務づけ契約については、五八条一項の第三者の同意は必要ない」と主張する。この見解によると、「第三者は履行行為の取消訴訟を提起できるため、義務づけ契約を第三者の同意から解放しても権利保護に欠けることはない」のである。こうした見解を主張するのが、C・H・ウレとH-W・ラウビンガーであって、彼等は次のように述べている。[19]

「契約それ自体が、第三者の諸権利を侵害する場合にのみ、同意が必要となる。例えば建築許可を行う行政庁が、契約を通じて建築主に対し、隣人保護のための規定の免除を付与する場合があるが、こうした契約は、利害関係を有する隣人が同意を与えた場合に初めて有効となる。これに対して、行政庁が契約に於いて、免除の付与を義務づけられるに過ぎない場合、〔契約それ自体による――筆者註〕隣人の権利領域への侵害は欠如している。したがって行政庁は、隣人の同意なく、こうした性質の義務を引き受けることができる。通説は、義務づけ契約の場合にも、第三者の同意が必要だと考えるが、これを支持することはできない。第一に、支配的見解は、行政手続法の第五八条第一項の文言と結びつかない。行政行為の発動を義務づける契約は、今なお第三者の権利を侵害しておらず、第三者の権利は、契約に従って発動された行政行為によって侵害されるからである。……行政行為によって権利を侵害される第三者は、義務づけ契約を通じて権利侵害を受けていない。故に、この第三者は、〔契約に従って発動された――筆者註〕行政行為を取り消すべきなのである。」

これに対してC・シンプフは、義務づけ契約の履行によって権利又は法律上の利益を侵害されることになる第三者にも、五八条の一項による同意権限が与えられ、義務づけ契約は、当該第三者の同意があるまで暫定的に無効になるべきことを主張する。彼は次のように言う。(20)

「状況は、補助金の交付を約束する行政行為〔確約――筆者註〕とよく似ている。この場合第三者は、確約に続く補助金の交付、すなわち、確約に基づいて履行された事実行為を通じて初めて、実質的に権利を侵害される。しかしながら彼は、確約を攻撃することができる。行政行為が違法ではあるが、しかし有効である場合に、それが補助金交付の法的根拠となるように、違法ではあるが有効な契約もまた、履行される授益的措置の法的根拠である。我々が〔義務づけ契約を根拠に――筆者註〕履行される行政行為の取消しを第三者に対して認めるとしても、契約当事者間に於いては、給付の法的根拠は除去されないであろう。その上、履行に際して行政行為が全く問題とはならない場合や不作為が義務づけられた場合、実体的及び裁判による第三者の権利保護は困難であり、不可能である。……こうした理由から、我々は、契約の履行が第三者の権利を侵害するであろう場合、それは契約による第三者の侵害だと理解しなければならないのである。」

つまりC・シンプフは、確約の履行によって権利又は法律上の利益を侵害されることになる第三者が、確約の取消訴訟を提起し得る事実に鑑みると、（確約と同じ機能を果たす）義務づけ契約の履行によって権利又は法律上の利益を侵害される第三者には、取消訴訟に代わる第三者保護制度として、義務づけ訴訟に対する同意権限を与えられるべきだと主張するのである。

義務づけ契約の履行によって権利又は法律上の利益を侵害されることになる第三者に対しても、五八条の一項による同意権限を与えるC・シンプフの方が、これを否定するC・H・ウレとH-W・ラウビンガーの見解より理論的にも一貫している。実際（彼等自身認めるように）C・H・ウレとH-W・ラウビンガーの見解は少数説であり、W・クレプス、V・シュレッテ等は、いずれもC・シンプフの見解を支持している。(21)

〔三〕　一三条（手続参加権）と五八条（同意権）の関係

それでは、以上の検討結果を前提に、「連邦行政手続法の五八条一項によって同意権限を与えられる第三者」と、「同法の一三条二項第一文・同第二文によって公法上の契約の締結手続に参加することを認められ、あるいは参加せしめられる第三者関係人」の関係性を検討しておこう。

先述の通り、連邦行政手続法にいう行政手続には、行政行為手続と公法上の契約手続が含まれる（九条）。このため、公法上の契約の締結手続にも、同法の第二編が規定する「行政手続に関する通則規定（九条乃至三四条）」が適用される。したがって行政庁は、連邦行政手続法の一三条が規律する「関係人」を、一三条が規律する要件に従って行政手続に関与させることができ、また――場合によると――関与させなければならない。

特に第三者関係人についてみると、行政手続の結果が、第三者に対して権利形成的効果を持つ場合、すなわち、行政手続の結果が、直接第三者の権利を形成し、承認し、確認し、変更し又は消滅させる場合、行政庁は――申立てに基づいて――右の第三者を行政手続に参加させなければならない。これが一三条二項第二文の「必要的参加」であっ

た。(22)

他方、行政手続の結果が、当該手続の対象ではない別の法的問題の解決にとって拘束的な事前決定としての性格を持ち、そのため第三者の権利領域に間接的に影響が及ぶ場合、行政庁は義務に適った裁量に従い、当該第三者を手続に参加させることができる。これが一三条二項第一文の「単純参加」であった。(23)

そして、行政手続の結果、事実上の利益に影響を受けるに過ぎない第三者は、一三条にいう関係人としての地位を認められないため、行政手続への参加は問題にすらならない。(24)

したがって、一三条により「必要的参加」又は「単純参加」する第三者と、五八条の一項により、契約への同意権限を与えられる第三者の関係は、次のように整理されよう。

まず、契約により権利又は法律上の利益を侵害され、五八条の一項に従い同意権限を与えられる第三者は、一三条の二項第二文に従い、——申立てに基づき——必要的参加を認められる。換言すると、契約により権利又は法律上の利益に直接影響を受ける第三者は、一三条の二項第二文に従い、契約手続への必要的参加を認められるとともに、その権利又は法律上の利益を侵害する契約が実際に締結されようとしている場合には、五八条の一項により、これに同意するか否かを決定する権限を与えられる。(25)

第二に、行政手続の結果が、当該手続の対象ではない別の法的問題の解決にとって拘束的な事前決定としての性格を持ち、そのため第三者の権利領域に間接的に影響が及ぶ場合、行政庁は、一三条の二項第一文により、義務に適った裁量に従って、この者を行政手続（契約の交渉手続）に参加させることができる。ただし、仮にこの者に契約手続への参加が認められたとしても、彼には、五八条の一項による同意権限は保障されない。五八条の一項は、契約によって直接権利又は法律上の利益を侵害される第三者に対してのみ同意権限を与え、契約によって間接的に権利又は法律上の利益に影響を受けるに過ぎない第三者に対しては、同意権限を保障していないからである。(26)

最後に、行政手続の結果により、単に事実上の利益への影響を受けるに過ぎない第三者は、一三条に於ける関係人ではなく、契約手続への参加を認められないだけでなく、契約締結段階に於いても、五八条の一項による同意権限を与えられない。(27)

第二款　他の行政庁の同意

他方、連邦行政手続法五八条の二項によれば、その発動に際して他の行政庁の認可、同意又は了解を必要とする行政行為に代えて締結される公法上の契約は、当該第三者行政庁による協力がない限り、暫定的・相対的に無効である。既に述べた通り、現行の五八条二項に相当する規定は、一九六三年の模範草案四四条には存在せず、一九七〇年の連邦政府草案五四条二項によって初めて創設された規定である。一九七〇年の連邦政府草案は、その五四条二項で、現行の五八条二項に相当する規定を盛り込んだ理由を次のように述べている。(28)

「この規定は、従属法契約を締結した行政庁が、仮に当該契約に対応する内容を持った行政行為を発動したであろう場合に、他の行政庁の認可、同意、了解を得なければならないケースを規律するものである。管轄を有する行政庁が行政行為を発動することに代えて公法上の契約を締結する場合に、他の行政庁の利益がもはや守られないという事態を阻止するために、そうした契約は、他の行政庁が定められた形式で協力を行って初めて有効となるのである。」

例えば、欧州連合加盟国は、欧州委員会に補助金支出計画を通知し、その承諾を得なければ補助金を拠出できない(欧州連合法九三条三項)。これはまさに、行政行為を発動する際に、他の行政庁の関与が法律上認められた事例である。(29)仮に加盟国が、欧州委員会の承諾なく、契約により補助金を拠出するなら、その契約は、第三者行政庁の関与権を保障した法律規定を無視し、法律の優位に反することになる。またこの場合、第三者行政庁に対して関与権を認めた法律によって追求される公益侵害が生じることになる。(30)

一九七〇年の連邦政府草案は、契約によるこうした法律違反又は公益侵害を防止するために、五四条の二項(現行の五八条二項)を新たに挿入し、その発動に際して、他の行政庁の関与権が認められている行政行為に代えて締結される公法上の契約(従属法契約)を、第三者行政庁の協力があるまで暫定的・相対的に無効としたのである。

第二節　書面形式

五八条と並び、五七条もまた、公法上の契約の成立要件に関わる規定である。連邦行政手続法五七条は次のように規定する。(31)

「第五七条　書面形式

公法上の契約は、法規定が別段の形式を定めていない限り、書面により締結しなければならない。」

五七条によると、公法上の契約は、法規定が他の形式を指定していない限り、書面により締結されなければならない。五七条は、この要件に違反して締結された契約の効力について何も述べていないが、法定形式の欠如を無効とするドイツ民法典の一二五条が連邦行政手続法の五九条一項により公法上の契約に準用される結果、五七条に違反して書面形式を欠いた公法上の契約は無効と評価されることになる。(32)一九六三年模範草案の理由書は、こうした要件を置いた理由を次のように説明している。(33)

「なるほど国民は、公法上の契約の締結後に於いても、法的には同一の当事者と関わり合う。しかし、私法上の法律行為の場合とは対照的に、実際には、常に同一の当事者と関わり合うとは限らない。なぜなら行政庁のために活動する人は、頻繁に交代するからである。」

このように、立法者は、公法上の契約に対して書面形式を要求することによって、契約の存在とその内容を証拠として残し、以て、担当職員の交代に起因して契約の存在が忘れ去られ、契約の内容について事後に紛争が生じることを防止しようとしたのである。その意味で五七条が規律する書面形式は、一般に「証拠保全機能（Beweissicherungsfunktion）」又は「明確化機能（Klarstellungsfunktion）」を果たすと言われるが、最近ではさらに、合意事項の書面化が、契約により生じる法的拘束力を関係人に対して明確に認識させる機能をも果たすことに注目し、書面形式には、証拠保全機能や明確化機能と並び、「警告機能（Warnfunktion）」又は「軽率さからの保護機能（Übereilungsschutzfunktion）」があると説明されている。[34]

問題は、五七条が、求められる書面の内容について具体的に何も述べていない点である。一般には、契約の両当事者が契約書に自筆にて署名し、又は裁判所や公証人によって認証された花押にて署名することを要求するドイツ民法典の一二六条一項（自筆署名の原則）と、各当事者が同一の契約書に自筆又は花押にて署名することを要求するドイツ民法典の一二六条二項（同一文書の原則）を公法上の契約に準用する見解が多数を占めている。[35] したがって右の通説的見解に従えば、口頭によって公法上の契約を締結することはもちろん、申込み書面と承諾書面の交換が行われたに過ぎない場合や、契約書に自筆又は花押による署名が行われず、ワープロ等の機械により記名されたに過ぎない場合、当該契約は、書面形式を満たさず無効と評価されることになる。

しかし近年、五七条が要求する書面形式の具体的内容を、ドイツ民法典の一二六条に求める右の通説に対しては、以下に述べる有力な批判が存在する。通説を最も痛烈に批判するのがＨ・Ｊ・クナックである。

彼は、書面により発動される行政行為の場合、当該書面には自筆による署名までは要求されておらず、ワープロ等の機械を使った記名で十分とされていること（連邦行政手続法三七条三項）、公法上の契約の書面が行政行為の書面よりも厳しい要件に服さなければならない理由が見あたらないこと等を理由に、まず自筆署名の原則を規律する民法典の一二六条一項を公法上の契約に準用することに反対する(36)。

次いで彼は、公法上の契約に対してあまりに厳格な書面形式を要求することが、行政活動の効率性を阻害することになるとして、同一文書の原則を規律する民法典の一二六条二項についても、これを公法上の契約に準用することに反対する。彼によると、申込みの意思を記載した文書と、承諾の意思を記載した文書が別個に存在し、それが相互に交換される場合にも、五七条が目指す書面化の証拠保全機能や警告機能は十分果たされるのであり、各当事者の債権と債務の内容（合意事項）を同時に記載した文書が存在する必要はないのである(37)。

右に見たＨ・Ｊ・クナックの見解に対しては、当然、通説に立つ論者からの再批判がなされている。特にＶ・シュレッテは、自筆署名こそ証拠機能の本質的な要素であること、各当事者の債権債務の内容（合意事項）を全て記載した文書に、両当事者が自筆で署名する場合に、当該文書の証拠保全機能と警告機能が十分果たされること、自筆署名の原則と同一文書の原則を要求したところで、行政活動の効率性が著しく阻害されるとは考えられないことを指摘して、Ｈ・Ｊ・クナックの見解を批判している(38)。

書面形式が契約の存在と契約内容を証拠として保全し、また当事者が軽率に契約を締結することを防止する機能を果たすことに鑑みれば、通説のごとく、自筆署名の原則と同一文書の原則を規律する民法典の一二六条を公法上の契約に準用し、当事者の債権債務の内容を全て記載した文書に、両当事者の自筆による署名が存在することを要求することが理想であることは言うまでもない。ただ、同一文書の原則と自筆署名の原則を要求する通説が、Eメールやインターネットを媒介とした電子取引の急速な普及に果たして対応できるのかは一つの問題であり、その意味では、文書交換による契約の締結を認め、かつ自筆署名に加え、記名方式をも許容するH・J・クナックの見解は、傾聴に値しよう。実際、公法上の契約の書面形式について厳格な要求を行う通説の立場からも、この点に関する懸念が表明されており、V・シュレッテは、今後、自筆署名と並んで、デジタル方式での署名（記名）を許容するよう、立法措置を講じる必要性があると説いている。(39)

（1）消費貸借契約、使用貸借契約、寄託などの要物契約がその具体例である。この点については、遠藤浩編『基本法コンメンタール 債権各論Ⅰ（契約）〔第四版〕（別冊法学セミナー）』（日本評論社、一九九五年）六頁参照。

（2）連邦行政手続法の五八条については、参照、石井昇『行政契約の理論と手続――補助金契約を題材にして』（弘文堂、一九八七年）一四五頁以下、大橋洋一「行政契約の比較法的考察――建設法領域を中心として」同『現代行政の行為形式論』（弘文堂、一九九三年）二三一頁。

（3）Vgl. Willy Spannowsky, Grenzen des Verwaltungshandelns durch Verträge und Absprachen, 1994, S.323.；Carl Hermann Ule/Hans-Werner Laubinger, Verwaltungsverfahrensrecht, 3.Aufl., 1986, S.537f.；Christian Schimpf, Der verwaltungsrechtliche Vertrag unter besonderer Berücksichtigung seiner Rechtswidrigkeit, 1982, S.280ff.；Walter Krebs, Verträge und Absprachen zwischen der Verwaltung und Privaten, VVDStRL 52, 1993, S.261.

（4）Vgl. Spannowsky, a.a.O(Fn.3)., S.210.und S.309f.；Ule/Laubinger, a.a.O(Fn.3)., S.539f.

（5）Vgl. Musterentwurf eines Verwaltungsverfahrensgesetzes, 2.Aufl., S.30.；なお模範草案の四四条については、藤原淳一郎「西ドイツ行政手続法草案をめぐる公法契約論」法学研究〔慶應義塾大学〕四四巻七号（一九七一年）九二頁を参照。

（6）現行法五八条の文言は、一九七〇年の連邦政府草案五四条によって確立されたものである。一九七〇年の連邦政府草案五四条は、そのまま一九七三年の連邦政府草案五八条へと引き継がれ、現行法五八条となっている。

（7）Ule/Laubinger, a.a.O(Fn.3)., S.537.

(8)　C・シンプフもまた同様の立場に立ち、次のように言う。「行政手続法の第五八条第一項は、契約の有効性を第三者の同意に依存せしめるために、契約形式の利用のみを射程においている。その根底には——契約は権利を侵害しないという伝統的な理解に基づいて——争訟手続が行政行為を念頭に置いて作られている事実が存在する。」と（Schimpf. a.a.O(Fn.3).. S.280.）。

(9)　Musterentwurf. a.a.O(Fn.5).. S.199. は次のように言う。「公法上の契約も行政行為と同様に、許可を対象とし得る。それゆえ第三者の権利は、公法上の契約によってもまた同様に侵害され得る。行政行為の場合に保障されている第三者の保護は、公法上の契約の場合には否定される。なぜならば、争訟手続は、行政行為用に作られているからである。」と。

(10)　このように、五八条一項が規律する「第三者の同意」は、公法上の契約に於ける取消訴訟の機能不全を根拠として、謂わば、取消訴訟と同一の機能を果たすべきものと理解・説明され、実際に制度設計されたわけであるが、この制度は、他方では、「第三者の負担となる契約の禁止」という民事契約の法理論を、そのまま公法上の契約に引き直したものでもある。そのためか、五八条一項の「第三者の同意」には、規定文言上、取消訴訟の出訴期間に対応する「期間の制限」が存在しない。そのため、公法上の契約は、常に相対的無効（第三者の同意があるまで暫定的に無効）と評価される危険性を孕んでいることになる。J・ツィーコーは、これを「行政行為との比較に於いて公法上の契約が抱えている現行法上の欠点」とみなし、それが「行政庁をして、契約という行為形式の選択が、行政行為という行為形式の選択に比べて不都合と思わせる原因の一つとなっている」と断じている（Vgl., Jan Ziekow, Verankerung verwaltungsrechtlicher Kooperationsverhältnisse(Public Private Partnership)im Verwaltungsverfahrensgesetz, 2001, S.117f.und S.143.）。その上で彼は、「契約という行為形式が（行政行為に対する——筆者註）対等価値性を獲得し得るとすれば、それは、行政行為との比較に於いて現行法上存在する公法上の契約の欠点を撤去することが試みられる場合のみである」とし、「第三者の負担となる契約の禁止」という民事契約法理を機械的に公法上の契約に転用したに過ぎない五八条一項を、抜本的に改革・改正する必要性を主張している。J・ツィーコーの主張及び改正提案の概要は次の通りである。

①行政主体を一方当事者とする契約は、——本書第二部で取り扱う民間委託型契約（協働契約）がそうであるように——、単に契約当事者間の権利義務関係を規律するだけでなく、往々にして、契約当事者以外の第三者の権利又は利益にも影響を及ぼす。したがって、行政主体を一方当事者とする契約にあっては、契約の締結によって影響を受け得る諸々の利益を、可能な限り早い段階で調査・確認し、契約によって影響を受ける第三者の利益を可能な限り早期に契約手続に参入せしめ、積極的に利益をマネージメントすることが特に重要となる（S.144～S.146）。しかし、この積極的な利益マネージメントにも自ずと限界があり、第三者の利益が契約を通じて制約される事態を確実に回避できるわけではない。したがって現行の五八条一項を前提とする限り、契約は常に相対無効と

評価される危険性に曝されることになる。

②この状況を改善する方策には四つの選択肢がある。（a－1）第三者が契約に対して異議を申し立てることのできる期間を設定し、期間経過後は、契約に対する第三者の異議を排除する方法、（a－2）同じく第三者が契約に対して異議を申し立てることのできる期間を設定し、期間経過後は、契約に対する第三者の同意があったものと擬制する方法、（b－1）行政行為の場合と同じく、第三者に対して、一定の期間内に取消訴訟の提起を認める方法、そして（b－2）第三者に対して、同じく一定の期間内に無効確認訴訟の提起を認める方法、である（S.146f.）。

（b－1）及び（b－2）が行政裁判所法の改正を必要とするのに対し、（a－1）及び（a－2）は連邦行政手続法五八条一項の改正のみで済む点で利点がある。他方、擬制という手法の使用に関してドイツの行政法秩序が控えめな態度をとっていることに鑑みるならば、最も適した解決策は（a－1）である。これにより契約当事者以外の第三者は、契約が公示された後、一箇月という期間内に於いて、契約に対する異議を申し立てることができる。契約は、その請求が認容された場合に無効と評価されることになる（Vgl., S.148～S.150.：したがってJ・ツィーコーの改正案によった場合、契約は、――第三者の同意があるまで暫定的に無効と評価されるのではなく――、第三者による異議申立ての期間内に於いても暫定的に有効とみなされ、異議申立期間が経過した後、その有効性が確定することになる）。

（11）　Eberhard Schmidt-Aßmann/Walter Krebs, Rechtsfragen städtebaulicher Verträge, 2.Aufl., 1992, S.228f.

（12）　Schimpf, a.a.O(Fn.3)., S.281.

（13）　この点については、中川義朗「取消訴訟における『第三者』の原告適格の基準としての基本権適用論序説――ドイツ法との比較研究」大隈義和ほか編『公法学の開拓線（手島孝先生還暦祝賀論集）』（法律文化社、一九九三年）二三九頁以下参照。

（14）　W・スパンノヴスキーは次のように言う。曰く、「単なる事実上の利益や反射的利益は、通常、行政手続法第五八条第一項による第三者の同意要件を根拠づけない。特に、〔ある者との――筆者註〕契約締結により〔それ以外の者との間での――筆者註〕契約締結の可能性が減少したとしても、それは通常、同意要件を根拠づけることはない。例えば補助金に関し、会計年度に於ける補助金について、財政資金のうちの限られた額のみが自由に処理され、かつ受益者との間で次々と補助金契約が締結されたとしよう。この場合、受益者の範囲は実際に限定され、かつ新たに来た助成志願者の契約締結のチャンスは、既に行われた契約締結により減少している。しかし、こうした間接的な侵害は、行政手続法の第五八条第一項によっても、また制度濫用論によってもまた防止され得ないのである。」と（Spannowsky, a.a.O(Fn.3)., S.324.）。

(15) Schmidt-Aßmann/Krebs, a.a.O (Fn.11)., S.228.
(16) Schmidt-Aßmann/Krebs, a.a.O (Fn.11)., S.227.
(17) Spannowsky, a.a.O (Fn.3)., S.205.
(18) 逆に、履行行為を待つまでもなく契約それ自体から権利形成的効果が発生する契約を処分契約（Verfügungsvertrag）と呼ぶが、この処分契約が直接第三者の権利又は法律上の利益を侵害する内容を持つ場合、それが五八条の一項により、当該第三者の書面による同意があるまで無効となる旨は一般的に肯定されており、学説上対立は見られない。処分契約についてはVgl. Spannowsky, a.a.O (Fn.3)., S.205.
(19) Ule/Laubinger, a.a.O (Fn.3)., S.537f.
(20) Schimpf, a.a.O (Fn.3)., S.282.
(21) Schmidt-Aßmann/Krebs, a.a.O (Fn.11)., S.227.; Hans Joachim Knack, Verwaltungsverfahrensgesetz, Kommentar, 5.Aufl., 1996, S.892f.; Volker Schlette, Die Verwaltung als Vertragspartner, 2000, S.432.
(22) 本書第一部第二章第二款参照。
(23) 本書第一部第二章第二款参照。
(24) 本書第一部第二章第二款参照。
(25) W・クレプスは次のように述べている。「行政手続法の第五八条は、第三者の権利を侵害する契約の有効性を、当該第三者の同意に依存させることにより、第三者の権利保護を考慮している。この規定は、契約が第三者に負担となってはならないという私法上の基本原則にも一致する。……このことから、第三者の必要的参加に関する手続規定（行政手続法第一三条第二項第二文）は、法教義上、行政手続法の第五八条第一項と並行させられなければならないことになる。第三者にとって負担となる措置の発動が契約上行政庁に対して義務づけられる場合に、それが第三者の同意に留保されなければならないならば、当該第三者は、契約締結前の手続に参加させられなければならないのである。」と（Krebs, a.a.O (Fn.3)., S.261f.）。なお、これと同じ見解を主張するものとして、Vgl. Klaus Obermayer, Kommentar zum Verwaltungsverfahrensgesetz, 1983, §13, Rn.38f.; Schlette, a.a.O (Fn.21)., S.433.
(26) Krebs, a.a.O (Fn.3)., S.261f.; Obermayer, a.a.O (Fn.25)., §13, Rn.38f.; いずれも、一三条二項第一文の単純参加人に対しては、五八条一項の同意権限を認めていない。
(27) しかし近年、公法上の契約により事実上の利益侵害を受けるに過ぎない第三者を可能な限り保護する必要性を説き、そのための理論を模索する動きがあることは注目されてよい。特にW・スパンノヴスキーは、各種環境保護立法が排出基準の数値化を避け、不確定法概念を用いていること、他方行政庁は、排出基準を具体化するために大企業と交渉し、非常に厳しい排出基準を決定して、事実上他の企業に対しても同じ排出基準の遵守を要請していること、それが財政基盤の弱い中小企業にとって大きな負担となり、競争阻害要因となっていることを指摘する。その上で彼は、一部の大企業との間で締結された契約によって事実上不利益を受ける第三者企業を保護するためには、「全体的な利害関係人の聴聞が行われた上で、排出基準を決定する必要がある」とし、手続の公正さを確保すべきことを主張した。この見解は、連邦行政手続法一三条によっては手続参加権を認められず、また五八条によっても同意権限を与えられない第三者を保護するための法理論を模索するものであり、注目に値する。右に紹介したW・スパンノヴスキーの見解については、Vgl. Spannowsky, a.a.O(Fn.3)., S.327.

(28) Zitiert nach, Friedrich Eichler, Verwaltungsverfahrensgesetz, Kommentar, 1983, §58, S.1f.

(29) Spannowsky, a.a.O(Fn.3)., S.310.

(30) W・スパンノヴスキーは次のように言う。「行政手続法の第五八条第二項により、第三者行政庁の関与権が従属法契約の有効要件とされたことで、当該第三者行政庁によって擁護されるべき公益の保護が考慮されている。行政手続法の第五八条第二項によれば、法規定により、その発動に際して第三者行政庁の認可、同意、了解を必要とする行政行為に代替する公法上の契約は、当該第三者行政庁が定められた形式で協力した後に初めて有効になるのである。」と（Spannowsky, a.a.O(Fn.3)., S.309.）。

(31) 連邦行政手続法の五七条が規律する書面化については、石井・前掲註（2）書一四三頁以下、大橋・前掲註（2）書二二八頁以下、南博方「西独行政手続法と公法契約」同『行政手続と行政処分』（弘文堂、一九八〇年）八七頁以下を参照。

(32) この点については、本書第一部第五章第一節第一款を参照。

(33) Musterentwurf, a.a.O(Fn.5)., S.198f.

(34) Schlette, a.a.O(Fn.21)., S.452. ; Wolff/Bachof/Stober, Verwaltungsrecht I, 10.Aufl., 1994, §54, Rn.37.

(35) Schimpf, a.a.O(Fn.3)., S.129. ; Ule/Laubinger, a.a.O(Fn.3)., S.535f.

(36) Knack, a.a.O(Fn.21)., S.886f.

(37) Knack, a.a.O(Fn.21)., S.887f.

(38) Schlette, a.a.O(Fn.21)., S.456ff.

(39) Schlette, a.a.O(Fn.21)., S.464.

第五章　瑕疵を帯びた公法上の契約の存続効

以上、連邦行政手続法が規律する公法契約規定（五四条乃至六二条）のうち、五四条（公法上の契約の許容要件）、五五条（従属法上の和解契約）、五六条（従属法上の交換契約）、五七条（書面形式）、五八条（第三者及び第三者行政庁の同意）、六〇条（特別な場合に於ける契約の適状及び解約告知）、六一条（従属法契約に於ける即時執行の合意）、そして六二条第一文（本法の他の規定の適用）に関して、各規定の規律内容、各規定が成立するまでの経緯、及び制度設計の趣旨等を解明し、併せて、各規定の解釈並びに運用につき、学説及び判例の動向を紹介した。残された検討課題の一つは、瑕疵ある公法上の契約の法的効果（公法上の契約の無効原因）である。本章では、公法上の契約の無効原因を規律した五九条に焦点を当て、その規律内容、制度設計の趣旨、並びに、この規定をめぐる判例及び学説の動向を紹介し、分析することにしたい[1]。連邦行政手続法の五九条は、次のように規定する。

「第五九条　公法上の契約の無効

(1)　公法上の契約は、無効が民法典の規定の準用により生じる場合は無効とする。

(2)　第五四条第二文の意味での公法上の契約は、さらに次の各号に該当する場合、無効である。

1.　対応する内容の行政行為が無効である場合。

2.　対応する内容の行政行為が、第四六条の意味での手続又は形式の瑕疵のみの理由によらず違法となるときで、かつそれが契約締結者に認識されていた場合。

3. 和解契約締結の前提が存在せず、かつ対応する内容の行政行為が、第四六条の意味での手続又は形式の瑕疵のみの理由によらず違法である場合。

4. 行政庁が第五六条により許容されない反対給付を約束させた場合。

(3) 無効が契約の一部にのみ関わる場合で、無効部分がなければ契約が締結されなかったであろうことが認められる場合、その契約は全部無効である。」

この規定の原型は、一九六三年の模範草案四五条である。(2) 現行の五九条一項と二項は、模範草案の段階では分離されておらず、一項に相当する規定は模範草案四五条一項の五号に、また二項の一号乃至四号に相当する規定は、そのまま模範草案四五条一項の一号乃至四号に存在した。また三項に相当する規定は、模範草案の四五条二項に存在した。(3) その意味で、現行の五九条と模範草案の四五条は、内容の点で全く同じであり、条文構成が成立過程で修正されたに過ぎない。ちなみに、現行の五九条と同じ型式が採用されたのは、一九七〇年の連邦政府草案五五条以降のことである。(4)

ともあれ、公法上の契約は、五九条が規律する無効原因のいずれか一つに該当すれば無効と評価されることになる。このうち、五九条の一項及び三項は、本法の適用を受ける公法上の契約全てを対象とした一般的な無効原因を規律している。これに対し、同条の二項は、その規定文言――第五四条第二文の意味での公法上の契約は――からも明らかなように、行政行為権限を持った行政庁と当該行政行為の潜在的名宛人との間で締結された行政行為代替型の契約（従属法契約）のみを対象とした特別規定である。行政主体と私人間で締結される公法上の契約のうち、特に従属法契約の統制を重視する立法者の姿勢は、契約の無効原因を規律する五九条にも明確に現れているのである。以下では、説明の便宜上、先に一般的無効原因を規律した五九条の一項及び三項を検討し、その後に、従属法契約の無効原因を規律した同条二項を詳しく分析することにしよう。

第一節　一般的無効原因

第一款　民法典の準用

五九条の一項は、ドイツ民法典に規定された契約の無効原因が、公法上の契約にも準用される旨を規定している。我々はここに、民事契約法と公法契約法とが理論的に交錯する一場面を見いだすことができる。公法上の契約に準用される民法典上の無効原因規定として、学説は一般に、行為無能力（民法典一〇四条乃至一一五条）、心裡留保（民法典一一六条第一文）、仮装行為・通謀虚偽表示（民法典一一七条）、非真意表示（民法典一一八条）、方式欠如（民法典一二五条）、善良風俗違反（民法典一三八条）、原始的客観的履行不能（民法典三〇六条）のほか、錯誤（民法典一一九条）、詐欺・強迫（民法典一二三条）などを挙げている。(5) したがって、連邦行政手続法の五七条が規律する書面形式に違反する契約は、五九条一項を経由して準用される民法典一二五条により無効と評価されることになる。(6)

他方、学説上対立が見られるのは、民法典一三四条の準用可能性である。(7) この規定は、「法律の禁止に違反して締結された契約の効力」に関する規定であって、次のように規律する。

「民法典　第一三四条
　法律の禁止に違反する法律行為は、当該法律により別段の結果を生ぜざる限り、無効とする。」

右規定が公法上の契約に準用されるか否かは、その結論如何により、連邦行政手続法の五四条に違反して締結された公法上の契約の存続効に影響を及ぼす。既に指摘した通り、連邦行政手続法の五四条は、「法規定に反しない限り」で公法上の契約による法律関係の規律を許容している。それは、公法上の契約が「法律の禁止」に違反し得ないことを意味する。(8) したがって、仮に民法典一三四条の準用が肯定されるなら、連邦行政手続法の五四条に違反する公法上の契約は無効と評価されることになり、逆にその準用が否定されるなら、五四条に違反して締結された公法上の契約は、少なくとも五九条の一項によっては無効と評価されないことになるのである。

〔一〕　準用否定説

民法典一三四条の準用に反対するのは、模範草案の作成委員会である。委員会は理由書に於いて次のように述べている。(9)

「行政行為の無効原因と比較して、公法上の契約の無効原因を拡大したのは、契約の絶対的拘束性という原則と、法律による行政の原理とを調整した結果である。対応する内容を持つ行政行為が行政庁によって取り消され得る場合に、契約当事者が常にその契約を廃止する可能性を与えられているとすれば、それは契約の本質に反するであろう。これにより契約の存続は負担をかけられ、また場合によると、一度締結された契約に対する市民の信頼は動揺するであろう。他方、行政と市民が、公法上の契約を利用して、——意識的に協力して——法律規定に矛盾する状態を生み出すなら、それは秩序ある社会状況とは相容れないであろう。……こうした二つの観点を考量した結果、委員会は幾つかの狭く限定された特別の無効原因を規定することにした。この無効原因に該当する場合に限り、行政と市民との間で締結された公法上の契約は、無効という重大な留保に服する。したがって、それ以外のケースに於いて、対応する内容の行政行為の違法性は、締結された公法上の契約の有効性に影響を及ぼさない。委員会の見解によれば、法律から別段のことが生じない限り法律の禁止に違反する法律行為を無効とする民法典の第一三四条が公法上の契約に準用されることによって、それが間接的に形骸化するようなことがあってはならないのである。」

このように模範草案の作成委員会は、契約の存続に対する当事者の信頼を保護する観点から、公法上の契約が無効と評価される範囲又は局面を極力限定しようとしたのであって、これを基盤に、法律の禁止に違反して締結された契約の無効評価を招く民法典一三四条の準用を否定する立場に立ったのである。(10)

〔二〕　準用肯定説

しかし、民法典一三四条の準用を立法理由書の中で明確に否定した立法関係者の右見解に対しては、その後、多くの批判が展開された。その代表がW・クレプスである。

後に本章第三節第二款でも述べるが、W・クレプスは、当事者の信頼保護を理由に公法上の契約の無効原因を限定し、違法ではあるが有効に存続する契約の存在を正当化しようとした立法関係者の立場を基本的に支持してはいる。しかし、その一方でW・クレプスは、「法律の禁止への違反」という重大な法律違反を犯した契約にまで存続効を付与するべきではないこと、また法律違反の全てが民法典の一三四条にいう「法律の禁止への違反」を意味するわけではないこと、したがって、仮にこの規定を公法上の契約に適用したところで、違法な公法上の契約にも一定の範囲で存続効を認め、以て契約の存続に対する当事者の信頼を保護しようとした立法関係者の趣旨が没却されることにはならないこと等を理由として、民法典一三四条の準用を肯定する見解を主張したのである。彼は次のように述べている。(11)

「民法典第一三四条と結びついた連邦行政手続法の第五九条第一項によって、法律違反を犯した契約の全てが無効になるわけではない。したがって、民法典第一三四条の準用は、洗練された無効効果という立法目的とも折り合う。またそれは、連邦行政手続法の第五九条を憲法に適合するよう解釈すべしとの要請にも適合する。結果的に、民法典第一三四条は、連邦行政手続法の第五九条第一項の領域に於いて、公法上の契約にも準用可能である。」

右に見たW・クレプスの見解は、C・H・ウレとH-W・ラウビンガー、W・スパンノヴスキー、C・シンプフ、K・オーバーマイヤー、H・J・クナックなど、多くの論者によって支持されており、いずれも「法律の禁止」に違反して締結された公法上の契約（連邦行政手続法五四条違反）は、民法典一三四条と結びついた連邦行政手続法の五九条一項によって、無効と評価されるとの結論を示している(12)。

第二款　部分無効

他方、五九条の三項は、契約の部分無効に関する規定である(13)。それによると、公法上の契約の一部分が無効であり、当該無効部分なくして契約が締結されなかったことが認められる場合には、契約は全部無効となる。したがって逆に言えば、公法上の契約の一部が無効である場合でも、当該無効部分が契約の締結にとって大きな意味を持たず、無効となった部分がなくとも契約が締結されたことが明らかである場合にのみ、契約は無効となった一部を除いて有効に存続することになる（無効部分が存在せずとも契約が締結されたか否かが不明確な場合には、やはり契約は全体として無効となる）(14)。公法上の契約の一部無効に関する連邦行政手続法の五九条三項は、民事契約の一部無効の効果を規律する民法典一三九条と内容的に同じであり(15)、部分無効について、公法契約法と民事契約法の間に理論的差違は存在しない(16)。

第二節　従属法契約の特別無効原因

公法上の契約全般に適用される一般的な無効原因を規律した五九条の一項及び三項が、契約の無効に関する民事契約法理に依拠するものであったのに対し、五九条の二項は、従属法契約に固有の無効原因を規律した特別規定である。ここに於いては、瑕疵ある行政行為の存続効をめぐる議論との比較を通じて、瑕疵ある従属法契約の無効が議論されていることがわかる。

第一款　対応する内容を持つ行政行為の無効

五九条二項の一号は、対応する内容を持った行政行為が無効と評価される場合に、従属法契約もまた無効と評価される旨を規律している。その意味で、行政行為の無効原因は同時に、従属法契約の無効原因でもある。模範草案の作成委員会は、こうした規定を置いた理由を明確には述べていないが、C・シンプフは、「公法上の契約（例えば義務づけ契約）が行政行為（例えば確約）と同一の機能を果たし、かつ両者ともに法律適合性原理に服すことに鑑みると、行政行為を無効にするほど重大な瑕疵を帯びる公法上の契約を有効と評価すべき理由はない。」として、行政行為の無効原因をそのまま公法上の契約（従属法契約）の無効原因とすることを理論的に正当化している。彼は次のように言う。(17)

「公法上の契約の無効を、対応する内容を持つ行政行為の無効に依拠させることは、これまで学説によって主張されてきた観念又は要請に合致する。実際、契約と行政行為という二つの行為形式が一般に機能的に同一であること、また両者ともに原則として法律適合性原理に服すことに鑑みると、〔行政行為の無効原因を規律した――筆者註〕連邦行政手続法の第四四条第一項・同第二項に掲げられた重大な瑕疵を帯びた契約を有効に存続せしめる理由は、どこにも存在しない。」

第二款　違法性の認識

他方、五九条二項の二号によると、対応する内容を持つ行政行為が、四六条の意味での手続又は形式の瑕疵のみの理由によらず違法であって、かつ契約の両当事者が契約の違法性を認識していた場合、従属法契約は無効となる。この規定により従属法契約が無効と評価されるためには、「対応する内容を持つ行政行為の違法性」と「契約の両当事者による違法性の認識」という二つの要件が重畳的に充足されなければならない。

〔一〕　対応する内容を持つ行政行為の違法性

従属法契約が五九条二項の二号によって無効となるためには、まず、「対応する内容を持った行政行為が違法」でなければならない。ただし、従属法契約の存続効に影響を及ぼす違法性は限定されており、「四六条の意味での手続・形式の瑕疵を理由とした違法性」は、契約の存続効に影響を及ぼさない[18]。問題となるのは「四六条の意味での手続・形式の瑕疵」の具体的内容であり、またこの瑕疵を理由とした違法性が従属法契約の存続効に影響を及ぼさない理由である。これを検討するために、まず連邦行政手続法四六条の規定を確認しておこう[19]。

「第四六条　手続及び形式の瑕疵の効果

第四四条の規定により無効とはならない行政行為については、手続、形式又は場所的管轄に関する規定への違反が、事案に於いて決定に影響を及ぼさなかったことが明らかである場合には、当該規定に違反して成立したという理由のみでは、取消しを求めることはできない。」

このように四六条は、行政行為が手続・形式又は場所的管轄に関する規定に違反して瑕疵を帯びており、その瑕疵が四四条によって行政行為を無効とせず、また当該手続・形式の瑕疵が事案に於いて決定に影響を及ぼさなかったことが明らかである場合に、行政行為の取消可能性を排除する。

したがって四六条は、行政行為が実体法上違法である場合[20]や、それが四四条の一項により無効となる場合、さらにそれが四四条二項の一号乃至三号に列記された形式の瑕疵を帯びて無効となる場合[21]には適用されない[22]。この規定は、関与能力に関する一一条や行為能力に関する一二条、除斥と忌避に関する二〇条及び二一条、さらに助言・情報提供に関する二五条、記録閲覧に関する二九条への違反などのように、行政行為を無効にしない手続・形式の瑕疵が存在し[23]、かつそれが、事案に於いて決定に影響を及ぼさなかったことが明白である場合に適用されるのである[24]。というのも、行政行為が右に述べた意味での手続・形式の瑕疵を帯びて違法であるとしても、当該手続・形式の瑕疵が、事案に於いて決定に影響を及ぼさなかったことが明らかなのであれば、当該瑕疵を理由に行政行為を取り消したところで、行政庁は再び同じ内容の行政行為を発動することになり、それは「手続経済（Verfahrensökonomie）」に反するからである[25]。

四六条によって確立された右の法理は、そのまま従属法契約にも妥当する。契約が右に述べた意味での手続・形式の瑕疵を帯びて締結され、違法だとしても、当該手続・形式の瑕疵が契約内容に影響を及ぼさなかったことが明らかなのであれば、当該手続・形式の瑕疵を理由に契約の存続効を否定したところで再び同じ内容で契約が締結されることは明らかであり、当該手続・形式の瑕疵を理由に契約の存続効を否定することは手続経済に反するからである。五九条二項の二号はこれを確認した規定であり、四六条の意味での手続・形式の瑕疵は、それが行政行為の存続効に影響を及ぼさないのと同様、従属法契約の存続効に影響を及ぼすこともないのである(26)。

〔二〕　契約の両当事者による違法性の認識

結局、公法上の契約が五九条の二項二号によって無効になるためには、それが四六条の意味での手続・形式の瑕疵のみの理由によらず違法であることに加え、契約の両当事者が契約の違法性を明白に認識していたことが必要である。模範草案の理由書は次のように述べている(27)。

「契約締結者が、意図的かつ意識的に協力して公法上の契約により違法な効果を招く場合、行政の法律適合性の原理は、契約の絶対的拘束性の原則に対して優位せしめられなければならない。この場合、公法上の契約の存続に対する契約当事者の信頼を保護すべき理由は存在しないからである。」

この規定は、契約当事者が共謀して違法効果を招来せしめることを防止することを目的としており、その意味で、契約の両当事者が契約の違法性を明確に認識していることを前提としている(28)。したがって逆に、契約の両当事者が共に違法性を認識していなかった場合や、一方当事者が違法性を認識していたに過ぎない場合には、当該契約はいかに違法であろうとも、五九条二項の二号によっては無効とはならない(29)。

第三款　従属法上の和解契約の無効

五九条二項の三号は、五五条が規律する従属法上の和解契約に特有の無効原因を規律する。これにより、従属法上の和解契約は、「和解契約締結の前提が存在しないこと」、及び「対応する内容の行政行為が、四六条の意味での手続又は形式の瑕疵のみの理由によらず違法であること」の二つの要件を重畳的に満たす場合には、五九条の二項三号により無効となる。[30]

先述の通り、連邦行政手続法五五条が規律する二つの和解類型──事実関係の和解と法的状況の和解──は、いずれも潜在的に違法な法律関係を規律する可能性を持つ。[31] したがって、右の危険性にもかかわらず、五五条が定める要件の下で従属法上の和解契約を許容する以上、その違法性のみを理由として存続効を否定することは妥当ではない。違法であることを理由に従属法上の和解契約の存続効を否定すれば、そのほとんどが常に無効の危険性にさらされ、それを一定の要件下で許容した意味が失われるからである。実際、連邦行政手続法の立法関係者も、「対応する内容を持つ行政行為が──四六条の意味での手続又は形式の瑕疵のみの理由によらず──違法であること」という要件のほかに、「和解契約締結の前提が存在しないこと」という要件を置き、従属法上の和解契約が違法であることのみを理由に、その存続効を否定する立場には立たなかった。[32]

「和解契約締結の前提」とは、五五条に掲げられた二つの許容要件──すなわち「事実関係又は法的状況の客観的不明確性」と「和解締結の合目的性」──を意味する。[33] 和解契約が、事実関係又は法的状況が不明確な局面で締結され、したがって、この契約に於いて合意された法律関係が、制度内在的に実体法上違法である可能性が極めて高いことに鑑みると、五五条に違反して締結された和解契約は、そのほとんどが、五九条二項により無効と評価されることになろう。

第四款　従属法上の交換契約の無効

他方、五九条二項の四号は、五六条に規律された従属法上の交換契約の無効原因を規律している。[34] これによると、行政庁が五六条により許容されない反対給付を契約相手方に対して約束させた場合、従属法上の交換契約は無効と評価されることになる。(35) 先述の通り、私人の反対給付の提供を条件に、行政給付の提供（行政行為権限の行使又は不行使）を約束する従属法上の交換契約は、反対給付が当該行政給付の法的前提を創設することに仕える場合にのみ許容される。(36) したがって、私人の反対給付は、行政行為権限を行使するための法的前提を整え、あるいは行政行為権限の行使を不要ならしめるために必要かつ十分な範囲で約束され、また右の目的のためにのみ使われなければならない。(37) さらに、行政給付（行政行為権限の行使）を求める法的請求権が存在し、したがって反対給付の提供を受けるまでもなく行政行為権限を行使する法的前提が存在している場合に於いて、行政行為権限の行使を反対給付の提供に依存せしめることは、法治国原理の現れとしての連結禁止原則に違反して許容されない。(38) 連邦行政手続法の五六条はこれを確認した規定であり、他方、五九条二項の四号は、五六条に違反して締結された従属法上の交換契約を例外なく無効にする規定である。(39)

第三節　連邦行政手続法五九条の合憲性

以上、公法上の契約の無効原因を規律する連邦行政手続法五九条の規定内容を確認し、この規定を通じて、瑕疵ある公法上の契約の多くが、五九条が規律するいずれかの条項に該当して無効と評価される事実が明らかになった。

他方、我が国でも既に指摘されているように、瑕疵ある公法上の契約の中には、違法ではあるが有効に存続するものがある。(40) その多くは、契約手続に瑕疵を帯びた契約である。以下では、一四条「職権探知義務」、二五条「助言・情報提供義務」、二九条「記録閲覧権」、二〇条乃至二一条「除斥・忌避」を例に、これらの規定に違反して締結された契約が、必ずしも五九条によっては無効と評価されない事実を確認しておこう。

第一款　違法ではあるが有効な契約

［一］　職権探知義務違反

既に述べた通り、行政庁は契約手続に於いても事実関係を職権で探知する義務を負う(41)。なるほど、職権探知義務に違反して締結された「事実関係の和解」は、五九条二項の三号により無効と評価されることになる。なぜなら、和解に於いて前提とされた事実関係が真の事実関係と附合することが希であることに鑑みると、事実関係の和解のほとんどは実体法上違法であり、また事実関係の職権探知は、事実関係の客観的不明確性の存在を以て和解を許容する連邦行政手続法の五五条に於いて、和解締結の前提要件とされているからである(42)。

しかしながら、職権探知義務に違反して締結された契約が「事実関係の和解」ではない場合、その契約は、違法ではあるが、基本的に有効に存続することになる。

まず、職権探知義務違反は、対応する内容を持つ行政行為を無効にするとは限らないため、この義務に違反して締結された従属法契約は、必ずしも五九条二項の一号によっては無効とは評価されない(43)。

次に、職権探知義務への違反は、通常、契約内容に影響を及ぼすため、対応する内容を持った行政行為は、四六条の意味での手続・形式の瑕疵のみの理由によらず違法となる。しかしながら、この契約が五九条二項の二号により無効と評価されるためには、契約の両当事者が当該手続の瑕疵（違法性）を明確に認識していることが必要であり、この要件が満たされない限り、契約は五九条の二項二号によってもまた無効とは評価されない(44)。

さらに、職権探知義務に違反して締結された契約を無効とする民法典の規定など存在しないため、この契約が五九条の一項によって無効と評価されることもない。

結局、職権探知義務に違反する中で締結された契約は、それが「事実関係の和解」である場合か、それが五六条に違反する従属法上の交換契約であるが故に、五九条二項の四号により無効と評価される場合は別として、基本的に五九条により無効と評価されることはないのである。

〔二〕　助言・情報提供義務違反、記録閲覧権の侵害

行政庁が契約手続に於いて適切に助言・情報提供義務を果たさなかった場合や、正当な理由なく関係人に対して記録閲覧を認めなかった場合もこれと同じである。

右の義務違反は、対応する内容を持つ行政行為を無効にするとは限らないため、契約が五九条二項の一号によって無効と評価されることはない(45)。

また、右の義務違反は、通常、契約内容に影響を及ぼすため、対応する内容を持った行政行為は、四六条の意味での手続・形式の瑕疵のみの理由によらず違法となる。しかしながら、この契約が五九条二項の二号により無効と評価されるためには、契約の両当事者が当該手続の瑕疵（違法性）を明確に認識していることが必要であり、この要件が満たされない限り、契約は、五九条二項の二号によってもまた無効とは評価されない(46)。

さらに、職権探知義務違反と同様、助言・情報提供義務に違反し、又は関係人の記録閲覧権を侵害するなかで締結された契約を無効とする民法典の規定など存在しないため、この契約が五九条の一項によって無効と評価されることもない(47)。

結局、助言・情報提供義務に違反し、又は関係人の記録閲覧権を侵害する中で締結された契約は、それが五五条に違反する従属法上の和解契約であるために五九条二項の三号により無効となる場合か、五六条に違反する従属法上の交換契約であるが故に五九条二項の四号により無効と評価される場合は別として、五九条によって無効と評価されることはないのである。

〔三〕　除斥・忌避規定違反

さらに、二〇条と二一条により、行政手続から除斥・忌避されるべき行政職員が契約手続に関与し、当該手続の瑕疵を理由に公法上の契約が違法となる場合も同じである。

なるほど、手続の関係人であるが故に除斥されるべき行政職員がこれに違反して手続に関与し、自ら契約を締結した場合（二〇条一項第一文の一号への違反）、当該契約は、対応する内容を持つ行政行為の無効を理由に、五九条の二項一号により無効と評価されることになる。(48)

しかし、二〇条の一項第一文の二号乃至六号により除斥されるべき行政職員や、二一条により忌避されるべき行政職員(49)がこれに違反して手続に関与したとしても、右の瑕疵は、対応する内容を持つ行政行為を直ちに無効にはしない(50)（四四条の三項二号はこれを規定する）。そのため、右の瑕疵を帯びて締結された契約は、五九条二項の一号によっては無効と評価されない。

また、除斥・忌避規定（二〇条の一項第一文二号乃至六号、及び二一条）への違反があったために、契約内容に影響が生じた場合、対応する内容を持つ行政行為は四六条の意味での手続・形式の瑕疵のみの理由によらず違法となるが、この契約が五九条の二項二号により無効となるには、契約の両当事者が当該瑕疵の存在を明確に認識していることが必要であり、この要件が存在しない限り、契約が五九条二項の二号によっても無効と評価されることはない。(51)

結局、除斥・忌避規定に違反する中で締結された契約は、それが五五条に違反する従属法上の和解契約であるために五九条二項の三号により無効と評価される場合か、五六条に違反する従属法上の交換契約であるが故に、五九条二項の四号により無効と評価される場合は別として、五九条により無効と評価されることはないのである。

〔四〕　基本法違反

最後にC・シンプフは、このほかにも、連邦憲法裁判所が基本法違反を理由に無効と宣言した法律に基づいて締結された契約や、同じく連邦憲法裁判所が基本法に反する旨を宣言した法解釈を前提として締結された契約のほか、行政主体が法規命令を策定し、これに基づいて契約を締結したが、後にこの法規命令の違法又は無効が判明した場合などを挙げ、これらの契約が、いずれも違法ではあるが、しかし五九条によっては無効と評価されず、その限りで有効に存続することを指摘している。(52)(53)

第二款　学説の評価——違憲説と合憲説の対立

〔一〕　違　憲　説

このように、連邦行政手続法五九条を前提とする限り、違法ではあるが有効な契約は複数存在することになる。問題は、違法な契約の一部に存続効を認める五九条が、行政の法律適合性を要求する基本法の二〇条三項との関係で正当化されるのかである。(54)

結論から先に述べると、五九条は、既に立法過程の段階に於いて、一部の学説によって批判された。五九条を最も痛烈に批判する論者の代表がV・ゲッツ（Volkmar Götz）である。V・ゲッツは、その論文「違法な行政法上の契約」の中で、一九七〇年の連邦政府草案五五条（現行法五九条と全く同じ）を批判して次のように述べている。

「公法上の契約が違法でも、それを無効にする四つの個別要件が存在しなければ、無効の効果は生じない。それは契約の無効を導くこともなければ、市民及び行政に対して、契約行為の破棄をもたらす権利を与えることもない。こうした結論は、いかに強調されようとも、法治国的に受け入れられない。……違法ではあるが、有効に存続する行政行為と同様に考えることは間違っている。また実際に、違法ではあるが有効な行政行為との類似性は全く問題にならない。というのも、違法な行政行為は、さし当たって有効であるに過ぎず、それは不服申立てや取消訴訟といった権利保護手続に於いて除去され、また行政庁は違法な授益的行政行為を取消しを通じて除去することができるからである。これに対して、違法ではあるが有効な行政法上の契約は、最初から最後まで有効である。それはもはや、その違法性を理由として除去され得ない。市民はそれに対して何らの権利保護も持たない。行政は違法に与えられた授益をもはや破棄できない(55)。」

「連邦行政手続法の草案第五五条〔現行法五九条――筆者註〕は、改めて十分検討されなければならない。若干の、ごく限られた無効原因に該当する場合以外、契約の違法性が、その有効性に何ら影響を及ぼさないというコンセプトは、放棄されなければならない。こうした考え方は、違法な負担賦課に対する市民の権利保護が問題となる限りで、法治国家原理や基本法の第一九条第四項に反する(56)。」

このようにV・ゲッツは、違法・有効な契約を認める五九条が「法律適合性原理」を毀損すること、違法・有効な契約を訴訟で争えない事実が、基本権侵害に対する出訴を保障する基本法の一九条四項と矛盾することを理由に、この規定に対し「法治国的にみて決して承認できるものではない」との評価を行ったのである。

結局V・ゲッツは、違法な公法上の契約による権利侵害から市民を保護するためには、現行の五九条を別の規定に代えるべきだとし、以下に述べる三つの選択肢を提案した(57)。第一は「(和解契約は別として) 違法な公法上の契約を全て無効にする」という選択肢、第二は「(和解契約は別として) 違法な契約に対する取消訴訟の可能性を認める」という選択肢(58)、第三は「行政手続を、行政行為によって終結させる請求権を市民に対して認める」という選択肢である。

V・ゲッツによって提案された、右の三つの選択肢の評価はともかく、違法・有効な契約を認める五九条が基本法の二〇条三項や一九条四項に照らして憲法上疑義がある旨の指摘は一定の評価を受けており、このほかにもH-U・

エリクセン（Hans-Uwe Erichsen）やW・マルテンス（Wolfgang Martens）等も、これとほぼ同じ主張を展開して、五九条の憲法適合性に疑問を投げかけている。[59]

〔二〕　合憲説

これに対し、違法・有効な契約の存在を認める五九条が、行政の法律適合性を要求する基本法の二〇条三項や、基本権侵害に対する出訴の途を保障する基本法の一九条四項のいずれに照らしても、違憲と判断されてはならない旨を主張する学者も複数存在する。その代表がW・クレプスである。

彼によれば、行政の法律適合性を要求する基本法の二〇条三項は、何も違法な行政活動を全て例外なく無効にすることまでは要求しておらず、立法者は、法治国家原理から読みとられるべき「法的安定性の原理」や「信頼保護の要請」を考慮しながら、違法な行政活動に対する効果を立法裁量の範囲内で自由に決定しうる。[60]また、一定期間が経過した後、違法・有効な行政行為に対する取消訴訟の提起が制限されるように、違法な権利侵害に対して裁判出訴の途を保障する基本法の一九条四項も、法的安定性等の憲法原理を考慮して、一定限度、制約されることがあり得る。[61]したがって、法的安定性の原理や信頼保護を考慮して、違法な契約の一部を有効とする規定を設けたとしても、何ら基本法の二〇条三項や一九条四項に対する違反は生じない。W・クレプスはこれを次のように述べている。[62]

「無効という脅しのみが唯一考え得るサンクションというわけではなく、また規範妥当性にとっての不可欠の条件というわけでもない。……我々は、基本法の第二〇条第三項が、法律違反に対する恣意的なサンクションの放棄を、立法者に対して禁じている旨を読み込むことはできる。しかし法律違反に対する例外なきサンクションの要請や、高権行為のあらゆる法律違反が無効というサンクションを受けなければならないとの要請は、基本法の第二〇条第三項からは読みとられない。むしろ立法者には憲法上、裁量が与えられており、立法者はその範囲内で、《立法者によって公布された法規範の規範的通用力の程度を》自ら決定しなければならないのである。法秩序、特に行政行為に関する瑕疵の効果は、当該立法裁量の規模と、法律違反に対するサンクションの多様性を物語っている。……行政行為に於ける様々な瑕疵の効果に関するルールは、行政の法律適合性という憲法原理と、法治国原理から読み込まれるべき法的安定性や信頼保護という要請を法律上考慮したことの現れである。同様の憲法原則は、違法な行政契約の瑕疵の効果に関するルールにも当てはまる。立法者は、かかる基本原則を考慮する中で、違法な行政法上の契約の一律的な無効を命じなかったのであり、憲法に反して活動を行ったわけではない。」

第三款　合憲説と違憲説の接近・相対化

問題は、五九条の憲法適合性をめぐる違憲説と合憲説の対立に関するその後の学説の評価であるが、管見の限り、ドイツ行政法学説の趨勢は合憲説に依拠しているようであり、W・クレプスのほかにも、G・フランク（Götz Frank）、C・シンプフ、C・H・ウレ及びH-W・ラウビンガー等は、いずれも合憲説に立っている(63)。

他方、近年、五九条を合憲とし、違法・有効な契約の存在を一応肯定する学者の中に、民事契約法理などの様々な制度を駆使して、違法・有効な契約を事実上骨抜きにし、それが無効となったと同様の効果を達成しようとする動きが存在することは注目されてよい(64)。特にC・シンプフは、「契約締結上の過失」、「信義則」、「行為基礎欠如論」等の民事契約法理のほか、「国家賠償」、「連邦憲法裁判所法の七九条二項」などを適用することにより、五九条によっては無効にならない違法な契約の多くが、結局は、何らかの意味で無効となる事実を指摘するのである。以下では、彼の説明に依拠しながら、五九条によっては無効とならない違法な契約の多くが、これらの制度により事実上無効とされている事実を検証することにしよう。

［二］　契約締結上の過失（culpa in contrahendo）

既に述べたように、二四条が規律する「職権探知義務」、二五条が規律する「助言・情報提供義務」、二九条が規律する「記録閲覧権」、三〇条が規律する「除斥」、そして二一条が規律する「忌避」に違反し、手続に瑕疵を帯びて違法に締結された公法上の契約は、基本的に五九条によっては無効と評価されない(65)。しかしながら、行政庁が右の規定に違反したがために、契約の相手方が不利な内容で契約を締結させられた場合、当該私人は「契約締結上の過失（culpa in contrahendo）」を主張し、付随的義務に違反した行政庁に対して損害賠償請求権を行使し得る。連邦行政手続法の六二条第二文は、公法上の契約に対する民法典の規定の準用を認めるが、この民法典の規定の中には、判例・学説によって発展せしめられてきた「契約に関連する法原則」が含まれるからである(66)。

問題となるのは、「契約締結上の過失に基づく損害賠償請求権の具体的内容」であるが、ドイツの民事法学説及び判例によると、契約締結上の過失は、契約の解除権発生の一要因と考えられている(67)。

C・シンプフは、契約の解除権を基礎づける契約締結上の過失が、公法上の契約に準用されることを前提としつつ、行政庁が手続上の義務に違反しており、そこに契約締結上の過失が認定されるなら、仮に契約が五九条によって無効と評価されなくとも、契約は解除され、必然的に無効と同じことになると結論づけるのである。C・シンプフは、次のように述べている(68)。

「契約締結上の過失に基づく損害賠償義務は、違法ではあるが有効な契約を挫折させるきっかけを提供する。……高権の担い手は、職務上の権力を濫用することを全て抑止し、自己とコンタクト関係にある私人を、違法な侵害から保護することを義務づけられる。判例は、契約締結上の注意義務及び情報提供義務を重要だと考えている。事情に通じた契約相手方は、契約の締結を準備するために、他方当事者にとって何が重要であるかを明らかにしなければならず、また信義かつ誠実にそれを通知しなければばならない。こうした義務は、違法な契約の締結に際してもまた違反され得る。契約を締結した行政庁は、法的状況が認識できている限りで、私的な契約相手方に対し、以下の点について情報提供しなければならない。すなわち、相手方私人が引き受ける契約上の義務が本来要求されてはならないものであること、相手方私人は、彼が獲得しようとしている行政庁による反対給付を求める法律上の請求権を持っており、給付を提供する必要はないことである。行政庁が、必要とされる教示をし損ない、市民が、通常通りの教示が行われていた場合に契約を締結しなかったであろう場合、市民には契約の解除を求める損害賠償請求権が帰属する。」

〔二〕　行為基礎欠如論及び国家賠償請求

他方、五九条二項の二号によると、対応する内容を持つ行政行為が四六条の意味での手続又は形式の瑕疵のみの理由によらず違法であって、契約の両当事者が違法性を明確に認識している場合、公法上の契約は無効と評価される。したがって既に述べた通り、いかに公法上の契約が実体法又は手続法的に違法であろうとも、契約の両当事者が違法性を認識しておらず、又は契約の一方当事者のみが違法性を認識するに過ぎない場合、契約は、五九条が定めるその他の無効原因に該当しない限り、五九条二項の二号によっては無効と評価されることはない(69)。しかしながら、五九条二項の二号によっては無効と評価されない違法な契約も、以下の場合には無効と同じ結果となる。

まず、契約の両当事者が、その違法性を認識せずに契約を締結した場合を考えてみよう。確かにこの契約は、五九条二項の二号によっては無効とは評価されない。しかしC・シンプフによれば、契約の両当事者が、契約を締結するにあたって、明確にその適法性を前提としていた場合には、行為基礎の欠如（不存在）が認定され、「行為基礎欠如原則（Grundsatz über das Geschäftsgrundlage）」の準用により、契約の解除が認められる(70)。

では、契約の違法性を契約の一方当事者のみが認識している場合は、どうであろうか。C・シンプフによれば、契約の違法性が、行政サイドによって認識されていた場合、そこには、職務上の義務違反の存在が認定される。このため、契約の相手方私人は、民法典の八三九条、及び基本法の三四条に従い、国家賠償請求を行い得る。すなわち、仮に行政庁が契約の違法性を認識しつつ交渉を行い、かつ適切な情報提供を為さなかったがために、相手方私人が契約の違法性を知らないまま金銭の支払いに応じた場合、彼は、契約締結上の過失法理を援用して契約を解除するか、職務上の義務違反を理由に、民法典の八三九条及び基本法の三四条に従って国家賠償請求を行い、違法・有効な契約に基づいて支払われた金銭全額を取り戻すことができるのである(71)。したがって、契約の違法性を知らずに私人が金銭の支払いを契約上義務づけられた場合、行政庁サイドによる違法性の認識を立証できる限りで、私人は契約の履行義務から事実上解放され、契約は解除されたと同じ状況に置かれることになる(72)。

逆に、公法上の契約の違法性が私人サイドによって認識されていた場合は、どうであろうか。私人がその違法性を認識しつつ、公法上の契約を締結するのは、通常、契約により彼に対して授益的措置が発動される場合である。繰り返し述べるように、行政サイドが違法性を認識していない限り、この契約が五九条二項の二号によって無効とは評価されることはない。しかし、この場合行政庁は、詐欺（民法典一二三条）を理由に契約を取り消すことができ、またそれが要素の錯誤にあたる場合には、民法典一一九条により、契約を取り消すことができるのであって、やはり契約は結果的に無効となろう(73)。

〔三〕　連邦行政手続法六〇条・連邦憲法裁判所法七九条二項

最後に、公法上の契約を締結する際に基礎とされた法規範が後に連邦憲法裁判所により基本法違反を理由に無効と宣言された場合や、契約を締結する際に採用された法律解釈が後に基本法に反する法解釈である旨を宣言された場合のほか、行政主体が基本法に反する法規命令を策定し、これに基づいて契約が締結された場合を検討しよう。いずれの公法上の契約も瑕疵を帯びて違法であるが、学説・判例上は、五九条によって無効になるとは考えられていない[74]。しかしC・シンプフによると、五九条によっては無効と評価されないこれらの公法上の契約もまた、連邦行政手続法の六〇条により解除され、又は、連邦憲法裁判所法の七九条二項や、法の一般原則たる信義則の準用により、事実上無効と同様の状態に置かれる[75]。

先述の通り、連邦行政手続法の六〇条は、その一項で、契約内容の確定にとって決定的な諸関係が契約締結後に根本的に変化し、現在の状況下に於いては契約が締結されなかったであろうという意味で、契約締結行為の基礎（行為基礎）が喪失した場合、契約内容を現在の状況に合わせて改訂（適状）し、それが不可能である場合に契約の解約を認める[76]。したがって、契約内容を確定する際に基礎とされた法規範が事後に連邦憲法裁判所により無効宣言を受けた場合や、契約内容を確定する際に用いられた法律解釈が後に基本法に反する旨を宣言された場合、契約は確かに五九条によっては無効と評価されないものの、六〇条の一項によって、適状・解約され、結果的に無効となる[77]。

他方、基本法に反して無効と宣言された法規範や、基本法に反する旨を宣言された規範解釈に依拠して締結された公法上の契約は、連邦憲法裁判所法の七九条二項によってもまた、事実上無効となる。連邦憲法裁判所法の七九条二項は、無効と宣言された法規範に基づいて出された決定がいかに有効に存続しようとも、当該決定に基づいて強制執行を行うことを禁じているからである[78]。C・シンプフは、この規定に現れた法的思想を一般化し、「無効な法規範に基づいて締結された公法上の契約は、それが第五九条に該当せず有効に存続しようとも履行されてはならない。」と述べ、履行請求権の否定を通じて契約を事実上無効としている[79][80]。

第四款　中間総括

以上、C・シンプフの説明を手掛かりとして、五九条によっては無効と評価されない違法な公法上の契約の多くが、実際には民事契約法理など、五九条以外の様々な法制度によって、事実上無効と同じ状態に置かれる現実を確認した。むろん、五九条によって契約の有効性を是認しておきながら、他方では、契約締結上の過失を援用して契約の解除を認め、信義則や連邦憲法裁判所法の七九条二項を援用して履行請求権を否定し、又は、違法な公法上の契約に対する国家賠償請求（損害賠償請求）を認めることにより、結果として有効な契約を事実上無効にすることが「評価矛盾ではないのか」という批判はあり得よう(81)。しかしながら、少なくともC・シンプフの見解は、違法ではあるが有効な公法上の契約の存在を認める連邦行政手続法五九条の憲法適合性をめぐる合憲説と違憲説の対立を相対化させ、違法・有効な公法上の契約の存在を認めつつ、行政の法律適合性原理を考慮して、これを可能な限り限定する試みとして、注目に値しよう。

結局のところ、公法上の契約は、その瑕疵が、五九条の無効原因に該当する限りで、同条によって直接無効と評価され、他方、仮にその瑕疵が五九条の無効原因には該当せず、その限りで有効と評価されるとしても、契約締結上の過失法理等の民事契約法理の準用や、国家賠償制度等の他の法制度の活用を通じて、結果的には無効と評価されたに等しい効果又は結論に行き着くのであり、その意味で、違法ではあるが有効に存続する契約は、極希にしか存在しないことになるのである(82)。

（1）　連邦行政手続法の五九条が規律する瑕疵ある公法上の契約の存続効については、石井昇『行政契約の理論と手続――補助金契約を題材にして』（弘文堂、一九八七年）一五七頁以下、大橋洋一「行政契約の比較法的考察――建設法領域を中心として」同『現代行政の行為形式論』（弘文堂、一九九三年）二〇二頁以下、南博方「西独行政手続法と公法契約」同『行政手続と行政処分』（弘文堂、一九八〇年）八八頁以下を参照。

（2）　模範草案の四五条を紹介するものとして、参照、藤原淳一郎「西ドイツ行政手続法草案をめぐる公法契約論」法学研究［慶應義塾大学］四四巻七号（一九七一年）九一頁以下、原田尚彦「行政契約論の動向と問題点（2・完）」法律時報四二巻三号（一九七〇年）九四頁。

（3）模範草案四五条は次のような規定であった（Vgl. Musterentwurf eines Verwaltungsverfahrensgesetzes, 2.Aufl., S.30f.）。

「模範草案第四五条　公法上の契約の無効

(1)　公法上の契約は以下の場合にこれを無効とする。

1.　行政庁の契約上の義務と同じ内容を持つ行政行為が無効である場合。

2.　行政庁の契約上の義務を内容とする行政行為が、第三六条の意味に於ける手続又は形式の瑕疵のみの理由によらず違法であり、かつそれが契約締結者に認識されていた場合。

3.　和解締結の前提が存在せず、かつ行政庁の契約上の義務を内容とする行政行為が、第三六条の意味に於ける手続又は形式の瑕疵のみの理由によらず違法である場合。

4.　交換契約に於いて、行政庁が許容されない反対給付を約束させた場合。

5.　民法典の規定の準用から無効が生じる場合。

(2)　無効部分がなければ契約が締結されなかったであろうことが認められる場合、契約は全部無効となる。」

（4）Vgl. Friedrich Eichler, Verwaltungsverfahrensgesetz, Kommentar, 1983, §59, S.1.

（5）Carl Hermann Ule/Hans-Werner Laubinger, Verwaltungsverfahrensrecht, 3.Aufl., 1986, S.542ff.；なおこの点については、参照、石井・前掲註（1）書一七五頁以下、大橋・前掲註（1）書二〇七頁。

（6）Ule/Laubinger, a.a.O(Fn.5)., S.535f.

（7）民法典一三四条の公法上の契約への準用可能性をめぐるドイツの議論を検討したものとして、参照、石井・前掲註（1）書一七六頁以下、大橋・前掲註（1）書二〇七頁以下。

（8）本書第一部第一章第二節を参照。

（9）Musterentwurf, a.a.O(Fn.3)., S.199f.

（10）この点については、大橋・前掲註（1）書二〇七頁を併せて参照。

（11）Eberhard Schmidt-Aßmann/Walter Krebs, Rechtsfragen städtebaulicher Verträge, 2.Aufl., 1992, S.220.

（12）Ule/Laubinger, a.a.O(Fn.5)., S.543ff.；Willy Spannowsky, Grenzen des Verwaltungshandelns durch Verträge und Absprachen, 1994, S.305ff.；Christian Schimpf, Der verwaltungsrechtliche Vertrag unter besonderer Berücksichtigung seiner Rechtswidrigkeit,

1982, S.284ff.；Klaus Obermayer, Kommentar zum Verwaltungsverfahrensgesetz, 1983, §62, Rn.62.；Hans Joachim Knack, Verwaltungsverfahrensgesetz, Kommentar, 5.Aufl., 1996, S.930.

(13)　この点を紹介するものとして、参照、石井・前掲註（1）書一七九頁。

(14)　Ule/Laubinger, a.a.O(Fn.5)., S.550.

(15)　Ule/Laubinger, a.a.O(Fn.5)., S.550.

(16)　したがって公法上の契約の部分無効に関する五九条の三項は、行政行為の部分無効を規律する連邦行政手続法四四条の四項とは異なる。行政行為の部分無効に関する四四条の四項にあっては、無効部分が存在しない場合に、行政庁が行政行為を発動しなかったであろうことが明確でない限り、行政行為は全部無効とはされないからである。高権的措置としての行政行為の場合、仮に部分無効が生じようとも、行政行為それ自体に対する適法・有効推定力が働くため、無効部分がなければ行政行為が発動されなかったことが明らかである場合のほかは、行政行為の有効性は否定されないのである。この点については、石井・前掲註（1）書一七九頁を参照。ドイツ語文献として、Vgl. Ule/Laubinger, a.a.O(Fn.5)., S.550.

(17)　Schimpf, a.a.O(Fn.12)., S.270.

(18)　Klaus Obermayer, Verwaltungsverfahrensgesetz, 3.Aufl., 1999, §59, Rn.75-Rn.77.

(19)　連邦行政手続法は、一九九六年の九月一二日に一部改正された。ここで検討する四六条も、この時改正された規定の一つであるが、本文で引用した四六条の規定内容は、改正後の新規定である。なお、改正前の四六条は、次のような規定であった。

「第四六条　手続及び形式の瑕疵の効果

第四四条の規定により無効とならない行政行為については、事案に於いて別段の決定がなされる可能性がなかった場合には、手続、形式又は場所的管轄に関する規定に違反して成立したという理由だけから、その取消しを求めることはできない。」

これを見てもわかるように、旧四六条は、行政行為が手続・形式又は場所的管轄に関する規定に違反して瑕疵を帯びており（形式的瑕疵の存在）、その瑕疵が四四条によって行政行為を無効とはせず（行政行為の有効性）、さらに当該瑕疵を理由に行政行為を取り消したところで別段の決定が為される可能性がなく、同じ内容の行政行為が繰り返し発動されるに過ぎない場合（選択可能性の不存在）に、行政行為の取消可能性を排除するものであった。つまり旧規定は、手続・形式の瑕疵を帯びた行政決定が「羈束行為」であるが故に、それを取り消したところで行政庁に別段の決定を行う選択可能性がなく、同じ内容の行政行為が繰り返し発動される場合を念頭に置いた規定であって、裁量行為への適用を前提としたものではなかった（裁量行為に対しては、いわゆる裁量ゼロ収縮が生じ、手続・形式の瑕疵を理由に当該裁量決定を取り消したところで行政庁に選択可能性がなく、同じ内容の行政行為が再度発動されることが認められる場合にのみ、例外的に旧四六条の適用が肯定されたに過ぎない）。以上の点については、Vgl. Ule/Laubinger, Verwaltungsverfahrensrecht, 4.Aufl., 1995, S.576ff.；なお、旧四六条に関する邦語文献として、参照、海老沢俊郎『行政手続法の研究』（成文堂、一九九二年）三四九頁以下、山田洋「手続的瑕疵の効果」成田頼明編『ジュリスト増刊 行政法の争点〔新版〕』（有斐閣、一九九〇年）九二頁以下、同『大規模施設設置手続の法構造』（信山社、一九九五年）二八六頁以下、高木光『技術基準と行政手続』（弘文堂、一九九五年）一六〇頁以下。

（20） Obermayer, a.a.O(Fn.18)., §46, Rn.18.

（21） 連邦行政手続法の四四条二項は、行政行為を無効とする形式・手続・管轄の瑕疵として、「書面により行われたが処分庁が知れない場合」（一号）、「法規により、証書の交付によってのみ行うことができるが、この形式を満たしていない場合」（二号）、「第三条第一項第一号により成立した管轄の範囲外で、行政庁が授権を受けることなく活動を行った場合」（三号）を挙げている。

（22） Obermayer, a.a.O(Fn.18)., §46, Rn.10.

（23） 連邦行政手続法の一一条「関与能力」、一二条「行為能力」、二〇条「除斥」、二一条「忌避」、二五条「助言・情報提供」、二九条「記録閲覧」への違反が行政行為を無効とはしないことについては、Vgl., Ule/Laubinger, a.a.O(Fn.19)., S.577.

（24） したがって現行の四六条（新規定）は、改正前の旧四六条とは異なり、羈束行為はもとより裁量行為にもまた適用され得る（改正前の旧規定については、本章註（19）を参照）。確かに、手続的瑕疵を帯びた裁量決定が、四六条により、その取消可能性を否定されるケースは希であろう。なぜなら、手続的瑕疵は、通常、裁量決定に影響を及ぼすからであり、手続的瑕疵を理由に裁量決定を取り消し、適正な手続の下で改めて裁量を行使させた場合に、行政庁が行政行為の内容を変える可能性は残っているからである（その限りで、四六条〔新規定〕の適用は問題にならない）。しかし個別の事案に於いて、手続的瑕疵が裁量決定に影響を及ぼさなかったことが明らかで、手続的瑕疵を理由に裁量決定を取り消したところで行政庁が再び同じ内容を持った行政行為を発動するであろうことが明確な場合も存在する（そしてそれは、裁量ゼロ収縮が生じる場合に限定されない）。四六条（新規定）は、このような場合にもまた適用を見るのであり、それが裁量決定であっても、「手続・形式の瑕疵が、事案に於いて決定に影響を及ぼさなかったことが明らかである場合」には、行政行為の取消可能性を否定するのである。この点については、Vgl. Obermayer, a.a.O(Fn.18)., §46, Rn.22-Rn.29.

（25） Vgl. Obermayer, a.a.O(Fn.18)., §46, Rn.2.

(26) したがって、仮に契約が、対応する内容を持つ行政行為を無効とはしない手続的瑕疵を帯びて違法であることを契約の両当事者が認識していたとしても、当該手続的瑕疵が、事案に於いて契約内容に影響を及ぼさなかったことが明らかであるなら、その契約は、五九条の二項二号によって無効と評価されることはない（Vgl. Schimpf, a.a.O(Fn.12)., S.273.)。

(27) Musterentwurf, a.a.O(Fn.3)., S.201.

(28) Ule/Laubinger, a.a.O(Fn.5)., S.549.

(29) ちなみに連邦議会内務委員会は、一方当事者が違法性を認識していた段階で契約の存続効を否定すべきとの見解を示していたが、結局この提案は連邦議会によって退けられている（Zitiert nach, Eichler, a.a.O(Fn.4)., §59, S.4 ; Ule/Laubinger, a.a.O(Fn.5)., S.549.)。

(30) Vgl. Schimpf, a.a.O(Fn.12)., S.273.

(31) 本書第一部第三章第一節を参照。

(32) 模範草案理由書は、次のように述べている。「この規定〔模範草案四五条一項三号＝現行法五九条二項三号――筆者註〕は、和解契約に関する規定の遵守を保護すべきものである。この規定は第四一条〔現行法五五条――筆者註〕とともに、和解契約が実質的な前提（互譲）なしに締結され、あるいは形式的前提（事実関係・法的状況の不明確性）なしに締結されることを禁止し、かつ対応する行政行為が第三六条〔現行法四六条――筆者註〕の意味に於ける手続・形式の瑕疵のみの理由によらず違法である、そうした和解の締結を法律上禁じているのである。」と（Vgl., Musterentwurf, a.a.O(Fn.3)., S.201.)。

(33) Vgl. Schimpf, a.a.O(Fn.12)., S.274.

(34) 従属法上の交換契約の無効原因を規律する連邦行政手続法の五九条二項四号を紹介・検討するものとして、参照、石井・前掲註（1）書一七四頁以下。

(35) Vgl. Ule/Laubinger, a.a.O(Fn.5)., S.531f. ; Schimpf, a.a.O(Fn.12)., S.277.

(36) 参照、本書第一部第三章第二節。

(37) 参照、本書第一部第三章第二節。

(38) 参照、本書第一部第三章第二節。

(39) 模範草案の理由書は次のように述べている。「この規定〔模範草案四五条一項四号＝現行法五九条二項四号――筆者註〕は、行政庁と交換契約を締結する市民を保護するための保護規定である。この規定は、公法上の契約の領域に於いて、行政庁が、四二条〔現行法五六条――筆者註〕によっては許容されない給付の提供を〔市民に――筆者註〕約束させるために、その優越的な地位を濫用してはならないことを保障すべきものである。」と（Musterentwurf, a.a.O(Fn.3)., S.201.)。
(40) 参照、石井・前掲註（1）書一七九頁以下、大橋・前掲註（1）書二〇二頁以下。
(41) 参照、本書第一部第二章第三節第一款。
(42) 参照、本書第一部第三章第一節第一款［二］。
(43) C・H・ウレ及びH-W・ラウビンガーは、職権探知義務違反が行政行為の取消原因であることを前提として次のように言う。「連邦行政手続法は、事実関係の解明に瑕疵がある場合の効果について、なんら明文の規定を置いてはいない。しかしながら、事実関係の解明に瑕疵がある場合の効果は、連邦行政手続法の第四六条に依拠する。……こうした手続の瑕疵を帯びる行政行為は、連邦行政手続法の第四六条に従い、事案に於いて別段の結果がなされたであろう場合に限って取り消されることになる。」と（Vgl. Ule/Laubinger, a.a.O(Fn.19)., S.225.)。
(44) 本章第二節第二款を参照。
(45) C・H・ウレとH-W・ラウビンガーは、行政庁の助言・情報提供義務違反が行政行為の取消原因であることを前提として、次のように述べている。「保護義務違反は手続の瑕疵を意味し、それは内容が実体法に適合している場合にもまた、行政手続を終結させる行政行為を違法にする。……むろん関係人は、当該行政行為が無効ではなく、かつ法的に、事案に於いて別段の決定がなされなかったであろう場合には（第四六条）、当該行政行為の取消しを求めることはできない。」と（Ule/Laubinger, a.a.O(Fn.19)., S.266.)。
(46) 本章第二節第二款を参照。
(47) ただしC・シンプフによれば、行政庁が悪意的に助言・情報提供義務を怠ったが故に、不利な内容で契約を締結させられた私人は、詐欺を理由とした意思表示の取消し（民法典一二三条）をなし得るため、その限りで、助言・情報提供義務に違反して締結された契約が、五九条一項により無効と評価される余地はある。しかしC・シンプフ自身が認めるように、助言・情報提供義務への違反は常に詐欺を構成するとは限らない。したがって、助言・情報提供義務に違反して締結された契約は、必ずしも常に五九条の一項によって無効になるとは限らない。
(48) C・H・ウレ及びH-W・ラウビンガーによると、関係人としての地位を持つ者が、同時に行政職員としての地位に基づき行政行為を発動した場合、当該行政行為は重大かつ明白な瑕疵を帯び、連邦行政手続法の四四条一項により無効となる。したがって同じく関係人たる地位を持つ者が、同時に行政職員としての地位に基づき、自ら公法上の契約を締結した場合、当該契約は、対応する内容の行政行為の無効を理由に、連邦行政手続法の五九条二項一号により無効となる。この点については、Vgl. Ule/Laubinger, a.a.O

(Fn.19), S.138f.

（49）この点については、参照、本書第一部第二章第一節第三款。

（50）C・H・ウレ及びH-W・ラウビンガーは、二〇条一項第一文の二号乃至六号によって除斥される行政職員が、これに違反して手続に関与し、行政行為を発動した場合、それが行政行為の取消原因であり無効原因とまでは言えない旨を指摘して次のように言う。「第二〇条第一項第一文の第二号乃至第六号によって除斥されるべき者が手続に参加した場合、仮にその違反が明白である場合でも、行政行為は無効とはならない（連邦行政手続法第四四条第三項第二号）。」と（Vgl. Ule/Laubinger, a.a.O(Fn.19), S.138.）。他方、同じくC・H・ウレ及びH-W・ラウビンガーによると、二一条により忌避されるべき行政職員が、これに違反して行政手続に関与して行政行為を発動した場合も、当該瑕疵は行政行為の取消原因である（Ule/Laubinger, a.a.O(Fn.19), S.142.）。

（51）本章第二節第二款を参照。

（52）Schimpf, a.a.O(Fn.12), S.305-318.

（53）さらに、「法律の留保」に違反して締結された公法上の契約もまた、違法ではあるが五九条によっては基本的に無効とは評価されない。確かに、法律の留保が及ぶ行政領域に於いて今なお法律が存在しないのであれば、公法上の契約を含む行政活動の実施は禁じられている。しかしそれは、法律が存在しない状況下での法律関係の規律を禁ずるに過ぎず、契約による法律関係の規律それ自体を例外なく全面的に禁じたわけではないため、法律の留保が及ぶ行政領域に於ける法律の不存在は、「法律の禁止」とは区別されなければならない。したがって、仮に法律の留保に違反して公法上の契約が締結されたとしても、この契約は、確かに違法ではあるが、連邦行政手続法の五四条への違反とは評価されず、民法典一三四条の準用を認める連邦行政手続法の五九条一項によっては無効と評価されることはない（Schimpf, a.a.O(Fn.12), S.276ff.）。また法律の留保違反は、対応する内容を持つ行政行為を無効にする瑕疵とは考えられてはいないため、これに違反する公法上の契約は、五九条二項一号によってもまた無効にならない。結局この契約は、契約の両当事者が、法律の留保違反（契約の違法性）を明確に認識している場合（五九条二項二号により無効）、五五条に違反して締結された和解契約である場合（五九条二項三号により無効）、あるいは五六条に違反して締結された交換契約である場合（五九条二項四号により無効）を除き、五九条によっては無効とならない。

（54）この点を検討するものとして、参照、石井・前掲註（1）書一五七頁以下、大橋・前掲註（1）書二〇四頁以下。

（55）Volkmar Götz, Der rechtswidrige verwaltungsrechtliche Vertrag, DÖV 1973, S.299.

（56）Götz, a.a.O(Fn.55), S.302.

(57) Götz, a.a.O(Fn.55), S.302.

(58) 実際、シュレスビッヒ＝ホルシュタイン州の一般行政法一二六条は、違法な公法上の契約に対して一ヶ月以内での取消可能性を認める（これを紹介するものとして、参照、石井・前掲註（1）書一九六頁以下）。V・ゲッツが提案した第二の選択肢は、右法律規定の趣旨と同じである。しかしV・ゲッツは、右法律規定の趣旨に賛成しつつも、違法な行政活動に対する争訟手段は「連邦法」の規律事項であり、ラント法で規律することは失当だと批判している（Götz, a.a.O(Fn.55), S.301f.）。

(59) Hans-Uwe Erichsen/Wolfgang Martens, Allgemeines Verwaltungsrecht, 1975, S.217f.；彼等は次のように言う。「一九七三年の行政手続法草案によって示された規定に従えば、違法な契約は無効ではなく有効である。違法な行政契約は、行政行為の場合とは異なり、市民による上訴によっては攻撃できないと言われている。他方問題となるのは、かかる規定の内容が基本法第一九条第四項という憲法条項を背景に存続し得るかである。……基本法第一九条第四項によって保障された基本権〔裁判を受ける権利――筆者註〕を放棄することには憲法上疑義があるため、一九七三年の行政手続法草案第五五条〔現行法五九条――筆者註〕は、極めて疑わしき規定である。」と。

(60) Schmidt-Aßmann/Krebs, a.a.O(Fn.11), S.206ff.

(61) Schmidt-Aßmann/Krebs, a.a.O(Fn.11), S.209ff.

(62) Schmidt-Aßmann/Krebs, a.a.O(Fn.11), S.207f.

(63) Götz Frank, Nichtigkeit des substituierenden Verwaltungsvertrages nach dem Verwaltungsverfahrensgesetz (VwVfG), DVBl 1977, S.682ff.；Schimpf, a.a.O(Fn.12), S257ff(S.269)；Ule/Laubinger, a.a.O(Fn.5), S.541.

(64) この点については、参照、大橋・前掲註（1）書二〇五頁。

(65) 本章本節第一款を参照。

(66) Vgl. Obermayer, a.a.O(Fn.12), §62, Rn.40；Knack, a.a.O(Fn.12), S.928；Schimpf, a.a.O(Fn.12), S.320；Volker Schlette, Die Verwaltung als Vertragspartner, 2000, S.427.

(67) Schimpf, a.a.O(Fn.12), S.321f.；なおこの点については、参照、高橋眞「契約締結上の過失論の現段階」奥田昌道編『取引関係における違法行為とその法的処理――制度間競合論の視点から』（有斐閣、一九九六年）一二二頁以下（特に一二六頁）。

(68) Schimpf, a.a.O(Fn.12), S.322f.

(69) 参照、本章第二節第二款。

(70) Schimpf, a.a.O(Fn.12), S.309f.

(71) Schimpf, a.a.O(Fn.12), S.318f.：なおこの点は、連邦通常裁判所判決によってもまた認められている（BGH, Urt.v.14.12.1978（NJW 1979, S.643.)）。

(72) Schimpf, a.a.O(Fn.12), S.319.

(73) 詐欺取消しに関する民法典一二三条、及び錯誤取消しに関する民法典一一九条が公法契約に準用されることについては、本章第一節第一款を参照。

(74) 参照、本章第三節第一款［四］。

(75) Schimpf, a.a.O(Fn.12), S.305-318.

(76) 参照、本書第一部第三章第四節第一款。

(77) Schimpf, a.a.O(Fn.12), S.305.

(78) 連邦憲法裁判所法七九条は、次のように規定する。

「連邦憲法裁判所法第七九条

(1) 基本法に反すると宣言され、若しくは第七八条により無効と宣言された規範、又は連邦憲法裁判所により基本法と合致しない旨が宣言された規範解釈に依拠する刑事確定判決に対しては、刑事訴訟法の規定による再審手続が許される。

(2) それ以外の場合、第七八条により無効と宣言された規範に基づいて出された、もはや取り消すことができない決定[Entscheidungen]は、第九五条第二項又は特別法規定に留保されつつも、影響を受けることなく存続する。かかる決定に基づく強制執行は許容されない。民事訴訟法による強制執行が実施されなければならない限りで民事訴訟法第七六七条が準用される。不当利得に基づく請求権は、排除される。」

(79) Schimpf, a.a.O(Fn.12), S.315ff.：なお、ここで紹介したC・シンプフの見解は、連邦行政裁判所一九七三年一二月一八日判決（NJW 1974, S.2250ff.）によってもまた支持されている。事案は行政庁が基本法に反して無効な法規命令を策定し、これに基づいて契約が締結されたケースである。連邦行政裁判所は、基本法に反する無効な法規命令を行政庁が公布し、これに基づいて契約が締結された場合、この契約がいかに有効であろうとも、行政庁はこの契約に基づいて履行請求を行うことはできないと判示したが、その際の理由として、契約に基づく行政庁の履行請求が、民法典二四二条の信義則に反することと並んで、無効な法規範（法規命令）に依拠して締結された契約が、連邦憲法裁判所法七九条二項により、履行を禁じられることを挙げている（NJW 1974, S.2252.）。

(80)　なお、W・スパンノヴスキーは、「違法・有効な契約」に基づいて発動された行政措置の取消し・撤回を認めることにより、「違法・有効な契約」を事実上無効にしようとする。彼は次のように述べている。曰く、「違法な行政行為が、原則取消しという効果を伴う連邦行政手続法第四八条に服す一方、契約に内在し、契約上の義務として執行される違法な処分が、連邦行政手続法の第五九条に従い、義務を生み出した契約の強められた存続効を享有するのかは疑わしい。もし契約の実施行為もまた、強められた契約の存続効に服す旨の結論を導くならば、法形式の操作、とりわけ契約制度の濫用が助長されることになろう。つまり、強められた契約の存続効を実施行為に享有させるために、常に実施行為が契約と結びつけられ、違法な処分行為の取消可能性という法的効果が回避され得ることになろう。こうした濫用の可能性は一般に、連邦行政手続法第五九条によって強められた義務づけ契約の存続効を、契約に内在する処分に与えないことで排除される。それは——濫用を防止するために——契約に内在する違法な処分を、その法的取扱いに関して行政行為と同列の立場に置き、したがって行政行為の場合と同様、連邦行政手続法第四八条・第四九条の類推適用による取消可能性の下に置くことを意味する。」と (Spannowsky, a.a.O (Fn.12), S.206f.)。

　しかしこれに対してW・クレプスは、違法ではあれ有効な契約は法源たる意義を持ち、有効な契約に基づいて発動された行政行為は、もはや連邦行政手続法四八条・同四九条の取消し・撤回には服さないとして次のように言う。「契約は、個々のケースにとっての法源である。これにより有効な契約は、様々な観点で行政行為法を修正している。つまり一方では、抽象的な考察に当たって契約が違法であろうとも、有効な契約は給付の提供を義務づけるのであって、行政庁は行政行為の発動を義務づけられる。したがって行政庁は給付提供の主観的な不能を援用することはできない。それは、行政庁が——無効に至るまで——違法な行政行為を発動し得るためではない。法源としての契約の意義に鑑みて、契約に適合した行政行為は適法なのである。よって給付提供の不能という抗弁は役に立たない。したがって有効な契約は、行政行為の取消しに関するルールに影響を及ぼす。契約に適合した行政行為が適法であることにより、かかる行政行為には、行政手続法第四八条の規定は適用できない。故に、契約に適合した行政行為の廃止については、せいぜいのところ、連邦行政手続法第四九条が問題となるに過ぎない。連邦行政手続法第四九条の適用可能性が、連邦行政手続法第六〇条により頓挫しないのかは、最終的に決定される必要はない。いずれにせよ、おそらく法実務に於いては、連邦行政手続法第六〇条による解約根拠を越えた、連邦行政手続法第四九条による撤回根拠が存在することは希であろう。」と (Schmidt-Aßmann/Krebs, a.a.O (Fn.11), S.213ff.)。

　違法・有効な契約の大半が、「契約締結上の過失」や「国家賠償」等の法制度の援用によって事実上無効になることに鑑みると、違法・有効な契約に基づいて発動された行政行為の法的取扱いをめぐる両者の対立は、実際それほど大きな意義を持たないであろうが、ともあれ、契約に基づいて発動された行政行為の取消し・撤回の可能性を認めるW・スパンノヴスキーの見解は、違法・有効な契約を事実上無効にするための法理論の一つに位置づけられることは確かであり、注目に値しよう。

(81)　こうした批判を展開する代表的な論者としてV・シュレッテを挙げることができる。彼は、手続に瑕疵を帯びて違法ではあるが、しかし五九条によっては無効とは評価されず、なお有効に存在する契約について、契約締結上の過失に基づく損害賠償請求や国家賠償請求を行う可能性それ自体は肯定する。しかし、違法ではあるが有効な契約の存在を認めようとした五九条の趣旨に鑑みると、損害賠償請求の内容は金銭賠償に限定されるべきであって、契約の解除権までは認められるべきではないとする（Schlette, a.a.O (Fn.66), S.428f.)。なお、契約の有効性を認めつつ、損害賠償等の方法（とりわけ契約の解除）により、これを事実上無効にすることに対する批判は、ドイツ及び我が国の私法学説の中にも存在する。最もまとまった主張を展開するものとして、参照、潮見佳男「規範競合の視点から見た損害論の現状と課題（2・完）」奥田編・前掲註（67）一八頁以下。

(82)　石井・前掲註（1）書一九八頁は、違法・有効な契約の存在を認める連邦行政手続法五九条が法治国家原理に照らして問題だとし、立法論として、これと同じ内容の規定を我が国に導入することはできないと主張する。しかし、本章でも指摘した通り、五九条によっては無効にならない公法上の契約のほとんどが、その他の法制度の援用により、事実上無効と同じ状態に置かれる事実に鑑みれば、五九条に対する右の批判は、それだけ意義を失っているようにも思われる。

第六章　民事契約法の修正

連邦行政手続法「公法契約規定」を基盤に発展・展開してきたドイツ公法契約論の全体像は、これまでの検討によって、概ね明らかになったと思われる。本章では、残された最後の検討課題として、民法上の契約（民事契約）との比較に於ける公法上の契約の理論的特徴に焦点を当てる。

さて、瑕疵ある公法上の契約の存続効をめぐる議論に於いて特に顕著であったように、行政主体を一方当事者とする公法上の契約には、五九条の一項又は六二条の第二文を経て民法典の規定が多数準用される。また、その中には、契約締結上の過失法理のように、民法学説又は連邦通常裁判所の判例によって発展せしめられた民法上の契約法理が含まれる。(1) しかしながらこの事実は、民法典及び民法上の契約に関する諸々の理論が、行政主体を一方当事者とする公法上の契約に対して無条件かつ機械的に準用されることを意味しない。行政主体を一方当事者とする公法上の契約にあっては、法律適合性の原則や公益適合性の原則、そして、行政庁に対して法律上課せられている諸々の義務を考慮した場合、民法典及び民法上の契約に関する理論の準用を否定し、又は準用にあたって部分的に修正する必要がある場合が存在するのである。連邦行政手続法六二条の第二文が、民法典の規定の準用を認めながら、そこに「第五四条乃至第六一条までの規定から別段のことが生じない限り」という条件を設定したのもそのためである。したがって我々は、民法典の規定のうち、公法上の契約に準用される規定と並び、逆に準用を否定され、又は準用に際して修正を必要とする規定を把握しなければならない。また、民法上の契約との関係で議論されてきた「私的自治の原則」や「契約自由の原則」が、果たして公法上の契約にあって等しく妥当するのかについても、併せて検討する必要があろう。

以下第一節では、公法上の契約への準用を否定される民法典の規定を、第二節では、準用に際して修正を必要とする民法典の規定を概観し、続く第三節に於いては、私的自治の原則や契約自由の原則と公法上の契約の関係について検討することにしよう。

第一節　準用を否定される民法典規定

第一款　民法典一二三条二項（第三者の詐欺）

ドイツの判例及び学説によると、「第三者の詐欺」を規律した民法典一二三条の二項は、公法上の契約への準用を否定される。この規定によると、第三者の詐欺に基づいて契約締結の意思表示を行った契約の一方当事者は、契約の相手方が当該第三者の詐欺につき悪意である限りに於いて、当該意思表示を取り消すことができる。(2)

K・オーバーマイヤーは、行政手続に於いて事実関係を職権で調査する義務（職権探知義務）を負った行政庁が、(3)「第三者の詐欺」及び「相手方私人の悪意」を理由に右の規定を援用し、契約締結の意思表示を取り消すこと否定している。彼によれば、「第三者の詐欺」を見抜けなかったのは、「職権探知義務」を怠った行政庁の責任であり、そうした行政庁に対して、意思表示の取消しを認める必要などないのである。彼は次のように述べている。(4)

「詐欺・強迫に関する意思表示の取消しは、民法典の第一二三条に従う。なるほど行政手続を主催し、連邦行政手続法の第二四条によって、〔職権探知義務という――筆者註〕特別な手続法上の義務を負っているが故に、第三者が詐欺を行った旨を主張し得ない行政庁に対しては、〔第三者の詐欺に関する——筆者註〕民法典第一二三条の第二項は準用不可能である。第三者の詐欺の援用は、手続法上、特別な義務に服していない契約相手方私人についてのみ認められるに過ぎない。」

K・オーバーマイヤーの見解は学説上一般に支持されており、H・J・クナックもほぼ同様の見解を示して、民法典一二三条二項の準用を否定している。(5)

第二款　民法典一二四条（意思表示の取消期間）

他方、「意思表示の取消期間」を規律する民法典の一二四条もまた公法上の契約への準用を否定されている。この規定は、詐欺を発見したとき、又は強迫状態が止みたる時より一年以内に限り、意思表示の取消しを認める。(6)

H・J・クナックは、「法的安定性や公益適合性の観点からすれば、詐欺・強迫を理由とした意思表示の取消しは、民法典第一二四条に規律された一年よりも短く設定されなければならない。」と述べ、この規定が公法上の契約に準用されることに反対している。(7)

第三款　民法典一五一条（承諾の意思表示なき契約の締結）・民法典一八四条（事後の同意）

さらに、取引慣行に従うと事実上承諾があったとなされる場合に契約の成立を認める民法典の一五一条もまた準用を否定される。(8)

公法上の契約は、連邦行政手続法の五七条により、必ず書面化を要求される。(9) これに違反する契約は、連邦行政手続法の五九条一項を経由して民法典一二五条が準用される結果、無効と評価されることになる。(10) 承諾の意思表示なき公法上の契約の締結など、連邦行政手続法五七条との関係で、あってはならないのである。K・オーバーマイヤーも、以上の点を考慮して、民法典一五一条の公法上の契約への準用を否定している[11]。

他方、第三者の権利を侵害する契約につき、当該第三者に対して事後的な追認権を認める民法典の一八四条[12]は、連邦行政手続法の五八条を考慮して、公法上の契約への準用を否定される。先述の通り、連邦行政手続法の五八条は、第三者の権利を直接侵害する公法上の契約を、当該第三者の同意があるまで暫定的に無効としており、第三者による事後の追認を排除しているからである[13]。

第二節　準用に際して修正を必要とする民法典規定

他方、以下に掲げる民法典一五七条、同二七六条、同八一二条以下の各規定は、必ずしも公法上の契約への準用を否定されないが、しかし準用にあたって、行政の法律適合性原理や公益適合性原理を考慮して、一部修正されなければならない。

第一款　民法典一五七条（契約の解釈）・民法典二七六条（故意・過失責任）

民法典一五七条は、契約の解釈方法に関する規定であり、「契約は取引慣習を考慮し、信義誠実の要求に従ってこれを解釈することを要す。」と規律する[14]。V・シュレッテをはじめ、C・シンプフ、H・J・クナック及びK・オーバーマイヤー等は、この規定が、連邦行政手続法の六二条第二文を経て、公法上の契約に準用されることを基本的には認めている。しかし、私益の追求のみが行われる民事契約とは対照的に、法律適合性及び公益適合性原理に服す行政主体を一方当事者とする公法上の契約の解釈にあたっては、取引慣行のみを考慮した解釈では不十分であり、これに加えて、公益適合性や法律適合性の原理を視野に入れなければならないのである。すなわち、契約の規定が複数の解釈の可能性を残している場合にあっては、信義則に従い、法に適合した解釈が優先的に採用されなければならないのであって、公益又は公共の福祉に反するような解釈方法が採られてはならないのである。[15]

他方、これと同じことが「故意・過失責任」を規律する民法典の二七六条にも当てはまる。この規定は、故意・過失がある場合にのみ債務不履行責任が生じること、また過失の認定にあたっては取引慣行が考慮されることを規律している。[16] H・J・クナック及びK・オーバーマイヤーは、この規定が公法上の契約にも準用されることを一応は肯定している。しかし彼らは、公益適合性や法律適合性の原理に服す行政主体を一方当事者とする公法上の契約にあっては、行政庁に要求される注意義務のレヴェルは、履行される任務に応じて個別に高められなければならず、したがって過失の認定は、単に取引慣行を考慮するだけでは不十分であるとし、行政側の過失が問題となる限りで、この民法典規定をそのまま準用することを否定するのである。[17]

第二款　民法典八一二条以下（不当利得）

給付の法的根拠となった公法上の契約が、連邦行政手続法の五九条によって無効と評価された場合や、意思表示の取消しや解除により効力を失った場合、契約に基づいて既に提供された給付は、法的根拠を失い、ここに「（公法上の）不当利得」が生じる。[18] この場合、「不当利得に関する民法典の規定（民法典八一二条以下）」の準用可能性が問題となる。この点につき、ドイツの判例及び学説は、右民法典の規定の準用に否定的である。例えばカッセル上級行政裁判所の一九九〇年七月一七日判決は、次のように述べている。[19]

「一般に、公法独自の制度とみなされている公法上の不当利得返還請求権の前提要件が、民法典第八一二条が規律する私法上の不当利得返還請求権の前提要件と符合することについては、見解の一致が存在する。しかし、民法典第八一二条の請求権（私法上の不当利得返還請求権――筆者註〕に関連する、その他の私法上の規定は、これを安易に公法上の不当利得返還請求権に適用することはできない。それは特に、民法典第八一八条の第三項と第四項、同第八一九条の第一項について言える。〔公法と私法との間の――筆者註〕異なった利益状況が根拠となって、これらの規定を、公法上の不当利得返還請求権に準用することはできない。……民法典第八一四条は、同第八一八条の第三項と第四項、同第八一九条の第一項と並んで、公法には転用することのできない利益価値を基礎としている。公権力は、行政の法律適合性の原則を義務づけられており、公権力の関心は、法的根拠もなく生じた財産変動を除去し、適法な状態を再び回復することに向けられなければならないからである。」

つまり本判例は、公法と私法とが利益状況を異にすることを理由に、不当利得に関する民法典上の諸規定を安易に公法上の不当利得に転用することに消極的態度を示す一方、公法と私法にまたがる法の一般原則を規律した民法典八一二条については、その公法上の不当利得への準用を肯定しているのである。この点は学説も同じである。[20] 判例・学説上、公法上の不当利得への準用を肯定される民法典八一二条は、次のような規定である。[21]

「民法典第八一二条　原則

(1)　法律上の原因なく他人の給付又はその他の方法によってその他人の損失によりあるものを取得する者は、その他人に対して返還義務を負う。この義務は、法律上の原因が後に消滅し、又は法律行為の内容に従えば、給付が目的とした結果が生じない場合にも生じる。

(2)　債権関係の存否を契約によって承認することも、給付とみなす。」

他方、問題となるのは、先のカッセル上級行政裁判所の判決により準用を否定された民法典の規定〔八一四条、同八一八条の三項及び四項、同八一九条〕の内容であり、またそれが公法上の不当利得に準用を否定された理由である。

〔二〕　民法典八一四条

判例上、公法上の不当利得への準用を否定された民法典八一四条は、「非債弁済」に関する規定である。(22)

「民法典第八一四条　非債弁済　道徳上の義務

給付者が給付につき義務を負っていないことを知っていた場合、又は給付が道徳上の義務若しくは儀礼を考慮したものであった場合には、債務の履行のために給付したものは、返還を請求することができない。」

カッセル上級行政裁判所と同じく、公法上の不当利得に対する右民法典の規定の準用を否定したラインラント＝プファルツ上級行政裁判所一九九一年一一月二八日判決を見てみよう。本件事案の概要は以下の通りであり、行政側の不当利得に対して、私人が不当利得返還請求権を行使した事例である。(23)

「原告は、建築を目的とした土地分割の許可を付与するよう、建設監督庁に対し申請を行った。被告ゲマインデは、土地分割に対する了解を付与することを約束しつつ、二五〇〇〇ドイツマルクの支払いを要求した。原告はこれに差し当たり合意し、被告との間で、かかる内容での公法上の契約を締結した。原告は右の金銭を支払い、土地分割許可を得た後、その払戻しを要求した。

判決は、法律上請求権が認められる土地分割の許可を、経済的反対給付の提供に依存せしめる本件契約は、連結禁止原則（特に行政手続法の第五六条第三項）に違反するとし、この契約の無効を宣言した。契約が無効とされたことにより、契約に基づいて原告が提供していた二五〇〇〇ドイツマルクが（公法上の）不当利得となったが、被告（返還義務者）ゲマインデは、原告が、法律上の義務を負わないことを知りながら、右金銭を提供した旨を主張し、民法典第八一四条（非債弁済）を主張して、右金銭の返還に異議を唱えた。」

判決は、公法上の不当利得返還請求に於いて、行政権による民法典八一四条の援用を否定して、次のように述べている。(24)

「原告が当初から契約の無効を認識していた旨の法的状況は、決定的に重要な事項ではない。というのも、本件のごとく、公権力の担い手に対する支配従属関係に於いて、法的根拠のない市民による給付の返還が問題となる場合、公法上の不当利得返還請求権に民法典の第八一四条を準用する余地は無いからである。この点については、以下に述べる考慮が働いている。

公法上の不当利得返還請求権は、民法典第八一二条以下の準用に依拠するのではなく、公法独自の制度に従う。このことは数十年以来、一般的な法的確信となっており、その間に慣習法上確立されている。また公法上の不当利得返還請求権の構成要件と私法上の不当利得返還請求権の構成要件が本質的には一致するとしても、民法典第八一二条以下に於いて法律上現れている各個別規定の公法への適用は、民法典第八一二条以下の個別規定が、全体的な法に妥当する一般的な基本原則であることを前提としている。

民法典第八一四条は、右で述べた一般的法原則ではない。この規定が前提としているのは、実際に存在しもしない義務を履行することを、原則として履行者に任せるということである。履行者が、給付を義務づけられない旨を認識していたにもかかわらず、彼が後になって受領者に対して再び返還請求をするなら、彼は自らの行為と矛盾することになるであろう。それゆえ、民法典第八一四条は、信頼保護を特別に示した規定である。存在しない義務の履行について、それを知りつつ提供された給付の受領者は、彼が給付を保持し得る旨を原則として信頼し得るのである。

しかし、行政に対する市民の公法上の不当利得返還請求権に於いては、当該基本原則は調和しない。公権力は、行政の法律適合性原理を義務づけられている。その関心は、法的根拠なしに生じた財産変動を除去し、適法な状態を回復することに向けられなければならない。法律適合性の原則は、公権力が自ら法的根拠もなく、何らかのものを獲得した場合にもまた妥当する。故に違法に要求された財産的利得を返還請求から守る公権力の信頼など、もとより保護に値しない」。

注目すべき点は、右の判決が、民法典八一四条の公法上の不当利得への準用を否定する際、――前述のカッセル上級行政裁判所判決と同じく――、「行政の法律適合性原理」を考慮したことである。判決は、契約が無効となった以上、相手方私人が「非債弁済」をしたか否かに関係なく、法律関係をもとの適法状態に戻す必要があるとし、行政サイドによる民法典八一四条の援用を否定したのである。(25)

〔二〕　民法典八一八条三項

次に、判例に於いて、公法上の不当利得への準用が否定されている民法典八一八条三項について検討しよう。我が国の民法七〇三条に相当するドイツ民法典八一八条三項は、「不当利得につき善意の受領者」を保護する規定である。(26)

「民法典第八一八条

(3)　受領者は、利得が現存していない限度に於いて、返還又は価格賠償の義務を免れる。」

不当利得に於いては、受けた利益をそのまま返還するのが原則であるが、不当利得につき善意の受領者については、その信頼を保護する必要があるため、民法典八一八条の三項は、現存する利得についてのみ返還又は価格賠償義務を負わせることとし、返還義務の範囲を限定している。(27)

まず、私人の不当利得に対して行政権側が返還請求権を行使した場合、返還義務者たる私人が不当利得につき善意である限り、その返還義務は現存利得にまで軽減される。民法典八一八条の三項が公法上の不当利得へ準用されるこ

とを一般に否定する前述のカッセル上級行政裁判所も、それを認めて次のように述べる。(28)

「通常、私的な信頼利益が、法律に合致する財産状況を回復することについての公益を凌駕する場合に限り、市民の返還義務はなくなる。」

他方、問題となるのは、行政権側の不当利得に対して私人がその返還請求権を行使した場合に、不当利得につき善意の行政権側が、その返還義務を現存利得にまで軽減され得るのかである。前述のカッセル上級行政裁判所は、「行政の法律適合性の原理」を理由にそれを否定したが、学説も右の判例理論を一般に支持しており、行政権側が民法典八一八条の三項を援用することを明確に否定している。例えばW・スパンノヴスキーは次のように言う。(29)(30)

「連結禁止原則や過剰規制禁止原則に違反して無効となった契約は、通常、受領された給付が――事実上可能な限りで――返還されることを通じて解消されなければならない。それは行政に義務づけられている法律適合性の原則の結果である。行政は、この義務が根拠となって、利得消滅の思想に基づき、民法典第八一八条第三項を援用することはできないのである。」

〔三〕　民法典八一八条四項・同八一九条一項の準用――下級審判例と学説の対立

最後に、下級審判例上、公法上の不当利得への準用が否定されている民法典八一八条の四項と同八一九条の一項の準用可能性について検討しよう。民法典八一九条の一項は、「訴訟係属後に於ける受領者」と「不当利得につき悪意の受領者」の責任についての規定である。これにより、訴訟係属後の受領者は、不当利得につき悪意の受領者と同じ責任を負う。訴訟係属後の受領者は、場合によると、利得したものを返還すべき義務を負うことを覚悟しなければならず、その意味で、不当利得につき悪意の受領者に準ずる立場にあるからである。民法典八一九条一項は次のように規定する。(31)

「民法典第八一九条

(1) 受領者は、法律上の原因の欠如を受領の時に知っていたとき、又はその後に知ったときは、受領の時又は悪意となった時から、返還請求権が訴訟係属を生じたのと同様の返還義務を負う。」

不当利得につき悪意の受領者と、訴訟係属後の受領者の法的責任については、民法典八一八条の四項が存在し、次のように規定する。(32)

「民法典第八一八条

(4) 訴訟係属の時点から、受領者は一般原則に従って責任を負う。」

ここで、不当利得につき悪意の受領者と、(悪意に準じる)訴訟係属後の受領者の法的責任の範囲は、以下の四点に及ぶ。(33)

第一に、受領者は、悪意時又は訴訟係属時より、現存利益の消滅を主張することはできない。

第二に、返還すべき金銭債務について、訴訟係属時又は悪意時より四%の利息を付さなければならない。

第三に、訴訟係属時又は悪意時より、自己の責めに帰すべき事由による客体の滅失、毀損、その他の返還不能により生じた損害につき責任を負わなければならない。

第四に、実際に取得した収益のみならず、過失によって取得しなかった収益をも返還することを義務づけられる。

前述のカッセル上級行政裁判所は、「行政の法律適合性原理」を理由に、右二つの民法典の規定の準用を否定したが、これに対して学説の中には、右の判例理論を批判する論者が複数存在する。例えばC・H・ウレとH－W・ラウビンガーは次のように言う。(34)

「民法典第八一八条の第四項、同第八一九条の準用に於いて、

――返還義務者が契約の無効を認識した時点で、利得が消滅している場合、

――返還義務者が、返還されるべき給付を受領することにより、民法典第一三四条の意味での法律の禁止や、民法典第一三八条の公序良俗に違反する場合（民法典第八一九条第二項）、

――不当利得返還請求権が訴訟係属になった後に、不当利得が喪失した場合、

には、利得消滅の援用はできない。」

不当利得につき悪意の受領者――及び悪意に準ずる訴訟係属後の受領者――については、「信頼利益」など考慮する必要はないのであるから、返還義務者が行政か私人かを問わず、不当利得分は全て返還させても問題はなく、むしろ「行政の法律適合性原理」は、それを強く要請する。実際、我が国に於いても、今村成和・石井昇・木村弘之亮教授等は、いずれもドイツ民法典八一八条の四項に相当する、日本民法の七〇四条が、行政上の不当利得に準用される旨を肯定し、右に見たC・H・ウレ及びH－W・ラウビンガーの見解を支持している。(35)

第三節　契約自由の原則及び私的自治の原則

以上の通り、公益適合性及び法律適合性の原理に服す行政主体を一方当事者とする公法上の契約にあっては、準用を肯定される民法典規定等が存在する一方、逆に準用を否定され、又は準用に際して一部修正を必要とする民法典規定も多数存在する。他方、連邦行政手続法は、――既に見た通り――、行政主体を一方当事者とする公法上の契約に関して、同じく公益適合性及び法律適合性原理を考慮して、様々な統制規定を置いており、契約内容の決定等に関する当事者の自由は、民法上の契約に比べて狭く限定されている。ここに、公法上の契約と契約自由の原則との関係をめぐる議論が生じる。すなわち、「――民法上の契約と比べた場合、狭く限定されているとはいえ――公法上の契約にも等しく契約の自由がある」と主張する論者が存在する一方、「公法上の契約には、契約の自由など存在しない」と主張する論者もまた存在するのである。以下では、「契約自由の原則」及び「私的自治の原則」と公法上の契約の関係をめぐるドイツの行政法学説の動向を紹介しよう。

第一款　肯定説

ドイツ行政法学説の中には、公法上の契約に於ける契約自由の原則の妥当を肯定する論者が存在する。その代表がD・ゲルトナー（Detlef Göldner）である。彼は「行政法に於ける法律適合性と契約の自由」の中で、次のように述べている。(36)

「行政法のドグマーティクは、（全て個々的な制約に留保されつつも）行政の自由、契約の自由が存在するという基本原則に反対する、そのかたくなな態度（Reserve）を放棄すべきである。なるほど、契約当事者たる行政に根付く公法上の契約の自由は、行政活動に妥当するあらゆる限界の範囲内でのみ存在する。ここであらゆる行政活動に妥当する限界とは、あらゆる種類の憲法原理や行政法原理と並んで、特に、義務に適った裁量の原理である。他方、こうした現行法上の諸原理による制約の事実は、ただ単に、公法上の契約の自由を、私法上の契約の自由から分かつに過ぎない。というのも、我々は、私法上の契約の自由に於いても、各法領域に特有の限界を見いだすからである。物権法、家族法、相続法に於いては類型強制が存在する。また個々の労働契約の内容は、労働協約により事前に決定されている。さらに、例えば価格拘束など、あらゆる種類の法律規定によって、私法上の契約は制限されている。

……民事上の契約の自由と、公法上の契約の自由を、一般的な契約の自由に統一するなら、契約の自由と私的自治は明らかに二つの切り離された領域となる。契約の自由の外に私的自治が存在するように（一方的な法律行為）、契約の自由もまた、私的自治の外で存在する（行政庁の契約の自由）のであり、また最後に、私的自治と契約の自由とが完全に重なる領域もまた存在する（民事法上の契約の自由、私的な契約相手方の公法上の契約の自由）。」

このようにD・ゲルトナーは、「契約自由の原則」と「私的自治の原則」が、常に結合・連動するとは考えない。彼によると、「公法上の契約に関与した私人」には、「契約自由の原則」に関係なく、「契約自由の原則」の妥当を肯定するのである。彼によると、「私的自治の原則が妥当するか否か」に関係なく、「契約の締結に関して決定権が存在し、ここに「私的自治の原則」と共に、「――私的自治の一側面としての――契約自由の原則」が妥当する。他方、「公法上の契約の他方当事者である行政主体」については、なるほど「私的自治の原則」は妥当しないものの、（狭く限定された範囲内で）契約内容を決定する自由が存在するのであり、その意味で同じく、「契約自由の原則」が妥当すると考えるわけである。

第二款　否定説

こうしたD・ゲルトナーの見解を厳しく批判したのがW・クレプスである。彼の理解によると、「私的自治の原則」が妥当しない行政主体に「契約自由の原則」など存在しないのである。彼は「契約自由の原則」を次のように説明している。(37)

「契約の自由は、私的自治の一側面である。我々は、個人の意思により法律関係が自己形成される原理のことを、私的自治と呼んでいる。……契約の自由は、契約の自由ではなく、契約締結者の自由である。契約の自由は、契約の自由それ自身のためにではなく、契約締結者のために、基本法によって保護されている。というのも、特に――基本法の第一二条第一項、同第一四条第一項、同第九条第一項、同第二条第一項といった――基本権の行使は、基本権の担い手のために、自己決定による（私的自治による）自由の行使という意味に於いて、次々に法律関係に入る可能性を前提としているからである。各基本権が、自律的活動としての基本権的自由の行使を可能にする（私）法規範の構造を制度的に保障している限りで、基本権的自由は、私法秩序を創造する。それゆえ、ただ基本権主体という観点から、私的自治と私法、契約と契約の自由という派生関係には、内的必然性が本来的に備わっているのである。」

このようにW・クレプスによると、「契約自由の原則」は「私的自治の原則」の一側面であり、「私的自治の原則」が妥当しない場面では「契約自由の原則」など問題になり得ない。その意味で、「私的自治の原則が妥当するか否か」は、「契約自由の原則が妥当するか否か」を判断するためのメルクマールである。問題となるのは「私的自治の原則」の概念であるが、W・クレプスはこれを「基本権の享有主体が、自由権を行使し、自律的に法律関係を規律する現象」と理解している。したがって、「基本権の享有主体性の有無」は、「私的自治の原則が妥当するか否か」を判断するためのメルクマールであり、結局「契約自由の原則が妥当するか否か」を判断するためのメルクマールでもある。

彼は、「基本権の享有主体性」、「私的自治の原則」、そして「契約自由の原則」の関係をこのように理解した上で、[38]「公法上の契約と契約自由の原則との関係」を検討し、行政主体が基本権の享有主体性を否定されることを理由に、公法上の契約の一方当事者となる行政主体について、「私的自治の原則」並びに「私的自治の原則の一側面たる契約自由の原則」の妥当性を否定したのである。彼は次のように述べている。[39]

「基本権によって保護された自己決定の可能性という意味での契約の自由は、それが基本権の主体たり得る限りでのみ、高権主体に帰属するに過ぎない。高権主体が基本権の主体たり得るか、どの程度で高権主体が基本権の主体たり得るのかは、意見が対立した状況で議論されているが、連邦憲法裁判所の確立した判例によると、それは原則として否定されている。それゆえ《人の自己決定という一般原理の一部分》としての私的自治は、契約を締結する公行政の担い手には帰属しない。それは、行政主体が私法上の契約という法形式を使うか、公法上の契約という法形式を使うかに関係ない。」

公法上の契約に於ける契約自由の原則の妥当性をめぐる肯定説（D・ゲルトナー）と否定説（W・クレプス）の対立は、「私的自治の原則と契約自由の原則の関係」をめぐる理解の違いに基づくものである。すなわち、基本権の享有主体性を否定される行政主体が、憲法及びそれを一部具体化した連邦行政手続法「公法契約規定」の枠内で私人との交渉を通じて契約内容等を決定する自由を以て、「契約自由」と呼ぶか否かの対立に過ぎないのである。ただ、管見の限り、学説の趨勢はW・クレプスの見解（否定説）に立脚しており、ドイツでは一般に、公法上の契約に関与する行政主体には、「私的自治の原則」はもちろん、「契約自由の原則」もまた妥当しないと説明されるのが一般的である。

W・スパンノヴスキーも近年、次のように述べている。(40)

「法律関係を創設するのか、いかなる契約相手方を選択するのか、いかなる契約内容を形成しようとしているのかを自由に決定する行政の原則的な能力が、基本権的自由という意味での契約の自由とは理解されてはならない。契約自由という概念が、行政の処分能力との関係で、処分規範の範囲内で与えられた行政の形成可能性という客観的現象の描写と理解される場合にのみ、契約自由という概念は、公法上の契約の本質と関連づけられ得る。D・ゲルトナーは――義務に適った裁量に拘束された――行政の活動余地の拡張を、公法上の契約の自由だと考えている。……しかしながら、内容上完全に異なった二つの現象を概念上統一することは間違っている。私人の契約の自由は私的自治の一つの構成要素である。契約の自由は、立法者によって開かれた活動余地の存在から行政に導かれる自由とは相容れない。それゆえに、行政の契約による形成権限の範囲が議論されるべき場合、少なくとも契約の自由という概念の使用は誤っている。私法関係に関連する概念上の観念と契約の自由という概念が結びついている以上、契約の自由の概念は、行政の処分権限と結び付けられてはならない。」

（1）　参照、本書第一部第五章。

（2）　日本の民法九六条二項・三項に相当するドイツ民法典一二三条二項は、次のように規律する。

「民法典第一二三条

(1)　（省略）

(2)　相手方に対してなすべき意思表示につき第三者が詐欺を行いたる時は、相手方が詐欺を知り又は知るべかりし場合に限り、これを取り消すことを得。意思表示の相手方以外の者が意思表示によりて直接に権利を取得したる時は、取得者が詐欺を知り又は知るべかりし場合に限り、これに対してその意思表示を取り消すことを得。」

なお、この規定については、柚木馨ほか編『独逸民法〔I〕民法総則（現代外国法典叢書（1））』（有斐閣、一九五五年）一九二頁以下を参照。

（3）　連邦行政手続法の二四条が規律する「職権探知主義」が公法上の契約に適用されることについては、本書第一部第二章第三節第一款を参照。

（4） Klaus Obermayer, Kommentar zum Verwaltungsverfahrensgesetz, 1983, §62, Rn.61.

（5） Hans Joachim Knack, Verwaltungsverfahrensgesetz, Kommentar, 5.Aufl., 1996, S.929.

（6） 日本の民法一二六条に相当するドイツ民法典一二四条については、参照、柚木・前掲註（2）書一九七頁以下。

（7） Knack, a.a.O(Fn.5)., S.929.；しかし、H・J・クナック自身、実際何時までに取消権を行使しなければならないのかについては何も述べていない。ちなみにK・オーバーマイヤーは、民法典一二四条の準用を逆に肯定している（Obermayer, a.a.O(Fn.4)., §62, Rn.61.）。

（8） 日本の民法五二六条二項に相当するドイツ民法典一五一条については、参照、柚木・前掲註（2）書二三三頁。

（9） 連邦行政手続法の五七条が規律する「書面化」については、本書第一部第四章第二節を参照。

（10） 連邦行政手続法五七条「書面化」に違反して締結された契約が無効と評価されることについては、本書第一部第五章第一節第一款を参照。

（11） Obermayer, a.a.O(Fn.4)., §62, Rn.43(Anm.13). は次のように言う。「民法典第一五一条（承諾の意思表示なき契約の締結）は準用を見ない。なぜなら、連邦行政手続法の第五七条により、公法上の契約を創設するあらゆる意思表示は、書面化形式を強制されているからである。」と。

（12） ドイツ民法典一八四条については、参照、柚木・前掲註（2）書二六八頁以下。

（13） Knack, a.a.O(Fn.5)., S.930.

（14） ドイツ民法典一五七条については、参照、柚木・前掲註（2）書二三五頁以下。

（15） Volker Schlette, Die Verwaltung als Vertragspartner, 2000, S.443.；Obermayer, a.a.O(Fn.4)., §62, Rdnr.79ff.；Knack, a.a.O(Fn.5)., S.930.；なおC・シンプフは、次のように述べている（Christian Schimpf, Der verwaltungsrechtliche Vertrag unter besonderer Berücksichtigung seiner Rechtswidrigkeit, 1982, S.300.）。「契約文言が、信義則や取引慣行を考慮する中で複数の解釈可能性の余地を残し、かつ複数の解釈可能性の中に、法律適合性の要請に適った一つの解釈可能性が存在する場合、それが民法典第一五七条の制約範囲内にあるのなら、当該法律又は法に適合した解釈が基礎とされなければならない。」と。

（16） ドイツ民法典二七六条については、参照、柚木馨ほか編『独逸民法〔Ⅱ〕債務法（現代外国法典叢書（2））』（有斐閣、一九五五年）一〇九頁以下、椿寿夫＝右近健男編『ドイツ債権法総論』（日本評論社、一九八八年）一〇六頁以下。

（17）　Obermayer, a.a.O(Fn.4)., §62, Rn.83ff.；Knack, a.a.O(Fn.5)., S.931.；Wolff/Bachof/Stober, Verwaltungsrecht I, 10Aufl., 1994, S.827(Rn.38).：これに対して、公法上の契約に関与した私人に対して求められる注意義務の水準は、民事契約に於いて求められる注意義務の水準と同じであり、過失の有無は、民法典二七六条に従い、取引慣行のみを考慮して判断される。公法上の契約に関与したとはいえ、私人は、公益適合性や法律適合性を考慮する法的義務を負わないからである（Vgl. Obermayer, a.a.O(Fn.4)., §62, Rn.88.）。

（18）　行政上の不当利得については、参照、今村成和「行政法上の不当利得」同『現代の行政と行政法の理論』（有斐閣、一九七二年）三四頁以下、石井昇『行政法と私法（現代行政法学全集①）』（ぎょうせい、一九九八年）一三八頁以下、木村弘之亮「行政上の不当利得」成田頼明編『ジュリスト増刊　行政法の争点〔新版〕』（有斐閣、一九九〇年）二八頁以下。

（19）　VGH Kassel, Urt.v.17.7.1990, NJW 1991, S.510ff(S.511f.).

（20）　Knack, a.a.O(Fn.5)., S.935.；また学説上、不当利得返還請求権の範囲を規定した民法典八一八条の一項及び二項が、公法上の不当利得に準用されることも肯定されている。その結果、無効な公法上の契約に基づいて給付を受領した当事者（返還義務者）は、取得した収益、利得した権利に基づき受領者が取得したもの、又は利得したものの滅失、毀損、若しくは略奪の代償として受領者が取得したものを返還する義務を負う（一項）ほか、「利得した物の性質により返還が不能であるとき、又は受領者がその他の事由により返還することができない場合には、その価格を賠償しなければならない」（Carl Hermann Ule/Hans-Werner Laubinger, Verwaltungsverfahrensrecht, 3.Aufl., 1986, S.552.）。

（21）　不当利得の一般原則を規律するドイツ民法典八一二条については、参照、椿寿夫＝右近健男編『注釈ドイツ不当利得・不法行為法』（三省堂、一九九〇年）六頁以下。

（22）　日本の民法七〇五条に相当するドイツ民法典八一四条（非債弁済）については、参照、椿＝右近編・前掲註（21）書一九頁以下。なお、行政上の不当利得に対する非債弁済規定の準用可能性を検討したものとして、参照、今村・前掲註（18）書四二頁。

（23）　OVG Rheinland-Pfaltz, Urt.v.28.11.1991, DVBl 1992, S.785ff.

（24）　OVG Rheinland-Pfaltz, Urt.v.28.11.1991, DVBl 1992, S.787.

（25）　Knack, a.a.O(Fn.5)., S.935. も、こうした見解を主張する。

（26）　これに対し、後述する民法典八一九条一項は、不当利得につき悪意の受領者の返還義務を定めた規定である。

（27）　日本の民法七〇三条に相当するドイツ民法典八一八条三項については、椿＝右近編・前掲註（21）書三二頁以下参照。なお、行政上の不当利得に対する日本の民法七〇三条の準用可能性を検討したものとして、参照、今村・前掲註（18）書四二頁以下、石井・

前掲註（18）書一五三頁以下、木村・前掲註（18）論文二九頁。

（28）　VGH Kassel, Urt.v.17.7.1990, NJW 1991, S.510ff(S.512.)：我が国に於いても、今村・石井・木村教授等は、不当利得につき善意の私人の返還義務の範囲が、現存利益にまで軽減されることを認めている（参照、今村・前掲註（18）書四四頁以下、石井・前掲註（18）書一五三頁以下、木村・前掲註（18）論文二九頁。

（29）　Willy Spannowsky, Grenzen des Verwaltungshandelns durch Verträge und Absprachen, 1994, S.263.：なお、これと同じ見解に立つものとして、Vgl. Obermayer, a.a.O(Fn.4)., §59, Rn.144.：Knack, a.a.O(Fn.5)., S.935.：また我が国に於いても、今村・石井・木村教授等は、行政権側による民法七〇三条（ドイツ民法典八一八条三項）の援用を否定している（参照、今村・前掲註（18）書四二頁以下、石井・前掲註（18）書一五三頁以下、木村・前掲註（18）論文三一頁）。

（30）　これに対してC・H・ウレとH-W・ラウビンガーは、行政権側の不当利得に於いて、その返還義務が現存利得にまで軽減されることを一般的には否定しつつも、不当利得が公法上の契約の無効に起因する場合に限り、民法典八一八条三項が準用されることを認めて次のように述べる。「返還義務や価格賠償義務は、返還義務者がもはや利得を得ていない限りで消滅する（民法典第八一八条第三項）のであり、それは返還義務者が市民であるか公権力であるかを問わない。……連邦行政裁判所は、一九八五年三月十二日判決の中で、民法典第八一八条第三項が、公法上の不当利得返還請求権に準用されてはならない旨の立場に立っている。がしかし、この判例に於いては、公法上の契約に基づく返還請求権が問題となっているわけではない。」と（Ule/Laubinger, a.a.O(Fn.20)., S.552.）。しかし、不当利得の発生根拠が公法上の契約の無効か否かで、行政権側の返還義務に差を設ける必然性はなく、彼らの見解は支持しがたい。

（31）　日本の民法七〇四条に相当するドイツ民法典八一九条一項については、参照、椿＝右近編・前掲註（21）書三七頁以下を参照。

（32）　訴訟係属後の受領者の返還義務を定めるドイツ民法典八一八条四項については、参照、椿＝右近編・前掲註（21）書三二頁以下。

（33）　悪意及び訴訟係属後の受領者の責任については、参照、椿＝右近編・前掲註（21）書三二頁以下。

（34）　Ule/Laubinger, a.a.O(Fn.20)., S.553.

（35）　参照、今村・前掲註（18）書四五頁、石井・前掲註（18）書一五三頁以下、木村・前掲註（18）論文三〇頁。

（36）　Detlef Göldner, Gesetzmäßigkeit und Vertragsfreiheit im Verwaltungsrecht, JZ 1976, S.352ff(S.358.).

（37）　Eberhard Schmidt-Aßmann/Walter Krebs, Rechtsfragen städtebaulicher Verträge, 2.Aufl., 1992, S.128f.

（38）　行政主体の基本権享有主体性は、連邦憲法裁判所によってもまた否定されている。連邦憲法裁判所一九八二年七月八日決定（いわゆるザスバッハ決定）は、次のように述べる。「公的任務を遂行する領域外で、基本法第一四条第一項第一文に基づく基本権がゲマインデに帰属するのかという問題は、否定されなければならない。つまり、ゲマインデは、非高権的な活動を遂行する場合にもまた、基本権に典型的な危機的状況にはないのである。さらにゲマインデは、当該ゲマインデの活動領域に於いて、私人とは異なり、国家の高権的行為により危険にさらされることはなく、したがってその限りで、基本権保護を必要とはしない。」と（Vgl., BVerfGE61, 82(105).）。

（39） Schmidt-Aßmann/Krebs, a.a.O(Fn.37)., S.130.

（40） Spannowsky, a.a.O(Fn.29)., S.275f.

第七章　第一部「行政行為代替型契約論」——総括的考察

以上が、O・マイヤー以来、概ね一九九〇年代後半までに展開されたドイツの伝統的な公法契約論の全体像である。行政主体と私人間の公法上の法律関係を「契約」によって規律する可能性それ自体を否定したO・マイヤーに始まるドイツ公法契約論は、その後、規範授権理論を唱えたF・フライナー、W・イェリネック、また公法上の契約による法律関係の規律に際して「任意法としての実定公法規範」の存在を要求したW・アペルト等によって、議論の軸を許容要件論へと移行させた。そして戦後、公法上の契約に法治主義を補完する機能を期待し、和解及び交換という二つの契約類型を提示したJ・ザルツヴェーデルの公法契約論に強く影響を受ける形で「連邦行政手続法の模範草案（一九六三年）」が策定・公表されると、ドイツの公法契約論は、これに沿った論議を開始する。そして、一九七〇年及び一九七三年の各連邦政府草案の策定・公表を経て、一九七六年に連邦行政手続法が成立すると、ドイツの公法契約論は、その後約三〇年近く、同法が規律する公法契約規定の解釈論に議論を集中したのである。その特徴は、従属法契約の重視であった。すなわち、公法契約規定の枠内で展開されるドイツの公法契約論は、行政行為権限を持つ行政庁が当該行政行為の潜在的名宛人たる私人との間で交渉を行い、当該私人による反対給付の提供を条件に行政行為権限の行使又は不行使を合意する場合のように、行政行為に代替して締結される契約を特に重視し、行政行為権限を持つ行政庁との関係で相対的に弱い立場で契約交渉を行わざるを得ない私人を保護し、また、契約を通じて権利又は法律上の利益を侵害されることになる第三者を保護する法的仕組みを構築することに力を注いだのである。したがって、本書第一部を構成する各章で取り上げたドイツの議論動向にも明確に現れているように、連邦行政手続法「公法契約規定」の成立前後に始まるドイツ公法契約論は、「行政行為論」との比較のなかで発展・展開してきた。これが公法契約規定の枠内で展開されたドイツ公法契約論の最大の特徴となっている。

他方、ドイツの行政法学は、こうした「公法契約規定の枠内で展開された公法契約論」を基盤に、その知見を「私法上の契約」にも転用し、以て「行政主体を一方当事者とする契約（行政契約）の一般法理」の確立を模索している。(1)そこで、本書第一部の締め括りとして、本章では、まず第一節と第二節に於いて、「公法契約規定の枠内で議論されてきた公法契約論が、そのまま私法契約論へと転用される過程」を概観し、以て、その影響力の大きさを改めて確認することとし、続く第三節では、本書第一部の総括として「公法契約規定の枠内で展開されたドイツ公法契約論、及び、それを中核とするドイツ行政契約論」の意義と、特にその限界を明らかにすることにしよう。

第一節　公法上の契約と私法上の契約の峻別基準

ドイツに於いて行政上の契約は公法上の契約と私法上の契約とに分類される。(2)それは、「裁判管轄の決定（行政裁判所か通常裁判所か）」、及び「適用法規の決定（連邦行政手続法の第四部（公法契約規定）の適用を受けるか否か）」という視点に於いて重要な問題である。(3)

公法上の契約と私法上の契約の峻別基準としては、これまで、公的任務の直接的な実現に仕える契約を公法上の契約と資格づける「任務理論」をはじめ、契約によって規律される法律関係が仮に規範によって規律された場合に（規範擬制）、当該規範が公法に分類されるなら、そこに公法上の契約の存在を認める「規範擬制理論」、さらには、契約上の義務を負う主体が必ず高権的な主体でなければならない場合に、そこに公法上の契約の存在を認める「権限理論」などが主張されてきたが、(4)これらはいずれも、公法上の契約と私法上の契約とを区別する峻別基準として、確固たる地位を得ていないようである。(5)例えば「権限理論」に立つC・H・ウレとH-W・ラウビンガーは、「任務理論」に立つW・ボッセ（Wolfgang Bosse）を批判して次のように述べている。(6)

「W・ボッセは、ある契約が公的任務を直接実現するために締結される場合、その契約が公法上の性質を持つと言う。しかし〔公的任務〕や〔直接的な実現〕という言葉の下で何が理解されるかが不明確で、これにより十分な結果が得られるかは疑問である。さらに、公的任務は私法上の措置によってもまた実現され得るため、公的任務の存在を以て公法活動を推定することなどできないのである。」

他方、擬制された法規範の性質に応じて公法上の契約と私法上の契約とを峻別する「規範擬制理論」にも難点がある。なぜなら、「擬制された法規範が、いかなる基準に従って公法と評価されるのか」について、明確な答えを提示していないからである。(7)

これに対し、契約によって規律される義務が、公行政の主体によってのみ履行され得る性質である場合に公法上の契約の存在を認定する「権限理論」は、任務理論や規範擬制理論と比較すれば、基準として一応の客観性を持っている。この理論によれば、行政行為の発動に代えて契約が締結された場合や、行政権限の行使・不行使を内容とする契約は、全て公法上の契約とされる。(8)しかし、土地収用裁決（行政行為）に代えて私法上の売買契約が締結され、あるいは、補助金交付決定（行政行為）に代えて私法上の消費貸借契約が締結されるなど、行政行為によって達成される法的効果が私法上の契約によって達成される場合があり、したがって、行政行為に代替して締結された契約の全てを公法上の契約と資格づけることには、やはり無理がある。(9)

このように、「任務理論」「規範擬制理論」「権限理論」のいずれもが、公法上の契約と私法上の契約の峻別基準として完全でないことを考慮したのであろう。近年、ドイツ行政法学の中には、「立証責任論」によって、この問題を解決しようとする者が存在する。例えばW・スパンノヴスキーは、公法上の契約か私法上の契約かが明らかでない場合、契約の法的性質を立証する責任を負うのは行政主体だとしつつ、行政任務の履行に仕えている契約は、可能な限り「公法上の契約への推定」を受けると主張した。彼は次のように言う。(10)

「契約が、公法と私法という二つの法秩序の本質を持つ構成要素から成り立っているがために、あるいは、行政がいかなる法形式を利用しようとしたのかが不明確であるがために、その対象によっては必ずしも明らかに私法又は公法に分類されない契約は、公法上の契約として資格づけられなければならない。なぜなら、契約が——部分的にではあれ——高権的任務の遂行に関連し、また行政が私法的に法律関係を形成したのか、それとも公法的に法律関係を形成したのかが不明確な場合、一方では、任務理論を通じて基礎づけられる通常推定が、他方では、立証責任ルールが、公法上の行為形式のために戦うからである。通常、推定とは、疑わしきケースでは、高権的任務を公法形式で実施する旨の推定を意味する。そして、ここでいう立証責任ルールとは、法形式選択に関する不明確性について立証責任を負うのは行政である旨を意味する。」

このように、公法上の契約と私法上の契約の峻別は、裁判管轄の決定や、連邦行政手続法公法契約規定の適用の有無をめぐって重要な問題であるにも関わらず、今なお錯綜した状況にあり、両者を判別する決定的な基準は現在に於いてもなお存在しない。W・スパンノヴスキーによって提案された「疑わしきは公法上の契約に」という推定や、「立証責任論」による問題の解決は、結局のところ、公法上の契約と私法上の契約を峻別する完璧な基準が存在しない事実を明確に物語っている。(11)

しかし実際には、それが「公法上の契約か私法上の契約か」は、それほど大きな意義を持っていないようである。

なぜなら、以下に見る通り、近年、私法契約法と公法契約法の統合を目指す動きが存在するからである。

第二節　公法契約法と私法契約法の接近

第一款　行政私法論（Verwaltungsprivatrecht）

ドイツでは既に一九五〇年代に於いて、「行政がその任務を履行するために私法形式によって活動を行うとしても、公的任務の実現に対して行政責任を負う行政主体は、通常の私人として活動することはできず、一定の公法的拘束を受ける」旨の見解が存在した。一九五六年、ミュンスター大学のH・J・ヴォルフ（Hans Julius Wolff）によって唱えられた「行政私法論（Verwaltungsprivatrecht）」である。[12] 彼は次のように述べている。[13]

「公行政の主体が……競争経済的に活動するためではなく、直接公行政の目的（給付目的や統制目的など）を追求するために私法形式に於いて私法関係に入る場合、ここに行政私法が適用される。行政私法の特殊性は、公行政の主体が、直接公行政の目的を追求するために私法関係に入る場合に、法律行為的な私的自治を完全に享受するのではなく、かなりの公法的拘束に服すことにある。」

この見解に対しては、「私法上の行政活動へ適用される公法的拘束の具体的意味内容が曖昧である」という批判や、「公法的拘束を呼び起こす〔直接的な公的任務の実現〕という概念が不明確である」という批判が提起された。[14] しかし、このような批判にも関わらず、その後の学説は、私法形式を通じて行われる行政活動を公法的統制に服せしめようとする行政私法論の基本姿勢を評価し、これを基盤に「私法契約法の具体化」を志向している。すなわち、行政私法論の延長線上で議論されるドイツ私法契約論は、私法契約活動をも支配する公法的拘束を具体化し、私法契約法を公法契約法に接近させることを目的とするのである。[15] 以下に引用するW・クレプスの叙述は、それを明確に物語っている。[16]

「私法上の行政契約と公法上の行政契約の法教義的接近（rechtsdogmatische Annäherung）という提案は、全く新しい発想ではなく、行政私法論を基礎とした基本思考の延長（Fortführung）である。私はミュンスターの出身であるため、この行政私法論の生みの親であるH・J・ヴォルフを好んで引き合いに出す。[17]」

ここで問題となるのは、私法上の契約をも支配する公法的拘束の内容であり、特に「ドイツの行政法学が、私法上の契約に対する当該公法的拘束を、一体どこから導き出してくるのか」であるが、――本章冒頭でも指摘し、また以下に見る通り――、ドイツの行政法学説は、連邦行政手続法が規律する公法契約規定を、ほぼそのまま機械的に私法上の契約に転用してゆくのである。

第二款　私法上の契約の公法的拘束

〔一〕　一般的許容要件

連邦行政手続法の五四条は、「法規定に反しない限り」で公法上の契約による法律関係の規律を許容している。先述の通り、「法規定に反しない限り」という許容要件は、「法律の禁止に違反しない限り」という意味であり、法律の全体的な解釈から、契約形式による法律関係の規律が禁じられている場合には、公法上の契約を通じた法律関係の規律は法的に許容されない。

他方、五四条に示された右の法理は、何も公法上の契約に特有のものではない。なぜなら、公法上の契約の許容性に関する連邦行政手続法の五四条は、もともとドイツ民法典一三四条が規律する「法律の禁止」法理を公法上の契約に転用したものだからである。(18) それゆえ「法規定に反しない限り」で公法上の契約を許容する五四条は、なるほど形式的には、公法上の契約の許容要件に関する規定ではあるが、それは同時に、私法上の契約にも等しく妥当するのであり、この点で公法契約法と私法契約法に違いは存在しないことになる。

〔二〕　契約手続

次に、私法上の契約の締結手続を支配する法理論を検討しよう。先述の通り、連邦行政手続法の第二編（九条乃至三四条）には「行政手続の通則規定」が存在する。この通則規定に規律された手続原則は、——聴聞に関する二八条を除き——、六二条の第一文を経て公法上の契約にも適用される。(19) その結果、二〇条によって除斥され、二一条によって忌避される行政職員は、公法上の契約の交渉手続への参加を認められない。また行政庁は、二四条に従い、公法上の契約を締結するに先立ち、事実関係を職権で探知しなければならない。さらに行政庁は、二九条に従い、公法上の契約の交渉手続に於いて関係人に対して記録閲覧権の行使を保障しなければならず、また二五条に従い、関係人の権利を保護するために、助言・情報提供を行う義務を負う。

W・クレプスは、これらがいずれも、法治国原理や基本権という憲法原理を具体化した手続原則であること、また法治国原理や基本権といった憲法原理は、法形式（公法形式か私法形式か）に関係なく、全ての行政活動に妥当する法原理であることを理由に、その全てがそのまま私法上の契約にも等しく妥当することを肯定している。(20) 彼は次のように言う。(21)

「私法上の契約の締結に際して市民を適切に保護するために、行政手続法に存在する手続原則を転用できるのか、どの程度で転用できるのかが問題になる。例えば、偏頗に関する規定や、秘密保持、記録閲覧権に関する規定が関心の対象となる。学説は、こうした手続法の拡大に賛成している。……行政が私法上の契約活動の場合にもまた公法上の手続的拘束に服す旨は、法教義的に必然的である。行政契約の締結に際して行政に私的自治が存在しないということは、行政には思い通りに活動する自由が存在しないという消極的な意味のみならず、さらに積極的には、行政が決定の発見を、法的な決定に方向づけなければならないことを意味する。決定内容に直接関連する法的基準のみならず、手続法の補足的性格に鑑みると、決定プロセスに関連する手続法上の基準もまた適用される。……行政の私法的活動の法治国的拘束は、（行政の）私法上の契約の締結に関して、法治国家的に構成される行政手続の遵守を内包している。」

〔三〕　契約類型——和解と交換

このように、公法上の契約に適用される手続原則が憲法原理の具体化である限りで私法上の契約にも等しく妥当するのであれば、契約類型に関する規定もまた、それが憲法原理を具体化したものである限りで、私法上の契約にも同じく妥当することになる。

先述の通り、連邦行政手続法の五五条「和解契約」と五六条「交換契約」は、その規定文言——五四条第二文の意味での公法上の契約であって——からも明らかな通り、公法上の契約ですら、その全てを適用の対象とするものではなく、行政主体と私人間で締結される公法上の契約のうち、特に行政行為権限を持った行政庁と当該行政行為の潜在的名宛人たる私人との間で締結される契約（行政行為代替型契約＝従属法契約）を適用対象としている。しかしながら、これら二箇条は、「行政の法律適合性原理」、「過剰規制禁止原則」、「比例原則」、「連結禁止原則」等の憲法原理を、従属法上の和解及び交換の各契約類型に併せて具体化したものである。(22)(23) W・クレプスは、これを突破口として、憲法原理を具体化した五五条及び五六条を、そのまま私法上の和解契約及び交換契約に転用するのである。彼は次のように言う。(24)

「連邦行政手続法の第五五条は、契約締結時に於ける行政の原理的な法律拘束の現れであり、和解により発見された解決策が実際の法的状況と相違することを特定の前提要件の下でのみ容認することにより、特別な《和解状況》に対して正当性を与えている。……行政の法律拘束は、私法上の契約締結の場合と公法上の契約締結の場合とで異なることはない。このため、私法上の和解契約が公法上の和解契約に比べて、より容易に締結され得る旨を承認することはできない。私法上の和解の締結もまた、行政サイドに対して《私的自治》を斡旋することはなく、むしろ行政は、義務に適った裁量により、和解の締結を決定しなければならない。

……交換契約に関する連邦行政手続法の第五六条は、契約内容に関して特に重要な一般契約法を規律している。この規定は——少なくとも部分的には——私法判例に於けると同様、行政判例に於いても古くから認められてきた連結禁止原則、及びその背後に存在する憲法命題の現れである。既に述べたように、憲法拘束と、連邦法上の連結禁止原則という法制度の協力によって、連邦行政手続法第五六条という法治国上の基準は、同じく(行政の)私法上の契約の内容を決定する。」

〔四〕　私法上の契約の成立要件

同じことは、公法上の契約の成立要件の一つを規律する連邦行政手続法の五八条についても言える。この規定によると、第三者の権利を直接侵害する公法上の契約は、当該第三者の書面による同意があるまで暫定的に無効である。その理由は、公法上の契約を通じて契約当事者以外の第三者がその法律上の権利・利益を侵害されたとしても、彼は取消訴訟を提起して、これを争うことができないからである。五八条の一項に規律された「第三者の同意制度」は

「取消訴訟制度」に代わる第三者の権利救済制度であり、「基本権保護」を目的としたものであった。[25]

W・クレプスは、五八条の一項が、「行政の基本権拘束」という憲法原理を具体化したものであることを主張し、これを根拠として、それが私法上の契約にも等しく妥当する法理論であることを肯定する。すなわち行政主体は、公法上の契約によるか私法上の契約によるかを問わず、憲法上の基本権拘束から免れることはできないため、第三者の権利を侵害する私法上の契約の締結は憲法上禁じられており、これに違反する私法上の契約は「法律の禁止」に違反し、民法典一三四条により無効になると主張するのである。彼は次のように述べている。[26]

「私法上の契約の形成に於ける第三者の保護が、公法上の契約の締結に際しての第三者の保護に匹敵し得るのかが問題となる。行政法上の契約〔公法上の契約――筆者註〕にのみ適用可能な行政手続法第五八条第一項の規定に従えば、第三者の権利を侵害する公法上の契約は、当該第三者が書面でこれを同意した後に有効になる。他方、その限りで、第三者が関与することなく私法上の契約を締結することにより、当該第三者に法的に義務を課すことは排除されなければならない。なぜなら、現行の民事法は、第三者に対して負担をかける契約を認知していないからである。実際に第三者の利益が打撃を被る限りで、私法上の契約の締結は、第三者利害関係人との関係で、行政主体を基本権拘束から解放しない。行政手続法の第五八条第一項により、行政法上の契約〔公法上の契約――筆者註〕の場合、基本権によって保護された第三者の利益侵害が当該第三者の同意を要求する限りで、我々は、対応する私法上の（行政）契約の場合、基本権が禁止法の性格を有し、その毀損〔私法上の契約による第三者の基本権侵害――筆者註〕は、民法典第一三四条により、契約の無効を導き得る旨を前提としなければならない。」

〔五〕　瑕疵ある私法上の契約の存続効

さらに、私法契約法と公法契約法の理論的接近は、「瑕疵の効果」についても見受けられる。連邦行政手続法の五九条は、なるほど、公法上の契約の無効原因を規律したものである。しかし少なくとも、その一項は、民法典に規律された契約の無効原因が、公法上の契約をも無効にする旨を規定する。また公法上の契約の部分無効に関する連邦行政手続法五九条の三項は、民法典一三九条と同じ規定であり、この点で、行政主体を一方当事者とする公法上の契約と民法上の契約に本質的な違いを見いだすことはできない[27]。

問題となるのは、連邦行政手続法五九条二項（一号乃至四号）が規律する無効原因である。既に述べた通り、これらは規定文言上、五四条第二文の意味での公法上の契約――すなわち所謂「従属法契約」――にのみ適用される特別規定である。しかしながらW・クレプスは、右規定が規律する従属法契約の特別無効原因を、私法上の契約にも転用するのである。

連邦行政手続法五九条二項の「一号」によると、対応する内容を持つ行政行為が無効と評価される場合、公法上の契約もまた無効と評価される[28]。W・クレプスは、――補助金交付決定に代えて私法上の消費貸借契約が締結された場合などのように――行政行為によって達成される行政効果が、私法上の契約を通じても達成される事実を指摘した上で[29]、「行政行為に対応する内容を持つ私法上の契約が重大な瑕疵を帯びており、またそれが考慮されるべきあらゆる状況の理性的評価に際して明白であるにも関わらず、当該私法上の契約が民法典第一三四条の意味での法律の禁止に違反せず、故に無効でないと考えることはできない。」とし、対応する内容を持つ行政行為が無効である場合、私法上の契約もまた、――民法典の一三四条により――無効と評価されるべきことを主張している[30]。

他方、連邦行政手続法五九条二項の「二号」によれば、契約の両当事者が、その違法性を認識しつつ公法上の契約を締結した場合、右契約は一部の例外を除き無効と評価される[31]。ここで問題となるのは、「契約の両当事者による違法性の認識が、私法上の契約の存続効にいかなる影響を及ぼすのか」であるが、W・クレプスは、こうした瑕疵を帯びる私法上の契約は「公序良俗違反」だとし、民法典一三八条によって無効と評価される旨を主張している[32]。

さらに、五五条が規律する従属法上の和解契約と同じく、私法上の和解契約もまた、「行政の法律適合性原理（憲法原理）」を考慮して、その締結にあたっては「客観的不明確性の存在」と「和解締結の合目的性」を必要とする。また五六条が規律する従属法上の交換契約と同じく、私法上の交換契約もまた、憲法原理である「連結禁止原則」や「比例原則」、さらに「過剰規制禁止原則」に違反することはできない。W・クレプスによれば、これらの憲法原理に違反して締結された私法上の和解契約は、「法律の禁止（民法典一三四条）」又は「善良風俗違反（民法典一三八条）」に該当して、また「連結禁止原則」に違反して締結された私法上の交換契約は、「善良風俗違反（民法典一三八条）」に該当して、やはり無効と評価されることになる。(33)

〔六〕　私法上の契約と私的自治・契約自由の原則

最後に、私法上の契約と私的自治・契約自由の原則について検討を加えておこう。前章でも指摘したように、近年、ドイツの行政法学の趨勢は、「基本権の享有主体」が、憲法上保障された自由権的基本権を行使し、自己決定により法律関係を創設する現象を捉えて「私的自治の原則」と説明する。したがって、公法上の契約の一方当事者となった私人はともかく、基本権の享有主体性を否定される行政主体には、「私的自治の原則」は妥当せず、また——私的自治の原則の一側面として、常にそれと連動する——「契約自由の原則」もまた妥当しないと一般に説明される。(34)

他方、問題となるのは「私法上の契約の一方当事者となった行政主体に、私的自治の原則や契約自由の原則が妥当するのか」である。この点W・クレプスによると、公法上の契約の場合と同様、私法上の契約に於いても、契約の一方当事者となった行政主体には、「私的自治の原則」はもちろん、「契約自由の原則」もまた妥当しない。なぜなら、私法上の契約を締結する行政主体は、確かに表面的には一般私人と変わらぬ立場に立つが、しかし法的には、法律適合性原理を初めとする憲法上の基本原則に拘束される国家機関としての地位を失わず、「基本権の享有主体性」を否定されるからである。[35] 以下に再度引用するW・クレプスの叙述は、それを明確に示している。[36][37]

「基本権によって保護された自己決定の可能性という意味での契約の自由は、それが基本権の主体たり得る限りでのみ、高権主体に帰属するに過ぎない。高権主体が基本権の主体たり得るか、どの程度で高権主体が基本権の主体たり得るのかは、意見が対立した状況で議論されているが、連邦憲法裁判所の確立した判例によると、それは原則として否定されている。それゆえ《人の自己決定という一般原理の一部分》としての私的自治は、契約を締結する公行政の担い手には帰属しない。それは、行政主体が私法上の契約という法形式を使うか、公法上の契約という法形式を使うかに関係ない。」

結局、本書第一部の第一章乃至第六章で検討した公法契約法の多くは、私法契約法としても通用し、「行政契約法」たる性格を認められる。事実W・クレプスも、公法契約法と私法契約法が、損害賠償法、訴訟法規、強制執行法などの「契約の病理学（Vertragspathologie）」に於いて若干の違いを示すことを指摘しつつも、それ以外に於いて、両契約に妥当する法理論に根本的な差違は存在しないと結論づけるのである。[38]

第三節　第一部総括的考察：連邦行政手続法公法契約規定の存在意義——本書第二部への橋渡し

以上の通り、戦後（特に一九六〇年代から概ね一九九〇年代まで）のドイツ行政契約論は、基本的に、一九七六年に成立した連邦行政手続法「公法契約規定（五四条乃至六二条）」の枠内で展開した公法契約論を基盤として、さらにそれを行政上の私法契約論に——ある意味そのまま——拡張する形で展開されている。ここに我々は、公法契約規定の枠内で展開された公法契約論が、その後の議論に及ぼした影響の大きさを見て取ることができよう。

しかし、一九九〇年代後半（特に一九九九年）以降、こうした伝統的なアプローチ方法に対し、行政法学内部からも批判が提起されるようになった。[39] その最大の要因は、連邦行政手続法「公法契約規定」（及びその枠内で展開される公法契約論）が、行政実務にとって、それほど大きな意味を持っていないとの認識が共有された点にあるようである。一九九九年に教授資格論文『契約相手方としての行政（Die Verwaltung als Vertragspartner）』を公刊したV・シュレッテは、ドイツ国内の行政実務担当者を対象に行ったアンケート調査に基づいて、以下に見る興味深い分析データを提示している。[40]

まず、「公法上の契約を締結する際の行政労力」を問う質問事項に対し、四九・三％（母数八一＝一〇〇％）の実務担当者が「行政行為を発動する場合に比べて労力が大きい」と回答し、「公法上の契約の方が行政行為を発動する場合に比べて労力が小さい」（一三・六％：母数同じ）を上回っている。[41]

他方、「連邦行政手続法第五四条乃至第六二条が規律する公法契約規定の内容をどの程度知っているか」を問う質問に対し、「知っている」と回答した実務担当者は三五％（母数七二＝一〇〇％）、「行政行為に関する規定と同じ程度で知っている」と回答した実務担当者は僅かに四％、逆に「あまりよく知らない」と回答した実務担当者は実に六五％である。[42]

右の調査結果は、なるほど、母数となった行政機関の数（アンケートに回答した行政機関の総数）が必ずしも多くはないものの、「公法契約規定の認知度」と「行政行為との比較に於ける公法上の契約の印象」の一端を示す実証的なデータであることは確かであって、大橋洋一教授が指摘した「行政実務における行政行為の優勝性」[43] を別の角度から裏付けるものと思われる。単刀直入に言えば、行政行為に付款を付して法律関係を規律し得る局面に於いて、敢えて五六条に依拠して従属法上の交換契約を締結し、あるいは、行政行為権限の行使又は不行使を判断する際、基礎となる事実関係に不明確性があるからといって、立証責任論に従って事案の処理が可能であるところを、敢えて五五条に依拠して従属法上の和解契約を締結する必然性はないということであろう。[44]ここに至ってドイツは、「行政行為に代替して締結される契約」を中核に据えた連邦行政手続法「公法契約規定」が、「もはや実務の実情を十分考慮に入れたものになっていない。[45]」との認識に達し、連邦内務省に設置された行政手続法審議会が中心となって、公法契約規定の改正論議を開始することになったのである。従属法契約一辺倒の公法契約論からの離脱である。そこで本書の第二部では、二〇〇〇年以降本格化した連邦行政手続法「公法契約規定」の改正論議に焦点を当て、そこに「民間委託型契約」に関する統制規定を新たに盛り込もうとしたドイツの動きについて、検討を加えることにしよう。[46]

（1）ドイツ私法契約論の動向については、参照、大橋洋一「行政契約の比較法的考察――建設法領域を中心として」同『現代行政の行為形式論』（弘文堂、一九九三年）二一七頁。

（2）ドイツ法に於ける公法上の契約と私法上の契約の峻別論については、大橋・前掲註（1）書一六四頁以下、石井昇『行政契約の理論と手続――補助金契約を題材にして』（弘文堂、一九八七年）八四頁以下、森田寛二「行政契約・協定方式の問題点」成田頼明編『ジュリスト増刊　行政法の争点〔新版〕』（有斐閣、一九九〇年）八四頁以下等を参照。

（3）この点を指摘するものとして、参照、大橋・前掲註（1）書一六四頁、石井・前掲註（2）書八四頁。

（4）Willy Spannowsky, Grenzen des Verwaltungshandelns durch Verträge und Absprachen, 1994, S.114.

（5）Spannowsky, a.a.O(Fn.4)., S.114. は、次のように言う。「論文においては、特に権限理論・規範擬制理論・任務理論が、公法と私法の境界線上で規律される契約類型の法的性質を決定するために発展せしめられてきた。……こうした理論もまた完全な形で公法上の契約と私法上の契約との境界づけを解決することはできない。確かに、行政任務の種類と目的を手掛かりに、契約対象による分類が前提とされなければならない。通常こうした限界付けは、契約の任務類型的な分類を可能にする。しかしそれにもかかわらず、特に契約が相互に私法的要素と公法的要素を併せ持つ場合、明確に資格づけることができないケースが残ってしまうのである。」と。

（6）Carl Hermann Ule/Hans-Werner Laubinger, Verwaltungsverfahrensrecht, 3Aufl., 1986, S.507.；なおW・クレプスもまたC・H・ウレ及びH-W・ラウビンガーと同様の見解を示して、W・ボッセの任務理論を批判している（Vgl. Eberhard Schmidt-Aßmann/Walter Krebs, Rechtsfragen städtebaulicher Verträge, 2.Aufl., 1992, S.165.）。

（7） W・クレプスは、規範擬制理論に対して、次のような批判を展開している。曰く「規範擬制理論に対しては、契約の一方当事者が公権力の主体である場合に、契約が常に公法上の契約になってしまう旨の批判がなされる。契約による規律が規範により追求されたであろう場合、当該擬制規範の分類主体は、必然的に高権主体であり、当該擬制規範は、必然的に公法規範とされるであろう。」と（Schmidt-Aßmann/Krebs, a.a.O(Fn.6)., S.166.）。

（8） C・H・ウレとH-W・ラウビンガーは、次のように言う。「契約を通じて創設・取消し・変更・確認される権利又は義務が、公法上の性質を有すのか、それとも私法上の性質を有すのかは、それが公行政の主体にのみ与えられ得るのか、それともあらゆる人に与えられ得るのかに従って判断される。建築許可は、権限を有する行政庁によってのみ付与され得る。行政庁が契約上建築許可を与え、又は契約上行政庁が建築許可の付与を義務づけられる場合、この契約は、以上の理由から公法上の性質を有することになる。これに対して、物の譲渡義務は、単に公行政の主体のみならず、あらゆる人によってもまた引き受けられ得る。したがって、ラントXが契約上Yに対して特定の不動産の譲渡を義務づけられる場合、この契約は私法上の契約である。」と（Ule/Laubinger, a.a.O(Fn.6)., S.508.）。なお、我が国に於いても森田寛二教授は、右に紹介した権限理論に立って、公法上の契約と私法上の契約とを分類している（参照、森田・前掲註（2）論文八四頁以下）。

（9） Schmidt-Aßmann/Krebs, a.a.O(Fn.6)., S.160.

（10） Spannowsky, a.a.O(Fn.4)., S.114f.

（11） 公法上の契約と私法上の契約の峻別基準が錯綜した状況にある旨を指摘するものとして、参照、大橋・前掲註（1）書一六四頁。

（12） 行政私法論については、成田頼明「行政私法」成田編『ジュリスト増刊 行政法の争点〔新版〕』（有斐閣、一九九〇年）二六頁以下、同「非権力行政の法律問題」公法研究二八号（一九六六年）一三七頁以下、塩野宏『オットー・マイヤー行政法学の構造』（有斐閣、一九六二年）三七二頁以下参照。

（13） Hans Julius Wolff, Verwaltungsrecht I, 1956, S.73：なおH・J・ヴォルフの行政私法論については、Vgl., Walter Krebs, Verträge und Absprachen zwischen der Verwaltung und Privaten, VVDStRL 52, 1993, S.273f.：Spannowsky, a.a.O(Fn.4)., S.162f.

（14） Krebs, a.a.O(Fn.13)., S.274.：W・クレプスは、行政私法論が使う〔公的任務の直接的実現〕という概念の曖昧さを批判して次のように述べている。「個々の行政措置は、同時に様々な任務を実現し、行政任務を直接的・間接的に達成する（私経済事業は、利益獲得と同時に、景気対策という公的任務にも直接役立つ）。……したがって、公的任務の直接的な履行というメルクマールは、判別基準としては、それ自体ほとんど無用で役に立たない。行政私法がその適用領域を曖昧にしか提示できないことが、その法教義的構造の固有の難点である。」と（Schmidt-Aßmann/ Krebs, a.a.O(Fn.6)., S.141f.）。

(15) W・クレプスが行政私法論と同じく、私法活動を公法的拘束に服せしめることをもくろんでいた事実は、以下の記述にも明確に現れている。曰く「私法上の契約が私法規範によってのみ拘束され、公法上の契約がもっぱら公法規範によってのみ評価されると誤解されてはならない。実定法及び今日の法ドグマーティクは、むしろその逆である。ともかく、私人は民事契約の締結に際しても、公法規範にも拘束されているのであり、その違反は、民法典第一三四条による契約の無効を生ぜしめる。他方、国家が私法主体として私法上の契約を締結する場合にもまた同じことが言える〔私法上の契約を締結する国家もまた、公法規範の拘束を受け、それに違反した場合、民法典一三四条に従い契約は無効になる――筆者註〕」と（Schmidt-Aßmann/Krebs, a.a.O(Fn.6)., S.135f.）。

(16) Krebs, a.a.O(Fn.13)., S.273.

(17) なお、W・スパンノヴスキーも、行政私法論を基盤に私法上の契約を公法的拘束に服せしめ、以て公法契約法と私法契約法とを接近させようとするW・クレプスを支持している（Spannowsky, a.a.O(Fn.4)., S.162f.）。

(18) 参照、本書第一部第一章第二節。

(19) 参照、本書第一部第二章。

(20) Krebs, a.a.O(Fn.13)., S.275. は、次のように言う。「行政手続法の規定が、憲法上の要請を言い換えたものである限りで、少なくともそれは、私法形式の利用に際しても、行政を拘束する。」と。

(21) Schmidt-Aßmann/Krebs, a.a.O(Fn.6)., S.155f.

(22) 連邦行政手続法五五条（従属法上の和解契約）については、参照、本書第一部第三章第一節。

(23) 連邦行政手続法五六条（従属法上の交換契約）については、参照、本章第一部第三章第二節。

(24) Schmidt-Aßmann/Krebs, a.a.O(Fn.6)., S.157f.

(25) 参照、本書第一部第四章第一節。

(26) Schmidt-Aßmann/Krebs, a.a.O(Fn.6)., S.154f.

(27) Schmidt-Aßmann/Krebs, a.a.O(Fn.6)., S.159f.

(28) 参照、本書第一部第五章第二節第一款。

(29) Schmidt-Aßmann/Krebs, a.a.O(Fn.6)., S.160(Fn.425).

(30) Schmidt-Aßmann/Krebs, a.a.O(Fn.6)., S.160.

(31)　参照、本書第一部第五章第二節第二款。
(32)　Schmidt-Aßmann/Krebs, a.a.O(Fn.6), S.160f.
(33)　Schmidt-Aßmann/Krebs, a.a.O(Fn.6), S.161.：なお、連邦通常裁判所一九六六年七月一四日判決もまた、連結禁止原則に違反して締結された私法上の契約が無効であることを認めて、次のように述べている（DVBl. 1967, S.36ff(S.37.)）。「いずれにせよ遵守されるべきは、国家その他の公共団体は、原則として、その職務上の任務遂行に対して金銭の支払いをさせてはならず、特に、それを認める法律の授権もなしに、その職務上の任務遂行を経済的反対給付に依存せしめてはならないということである。この基本原則への違反は、通常、——私法上の、あるいは公法上の——契約を無効にする。」と。
(34)　参照、本書第一部第六章第三節。
(35)　Schmidt-Aßmann/Krebs, a.a.O(Fn.6), S.162.：W・クレプスは次のように言う。「行政主体が契約に関与する場合（行政契約）、公法と私法の法原則上の相違性は、公法上の契約と私法上の契約という法形式に於いては、対応関係を認められない。むしろ公法上の行政契約と私法上の行政契約は、法教義に関して相互に接近している。以前から十分に発達せしめられてきた私法形式類型を利用する一方で、公法的法拘束を受け入れたのである。それは、国家が国家によって利用されている法形式に関係なく、国家に特有の法的地位を放棄し得ないという一般的に支持された見解の結果にほかならない。」と。
(36)　Schmidt-Aßmann/Krebs, a.a.O(Fn.6), S.130.：なおW・スパンノヴスキーも、私法上の契約を締結する行政主体には私的自治など存在しないことを認めて次のように言う。「行政は、原理的に私法形式の選択が許容されている場合にもまた、公法的制約に服する。私法のマントを覆った行政もまた、私的自治（Privatautonomie）を享受しない。……私的自治が、自己の法的関係の形成に於ける個々人の自己決定の承認を表現する個人主義的原理であることを別としても、私法形式に於いて活動する行政に対する強い公法的拘束は、個々人の自己決定とは合致しない形成余地の狭限化をもたらす。」と（Spannowsky, a.a.O(Fn.4), S.164f.）。
(37)　したがって、工事請負契約や土地の任意買収に際して締結される売買契約などの（行政上の）私法契約を、民法上の契約と資格づけることは妥当ではない。確かに、私法契約形式を利用する行政主体は、私人と同様の立場に立つかの如き外観を示す。しかし、私法上の契約を締結しようとも、国家機関としての地位を失わない行政主体には、「私的自治」や「契約の自由」を認められず、また手続面・実体面の双方に於いて、公法上の契約と同様の法的統制が及ぼされる。この事実に鑑みると、行政上の私法契約は、民事契約と構造上、全く異なる。J・ブアマイスター（Joachim Burmeister）も、土地収用に代えて締結される土地売買契約（行政上の私法契約）を民事契約と資格づけることに対して強い懸念を示しており、「右私法上の契約の締結は、土地収用を行うための法律要件が充足されている場合に限り許容され、行政主体は、私法上の契約を通じて、思うがままに土地取引に関与することはできない。」と述べ、行政上の私法契約が、民法上の契約と根本的に区別されなければならない旨を強調している（Joachim Burmeister, Verträge und Absprachen zwischen der Verwaltung und Privaten, VVDStRL 52, 1993, S.210ff.）。

（38）Schmidt-Aßmann/Krebs, a.a.O(Fn.6)., S.162.：なお、W・スパンノヴスキーは、連邦行政手続法六〇条一項第二文（「行政庁は、公共の福祉への重大な損害を防止し又はこれを除去する必要がある場合には、公法上の契約の解約を告知し得る。」）が、公法上の契約に特有の法理であることを根拠に、これを私法上の契約に準用することはできないとの見解を示している。右公法契約法理が、憲法上の要請を具体化したものではないことが、その主な理由のようである。とはいえ、W・スパンノヴスキーは、私法上の契約を締結する行政主体もまた公益適合性の原理から解放されるわけではないこと、また私法上の契約による公益侵害の発生を防止・除去する必要性があること等に鑑み、行政主体は、私法上の契約を締結する際、契約相手方たる私人との交渉を通じて、公益侵害を理由とした一方的解約条項を獲得・調達する義務を負うと結論づけている（Spannowsky, a.a.O(Fn.4)., S.289.）。

（39）本書第二部でも指摘するように、ドイツ連邦政府が連邦行政手続法の公法契約規定を改正する必要性を認識し、それを閣議決定したのは一九九九年のことである。

（40）Volker Schlette, Die Verwaltung als Vertragspartner, 2000, S.689ff.

（41）Schlette, a.a.O(Fn.40)., S.705.

（42）Schlette, a.a.O(Fn.40)., S.707.

（43）大橋・前掲註（1）書一九九頁以下及び本書序論第一節第三款［四］を併せて参照。

（44）ハンス・クリスティアーン・レール（Hans Christian Röhl）は、二〇〇四年の日独法学会に於ける講演（「契約による行政」）に於いて、次のように述べている。「公法上の行政契約諸種の中で行政法がもっとも注目したのは、行政が、行政行為によっても処理しえたはずの案件について敢えて契約を締結した場合の、そのような契約に対してである。これに対応して、VwVfG〔連邦行政手続法――筆者註〕は五四条第二文の重要な定めのなかでかかる諸契約に言及する：『特に、行政庁は行政行為を行使するに替えて、行政行為の名宛人で有り得たはずの者とのあいだに公法契約を締結することができる』。この文言に関連させて、次の論点をめぐる議論が延延となされた：契約という法形式を投入することにより、行政は、片面的活動の場合には遵守している枠組を逸脱することができるか。すでに見たように実のところ、こうした想定は契約の投入の最重要なものでは全然ない。」と（参照、ハンス・クリスティアーン・レール〔守矢健一訳〕「契約による行政」日独法学二三号〔二〇〇五年〕六頁以下〔一三頁〕）。

（45）Vgl. Beirat Verwaltungsverfahrensgesetz beim Bundesministerium des Innern, Fortentwicklung der Vorschriften über den öffentlichrechtlichen Vertrag (§§54-62VwVfG), NVwZ 2002, S.834.

（46）ハンス・クリスティアーン・レールもまた、「公共善を満たすという任務に私人を私人のまま関連付けること〔これは民間委託を意味している――筆者註〕こそが重要」という（ハンス・クリスティアーン・レール（守矢健一訳）・前掲註（44）論文一三頁）。

第二部　公私協働契約論

第一編　公的任務の共同遂行（公私協働）と行政上の契約

——ドイツ連邦行政手続法第四編「公法契約」規定の改正論議に於ける協働契約論

序章　はじめに

第一節　これまでの動向と共通認識

第一款　これまでの動向

ドイツの連邦行政手続法は、一九七七年に施行されて以来今日に至るまで複数回に及ぶ規定改正を経験してきたが、同法の第四編が規律する公法契約規定（五四条乃至六二条）は、この法律が施行されて以来実質的に一度も改正されることなく運用されてきた(1)。こうした中、ドイツ連邦政府は、一九九九年一二月一日の閣議決定に於いて、「連邦行政手続法が規律する公法契約規定を今後改正し、そこに、公的任務の共同遂行を目的として締結される契約を念頭に置いた規定を新たに創設すべきこと」を明らかにした(2)。これを受けて、一九九七年から連邦内務省に設置されていた行政手続法審議会（Beirat Verwaltungsverfahrensgesetz beim Bundesministerium des Innern）は、一九九九年から八回に及ぶ全体会議と二回の討論会を経て、二〇〇〇年、同省に対して以下に述べる二つの内容を柱とする勧告を行った。すなわち、「連邦行政手続法が規律する公法契約規定の改正論議を今後本格化すべきこと」、また「議論を学術的に深く掘り下げるために、専門家の鑑定を行うべきこと」の二点である(3)。

その後、連邦内務省は、右の勧告に従い、二人の専門家に鑑定意見の作成を依頼した。鑑定意見の提出を求められたのがベルリン・フンボルト大学のG・F・シュッペルト（Gunnar Folke Schuppert）教授とシュパイヤー行政大学のJ・ツィーコー（Jan Ziekow）教授の二名である。

他方、連邦内務省の行政手続法審議会は、二〇〇一年の七月に提出・公表されたシュッペルト鑑定意見[4]とツィーコー鑑定意見[5]を参考にさらに議論をすすめ、その後、同省に対して最終勧告[6]を行うとともに、今後行われるべき規定改正の具体的方向性を示すべく、二〇〇四年に、連邦行政手続法公法契約規定の具体的改正草案を作成・提出した[7]。またこの間、二〇〇三年八月三〇日にライプツィヒで開催されたドイツ弁護士協会第九回年次大会に於いて、連邦内務省行政手続法審議会の委員長を務めるH・J・ボンク（Heinz Joachim Bonk）が、「公法上の契約のさらなる発展――特に公私協働を念頭に入れて」と題する基調講演を行い、その中で、連邦行政手続法公法契約規定を改正する必要性と改正の具体的な方向性を議論している[8]。

第二款　共通認識

後に改めて述べるように、G・F・シュッペルト及びJ・ツィーコー教授による二つの鑑定意見と、H・J・ボンク及び連邦内務省行政手続法審議会の最終勧告との間には、特に、「改正の程度及び範囲」をめぐって、見解の相違が存在する[9]。しかし、規定改正の程度を含む個々の論点については対立しつつも、以下に述べる二つの理由に基づいて、連邦行政手続法が規律する公法契約規定を今後改正する必要性があることを指摘する点で、彼らは認識を共有している。

すなわち第一に、「一九七七年に施行されて以来、約三〇年間に及ぶ運用の過程で、現行の公法契約規定が、契約形式の利用を妨げる原因とも言える数々の問題点を抱えていることが判明した」という認識である[10]。この点は、G・F・シュッペルトを除く全ての論者が共通して指摘している[11]。

第二は、「連邦行政手続法が規律する公法契約規定が、制定から三〇年を経た現在、公私協働という時代の要請に十分応えきれるものになっていない」という認識である。[12] すなわち、ドイツに限らず現代国家の多くは、厳しい財政状況を前に、公的任務の全てを官僚組織と公的資金を用いながら国家単独で処理することに限界があることを認めざるを得なくなっており、任務履行の民間委託であれ、任務の履行に必要な資金の調達であれ、恒常的に拡大する任務を遂行するために民間の活力を導入せざるを得ない状況に置かれつつある。[13] こうした流れの中で、現実の行政実務に於いても、公的任務の共同遂行を内容とする契約が、行政主体と民間事業者との間で数多く締結されるに至っている。[14] 後にも改めて論じるが、右に述べた行政現象が、一般に「公私協働（Public Private Partnership）」と呼ばれ、他方、これを内容として締結される契約が「協働契約（Kooperationsvertrag）」と呼ばれる。[15] 連邦内務省の行政手続法審議会をはじめ、その委員長であるH・J・ボンク、さらに同省に鑑定意見を提出したG・F・シュッペルト及びJ・ツィーコー等は、協働契約の意義が今後ますます増大することが見込まれる中で、[16] 今から約三〇年前に制定された連邦行政手続法の公法契約規定が、制定当初の時代的制約もあって、当該契約を念頭に置いた規定を全く持っていない事実を問題視し、先に述べた連邦政府の要請に応えるべく、連邦行政手続法の中に、協働契約に関する規定を新たに挿入することを志向した議論を行っているのである。[17]

第二節　考察対象の限定と叙述の順序

このように、連邦行政手続法公法契約規定の改正を目指す議論は、一九七七年以来実質的に一度も改正されることなく運用されてきた「既存の公法契約規定の改正」と、「協働契約に関する新規定の追加」という二つのテーマを同時並行的に追求するものである。このうち、「既存の公法契約規定の改正」をめぐる議論については、その紹介及び分析を他に譲ることにし、本編では、「協働契約に関する新規定の追加」をめぐる議論に限定して、考察を行うことにする。本編は、以下に述べる三章から構成される。

第一章では、公私協働という行政現象に焦点を当て、その概念、具体例、及び特色を明らかにするとともに、それを目的として締結される契約（協働契約）が、連邦行政手続法に規律された従来の公法上の契約と比較した場合に、法的性質や構造の点で、いかなる特徴を示すのかを明らかにし、以て、協働契約に関する新規定を追加するにあたって問題となる諸々の論点を浮き彫りにする。

他方、第二章では、現実に協働契約に関する規定を連邦行政手続法の中に挿入することを志向する際、最低限の一般的・抽象的な枠組規定の挿入で満足する連邦内務省行政手続法審議会の立場（小規模解決）と、数多くの詳細かつ具体的な規定の挿入を主張するG・F・シュッペルト及びJ・ツィーコーの各鑑定意見（大規模解決）とが対立している事実を踏まえ、両見解の内容と、こうした見解の対立が生じる背景について、紹介・分析することにする。

最後に第三章では、特にシュッペルト鑑定意見とツィーコー鑑定意見に添付された各規定草案を考察の対象とする。協働契約規定の新規挿入にあたって抜本的な問題解決を主張する二人の鑑定意見及び規定草案が、今後さらに本格化する立法化作業を経て、最終的にどの程度で規定の内容に反映されるのかはともかく、そこで展開された議論は、協働契約に関するドイツ行政法学の現時点での到達点を示すものである。そこで本編では、両鑑定人が提出した規定草案の内容及び理由書を紹介・分析することを通じて、協働契約法の全体像を明らかにすることにしたい。

（1） Heinz Joachim Bonk, Fortentwicklung des öffentlichrechtlichen Vertrags unter besonderer Berücksichtigung der Public Private Partnerships, DVBl 2004, S.141ff (S.147).
（2） Die Bundesregierung, Moderner Staat - Moderne Verwaltung (Das Programm der Bundesregierung) 1.Dezember 1999, S.7.

(http://www.staat-modern.de/Anlage/original_550397/Moderner-Staat-Moderne-Verwaltung-Das-Programm-der-Bundesregierung.pdf)；Beirat Verwaltungsverfahrensgesetz beim Bundesministerium des Innern, Fortentwicklung der Vorschriften über den öffentlichrechtlichen Vertrag（§§54-62VwVfG), NVwZ 2002, S.834ff（S.834).；Heribert Schmitz, Moderner Staat—Modernes Verwaltungsrecht, NVwZ 2000, S.1238ff（S.1241).

（3）Beirat Verwaltungsverfahrensgesetz beim Bundesministerium des Innern, a.a.O（Fn.2)., S.834.

（4）Gunnar Folke Schuppert, Grundzüge eines zu entwickelnden Verwaltungskooperationsrechts—Regelungsbedarf und Handlungsoptionen eines Rechtsrahmens für Public Private Partnership, in: Bundesministerium des Innern（Hrsg.)., Verwaltungskooperationsrecht（Public Private Partnership)—Gutachten im Auftrag des Bundesministerium des Innern—, Juni 2001.

（5）Jan Ziekow, Verankerung verwaltungsrechtlicher Kooperationsverhältnisse（Public Private Partnership）im Verwaltungsverfahrensgesetz, in: Bundesministerium des Innern（Hrsg.)., Verwaltungskooperationsrecht（Public Private Partnership)—Gutachten im Auftrag des Bundesministerium des Innern—, Juni 2001.

（6）Beirat Verwaltungsverfahrensgesetz beim Bundesministerium des Innern, a.a.O（Fn.2)., S.834f.

（7）連邦内務省行政手続法審議会が作成した連邦行政手続法公法契約規定の改正草案は、本書第二部第一編の末尾に資料として掲載した。なお、筆者は、同審議会の委員を務めるドイツ・フライブルク大学のライナー・ヴァール教授（Professor Dr. Rainer Wahl）より右草案を入手したが、同教授に伺ったところ、右草案は、連邦内務省の内部資料であり、今のところ公表される予定はないとの回答を得た。

（8）Bonk, a.a.O（Fn.1)., S.141ff.

（9）参照、本編第二章第二節。

（10）Ziekow, a.a.O（Fn.5)., S.114-167. は、現行の公法契約規定（五四条乃至六二条）のほとんど全てにわたって全面的な改正を行うよう主張し、この点に関して詳細な鑑定意見を提出している。他方、連邦内務省行政手続法審議会及びその委員長であるH・J・ボンクは、J・ツィーコーが主張するほど大規模な改正までは主張してはいないものの、現行の公法契約規定のうち、公法上の契約が行政行為に代替して締結され得る旨を規律した五四条の第二文、公法上の契約の書面形式を規律する五七条、第三者の権利を侵害する公法上の契約が当該第三者の書面による同意があるまで暫定的に無効である旨を規律した五八条の一項、及び五六条が規律する交換契約の無効原因を規律した五九条二項四号について、それぞれ問題点を指摘するとともに、その改正提案を行っている（Vgl.: Bonk, a.a.O (Fn.1), S.147ff.; Beirat Verwaltungsverfahrensgesetz beim Bundesministerium des Innern, a.a.O (Fn.2), S.835.）。なお、本編序章第二節（考察対象の限定と叙述の順序）でも述べるように、これらの問題については別途論ずる予定であり、本編に於いては、詳しく取り上げない。

(11) 連邦行政手続法の第四編が規律する現行の公法契約規定を改正する必要性がない旨を主張するシュッペルト鑑定意見については、Vgl. Schuppert, a.a.O (Fn.4), S.133.; したがってシュッペルト草案では、現行の公法契約規定（連邦行政手続法第四編五四条乃至六二条）は、その条文の位置が第五編（五九条乃至六六条）に移動せしめられたほかは、何ら変更されていない。

(12) 例えば、連邦内務省行政手続法審議会は、次のように言う。曰く、「公行政にとって、契約という手法の意義は、年が経つにつれて大きく変わった。公法上の契約という固有の行為形式は、それが行政手続法によって法律上承認されて以来、主として、行政行為に代替するもの（verwaltungsaktsersetzend）と位置づけられてきた。公法上の契約に関する従来の法律規定が、行政に対して非対等的な権力関係に立つ市民を保護することに重点を置いてきたのも、そのためである。〔他方――筆者註〕行政は今日、次第に、他の公法上の法人や私人と協力（Zusammenarbeit）しながらその任務を履行するために、公法上の契約を用いるようになっている（都市建設上の契約に関する建設法典第一一条、同第一二条を参照）。ここ数年、行政が公法上の契約という行為形式を利用した数々の事案（例えば連邦行政裁判所二〇〇〇年五月一六日判決 BVerwGE.111, 162 = NVwZ 2000, S.1285.）に於いて明らかになっているのは、その発効から二五年以上が経過した現在まで何ら改正されることなく維持され続けてきた連邦及びラントの行政手続法第五四条以下の諸規定は、もはや、実務の実情を十分考慮にいれていないということである。」と（Beirat Verwaltungsverfahrensgesetz beim Bundesministerium des Innern, a.a.O (Fn.2), S.834.）。

(13) 参照、亘理格「公私機能分担の変容と行政法理論」公法研究六五号（二〇〇三年）一八八頁。Wolfgang Hoffmann-Riem, Modernisierung von Recht und Justiz—Eine Herausforderung des Gewährleistungsstaates—, 2001, S.24.; なお、Bonk, a.a.O (Fn.1), S.144. は次のように述べている。曰く、「〔例外なく経費がかさむ〕公的任務遂行への民間参入が議論される場合、通常、〔公的任務を遂行する際に要する――筆者註〕資金の調達をめぐる問題を解決することが、民間との協働の理由であり、また民間との協働の核心となっている。国家財政が乏しい時代にあっても、行政任務は処理されなければならない（又は処理されるべきである）。しかし、往々にして〔行政任務を遂行するための――筆者註〕公的資金は、もはや十分ではない。だからこそ国家は、様々な方法及び規模で行われる民間の財政的参画、あるいは、様々な形式で行われる公的又は私的なリファイナンスによる事前融資を通じて、民間に対し、財政的な補助及び支援を求めるのである。」と。なお、民間活力の活用、及びその法的問題点を行政法学的に分析したものとして、晴山一穂「民活・規制緩和をめぐる行政法上の諸問題」同『行政法の変容と行政の公共性』（法律文化社、二〇〇四年）九五頁以下、同「日本における民営化・規制緩和と行政法」同一一六頁以下等を参照。

（14）参照、本編第一章第一節第二款。

（15）ドイツの行政法学に於いては、公私協働（Public Private Partnership）及び協働契約（Kooperationsvertrag）という用語のほかにも、行政協働（Verwaltungskooperation）及び行政協働契約（Verwaltungskooperationsvertrag）という用語が用いられることがある（連邦内務省に鑑定意見を提出したG・F・シュッペルトとJ・ツィーコーは、行政協働及び行政協働契約という用語を用いる）。本編第一章第三節でも述べるように、公私協働（又は行政協働）という概念の下で把握される行政現象の内容については、学説上未だ確立を見ていないが、両概念はいずれも、国家と民間事業者が共同で公的任務を遂行する現象を指し示す概念として、共通性を持っている。本書では、用語を統一するため、原則として「公私協働」及び「協働契約」を用いることにする。ただし、シュッペルト鑑定意見とその草案、及びツィーコー鑑定意見とその草案を訳出するにあたっては、原文に忠実に「行政協働」及び「行政協働契約」という用語を用い、筆者註という形で適宜補足することにする。

（16）Bonk, a.a.O（Fn.1）, S.148.；晴山・前掲註（13）「日本における民営化・規制緩和と行政法」一二七頁以下、山本隆司「民間の営利・非営利組織と行政の協働」芝池義一ほか編『ジュリスト増刊　行政法の争点〔第三版〕』（有斐閣、二〇〇四年）一五四頁。

（17）Bonk, a.a.O（Fn.1）, S.148. は次のように言う。曰く、「公的任務の処理に際して、行政庁と民間とが契約を締結して協力（Zusammenarbeit）する現象は、ますます増加しつつあるが、こうした、公的任務遂行に際しての契約締結を通じた行政庁と民間との間での協力は、これまでのところ、連邦行政手続法第五四条以下の規定の中に、規範的明文を与えられていない。それは、今から三、四〇年前に公法上の契約に関する議論が行われた際、国家は市民と一般に契約を締結してよいのか、また一体どのような形であれば契約を締結し得るのかが主たる問題となった事実により説明がつく。〔公的任務遂行に際しての公と私の契約による協働という――筆者註〕今日の問題は、当時は話題に上らなかったのである。」と。なお、近年、ドイツに於いて、連邦行政手続法を改正し、そこに協働契約に関する規定を新たに挿入することを志向した議論が行われていることについては、参照、山本隆司「開かれた法治国――行政法総論の基本概念の再検討」公法研究六五号（二〇〇三年）一六三頁以下（一六七頁）。

第一章　公私協働の概念及び特色

第一節　概念及び具体例

第一款　公私協働の概念

公私協働（Public Private Partnership）とは、従来国家（行政）がその資金と人的・物的資源を用いながら単独責任の下自ら履行してきた公的任務を、民間事業者と共同で遂行してゆく諸々の行政現象を指し示す概念である。例えばJ・ツィーコーは、「公的部門と民間部門が相互に協力し、責任を分担しながら一つの共通目標を達成すること」こそが公私協働の特徴であるとし、次のように述べている(18)。

「公私協働（Public Private Partnership）は、国家と市場の交差点での協働（Kooperation an der Schnittstelle zwischen Staat und Markt）を意味する。したがってそれは、純粋な物々交換及び給付交換によって規定づけられる取引関係でもなければ、単なる、国家による公的任務の履行でもない。むしろ国家と市場は、協力によって得られる効果を獲得し、双方にとっての利益のために連携する。国家の観点からすれば、私人とのパートナーシップは、責任を分担するための手段（Instrument der Verantwortungsteilung）である。国家と私的相手方は、一つの共通した目的を定義し、当該目標を実現するために協力を行うのである。公私協働に於いては、民営化の場合とは異なり、責任の共有（Verantwortungsgemeinschaft）という思考が前面に登場する。目標の決定及び目標達成の方法は、意図的に、当事者固有の利益（例えば、行政のサイドにとっては公的任務の履行であり、私人にとってみれば利益への関心）に依拠しているが、それは右に述べた目標の共通性に何ら変更を加えない。」

問題となるのは、右に述べた公私協働という概念の下で、「具体的にどのような行政現象が把握されなければならないのか」である。後にも指摘するように、この概念の下に包括されるべき行政現象の範囲をめぐっては、学説上見解の相違（グレーゾーン）が存在するが[19]、学説上一般に、公私協働という概念の下で把握されている行政現象としては、次のようなものがある。

第二款　具体例

〔一〕　都市開発フォーラム[20]

ミュルハイム市（Mülheim）の都市開発に関連して、情報の交換と、都市開発政策上の問題点の審議を目的としたフォーラムが開催された。フォーラムには、市をはじめ、商工会議所、小売店連盟、地域手工業団体、ドイツ労働組合総連合、地域経済界、欧州議会選挙区代表者、連邦議会、ラント議会が参加している。フォーラムは、今後実施されるべき都市開発の方向性や都市開発をめぐる諸々の問題点を審議し、数々の提案を行った。フォーラムが行った提案事項は、法的な意味で拘束力を持つものではなかったが、今後、具体的に政策を立案し、決定を行う際の基礎資料とされるべきものであった。

［二］　地区詳細計画案の共同策定(21)

これはエットリンゲン（Ettlingen）中心街を再開発するにあたり、地区詳細計画（Bebauungsplan）の草案作成作業に、市民が積極的に関与せしめられた事案である。行政は、計画化手続に複数の市民を関与させ、計画化手続を組織するとともに、当該手続に関与した市民に対し、都市再開発の理念や基本原則、再開発に要する資金の調達方法を説明した。この手続に於いて、市民代表と行政当局は、ゲマインデ議会議員、都市開発の専門家、プランナーからなる再建諮問委員会の助言と鑑定を受けながら個々の具体的な建設案を検討し、最終的に、地区詳細計画の草案を作成した。この草案は、法的拘束力を持つものではなかったが、今後、ゲマインデ議会が地区詳細計画を条例化するにあたり、重要な基礎資料とされるべきものであった。

［三］　下水浄化連合構想(22)

ここで述べる事案は、シュパイヤー（Speyer）市、及び、その近郊諸都市と、ルートヴィヒスハーフェン（Ludwigshafen）に本社を置くドイツ有数の総合化学製造会社（Badische Anilin- und Soda-Fabrik AG ＝BASF）との間で行われた、下水浄化業務の委託をめぐる契約交渉である。構想の内容は、シュパイヤー市等がＢＡＳＦ社まで下水配管を接続し、下水浄化業務を同社に委託するというものであった。交渉の過程では、市等がＢＡＳＦ社に支払う金額（一立方メートルあたりの基本料金）をはじめ、下水の処理基準、監視の方法、契約期間及び損害賠償等が議論されている（ただし右の構想は、シュパイヤー市の反対により最終的に失敗に終わっている。市自らが持つ下水浄化施設を用いた方が経済的に安価であったこと、また長期間にわたり下水浄化業務を民間企業に依存することに対する不安――特に下水処理の安全性確保や処理方法等につき、十分な影響力を行使することができなくなるとの不安――がその原因であった）。

［四］　病院経営の民間委託[23]

ここで取り上げる事案は、経営実施モデルと呼ばれる公私協働の一種である。事案は、赤字経営に苦しむ市立病院の経営に関わる。

シュトゥットガルト（Stuttgart）市の市立病院は、慢性的に赤字経営に苦しんでいたが、市は財政負担の原因となっている病院の経営を立て直すため、病院そのものは行政が所有しつつ、その経営を民間企業に委託することにし、経営状況の改善度に応じて、報奨金を支払うことにした。市立病院の経営を引き受けることによって得られる経済的利益（報奨金）に関心を示した企業のうち、民間の電話会社との間で契約が成立し、同社に病院の運営が委託された。契約では、右電話会社によって選ばれた病院長に対し、病院の機構、組織、人事制度、財政制度に関する決定権限が委ねられた。

［五］　社会福祉業務の民間委託[24]

事案は、ベルリン州（Land-Berlin）が、自由社会福祉保護中央組織連盟（Liga der Spitzenverbände der Freien Wohlfahrtspflege）及び、自助連絡場所促進団体（Verein zur Förderung von Selbsthilfe-Kontaktstellen）との間で締結した任務委託契約に関わる。ベルリン州は、社会福祉業務を適切かつ効率的に処理するために、社会福祉問題に精通し、専門知識とノウハウを持つ右の社会福祉団体との間で、州の財政資金の管理及び運用（資金交付業務）を委託することを内容とする契約を締結した。州の契約相手方となった社会福祉団体は、ベルリン州の財政資金の管理・運用によって、自己の活動能力を向上させることができることに魅力を感じ、契約の締結に合意した。なお、右の契約に於いては、契約当事者双方の報告・情報提供義務が合意されるとともに、今後、契約の解釈や運用をめぐって疑義や紛争が生じた場合に備え、契約当事者及び他の第三者専門家からなる合同委員会、又は単に契約当事者の代表が同数参加する合同委員会の設置が合意されている。

〔六〕　下水処理有限会社設立構想（共同経営企業モデル）[25]

ブレーメン（Bremen）市は、従来、下水処理業務を市の自営企業（Eigenbetrieb）に於いて処理してきたが、それを形式的に民営化することにし、市が二五・一％を出資する私法上の有限会社（ブレーメン下水処理有限会社 Die Abwasser Bremen GmbH）の設立を構想した。右有限会社は、市との契約を通じ、それまで下水処理業に携わってきた市の自営企業から下水処理施設等を譲り受けるとともに、市が今後も所有し続ける下水網を三〇年間使用する権利を取得した。他方、契約に於いて右有限会社は、下水網と下水処理施設の取扱いや維持の方法、下水の処理方法、下水の処理過程で生じた汚泥の処理基準等につき義務を負い、違反があった場合には損害賠償責任を負うこと、また市は、この場合、下水処理業務及び下水処理施設等を再度取り戻す権利（任務・施設再取得権）を持つこと等が合意された。その上で株式が公開され、市の持ち分二五・一％を除く部分につき、民間の出資が募られた。

〔七〕　民間資金活用事業（ＰＦＩ）[26]

最後に、近年我が国でも注目を集めている民間資金活用事業（ＰＦＩ手法）もまた、ここで取り扱う公私協働の一類型に位置づけられている。代表例が連邦の高速道路や連邦の幹線道路などといった交通基盤整備プロジェクトに於ける民間活力の活用事例である。

すなわちドイツでは、二〇〇三年に策定された連邦道路計画に基づき、連邦高速道路及び連邦幹線道路の延長区間の建設が推進されるが、その際、Ａモデル、Ｆモデルという二つの方式に於いて、道路の建設、維持、運営及び資金調達が民間事業者に委ねられる（いずれのモデルがとられるにせよ、道路インフラ整備責任が連邦及びラントに存続し続ける点では共通する）。連邦は道路の建設、維持、運営、資金調達を民間事業者に委ねることによるコストの削減を、また民間事業者は、右の業務に関与することにより、利潤を追求することを志向しているのである。

右に述べた二つのモデルのうち、Ｆモデルでは、高速道路等の建設、維持、運営及び資金調達を委託された民間事業者は、道路の利用者から直接通行料金を徴収する高権を委任される。

他方、Ａモデルでは、高速道路の建設、維持、運営、資金調達を委託された民間事業者は、あらかじめ総資金の五〇％の融資を受けることができることになっている。通行料金の徴収はあくまで連邦が行い、民間事業者の取り分は、国家財政の中から支出される仕組みになっている。

第二節　公私協働の特色

第一款　民間事業者の意思の自律性・任意性

右に掲げた諸々の行政現象を見てもわかるように、公私協働の概念の下で把握される行政現象は多様である。しかし、それらに共通するのは、「従来、国家が単独で履行してきた公的任務が、民間との協力関係に於いて履行されている」点である。すなわち行政は、民間事業者が持つ経営ノウハウや専門知識、さらには民間所有の人的・物的資源等を活用すべく、公的任務の遂行過程に何らかの形で民間を関与させ、以て財政的負担の軽減、行政組織のスリム化、任務処理の効率化と質の向上を目指すのであり[27]、他方、民間事業者は、従来行政が単独かつ独占的に行ってきた任務領域に自己の活動領域を拡張し、経済的利潤やイメージ利益を獲得することを目指すのである[28]。したがって、協働関係に入る民間事業者の意思には、自律性、又は高い任意性が存在する。例えばＪ・ツィーコーは次のように言う[29]。

「その際浮き彫りになっているのは、任意性（Freiwilligkeit）という特徴である。つまり、協働関係の中で〔公的――筆者註〕任務の履行に協力する旨の決断は、協働の相手方により自律的に行われる。典型的には、行政による一方的な高権的行為を通じて私人の協働行為を強制することはできないのである。もちろん任意性は、利他主義（Altruismus）と同一視されてはならない。協働関係に関与する私人の動機は、任務の履行それ自体である必要はない。協働による任務の履行は、私的なサイドに対して名誉職（Ehrenamtlichkeit）を意味するわけではない。むしろ通常私人は、協働を通じて自らの利益を追求するのである。」

第二款　履行責任の免除・軽減と保証責任及び捕捉責任の存続

他方、本章の冒頭で引用したJ・ツィーコーの叙述にも表れているように、公私協働は、「国家責任の軽減」及び「責任の分担・共有」という考え方と密接な関係に立つ[30]。すなわち民間事業者は、それが自らの判断で協働関係に入った場合、従来行政が単独で行ってきた公的任務を、全部（民間単独で）又は部分的に（行政と共同で）履行する責任を負うのであり、他方行政は、民間事業者が引き受けた限度に於いて、当該「履行責任（Erfüllungsverantwortung）」を免除又は軽減されるのである。公私協働により、「国家から私的関係者への責任の部分的移動（Partielle Verlagerung von Verantwortung von staatlichen auf private Akteure）が生じる」といわれる所以である[31]。

しかしながら右の事実は、行政庁が公的任務に関する責任を全面的に免除されることを意味しない。例えばH・バウアー（Hartmut Bauer）は、「保証責任（Gewährleistungsverantwortung）」及び「捕捉責任（Auffangverantwortung）」という概念を用いながら、公私協働後に於いてもなお、行政が責任を負い続ける事実を次のように述べている[32]。

「右に述べた意味での協働による任務履行は、何ら目新しいものではない。協働による任務の履行は、民営化や行政改革といった周辺領域に於いて、より一層強く意識されるようになっている。これまでの議論の発展により明らかにされているのは以下の点である。すなわち、国家は、民営化によって完全に〔行政任務から――筆者註〕撤退し、行政任務を自由な市場力に委ねてしまうのではなく、監督、統制、補助、及び調整を行うことを通じて適切なる任務の履行を目指し、任務の履行に影響力を行使する、ということである。キャッチフレーズを用いて端的に述べるなら、右に述べた所見は、一般に、《履行責任から保証責任へ（von der Erfüllungsverantwortung zur Gewährleistungsverantwortung）》、又は〔履行責任から――筆者註〕単なる捕捉責任へ（zu einer bloßen Auffangverantwortung）という表現によって言い換えられるのである。」

そこで検討されなければならないのは、以下の二点である。第一に、H・バウアーのいう保証責任、捕捉責任が具体的にどのような責任なのかである。すなわち、右に引用した彼の叙述によれば、「監督、統制、補助、及び調整を行うことを通じて適切なる任務の履行を目指すこと」、又は「任務の履行に影響力を行使すること」が国家の果たすべき責任だとされているが、それらが保証責任又は捕捉責任という概念と、具体的にどのような関係にあるのかが明らかにされなければならない。また第二に、行政が、保証及び捕捉責任を公私協働後も果たさなければならない理由である。以下では説明の便宜上、第二の問題から先に検討することにしよう。

〔一〕　公共の福祉への拘束及び国家の基本権保護義務

公私協働を通じて公的任務の履行責任を民間事業者に委託した行政庁が、保証責任及び捕捉責任という二つの責任を担う事実を指摘する論者のうち、その理由を明快に述べる論者の一人がJ・ツィーコーである。(33)

彼の指摘によれば、公私協働には、「公的利益の屈服（Unterliegen des öffentlichen Interesses）」という危険性が本来的に内在している。すなわち、民間事業者は、常にその効率性思考と利益獲得思考により、自らの活動を最大限効率化し、自己の獲得する利益を最大化しようとする性向を備えている。このため、民間事業者にとって利益にならない事項は、それがいかに公的利益に関連するものであっても軽視されがちとなり、私的な利益追求の前に、公的利益又は公共の福祉が侵害される危険性が潜んでいる。(34) 公私協働を通じて公的任務の履行責任が民間事業者に委託された後に於いてもなお、国家が何らかの意味で責任を負い続けなければならない理由は、この点に求められる。すなわち、国家（行政庁）は、公共の福祉を擁護するために、公私協働後に於いても、公的任務の履行に携わる民間事業者の活動を統制しなければならないというのである。彼はこの点に関して次のように述べている。(35)

「行政の責任を背景としながら、公的部門と民間部門の活動能力を組み合わせることが行政協働〔公私協働――筆者註〕の特徴であるならば、行政がその責任を正当に評価することを可能にするような規定を挿入することが必要となる。行政が協働を行うことにより、行政固有の責任――公共の福祉に対する責任――を放棄することはない旨が保障されなければならない。行政協働〔公私協働――筆者註〕は、私的な協働の相手方の特別利益によって、公共の利益が横領される（vereinnahmt werden）ような事態を招いてはならない。したがって行政協働法は、公共の福祉に関する行政の責任を考慮して、協働による民間の貢献に対して統制を及ぼす可能性を保障しなければならない。」

他方、J・A・ケメラー（Jörn Axel Kämmerer）は、任務履行責任の民間委託が民営化であることを前提に、(36) 民営化が行われた後に於いても、国家が民間の活動を統制する義務を負わなければならない理由を、基本権保護義務という憲法上の原則を用いながら、次のように述べている。(37)

「国家は、関係者の法的関係に左右されることなく基本権を保護することを、その任務としている。他方、国家が特定の活動を自ら実施するのではなく、それを他者に実施させる事態に移行する限りで、基本権の効果は変化する。民営化が行われる以前は国家によってなされていた活動が、民営化を通じて、民間事業者によってもまた、あるいは民間事業者により単独で実施されるようになる。この民間事業者は、基本権の主体として、さらに別の基本権の主体と向かい合っている。国家と市民の間の二面的な基本権関係（zweipolige Grundrechtsbeziehung）は、国家、民間の給付提供者（民営化の名宛人）そして当該給付を受領する私人を包括する三面的な基本権関係（dreipolige Grundrechtsbeziehung）にまで変化している。こうした民営化された活動に関し、国家は（民営化が続く限り）基本権の保証人として（als Garant der Grundrechte）登場する。すなわち国家は、基本権を保護するという目的を持って、私人間の法律関係に影響を及ぼさなければならないのである。」

右に引用したJ・A・ケメラーの見解は、以下のように要約することができる。すなわち、国家が公的任務を自ら履行し、市民に対して直接給付を行う場合に於いては、憲法上の基本権保護義務が国家の履行行為を統制する原理として機能する。これに対し、民営化により任務の履行を行う主体が国家から民間に移動した場合、憲法上の基本権保護義務は、履行行為を統制する原理として完全な形で機能しなくなる。任務を遂行する主体は、国家性を否定される民間事業者だからである。したがって国家は、民営化によって新たに登場した民間事業者の活動によって、それまで国家から直接給付を受領してきた市民の基本権が侵害されることのないよう配慮しなければならない。なぜなら国家は、民営化により任務履行責任を民間事業者に委ねた後に於いても、給付受領者たる第三者私人との関係で、基本権保護義務を負うことに変わりはないからである。(38)事実、彼は次のように述べている。(39)

「民営化は、国家と〔国家から給付を受領してきた――筆者註〕私人の間に介入せしめられた第三者〔民間事業者――筆者註〕による〔給付受領者たる私人の――筆者註〕基本権的地位への直接的な侵害が国家によって防止される全ての場面で、基本権を保護義務に変える。

なるほど給付の受領者は、基本権から導かれる主観的な法的地位を持ち続けてはいる。しかし、当該主観的な法的地位は、〔国家による――筆者註〕侵害からの防御権（基本権的法律留保の範囲内に於いてのみ許容される侵害からの防御権）に向けられたものでもなければ、〔国家が行う――筆者註〕給付の供与に向けられたものでもない。したがって、それはもはや完全な形では機能しない。給付受領者が持つ主観的な法的地位は、今や、給付という点に関して、民営化の名宛人、すなわち〔民営化により国家に代わって給付活動を行うことになった――筆者註〕プロバイダー〔民間事業者――筆者註〕が持つ、相反する権利を通じて相対化されている。基本権の名宛人としての国家が果たすべき役割は、介入をやめ、基本権に応じて給付を分配することではない。むしろ国家が果たすべき役割は、〔民営化によって――筆者註〕給付の提供を行う民間と、当該給付を受領する私人との間で相対立する基本権的地位を、公正に調整することに配慮することである。なお、右に述べた調整がどのような形で行われなければならないのかは、〔民営化に――筆者註〕関与する民間事業者の社会経済的な重要性に従いながら決定される。」

〔三〕　国家の保証責任及び捕捉責任

公私協働論（又は民営化論）との関係で議論される国家の保証責任及び捕捉責任は、右に述べた、公共の福祉を擁護する国家の責任、又は給付受領者たる市民の基本権を保護する国家の責任から導かれる概念である。すなわち、保証責任とは、任務の履行責任が民間事業者に委ねられた後に於いて、国家が民間事業者の活動を監視・統制することにより、任務が最終的に履行されることを保証する国家の責任を意味する。例えばJ・ツィーコーは、次のように述べている。(40)

「保証責任（Gewährleistungsverantwortung）という段階は、国家が自ら単独で行ってきた任務の遂行から撤退する状況に関連する。この場合、任務の履行は、公的主体と民間により共同で実施されるか、あるいは……民間単独で行われる。したがって国家は、自ら――あるいはいずれにせよ単独で――任務を遂行することはない。しかしながら、統制措置を通じて、任務が履行されることを保証する。監督責任（Überwachungsverantwortung）や、統制責任（Regulierungsverantwortung）は、右に述べた保証責任の発現形態であることが確認されている。」

公私協働の具体的事例の中に、事業を行う過程で遵守されるべき義務を民間事業者に課す事例（本章第一節第二款［三］及び［六］）や、業務内容の報告義務を課す事例（同［五］）が存在するが、これらはまさに、保証責任を負った行政が、その発現形態である監督・統制責任を果たした事例に位置づけられよう(41)。

他方、保証責任と並ぶ国家の責任に位置づけられる捕捉責任は、適時かつ適切に任務の履行を行わない民間事業者に対して、監督・統制（保証責任の遂行）を行ったにもかかわらず、それが十分な効果を上げない場合に備えて、かかる事態への具体的対応策を事前に講じる国家の責任を意味する。J・ツィーコーは次のように述べている(42)。

「捕捉責任（Auffangverantwortung）は、目指された統制効果が生じない場合に、事後統制（Nachsteuerung）を行うための手段を発展・展開させることに関連する。……捕捉責任という概念は、統制効果が欠如（Ausfall）する場合に備えて、別の履行選択肢を事前に準備する（Vorhaltung von Erfüllungsalternative）責任と理解されなければならない。」

公私協働の具体的事例に於いて、民間事業者の活動に契約違反があった場合に備えて、契約上あらかじめ、行政の任務再取得権限や任務の履行に必要な施設の再取得権が合意される事例が見受けられるが（本章第一節第二款［六］）、これはまさに、行政が捕捉責任を果たした典型例に位置づけられよう(43)。

第三節　公私協働概念の不明確性

以上の議論からも推測されるように、ドイツの行政法学説に於いて現在議論されている「公私協働」という概念の下で把握される行政現象は、行政主体と民間の間で行われる双方的な交渉・合意現象の全てを取り込むものではない。例えば、政府契約の締結を通じて国家が公的任務を履行するために必要な物品を調達するような現象は、確かに契約が締結されているという意味に於いて、広く協働の概念で把握されるものの[44]、特定の公的任務を効果的に処理するために民間事業者が持つ固有の能力（経営ノウハウ等）が活用され、行政と民間事業者が責任を共有・分担しながら共同で公的任務を処理しているわけではないという意味に於いて、公私協働の概念からは一般に除外される[45]。また、先に述べたように、公私協働の特色の一つが、国家（行政）と民間事業者の間での責任の分担に求められるのであれば、行政主体相互の垂直的・水平的協力は、それがいかに公的任務を遂行するために行われるとしても、ここでいう公私協働の概念からは除外されることになる[46]。

とはいえ、右に見た調達事象や行政主体間協力のように、公私協働の概念から明確に除外される行政現象が存在する一方、「公私協働という概念の下で一体どの範囲の行政現象が把握されるべきなのか」という点に関しては、学説上、必ずしも見解の一致を見ているわけでもない[47]。特に、「環境法上の協働原則の発現形態に位置づけられる諸々の行政現象が、果たして公私協働の概念で把握されるのか」という問題や、「民営化の諸現象と公私協働概念との関係」をめぐっては、学説上見解の相違が見られ、公私協働という概念が、必ずしも明確に確立されたものではないことが明らかになっている[48]。

第一款　公私協働と環境法上の協働原則との関係

ドイツ行政法学説の中には、環境法上の協働原則と公私協働の概念とを明確に区別し、協働原則の発現形態に位置づけられる諸々の行政現象を、公私協働の概念から除外する見解が存在する。こうした見解を主張するのがJ・ツィーコーである。すなわち彼は、施設に対して事後的な命令を発動することに代えて締結される健全化の申合せや、双方の了解の下でなされる違法状態の黙認、さらに産業界が自主規制を行うことを条件に法規命令の制定を放棄することが約束される規範代替型の協定を例に挙げ、これらはいずれも、本来行政行為や法規命令などといった高権的な行政活動を通じて達成される法的効果が、申合せ又は協定という非権力的な別の手法によってもまた達成され得る事実を示すに過ぎないとした上で、「協働によって得られる経済的利潤を目指して自律的かつ任意的に協働関係に入る民間の意思が欠けていること」[49]を理由に、これらを公私協働の概念から除外する。[50]また操業に関する自主監視や容器包装法制に於けるデュアルシステムなどの手法についても、これらが、国家の強い影響力行使の下、国家によって指示された産業界の自主規制であること、したがってそこには、協働によって得られる経済的利潤を目指して協働関係に入る民間の自律的かつ任意的な意思が事実上存在しないことを理由に、同じく公私協働の概念から除外するのである。彼は次のように述べている。[51]

「行政協働（Verwaltungskooperation ＝公私協働）は、環境保全の領域に於いてもまた行われている。しかしながら、行政協働と環境保護法に於ける協働原則（Kooperationsprinzip）の様々な発現形態とが混同されるようなことがあってはならない。……その際注意しなければならないのは、ある施設に対して事後的な命令を発動することに代えて締結される健全化の申合せであれ、双方的な了解の下でなされる違法状態の黙認であれ、こうしたインフォーマルな申合せは、ここで用いられている意味での行政協働〔公私協働――筆者註〕ではないということである。公的任務の遂行が、民間の活動能力によって代替され、あるいは補足されるのではなく、さもなければ高権的な手法を通じて達成することのできた効果が、〔申合せという――筆者註〕別の方法によって導かれているに過ぎないのである。同じことは、とりわけ、いわゆる自主規制協定という形式に於ける規範代替型の申合せという現象の評価についても言えることである。……環境法上の協働原則の発現形態のうち、それ以外のものもまた、これを行政協働〔公私協働――筆者註〕と理解することはできない。例えばデュアルシステムであれ、特に企業委託という形式に於ける操業上の自主監視であれ、協働によって生み出され、規範上規律されている諸々の制度がその事例である。これらは、市場と国家が交渉を行うことによって、それぞれが有している活動能力を組み合わせるものではなく、国家により指示された産業界の自主規制である。非常に高い程度で決定に関する任意性が市場に委ねられているとはいえ、例えば環境監査などのインセンティヴシステムについてもまた、同じことが言える。」

これに対し、右に見たJ・ツィーコーの見解とは対照的に、環境法に於ける協働原則の発現形態を広く公私協働の概念の下に含める見解もまた存在する。こうした見解を主張するのがG・F・シュッペルトである。彼は、協働原則が単に環境法に於ける数ある諸原則の一つにとどまらず、環境法領域を超えて一般化することのできる統制原理であるとの認識を示している。(52) すなわち彼の理解によれば、この原則は――環境法典の独立専門家委員会草案が明確に規律するように(53)――、「環境を保全する国家の任務が民間に委託された限りで、民間は自らの責任に於いて当該任務を履行しなければならないこと」、他方「国家は、民間に委託された任務が取り決められた通りに履行されるよう、その活動を監視・統制しなければならないこと」、さらに「民間が適切に環境保全の任務を履行しない場合には、当該任務の履行が再び国家に委ねられなければならないこと」を内容とするものであり、「環境保全という公的任務が、国家と民間の責任分担の下で共同処理される現象」を指し示す点で、むしろ公私協働に密接に関連するものなのであ

る。(54)

第二款　公私協働と民営化論の関係

他方、右に見た環境法上の協働原則との関係のみならず、同じく既に一定の議論の蓄積を見る民営化論との関係を見ても、公私協働という概念が、学説上、今なお明確に確立されたものではない事実が明らかになる。(55)というのも、公私協働の具体例として列挙した諸々の行政現象は、敢えて公私協働という概念を用いなくとも、民営化の各類型（特に機能的民営化の概念）によってもまた説明することが可能だからである。(56)

すなわち、都市開発フォーラムに於いて都市開発をめぐる情報交換が行われ、又は具体的な地区詳細計画の草案が共同策定された事例（本章第一節第二款〔一〕〔二〕）は、行政手続に関する最終責任を行政が保持しつつ、手続の過程に民間の活力が導入されたものであり、これらは機能的民営化の一種である手続の民営化に位置づけられる。(57)他方、公的資金の管理及び当該資金の交付業務が社会福祉団体に委ねられた事例（同〔五〕）は、社会福祉に関する権限と最終責任を行政主体が保持しつつ、具体的な任務の履行（具体的な資金交付手続の実施）が民間に委託されているという意味で、同じく手続の民営化、機能的民営化の具体例である。(58)また、病院経営が民間に委託された事例（同〔四〕）も、市立病院の経営という公的任務に関する最終責任を行政が保持しつつ、その具体的な履行行為が民間事業者に委託されたものであり、同じく機能的民営化に分類され得る。(59)さらにブレーメンに於ける下水処理を業務とする持株会社の設立（同〔六〕）や、連邦の高速道路や幹線道路の建設に必要となる資金が民間から調達されるＰＦＩ方式（同〔七〕）は、下水の処理又は道路等のインフラ整備責任を国家が負いつつ、当該任務を履行するために必要な資金の調達が民間に委ねられており、機能的民営化（特にその一類型である財政の民営化）に位置づけられるのである。(60)

こうしてドイツ行政法学説の中には、特に民営化論を専門とする論者から、公私協働という概念の使用に対し、批判が提起されることになる。例えばJ・A・ケメラーは、現在ドイツの法律学が公私協働という概念を明確に定義できていないこと、またこの概念の下で把握される行政現象と、これまで民営化論が議論の対象としてきた行政現象との間に何ら違いを見いだせないことを理由に、公私協働という概念を新たに用いることに疑問を提起し、この概念の不要論を唱えるのである。(61)

とはいえ、連邦行政手続法が規律する公法契約規定の改正論議との関係で公私協働論が議論される場合、そこに以下に述べる明確な視点が存在する事実は見過ごされるべきではない。

すなわち第一に、それは公私協働という概念が今なお明確に定義されていないことを認めつつも、国家と民間が責任を分担しながら公的任務を共同遂行する現象をさしあたって公私協働という概念で括り、当該公私協働を法的に基礎づけるために締結される契約を広く協働契約と位置づけた上で、当該協働契約が、特に連邦行政手続法の規律対象である従来の公法上の契約との関係で、一体どのような特殊性又は相違性を示すのかを明らかにしようとするものであるということである。(62)

また第二に、民間との間で責任を分担しながら公的任務を共同で遂行してゆくために協働契約を締結してきた既存の行政実務の動向に目を向け、そこで生じた様々な問題点を認識した上で、全ての協働契約が必ず遵守しなければならない最低限の基本原則を明らかにし、(63)そこで得られた知見を基に、最終的には、連邦行政手続法の中に協働契約に関する枠組み規定を、従来の公法契約規定とは別に新たに挿入することを志向するものだということである。(64)したがって、そこでの関心は、公私協働の様々な実態を隈なく拾い上げた上で、それを細かく類型化し、公私協働の概念を排他的に確立することにあるわけではないのである。(65)

第四節　協働契約の特徴

そこで問題となるのは、「近年ドイツで議論される公私協働論が注目する協働契約とは、一体どのような特色を持っているのか」であり、また「連邦行政手続法が規律する公法契約規定とは別に、協働契約に関して、敢えて独自の規定を新たに設けなければならないと主張されている具体的な理由はどこに求められるのか」である。

結論から先に述べれば、公私協働論が議論の対象とする協働契約は、連邦行政手続法が規律の対象とする公法上の契約と比較した場合、以下に述べる三つの特徴を持っている。

第一に、この契約は、必ずしも公法上の契約に資格づけられるとは限らないということである。むしろ多くの論者が指摘するように、協働契約の多くは企業法・私法上の契約であり、また公法と私法の交錯領域で締結される点に特色を持っている(66)。

第二に、協働契約の多くが公法契約性を否定されることとも関連するが、この契約は、連邦行政手続法の公法契約規定が規律対象に位置づけてきた、いわゆる行政行為等の高権的な行政活動に代替して締結されるようなものではない。すなわち本書第一部でも既に論じたように、連邦行政手続法第四編（五四条乃至六二条）が規律する公法契約規定は、行政主体と私人間で締結される公法上の契約であって、特に、行政行為の発動権限を持った行政庁と、当該行政行為の潜在的な名宛人たる私人との間で締結される契約を念頭に置いている(67)。連邦行政手続法が、その五四条の第二文に於いて、行政行為に代替して締結される契約（従属法契約）を規律し、また、五五条、五六条、六一条などといった複数の規定が、「第五四条の第二文の意味での契約であって」という適用領域限定条項を持っているのも、この法律の立法者が、行政行為代替型の契約（従属法契約）に焦点を当て、行政行為の発動権限を背景に優越的な地位に立つ行政庁と契約交渉を行わざるを得ない私人を保護しようとしたことの現れである(68)（従属法契約に於ける契約当事者の非対等性）。

これに対し、協働契約は、それが仮に公法上の契約に分類されるとしても、右に述べた従来型の（行政行為代替型の）公法上の契約とは、およそ性質を異にする。既に述べたように、民間事業者は、契約の締結を通じて協働関係に入るか否かを純粋に任意かつ自律的に判断するのであり、その意味では、連邦行政手続法の公法契約規定が従来保護の対象として念頭に置いてきた行政庁の契約の相手方（行政行為の発動権限を背景に、潜在的に優越的な地位に立つ行政庁と契約交渉せざるを得ない私人）とは根本的に異なるのである（協働契約に於ける契約当事者の対等性）。J・ツィーコーは次のように述べている(69)。

「責任の分担及び責任の共有（公私協働――筆者註）の特徴は、協働の任意性（Freiwilligkeit der Kooperation）である。確かに責任の分担や責任の共有（公私協働――筆者註）は、必ずしもその全てが、取引き又は市場に於いて行われるわけではない。公的部門の持つ利点や問題解決能力への接近に利益が存在すると判断したが故に、私人が行政協働（公私協働――筆者註）を行うこともあり得る。とはいえ、私人にとっては、換金可能な協働の利益（realisierbare Kooperationsgewinn）の存在こそが、協働関係の具体化を行う決定的な要素である。そして公的部門もまた、一般に私人のそれに比べて劣ってはいるが、自らの交換力や取引力に頼らざるを得ない。したがって、当該協働は、連邦行政手続法の第五四条第二文の意味での従属法契約とは異なり、ヒエラルヒーの陰（Schatten der Hierarchie）の中で行われるのではなく、――いずれにせよ基本的に――ヒエラルヒーから解放されているのである。」（傍点筆者）

他方、第三に、先に紹介したJ・A・ケメラーが指摘した「民営化（公私協働）による基本権関係の三面化」とも関連するが、協働契約は、その内容が常に契約当事者以外の第三者の基本権に影響を及ぼすものである点でも、連邦行政手続法の規律対象たる従来の公法上の契約とは、およそ性質を異にする。

すなわち、連邦行政手続法は、契約の内容が契約当事者以外の第三者の権利又は法律上の利益を侵害する場合に、契約の有効性を当該第三者の書面による同意に依存せしめている（連邦行政手続法五八条）。既に述べたように、この規定の基になったのは一九六三年に公表された模範草案の四四条、及びその後一九七〇年に公表された連邦政府草案の五四条であるが(70)、この規定の背後には、「契約に参加しなかった第三者に契約の効果を及ぼしてはならない」ことを意味する民事法上の基本原則（第三者の負担となる契約の禁止）が存在する(71)。したがって、民事契約法理をそのまま公法上の契約に転用したことの是非はともかく、連邦行政手続法は、公法上の契約が――民事契約の場合と同じく――、原則として契約当事者間の（二面的な）法律関係のみを規律するものであることを前提に、例外的に契約が特定範囲の第三者の権利又は法律上の利益を侵害する内容を持つ場合に、当該第三者を保護するために、契約の有効性を当該第三者の書面による同意に依存せしめたものと評価されるのである(72)。

これに対し協働契約は、民間事業者が契約当事者以外の第三者に給付を行うことを内容とするものであるが故に、契約当事者以外の第三者の基本権に影響を及ぼすことが当初より前提となっている。しかも、協働契約に於ける契約当事者以外の第三者（民間事業者から給付の提供を受ける第三者）は非常に広範囲（不特定多数）に及ぶため、契約の締結及びその履行をめぐる利害関係も、それだけ複雑なものとなっている。協働契約は、契約当事者たる行政主体と民間事業者との間で、契約の締結を目指した交渉が始まった段階で既に、契約によって権利又は法律上の利益に影響を受ける不特定多数の第三者利害関係人を抱えているのであって、連邦行政手続法が従来規律の対象としてきた公法上の契約とは、本質的に異なるのである。J・ツィーコーが現行の連邦行政手続法五八条一項を改正する必要性を主張し、その際、多数の利害関係人と複雑な利害関係が錯綜する計画確定手続に於ける利害調整システム（連邦行政手続法七三条四項第三文）をモデルとすべきことを主張したのも、彼が、行政主体と私人間で締結される行政契約の中に――協働契約のごとき――、多数の第三者利害関係人に影響を及ぼす契約が複数存在することを念頭に置いたからに他ならない。(73)

ドイツに於いて近年、協働契約を念頭に入れた新規定を従来の公法契約規定とは別に、独自に創設する必要性が主張されているのも、協働契約が、連邦行政手続法が規律の対象としてきた従来型の公法上の契約には見られない特色を示していること、したがって逆にいえば、同法が規律する従来型の公法上の契約によっては、政府が今後促進しようとしている公私協働を十分実現できないと考えられているからである。事実、連邦政府は一九九九年一二月一日の閣議決定に於いて、次のように述べている。(74)

「連邦政府は、協働的な契約関係に関する法的枠組条件を創設する予定である。現在のところ行政は、民間との間で協働を行う際、伝統的な形式に於ける公法上の契約を用いることができるに過ぎない。〔行政が――筆者註〕動態的な国家及び新たな責任分担の形成という意味に於いて〔民間と――筆者註〕広範に協力を行おうとする場合、それはもはや十分ではない。それ故、協働関係の形成に適した契約類型と契約条項が、連邦行政手続法の中に創設されるのである。」

(18)　Ziekow, a.a.O (Fn.5), S.80f.
(19)　本編第一章第三節を参照。
(20)　Ziekow, a.a.O (Fn.5), S.86f.
(21)　Ziekow, a.a.O (Fn.5), S.87.
(22)　Ziekow, a.a.O (Fn.5), S.88.
(23)　Ziekow, a.a.O (Fn.5), S.92f.

（24） Ziekow, a.a.O（Fn.5）., S.93.

（25） Ziekow, a.a.O（Fn.5）., S.88ff.

（26） Bonk, a.a.O（Fn.1）., S.142ff（S.144f.）: Ziekow, a.a.O（Fn.5）., S.75.

（27） Ziekow, a.a.O（Fn.5）., S.95f. は、公私協働によって得られる行政側の利点として、財政負担の軽減、給付提供の効率化、組織及び手続の軽減、給付提供の柔軟化、受容性の向上及びイメージ向上を挙げる。なお、公私協働が、行政に対して財政の負担軽減という利点をもたらすことについては、H・J・ボンクも指摘するところである（前掲註（13）を参照）。

（28） Ziekow, a.a.O（Fn.5）., S.97f. は、公私協働によって得られる民間事業者側の利点として、活動領域の獲得、利潤の獲得、行政が持つ問題解決能力の利用、イメージ利益の獲得等を挙げる。なお、Bonk, a.a.O（Fn.1）., S.144. も、次のように述べる。曰く「こうした協力が事業者にとって利益になることは明らかである。というのも、これにより事業者は、新たな活動領域、活動の可能性、そして収益を得るチャンスを開くからである。」と。

（29） Ziekow, a.a.O（Fn.5）., S.72f.

（30） Christoph Gusy, Jenseits von Privatisierung und „schlankem“ Staat: Duale Sicherheitsverantwortung, in: Gunnar Folke Schuppert（Hrsg.）, Jenseits von Privatisierung und schlankem Staat, 1999, S.127ff.: Wolfgang Hoffmann-Riem, a.a.O（Fn.13）., S.24ff.: Bonk, a.a.O（Fn.1）., S.144.: Schuppert, a.a.O（Fn.4）., S.108ff.: Ziekow, a.a.O（Fn.5）., S.72f.: なおH-H・トゥルーテ（Hans-Heinrich Trute）は次のように述べている。曰く「責任（の分担）という概念に関して明らかになるのは、以下の点である。すなわちこの概念は、公益の中に存在する任務を履行する際に、国家部門と民間部門〔それぞれ――筆者註〕が果たす役割を描写し、それを分析することに関連づけられているということである。公益の中に存在する諸々の状況及びその変革の必ずしも全てが、国家によって促進されなければならないわけではないという認識は、諸々の社会状況に対する国家の責任〔という考え方――筆者註〕（それは、例えば生存配慮という概念と結びつけられている）から、国家責任の細分化及び公共の福祉という目標を達成する際の民間部門の登用へと、考え方を変化させている。国家と民間部門の間での責任分担（Verantwortungsteilung zwischen staatlichen und privaten Akteuren）という考え方がそれである。もちろん、右に述べた考え方は、――最近〔他の論者によっても――筆者註〕指摘されているように――、国家と民間部門の間の違いを取り払うことを意味するものではない。むしろこの考え方〔国家と民間部門の間での責任分担という考え方――筆者註〕は、国家と民間部門が、様々な形で連携し、かつ〔各部門が持つ――筆者註〕知識と能力を利用することによって、ある目標を（共同して）追求することに貢献し得る事実に注意を向けさせるものである。……責任分担という概念は、国家任務の増大、減少する国家の活動能力、そして法の限られた統制能力をテーマとする、社会学及び行政学の問題認識に応えるものである。こうして、責任分担という概念は、民営化（Privatisierung）、規制緩和（Deregulierung）、公私協働（Public Private Partnership）、そして協働的行政（kooperative Verwaltung）といった諸々の現象をその中に取り込む。その限りで責任の分担という概念は、――問題提起の部分でも述べたように――、――社会学的及び行政学的な視点からも同じく焦点を当てられている――公的部門と民間部門の間の関係に関連する一つのキーワードなのである。」と。この点については、Vgl. Hans-Heinrich Trute, Verantwortungsteilung als Schlüsselbegriff eines sich verändernden Verhältnisses von öffentlichem und privatem Sektor, in: Gunnar Folke Schuppert (Hrsg.), Jenseits von Privatisierung und schlankem Staat, 1999, S.13f.

（31） Ziekow, a.a.O (Fn.5), S.73.

（32） Hartmut Bauer, Zur notwendigen Entwicklung eines Verwaltungskooperationsrechts—Statement—, in: Gunnar Folke Schuppert (Hrsg.), Jenseits von Privatisierung und „schlankem" Staat, 1999, S.251ff (S.253). なお、公私協働後も国家（行政）責任が存続しなければならない旨を指摘する我が国の先行研究として、米丸恒治『私人による行政――その法的統制の比較研究』（日本評論社、一九九九年）三四七頁及び三五七頁以下、亘理・前掲註（13）論文一九四頁、山本・前掲註（16）論文一五五頁、同「公私協働の法構造」碓井光明ほか編『公法学の法と政策（下）（金子宏先生古稀祝賀論文集）』（有斐閣、二〇〇〇年）五三一頁以下（五五六頁）、角松生史「行政事務事業の民営化」芝池義一ほか編『ジュリスト増刊　行政法の争点〔第三版〕』（有斐閣、二〇〇四年）一五三頁、大脇成昭「民営化法理の類型論的考察――ドイツ法を中心として」法政研究六六巻一号（一九九九年）二八五頁以下（三〇九頁以下）、小幡純子「公物法とPFIに関する法的考察」小早川光郎＝宇賀克也編『行政法の発展と変革（上）（塩野宏先生古稀記念）』（有斐閣、二〇〇一年）七六五頁以下（特に七八〇頁以下）等を参照。なお、本書以下では、ドイツ行政法学に於いて、特に行政契約論（協働契約論）との関係で議論されてきた国家の保証責任・捕捉責任に限定して考察を行う。この点、ドイツの水道法制に焦点を当て、水道事業の民間委託に際して締結される協働契約との関係で議論される保証責任、捕捉責任論につき、これを総合的かつ実証的に分析した論稿として、近年、鈴木崇弘「ドイツ水道法制における民間委託の統制――行政契約の活用に留意した分析（一）～（四・完）」自治研究九三巻三号一一二頁以下、同四号一一一頁以下、同五号一一四頁以下、同六号一〇九頁以下（二〇一七年）が公刊された。他方、公私協働は、その全てが協働契約の締結に至るわけではなく、したがって保証責任、捕捉責任という概念は、なにも協働契約論との関係に於いてのみ議論される概念ではない。この点、協働契約の締結に至るか否かを問わず、より広く公私協働の局面に於いて国家が果たすべき役割と責任について、これを公法学の観点から詳細に検討・分析した研究書が近年相次いで公刊されている。三宅雄彦『保障国家論と憲法学（現代憲法研究Ⅲ）』（尚学社、二〇一三年）、及び、「責任配分」「規整された自己規整」「保障」を鍵概念に「保障国家・保障行政の法理論」を行政法学の視点又は分析軸から包括的かつ体系的に分析した板垣勝彦『保障行政の法理論』（弘文堂、二〇一三年）である。これらを併せて参照されたい。

（33）保証責任及び捕捉責任の概念に言及するものとして、Vgl., Hoffmann-Riem, a.a.O（Fn.13）., S.25f.：Schuppert, a.a.O（Fn.4）., S.111ff.：Ziekow, a.a.O（Fn.5）., S.179ff.

（34）Ziekow, a.a.O（Fn.5）., S.96.：なお Bauer, a.a.O（Fn.32）., S.263. もまた、既に実際運用されている公私協働の多くが、協働の相手方たる事業者の利益に傾斜したものになっており、公私協働に「一面的な利益衡量」という危険性が内在している事実を指摘している。

（35）Ziekow, a.a.O（Fn.5）., S.179.：Schmitz, a.a.O（Fn.2）., S.1242. も同旨の見解を主張する。

（36）公私協働と民営化の関係については、本章第三節第二款を参照。

（37）Jörn Axel Kämmerer, Privatisierung Typologie—Determinanten—Rechtspraxis—Folgen, 2001, S.449.：なお、三面的な基本権関係という考え方は、J・A・ケメラーによって初めて唱えられたものではない。角松生史教授の研究によれば、これにほぼ対応する考え方は、既に一九七〇年に於いて、H-U・ガルヴァス（Hans-Ullrich Gallwas）によって唱えられていたようである（H-U・ガルヴァスの保証人的地位論）。角松教授は、H-U・ガルヴァスの言説を次のように紹介している。曰く、「〔行政任務の私人による遂行は、公共団体――媒介者、媒介者――市民という直列につながれた二つの法的関係としてではなく、公共団体、媒介者、市民の三角関係（Dreiecksbeziehung）として実現されるのである。公共団体が諸任務を自ら遂行せず、代わって第三者を通じて遂行せしむる場合、公共団体の市民に対する個別の義務・拘束はどうなるのであろうか？　これが決定的な問題である。」そしてガルヴァスは次のように結論する。〔公共団体の諸機関は、それが諸任務を私人によって遂行させる場合であっても、公法規定の維持に対して原則的に責任を有しつづける。委託によりそれは、個別の市民及び公衆に対して、保証人的地位（Garantenstellung）につくのである。」……この『保証人的地位』論は、具体的内容が十分でないにもかかわらず、大会討論及びその後の学説で幅広い支持を得た。市民の地位の保護という重要な前提から出発しつつ、いかなる形態でその要請を具体化するかについては国家機関の幅広い裁量を認める柔軟さが支持を得た所以であろう。……保証人的地位論は、『三角関係』という見方を導入することによって、公共団体の市民に対する責任を観念することを容易ならしめた。」と（角松生史「『民間化』の法律学――西ドイツ Privatisierung 論を素材として」国家学会雑誌一〇二巻一一・一二合併号〔一九八九年〕七一九頁以下、特に七三一頁以下を参照）。なお、亘理・前掲註（13）論文一九三頁以下、及び山本・前掲註（16）論文一五五頁もまた、「行政」、「行政から公的任務の履行を委託された民間事業者」、そして「当該民間事業者を通じて実際に公的サービスの提供を受ける一般私人（受給者）」という、三つの法主体の間に成立する法律関係について、そこに妥当する理論を解明する必要性を説いている。

（38）　Trute, a.a.O (Fn.30)., S.41f. もまた、次のように述べている。曰く「かつて国家の履行責任の下で提供されてきた給付の名宛人であれ、外来者〔すなわち、国家の委託に基づいて公的任務を履行することになった民間事業者――筆者註〕により利害関係に影響を受ける第三者であれ、第三者の地位は、後々まで変化せしめられる。参加や保護などといった既存メカニズムは、〔公的任務を履行する主体がもはや国家ではなく、私法上の法主体たる民間の事業者であるが故に、それが機能するための――筆者註〕明確な基点――すなわち、公法上の主体の活動が憲法上の拘束に服すという基点――を失っている。私法秩序は、それ自体、特殊な公共の福祉が要求する事項を転換することを目指したものではない。任務が実体的に民営化される場合、任務が履行されるのか否か、それがどの程度で履行されるのか、また任務がいかなる効果を伴いながら履行されるのかは、基本権保護義務の枠内で、一般的な私法秩序に従いながら、最終的には〔任務の履行を委託された民間――筆者註〕事業者の自主規制のメカニズムに委ねられたままとなっている。したがって、任務が実体的に民営化される事案を超えて、――状況に応じながら――、第三者を保護することを目的としたさらなる手段が必要となる。」と。なお、給付の受領者たる第三者私人に対する基本権保護義務との関係で、民間事業者を統制する国家の責任を論じる我が国の先行研究として、参照、山本隆司「行政組織における法人」小早川光郎＝宇賀克也編『行政法の発展と変革（上）（塩野宏先生古稀記念）』八七五頁以下、同・前掲註（32）「公私協働の法構造」五三一頁以下、五五六頁、五六二頁。

（39）　Kämmerer, a.a.O (Fn.37)., S.452f.

（40）　Ziekow, a.a.O (Fn.5)., S.180.; なお、Hoffmann-Riem, a.a.O (Fn.13)., S.25. は、保証責任を次のように説明する。曰く、「保証国家は、自ら給付を提供することに代え、可能な限り、組織（例えば協同組合（Genossenschaft）、企業（Gesellschaft）、さらには団体（Körperschaft））に関する法的な枠組みを自由に使用させるに過ぎない。保証国家は、制度が機能障害に陥ることを防止する。例えば、容認することのできない力の不均衡性から市場を保護することが、その事例である（カルテル法）。他方、保証国家は、ルールの遵守を監視する。建築監督がその事例である。」と。ドイツ行政法学で議論されている保証責任については、角松・前掲註（32）論文一五三頁も併せて参照。

（41）　なお、以上に述べた意味での保証責任との関係で、連邦行政手続法の中に、具体的にどのような規定を新たに創設すべきなのか、という点については、本編第二章及び同第三章第五節第一款を参照。

(42)　Ziekow, a.a.O (Fn.5), S.180f.；なお Hoffmann-Riem, a.a.O (Fn.13), S.25f. は、捕捉責任を次のように説明する。曰く、「保証責任は、許容される活動の範囲と、許容される活動に関するルール (Spielregel) に関連するが、このような形で遂行される〔国家の――筆者註〕保証責任は、部分的に、捕捉責任 (Auffangverantwortung) によって補われる。捕捉責任は、目標がまさに失敗に終わらんとしている場合に活性化する (aktivieren) ものである。シュッペルトは、サッカーの用語を用いながら、具象的に次のように述べている。曰く、『捕捉責任は、ゲームがうまくいっている限りに於いて、交代用のベンチ要員 (Reservebank) の地位に……居座る。しかしながらそれ〔捕捉責任――筆者註〕は、公共の福祉を擁護するために重要な役割を果たす統制の欠乏 (Steuerungsdefizit) が確認されなければならない場合、その瞬間に於いて、活性化する。』と。私人が建築秩序法を無視するような場合に、国家が、撤去命令 (Abrißgebot)、又は、利用禁止 (Benutzungsverbot) を通じて、是正を行うために介入することができるのもそのためである。〔他方――筆者註〕捕捉責任は、国家が潜在的な履行責任 (latente Erfüllungsverantwortung) を活性化させることによってもまた、遂行され得る。廃棄物法に於いて、いわゆる Dual-System に於ける民間による廃棄物問題の処理がうまく機能しなかった場合に、国家が再び規制を行う旨を法律で規律したことが、その具体例である。」と。

(43)　以上述べた意味での捕捉責任との関係で、連邦行政手続法の中に、具体的にどのような規定を新たに創設すべきなのか、という点に関しては、本編第二章及び同第三章第五節第二款を参照。

(44)　Hans-Werner Rengeling, Das Kooperationsprinzip im Umweltrecht, 1988, S.14.

(45)　Ziekow, a.a.O (Fn.5), S.72. und S.82.

(46)　Bauer, a.a.O (Fn.32), S.251-252.

(47)　例えば下水処理を業務とする有限会社を持株会社形式に於いて設立する場合や、連邦の高速道路等の建設にかかる費用につき、民間の出資を求めるＰＦＩ方式に関し、Ｊ・ツィーコーは、これを行政協働（公私協働）の概念からは除外する。というのも、民間事業者は、単に資金面での協力を行ったに過ぎず、公的任務の履行行為そのものに関与していないからであるという (Ziekow, a.a.O (Fn.5), S.82ff.)。実際、本編の末尾に掲載するツィーコー草案を見ても、持株会社の設立を目的として締結される契約は、協働契約の概念から除外されている（ツィーコー草案六二ａ条一項三号）。他方、これに対し、Bonk, a.a.O (Fn.1), S.141ff. やＧ・Ｆ・シュッペルト等の見解によれば、公的任務の履行に要する資金の提供という形での民間事業者の協力もまた、公私協働の概念に含まれる。事実、ツィーコー草案とは対照的に、シュッペルト草案では、公的任務の履行を業務とする私法上の持株会社設立契約を協働契約の一つに位置づけた上で、それを統制することを目的とした規定が存在する（シュッペルト草案五六条二項）。なお本書では、ドイツの行政法学説の多数が、公的任務の履行に要する資金提供を通じた民間の協力行為を公私協働の概念で捉えていることに従い、これらも公私協働の概念に含めることにする。

（48）公私協働の概念が不明確であり、今なお確立された概念ではないことを指摘するものとして、Vgl. Ziekow, a.a.O（Fn.5）, S.76ff.; Bauer, a.a.O（Fn.32）, S.251.; Schmitz, a.a.O（Fn.2）, S.1241f.

（49）J・ツィーコーが、公私協働の特色の一つとして、協働関係に入る民間事業者の自律性、任意性を挙げていた事実については、本章第二節第一款を参照。

（50）民間事業者が一定の環境保全措置を自主的に行うことを条件として、行政庁が侵害的な行政行為の発動を見合わせ、又は事業活動を規制することを内容とした法規命令の制定を見合わせる旨を内容とする合意が、「契約」という行為形式を装いながらも、実際は、国家の強い影響力行使の下で締結されていること、したがって民間事業者には、契約を締結するか否かにつき、真の意味での任意性が欠如していることを指摘する論者として、Vgl. Jürgen Knebel, Selbstverpflichtungen und normersezende Umweltverträge als Instrumente des Umweltschutzes, 1999, S.199.; Winfried Brohm, Rechtsgrundsätze für normersetzende Absprachen—Zur Substitution von Rechtsverordnungen, Satzungen und Gesetzen durch kooperatives Verwaltungshandeln—, DÖV 1992, S.1025ff（S.1032f）.

（51）Ziekow, a.a.O（Fn.5）, S.91f.

（52）Schuppert, a.a.O（Fn.4）, S.117.

（53）Bundesministerium für Umwelt, Naturschutz und Reaktorsicherheit（Hrsg.）, Umweltgesetzbuch Entwurf der Unabhängigen Sachverständigenkommission zum Umweltgesetzbuch beim Bundesministerium für Umwelt, Naturschutz und Reaktorsicherheit（UGBKomE）, 1998, S.111f.

（54）Schuppert, a.a.O（Fn.4）, S.117ff.; なお、環境法領域に於ける協働原則の発現形態に位置づけられる諸々の行政現象を公私協働の概念に含めるか否かをめぐって、ドイツの行政法学説上、見解の対立が存在する事実については、磯村篤範「ドイツにおける行政改革・ＮＰＭと行政法学」山村恒年編『新公共管理システムと行政法』（信山社、二〇〇四年）一六七頁以下（一八三頁註（28））を参照。

（55）公私協働の概念と民営化の関係を考察したものとして、Vgl. Kämmerer, a.a.O（Fn.37）, S.56ff.

（56）Ziekow, a.a.O（Fn.5）, S.83f. もまた、彼のいう行政協働（公私協働）が、機能的民営化の事象と基本的に重なることを認めている。なお、ドイツ行政法学に於いて議論されてきた民営化（Privatisierung）の概念、及びその法的問題について取り扱った論稿は枚挙に暇がないが、さしあたり、米丸・前掲註（32）書（民営化の類型に関しては、同書一五頁以下を参照）、岡田雅夫「行政課題の Privatisierung 論について」『法学と政治学の現代的展開（岡山大学創立三〇周年記念論文集）』（有斐閣、一九八一年）一一三頁以下、松塚晋輔「ドイツの民営化概念（1）（2・完）」法政研究六四巻四号六九頁以下、六五巻一号一一九頁以下（一九九八年）、角松・前掲註（37）論文六九頁以下、大脇・前掲註（32）論文二八五頁以下、及び原野翹ほか編『民営化と公共性の確保』（法律文化社、二〇〇三年）所収の各論文等を参照。

（57） Ziekow, a.a.O (Fn.5), S.74ff.

（58） Ziekow, a.a.O (Fn.5), S.92f.

（59） Ziekow, a.a.O (Fn.5), S.92f.

（60） Ziekow, a.a.O (Fn.5), S.74f.

（61） Kämmerer, a.a.O (Fn.37), S.58. は次のように述べる。曰く、「公私協働（Public Private Partnership）という概念は、〔そこから――筆者註〕多数の価値（Polyvalenz）が打ち出されれば打ち出されるほど、総じて不明確である。法律学及び法政策学は、これまでのところ、専門用語上この概念を把握することに成功しておらず、また将来的にも、それが成功することはないであろう。……〔他方――筆者註〕仮に民営化の類型と『公私協働』が同一視されるのであれば、別の意味で、〔民営化という概念とは別に公私協働という――筆者註〕概念を立てることに対して疑問が提起される。結局、公私協働という概念は、他の――より明確な――概念が既に同じ事実関係を描写している限りで、不必要である。『公私協働』という概念から何ら特別な知見の獲得を期待することができないなら、民営化というテーマとの関係で、もはやこれ以上詳細にこの概念に立ち入ることはしない。」と。なお、角松生史教授は、「『公私協働』の位相と行政法理論への示唆」公法研究六五号（有斐閣、二〇〇三年）二〇〇頁以下（特に二〇三頁）に於いて、「『公私協働』は、しばしば『現代的』現象として語られるが、許認可のような最も『古典的』な行政過程の中にも、『私人』は当然のアクターとして予定されていたのである。従って、『現代的』な要素があるとすれば、『公私協働』の存在自体ではなく、公私協働における行政組織と私人との役割分担の変容に見出されるべきであろう。」（傍点ママ）と明快に指摘する。

（62） こうした研究を行う必要性は、既に一九九二年に開催されたドイツ国法学者大会に於いて、W・クレプス（Walter Krebs）によって主張されている（Vgl. Walter Krebs, Verträge und Absprachen zwischen der Verwaltung und Privaten, VVDStRL 52, 1993, S.250ff.）。すなわちW・クレプスは、行政契約が行政行為に代替する機能を持つことを認めつつも、行政契約の機能は必ずしもそれに限定されるわけではないこと、したがって、行政法学説は、今後、行政行為代替型の契約以外の契約類型についても、そこに妥当する法理論を模索し、確立してゆかなければならないことを主張している。その際彼は、特に取り組むべき課題として、本書が考察の対象とする協働契約を挙げており、これを（連邦行政手続法が規律する）行政行為代替型の公法上の契約とは別の契約類型に位置づけている（S.277f.）。

（63）こうした研究アプローチ方法をとる論者として、Vgl. Bauer, a.a.O（Fn.32）., S.266ff.

（64）本編第二章第一節を参照。

（65）Ziekow, a.a.O（Fn.5）., S.184. は次のように言う。曰く、「行政協働の様々な実態を描写することは、行政協働法の任務ではない。ドイツ民法典の第四三三条以下の規定をモデルとして、特殊な行政協働関係を類型化することなど、学識経験的水準からして無理である。むしろ行政協働法は、複雑性を減少させることを通じて、協働関係の基本的構造を明らかにし、またこれを通じて、事物領域に適した協働関係の形成を容易にすべきものである。」と。

（66）Willy Spannowsky, Grenzen des Verwaltungshandelns durch Verträge und Absprachen, 1994, S.196ff.；Bonk, a.a.O（Fn.1）., S.143f.；Schuppert, a.a.O（Fn.4）., S.130f.；Ziekow, a.a.O（Fn.5）., S.183；Bauer, a.a.O（Fn.32）., S.257f.；なお、協働契約の多くが私法上の契約に位置づけられ、又は公法領域と私法領域の交錯領域で締結されるものであることについては、本編・後掲註（84）（85）を併せて参照。

（67）例えばBonk, a.a.O（Fn.1）., S.142. は次のように述べる。曰く「連邦行政手続法第五四条の第一文に於ける基本原則決定に加え、同条の第二文に於いては、宣言的に以下の点が明らかにされている。すなわち、行政庁は『特に』、『さもなければ行政行為が向けられたであろう』市民との間で、公法上の契約を締結し得る、ということである。文言によれば、それは、〔行政行為に代替する従属法上の契約の――筆者註〕承認を意味すると同時に、行政行為に代替する『従属法上の』契約への限定をも意味する。連邦行政手続法第五四条乃至第六二条に存在する従来の〔公法契約――筆者註〕規定は、こうした、いわゆる『従属法上の』国家―市民間契約について、これを詳細に叙述し、これに限定を加えることに、その重点を置いているのである。」と。

（68）この点に関しては、本書第一部第一章第四節を参照。

（69）Ziekow, a.a.O（Fn.5）., S.82.

（70）連邦行政手続法五八条の成立過程、及びその内容については、参照、本書第一部第四章第一節。

（71）Volker Schlette, Die Verwaltung als Vertragspartner, 2000, S.432.；Walter Krebs, a.a.O（Fn.62）., S.261.

（72）Schlette, a.a.O (Fn.71)., S.430ff.

（73）Ziekow, a.a.O (Fn.5)., S.144ff.

（74）Bundesregierung, a.a.O (Fn.2)., S.7.；なお、大脇・前掲註（32）論文三一三頁以下（とりわけ三二一頁註（72））、磯村・前掲註（54）論文一七八頁もまた、協働契約と、一九七七年以来ドイツ連邦行政手続法第四編（五四条乃至六二条）の規律対象となってきた（行政行為代替型の）公法上の契約とが、法的性質の点で異なったものであることを指摘する。

第二章　立法化の目的及び二つの方向性

第一節　立法化の目的

そこで問題となるのは、「現在ドイツが、協働契約に関して具体的にどのような規定を連邦行政手続法の中に挿入しようとしているのか」である。先述の通り、この問題を具体的に議論しているのが、連邦内務省の行政手続法審議会及びその委員長であるH・J・ボンク、そして同省に鑑定意見を提出したG・F・シュッペルト及びJ・ツィーコーである。このうち、行政手続法審議会とその委員長であるH・J・ボンクの見解が基本的に同一線上にあることは言うまでもないが、それらをシュッペルト鑑定意見及びツィーコー鑑定意見と見比べた場合でも、そこには、協働契約に関する規定を新たに立法化する「目的」に関して、以下に述べる二つの共通認識が存在することがわかる。[75]

第一に、いずれの立場に於いても、協働契約の許容性を真正面から承認し、公的任務の共同遂行に役立つ新たな行為形式を法律上準備することによって、当該契約の「利用促進」を目指している点である。その意味で、協働契約に関して新たに挿入されるべき規定は、G・F・シュッペルトの言葉を借りれば、「明確化機能」、「正当化機能」を、[76][77]またJ・ツィーコーの言葉を借りれば、「準備機能」、「促進機能」を果たすべきものとされているのである。[78][79]

他方第二に、いずれの立場も、協働契約を締結する際に遵守すべき基本原則を規律した枠組規定を、従来から存在する公法上の契約に関する規定とは別個に創設し、以て、協働契約を法的に「統制する」ことを目指す点でも、共通している。(80) すなわちＪ・ツィーコーの言葉を借りれば、協働契約に関する規定は、協働の制限（Begrenzung von Kooperation）機能をも果たすべきものなのである。(81)

第二節　二つの方向性――小規模解決と大規模解決

ところが、立法化を行う目的に関しては認識を共有しながらも、「協働契約に関して、具体的にどのような規定を挿入すべきなのか」が議論される段階になると、連邦内務省行政手続法審議会（及びその委員長であるＨ・Ｊ・ボンク）の立場と、同省に鑑定意見を提出したＧ・Ｆ・シュッペルト及びＪ・ツィーコーの立場は、真っ向から対立する。これが表題にも示した小規模解決（kleine Lösung）と大規模解決（große Lösung）という立法化の具体的な方法をめぐる見解の対立である。

第一款　小規模解決――連邦内務省行政手続法審議会

連邦行政手続法が規律する公法契約規定を改正し、その中に協働契約に関する規定を新たに挿入するにあたって、小規模な問題解決で満足しようとするのが、連邦内務省の行政手続法審議会及びその委員長であるＨ・Ｊ・ボンクの立場である。小規模解決という言葉は、後に述べるＧ・Ｆ・シュッペルト及びＪ・ツィーコーとの立場の違いを明らかにするために、審議会及びＨ・Ｊ・ボンクが用いた言葉である。(82)

ここで「小規模解決」という言葉には、後に述べる「大規模解決」との比較に於いて、以下に述べる二つの意味合いが含まれている。第一に、同法に新たに挿入される協働契約に関する規定の適用範囲が、公法上の協働契約に限定される、という意味である。

すなわち、先述の通り、民間事業者と責任を分担しながら公的任務を共同で処理することを目的とした契約（協働契約）の法的性質については今なお不明確な点が多く[83]、中には、純粋に私法上の契約に分類されるものもあれば[84]、公法的要素と私法的要素の両方を併せ持つという意味で、公法と私法とが交錯する領域で締結されるものも存在するが[85]、行政手続法審議会は、協働契約に関する規定の創設が、連邦行政手続法第四編が規律する公法契約規定の改正作業の一環として行われることとも関連して、数ある協働契約の中でも、特に公法上の協働契約のみを対象に、そこに適用される規定を、同法の公法契約規定の中に挿入することを志向するのである。したがって、審議会によって新設される協働契約に関する規定は、協働契約の全てを規律の対象とするものではない。事実、行政手続法審議会は、連邦内務省に対する最終勧告に於いて、以下に掲げる規定を新たに挿入することを提案している[86]（傍点筆者）。

「第五四ａ条
協働契約は、公法領域に於いて、公的任務の処理に民間を関与させるために締結され得る。」

その後審議会は、連邦内務省に対して具体的な改正草案（審議会草案）を提出したが、そこに於いても審議会は、協働契約に関する規定の適用範囲が、あくまで公法上の協働契約に限定される旨の立場を崩していない[87]。審議会草案の「五四条」は、次のように規定している[88]（傍点筆者）。

「第五四条　公法上の契約の許容性
(1)　公法上の法律関係は、法規定に反しない限り、契約を通じて創設、修正又は廃止され得る（公法上の契約）。
(2)　行政庁は、行政行為を発動することに代え、さもなければ行政行為を発動したであろう者との間で、公法上の契約を締結することができる。

(3) さらに行政庁は、その公的任務の履行に民間を関与させるために、公法上の契約を締結することができる。高権的な権限は、これを民間に委ねることが法規定により予定されている限りに於いて、当該民間に委任され得る。」

他方、行政手続法審議会の立場が、「小規模」な問題解決を志向するものであるといわれる第二の所以は、（公法上の）協働契約を統制する規定数が少なく、またその内容が一般的な枠組規定にとどまっていることによる。すなわち、規定数の面を見れば、審議会草案に新たに挿入される協働契約に関する規定は、右に見た「五四条三項」のほかは、「五六ａ条」、「五九条二ａ項」、及び「六一条一項」の三箇条にとどまる。このうち、「六一条一項」は、既にこれまでにも存在した、いわゆる「即時執行の合意」[89]が、（公法上の）協働契約に於いても合意され得ることを規定するものであるため、協働契約を純粋に統制することを目的とした新規定は、「五六ａ条」と、協働契約の無効原因を規律した「五九条二ａ項」のみということになり、かつ以下に掲げる右の二箇条も、その規定文言を見る限り、非常に抽象的な一般枠組規定としての域を出ないのである。審議会が提案した草案の「五六ａ条」及び「五九条二ａ項」とは、次のような規定であった[90]。

「第五六ａ条　協働契約（Kooperationsvertrag）

第五四条第三項の意味での公法上の契約は、公的任務が取り決められた通りに履行されるよう、十分な影響力を行使する機会が行政庁によって確保されている場合に、これを締結することができる。行政庁は、専門知識と給付提供能力を持ち、かつ信頼に足る者のみを、契約の相手方に選択することができる。」

（2a）「第五九条　公法上の契約の無効

第五四条第三項の意味での契約は、さらに以下の場合に無効となる。

公的任務が取り決められた通りに履行されるよう、十分な影響力を行使する機会を確保することなく、行政庁が協働契約を締結した場合。」

先述の通り、国家は、協働契約を通じて公的任務の履行を全部又は一部民間事業者に委ねた後に於いても、公共の福祉を実現する義務を負い、また任務の履行を通じて給付を受領する第三者私人の基本権を保護する義務を負う[91]。したがって行政庁は、公的任務の履行に携わる民間事業者の活動を監督・統制し、当該任務が適時かつ適切に履行されるよう保証する責任（保証責任）を負う。また行政庁は、民間事業者に対する監督・統制が十分機能しないことによって公的任務の履行に支障が生じる場合があることを前提に、あらかじめ、かかる事態への対応策を講ずる責任（捕捉責任）を負う[92]。審議会が草案の五六a条第一文に於いて、「公的任務が取り決められた通りに履行されるよう、十分な影響力を行使する機会が行政庁によって確保されていること」を協働契約の許容要件の一つとし、他方、五九条二a項に、当該要件に反して締結された協働契約が無効となる旨の規定を置いたのも、協働契約の当事者たる行政庁が「保証責任」を負うことを明確にし、その違反に対しては無効を命ずることで、公益に反する軽率かつ無制約な協働が行われることを防止しようとしたからに他ならない[93]。また同じく、その五六a条の第二文が、協働契約の相手方を選択するにあたり、専門性と給付提供能力、及び信頼性の要件を挙げたのも、協働契約が公益の実現に密接な関連を持つことを前提に、国家が、契約の適切な履行を保証する責任を負うことの現れである[94]。また審議会草案の六一条一項では、「即時執行への服従」が協働契約に於いても合意され得る旨が規律されているが、この規定もまた、民間事業者が契約を適時かつ適切に履行しない場合があることを前提に、かかる事態に於いて契約の迅速な履行を確保し、公益侵害の発生を防止することを目的とした規定であって、その意味では、先に述べた国家の「捕捉責任」を意識したものである。[95]

とはいえ審議会草案は、協働契約に妥当する法理論が今なお明確に確立されていないこと、また詳細な規定を盛り込むことによって、行政手続法の過積載（Überfrachtung des Verwaltungsverfahrensgesetzes mit Detailregelungen）が生じるおそれがあることを理由に、それ以上詳細な規定を置くことを、敢えて断念するのである。[96] 審議会草案の中に、「保証責任を果たすために、行政庁は具体的に何をすべきなのか（十分な影響力を行使する機会を確保するために――また契約が審議会草案の第五九条第二 a 項によって無効と評価される事態を回避するために――、協働契約の中に、どのような契約条項を設けなければならないのか）」について、これを具体的に規律する規定が存在しないのも、そのためである。審議会の委員長であるH・J・ボンクも、次のように述べている。[97]

「連邦内務省の行政手続法審議会は、適切にも、行政手続法の基本コンセプトに沿う形で、またこれまで協働契約に関して十分な実務経験が存在しないことを根拠に、（まず手始めに）最低限の実体的な中核命題を備えた、簡素にして一般的な、また柔軟性を持った枠組規定（Rahmenvorschrift）を置くことを提案している。」

第二款　大規模解決――シュッペルト鑑定意見及びツィーコー鑑定意見

これに対し、連邦内務省に鑑定意見を提出したG・F・シュッペルト及びJ・ツィーコーは、右に見た行政手続法審議会との比較に於いて極めて「大規模」な問題解決を主張する。彼らの立場が「大規模」な問題解決と称される場合、そこには以下に述べる二つの理由が存在している。

第一に、G・F・シュッペルトであれ、J・ツィーコーであれ、連邦行政手続法の中に協働契約に関する規定を新たに創設する場合、規定の適用領域は、公法上の協働契約に限定されるべきではなく、純粋に私法上の契約に分類されるものも含めて、あらゆる協働契約に広げられるべきことを主張する点である。例えばG・F・シュッペルトは、次のように述べている[98]。

「先に提示した規定草案は、『公法上の契約』という従来の表題の下で付随的な改正を行うことにほとんど意味がない旨を前提としている。というのも、連邦行政手続法の第五四条以下に存在する従来の公法上の契約に関する諸規定は、全て従属法上の契約というモデルの精神（Geist des subordinationsrechtlichen Vertragsmodells）をあまりに多く吸い込んでいるが故に、そこに〔協働契約に関する——筆者註〕一乃至二箇条の規定を単純に追加することなどできないからである。従来の規定構造を維持しようと思えばそうする他はないが、そうすると実際には極めて多様な形で行われる公私協働のうち、ごく一部分〔公法上の契約の締結に行き着く公私協働——筆者註〕についてのみ、法的な枠組みを準備することができるに過ぎないことになろう。というのも、……公私協働の大部分は、企業法形式（gesellschaftsrechtliche Form）で行われ、あるいは、民法上の契約に基づいて行われるからである。それ故、最も重要な協働形式を把握する行政協働法を起草することが望ましく、〔行政協働法の範囲を——筆者註〕公法上の契約という狭い領域に限定すべきではない。むしろ必要とされるのは、原理的にあらゆる契約形式を包括し、これよりも一段高い位置にそびえる行政協働法（ein prinzipiell alle Vertragsformen umfassendes und überwölbendes Verwaltungskooperationsrecht）である。それは、……〔公私協働を行う際に——筆者註〕一般に用いられている全ての契約類型が遵守すべき特定の本質的な事項を責任の分担、保証国家、そして統制原理としての協働原則という指導理念から抽出するものでなければならない。」

他方、J・ツィーコーもまた次のように述べ、協働契約に関して新たに創設される規定の適用領域は、公法上の協働契約に限定されるべきではないことを主張している[99]。

「行政協働〔公私協働――筆者註〕の特色が、公的任務を共同で履行するために、公的部門と民間部門それぞれが持つ活動能力を組み合わせることであるならば、こうした意味での協働は、往々にして、公法上の活動と私法上の活動の交錯領域（Schnittfeld）の中に存在する。したがって、――公法上の契約に関して発展せしめられてきた基準に依拠し――その対象が公法に分類されなければならない、そうした行政協働〔公私協働――筆者註〕についてのみ、これを行政手続法の中で法的に規律することでは不完全であり、また先に述べた行政協働法の機能を正当に評価することはできないであろう。」

したがって、連邦行政手続法の適用領域を私法上の契約にまで拡大することの是非はともかく[100]、右に見たＧ・Ｆ・シュッペルト及びＪ・ツィーコーが構想する協働契約法は、――行政手続法審議会及びＨ・Ｊ・ボンクが想定する協働契約法があくまで「公法契約論」の域を出なかったのとは対照的に――、公法上の契約か私法上の契約かを問わず、あらゆる協働契約に統一的に適用される法理論を確立した上で、それを連邦行政手続法の中に挿入しようとする意味に於いて、既に一九五六年にＨ・Ｊ・ヴォルフ（Hans Julius Wolff）が唱えた行政私法論[101]（Verwaltungsprivatrecht）の延長線上に位置づけられるとともに、「行政契約論」としての性格を帯びるのである[102]。事実、Ｇ・Ｆ・シュッペルト自身もそれを認めて次のように言う[103]。

「ここで意図している行政協働法は、単に公法上の契約という類型を現代化し、当該契約類型に、いわば協働という切断面を持ったデザインを付与するだけのものではない。ここで追求している基本思考は、公行政が、その任務を履行する際に民間の助力を用い、民間と協働関係を築き上げる全てのケースに妥当する〔国家の――筆者註〕公法上の保証義務を明らかにしようとするものであり、その意味で、行政私法（Verwaltungsprivatrecht）の基本思考と同じものである。」

他方、G・F・シュッペルト及びJ・ツィーコーの立場が「大規模解決」と称される第二の理由は、彼らが、協働契約の利用を促進しつつ、同時にこれを統制するための規定を多数挿入することを要求し、かつその規定文言の内容も、――一般的・抽象的な枠組規定にとどまった審議会草案とは対照的に――、かなり具体的なものになっている点に求められる。審議会草案との違いを明確にするために、先に紹介した「審議会草案の五六a条」に対応する「シュッペルト草案の五六条」を相互に比較してみよう。シュッペルト草案の五六条は次のように規定する[104]。

「第五六条　影響力行使の保障

(1)　行政庁が第五四条第二項の意味での契約〔協働契約――筆者註〕を締結する限りで、行政庁が任務遂行の方法に関して十分な影響力を行使する機会を持つ旨が適切な形で保障されなければならない。

(2)　協働関係が企業法上の性格を持つ場合に於いては、企業規約、定款その他の方法により、行政庁が、特に監視委員会、又はそれに対応する企業の統制機関を通じて、適切な影響力を行使することができる旨が保障されなければならない。企業の各統制機関に対する業務執行報告は、単に業務執行の経済性のみならず、公的任務遂行の方式及び方法にまで及ばなければならない。

(3)　協働関係が、私法上の契約又は公法上の契約に基づくものであって、企業法上の性質を持たない場合に於いては、行政庁が適切な影響力を行使することができるよう、契約に於いて、行政庁が十分な情報権を認められる旨が規律されなければならない。

(4)　〈略〉」

言うまでもなく、「シュッペルト草案の五六条一項」は、「審議会草案五六a条の第一文」に対応するものであり、国家が保証責任を負うことを規律したものである。(105)他方、注目されるのは、G・F・シュッペルトが、その草案の五六条「二項及び三項」に於いて、行政庁が保証責任を果たすための手段(民間事業者の活動に影響力を行使するための手段)を、具体的に提示している事実である。(106)

すなわち、シュッペルト草案五六条の「二項」は、行政主体と民間事業者が共同で持株会社を設立し、当該持株会社に公的任務の履行が委託される場合を念頭に置いた規定であり、行政庁が公的任務の履行に関して十分な影響力を行使し得るよう、公的任務の履行に携わる当該持株会社が、定款上、その内部に設置される監視委員会を通じて、一定の内容・形式を備えた業務執行報告書を行政庁に提出する義務を負わなければならないこと、また行政庁は、定款上、監視委員会を通じて、当該持株会社の活動を監督・統制する権限を持たなければならないことを規律するものである。(107)

他方、草案五六条の「三項」は、右に述べた持株会社設立形式以外の方法に於いて、公的任務の履行が契約上民間事業者に委託される場合を念頭に置いた規定であって、二項の場合と同じく、行政庁が、公的任務の履行に携わる民間事業者を適切に監督・統制できるよう、契約上、民間事業者が、行政庁に対して情報提供義務を負うべきことを求めるものである。(108)

右に見たG・F・シュッペルトの考え方は、同じく大規模解決を主張するJ・ツィーコーにも当てはまる。すなわち彼は、特に行政庁が保証責任と捕捉責任を果たすために用いる具体的な手段が、個々の事案ごとに異なってくることを前提に、行政庁が事案に最も適した形で責任を果たすことができるよう、幾つかの具体例(モデル〔Muster〕)を提示する必要性を説いているのである。(109)実際、J・ツィーコーが提案した規定草案には、協働契約の内容に関連する規定が三箇条存在するが(ツィーコー草案「六二c条」、「六二d条」及び「六二e条」)、このうち、全ての協働契約が必ず備えるべき最低内容を規律した「六二c条」は別として、協働契約の内容を交渉する際に考慮すべき事項を規律した

「六二d条」、及び契約内容として合意するか否かが完全に当事者の任意に委ねられる事項を規律した「六二e条」には、契約交渉を行う当事者が、具体的な契約内容を検討する際に参照する指標ともいうべき、多数の「具体的な例示」が存在するのである。(110)

第三款　中間総括

以上、連邦行政手続法第四編が規律する公法契約規定の改正をめぐる議論のうち、協働契約に関する規定の新規挿入にあたり、小規模解決と大規模解決という二つの方向性が議論されている事実と、そうした解決策が主張される背景を検討した。言うまでもなく、今後ドイツが実際に連邦行政手続法を改正し、そこに協働契約に関する規定を新たに盛り込むにあたって、果たしてどちらの方向に向かうのかは、今後の議論の展開を待つほかなく、現時点に於いて両者の優劣を早急に判断するわけにはいかない。ただし、シュッペルト鑑定意見及びツィーコー鑑定意見が、いずれも、以下に述べる立法技術上の問題を抱えている事実を指摘することは許されよう。

すなわち、先述の通り、右二つの鑑定意見は、協働契約の法的性質――公法上の契約か私法上の契約か――を問わず、およそ協働契約一般に妥当する法理論が存在することを前提に、連邦行政手続法の中に今後挿入されるべき協働契約に関する規定は、その適用領域を、公法上の協働契約に限定されるべきではない旨を主張する。言うまでもなく問題となるのは、私法上の契約にまで同法の適用領域を拡張することの是非である。というのも、この法律の適用領域は、行政庁の「公法上の」行政活動に限定されているからである（一条・九条）。この問題に関してJ・ツィーコーは、連邦行政手続法が、行政活動を統制する法（Handlungsrecht der Verwaltung）であることを理由に、同法の中に、公法上の契約か私法上の契約かを問わず、協働契約を締結する行政庁の活動を統制することを目的とした規定を設けることは可能であるとの結論を導き出している。彼は次のように述べている。(111)

「行政協働〔公私協働――筆者註〕の特色が、公的任務を共同で履行するために、公的部門と民間部門それぞれが持つ活動能力を組み合わせることであるならば、こうした意味での協働は、往々にして、公法上の活動と私法上の活動の交錯領域の中に存在する。したがって、――公法上の契約に関して発展せしめられてきた基準に依拠し――その対象が公法に分類されなければならない、そうした行政協働〔公私協働――筆者註〕についてのみ、これを行政手続法の中で法的に規律することでは不完全であり、また先に述べた行政協働法の機能を正当に評価することはできないであろう。行政手続法は、行政協働法の適用領域をこのような形で限定することを、あらかじめ基準として設定などしていない。行政手続法が行政の活動法〔行政の活動を統制する法――筆者註〕であるならば、法律関係が公法に分類されるのか、それとも私法に分類されるのかを考慮することなく、行政協働〔公私協働――筆者註〕に於ける行政庁の活動に関する規律を行政手続法の中に挿入することは可能である。」

右の見解に対しては、小規模な問題解決を提案し、協働契約に関する規定の適用範囲を公法上の協働契約に限定すべきことを主張した連邦内務省行政手続法審議会から、強い批判が向けられている。すなわち審議会は、「連邦行政手続法の適用領域を私法上の行政活動にまで拡張することはできない」こと、また「仮に私法上の協働契約を同法の適用領域に含めると、紛争が生じた場合の裁判管轄が、民事裁判所から行政裁判所へと移動することになるが、それは体系的になじまない」ことを指摘し、「仮に法的性質を問わず、あらゆる協働契約に適用される規定を創設しようとするのであれば、協働契約に関する特別法を制定すべきであり、少なくとも連邦行政手続法はそれを行う場としては適していない」と結論づけるのである[112]。

とはいえ、G・F・シュッペルト及びJ・ツィーコーの各鑑定意見に於いて展開された協働契約法は、その立法技術上の問題点を別とすれば、特に行政契約論の発展という視点に立った場合に、高い学術的価値を認められることは否定できない。事実、連邦内務省の行政手続法審議会も、これら二つの鑑定意見が、今後この問題を議論する際の基盤になり得ることを認めているのである。[113] そこで以下第三章に於いては、シュッペルト草案及びツィーコー草案の具体的な規定内容を紹介するとともに、それを検討することにしたい。

（75）ただし、連邦内務省の行政手続法審議会の草案とH・J・ボンクの個人的見解を見比べた場合、両者の間に、若干の見解の相違があることも否定できない。本編の末尾に掲載する審議会草案の五五条（和解契約）と五六条（交換契約）を見ても明らかなように、行政手続法審議会は、右に述べた二つの規定の適用範囲を、依然として、「行政行為に代替して締結される公法上の和解契約と交換契約」に限定しており、その限りで、現行法の五五条及び同五六条を実質的に改正することなく継受するのであるが、これに対しH・J・ボンクは、現行の五五条及び同五六条が、法治主義という憲法上の原則を具体化した規定であること、したがってその適用領域を行政行為代替型の公法上の契約に限定することは妥当ではないとの見解に立っている。すなわちH・J・ボンクは、現行の五五条及び同五六条から、「第五四条第二文の意味での契約であって」という文言を削除すること（審議会草案との関係でいえば、その五五条及び同五六条に依然として存在する「第五四条第二項の意味での公法上の契約であって」という文言が不要であること）を主張するのである。この点に関して彼は次のように述べている。曰く、「連邦行政手続法の第五五条及び同第五六条に規律された和解契約及び交換契約という二つの一般的な契約類型は、法律文言に従えば、『第五四条第二文〔審議会草案では五四条二項――筆者註〕の意味での』契約に、したがって、行政行為に代替する『従属法上の』契約に限定されている。適用領域のこうした限定もまた不要である。なぜなら、和解及び交換という状況は、いわゆる対等法契約の場合にもまた想定でき、また許容されるべきだからである。」と（Vgl. Bonk, a.a.O（Fn.1）, S.148.）。

（76）Beirat Verwaltungsverfahrensgesetz beim Bundesministerium des Innern, a.a.O（Fn.2）, S.835.；Bonk, a.a.O（Fn.1）, S.148.；Schuppert, a.a.O（Fn.4）, S.131.；Ziekow, a.a.O（Fn.5）, S.177f.

（77）Schuppert, a.a.O（Fn.4）, S.131.

（78）Ziekow, a.a.O（Fn.5）, S.177f.

（79）Bauer, a.a.O（Fn.32）, S.254f. も同旨の見解を主張している。

（80）行政手続法審議会は、連邦内務省に対して最終勧告を行った段階では、単に協働契約を立法上承認する規定を置くにとどめ、それ以上詳細な規定を置くことはなかった。審議会最終勧告は次のように述べている。曰く、「本審議会は、協働関係に関して、現時点に於いて右の規定（協働契約は、公法領域において、公的任務の処理に民間を関与させるために締結されうる——第五四ａ条）を超える詳細な規定を設けることは望ましくないと考える。右の規定を超える詳細な規定は、一方では、体系的に見て、行政手続法の範囲を超えることになろう。また他方で、必要とされる協働の枠組条件に関しては、現時点ではまだ十分解明されていない。」と（Vgl., Beirat Verwaltungsverfahrensgesetz beim Bundesministerium des Innern, a.a.O（Fn.2）, S.835）。しかし、その後審議会が作成した連邦行政手続法の具体的な規定改正案では、協働契約を統制するための規定（協働契約を締結する際に遵守すべき基本原則を規律した統制規定）が少数ながら複数盛り込まれている。

（81）Ziekow, a.a.O（Fn.5）, S.179.
（82）Beirat Verwaltungsverfahrensgesetz beim Bundesministerium des Innern, a.a.O（Fn.2）, S.834f.；Bonk, a.a.O（Fn.1）, S.147.
（83）Vgl., Bauer, a.a.O（Fn.32）, S.257f.
（84）例えば下水処理を業務とする私法上の有限会社が、民間事業者との協力関係のもと、持株会社という形式に於いて設立される場合、当該契約は、会社設立契約という意味に於いて、私法上（又は商法上の）契約に資格づけられよう。
（85）例えば市立病院の赤字を解消するために民間事業者に病院経営が契約上委託され、市の名称の下に診療報酬を患者から徴収する権限とともに、病院組織の改革に関わる権限が委任された場合、高権の委託が行われている点に着目すれば、この契約は公法的な側面を示すが、他方、純粋に病院の経営行為が委ねられている点に着目すれば、この契約は私法的側面も示している。なお、協働契約の多くが私法上の契約に資格づけられ、又は公法領域と私法領域の交錯領域で締結されるものであることについては、本編・前掲註（66）を参照。
（86）Beirat Verwaltungsverfahrensgesetz beim Bundesministerium des Innern, a.a.O（Fn.2）, S.835.；Schmitz/Schlatmann, Digitale Verwaltung?, NVwZ 2002, S.1281ff.（S.1294）.
（87）Bonk, a.a.O（Fn.1）, S.148. もまた、連邦行政手続法の中に新たに挿入される協働契約規定の適用領域は「公法上の協働契約」に限定されるべき旨の見解を主張している。
（88）参照、本編・前掲註（7）。
（89）連邦行政手続法六一条が規律する即時執行制度については、参照、本書第一部第三章第三節第三款。
（90）参照、本編・前掲註（7）。

（91）参照、本編第一章第二節第二款［一］。

（92）参照、本編第一章第二節第二款［二］。

（93）Bonk, a.a.O（Fn.1）., S.148.

（94）Bonk, a.a.O（Fn.1）., S.148.

（95）Bauer, a.a.O（Fn.32）., S.266ff は、国家の捕捉責任を考慮して、協働契約に於ける即時執行制度の活用を主張している。とはいえ、V・シュレッテ（Volker Schlette）がドイツ国内の多数の自治体に対して行ったアンケート調査の結果では、連邦行政手続法の六一条が規律する即時執行制度は、行政庁の契約相手方私人が即時執行への服従に同意しないこともあって、実務上、ほとんど利用されていない（回答を行った自治体のうち、約八一％が、この制度を用いたことがないと答えている）。この点については、Vgl., Schlette, a.a.O（Fn.71）., S.708.

（96）Beirat Verwaltungsverfahrensgesetz beim Bundesministerium des Innern, a.a.O（Fn.2）., S.834 ; Bonk, a.a.O（Fn.1）., S.149. ; なお、本編・前掲註（80）も併せて参照。

（97）Bonk, a.a.O（Fn.1）., S.148.

（98）Schuppert, a.a.O（Fn.4）., S.130.

（99）Ziekow, a.a.O（Fn.5）., S.183.

（100）この問題に関しては、本章第二節第三款の中間総括を参照。

（101）行政私法論については、参照、本書第一部第七章第二節第一款。

（102）既に本書第一部第七章（第二節第一款）でも論じたように、H・J・ヴォルフが唱えた行政私法論を発展させ、公法上の契約か私法上の契約かを問わず、行政契約一般に妥当する法理論を確立しようという動きは、その原点を、W・クレプス（Walter Krebs）に求めることができる。彼は一九九二年のドイツ国法学者大会で、次のように述べている。曰く、「私法上の行政契約と公法上の行政契約の法教義的接近という提案は、全く新しい発想ではなく、行政私法論を基礎とした基本思考の延長である。私はミュンスター出身であるため、この行政私法論の生みの親であるH・J・ヴォルフを好んで引き合いに出すのである。」と（Walter Krebs, a.a.O（Fn.62）., S.273.）

（103）Schuppert, a.a.O（Fn.4）., S.130f.

（104）Schuppert, a.a.O（Fn.4）., S.125.

(105) Schuppert, a.a.O (Fn.4), S.131.

(106) Schuppert, a.a.O (Fn.4), S.131. は、シュッペルト草案の五六条二項以下の規定が、国家の保証責任を規律した同条一項の具体記規定である旨を述べている。

(107) Schuppert, a.a.O (Fn.4), S.131f.

(108) Schuppert, a.a.O (Fn.4), S.132.

(109) Ziekow, a.a.O (Fn.5), S.182. は、次のように述べている。曰く、「保証責任を遂行するために必要な手段は、責任の総括に基づいて行わなければならない。その限りで、行政協働法は、公的な協働の当事者に対して、利用することのできる雛形を提示しなければならない。〔保証責任を遂行するために必要な――筆者註〕具体的な手段は、個々の事案ごとに、その都度、規範上提示された雛形をモデルに組み合わされ得る。」と。

(110) ツィーコー草案の具体的内容については、本編第三章で改めて検討する。

(111) Ziekow, a.a.O (Fn.5), S.183.

(112) Beirat Verwaltungsverfahrensgesetz beim Bundesministerium des Innern, a.a.O (Fn.2), S.834.

(113) Beirat Verwaltungsverfahrensgesetz beim Bundesministerium des Innern, a.a.O (Fn.2), S.834.

第三章　協働契約法の体系化

第一節　規定構造及び規定の位置

先述の通り、G・F・シュッペルト及びJ・ツィーコーの各鑑定意見は、それが公法上の契約か私法上の契約かを問わず、およそ全ての協働契約に適用される詳細かつ具体的な枠組規定を連邦行政手続法の中に新たに創設すべきことを提案する。その当然の帰結として、シュッペルト草案及びツィーコー草案に於いて提案された協働契約に関する規定は、従来から存在する公法上の契約に関する規定（連邦行政手続法第四編五四条乃至六二条）とは、完全に独立した場所に位置づけられることになる。

すなわち、シュッペルト草案に於いては、連邦行政手続法の「第四編」に、「民間との協力（Zusammenarbeit mit Privaten）」という表題の下、協働契約に関する規定が置かれ、従来から存在する公法上の契約に関する規定は、自動的に「第五編」に移動せしめられている(114)。

他方、ツィーコー草案では、従来から存在する公法上の契約に関する規定と、新たに創設される協働契約に関する規定は、従来通り、連邦行政手続法の「第四編」に置かれるが、両者はそれぞれ、完全に独立した「節」に配置されている。すなわち、協働契約に関する規定は、第四編の「第三節」に配置され、他方、従来から存在する公法上の契約に関する規定は、第四編の「第二節」に配置されるのである。そして彼は、これらの規定群の前に、「民間との協力（Zusammenarbeit mit Privaten）」という表題を持った第一節を置き、第二節（公法上の契約）と第三節（行政協働契約）に等しく妥当する契約手続に関する規定を設けた上で、以上三つの節から構成される第四編の名称を、従来の「公法上の契約」から、新たに「公的任務の履行に際しての共同作業」に変更するのである。(115)

第二節　契約法理の時系列的考察

そこで以下に於いて検討されるべきは、彼らがこのような規定構造の下で、具体的にどのような規定案を提示しているのかであり、また両者が提示する規定案のどこに共通点が見いだされ、逆にどの点に違いが見いだされるのか、である。この点を検討するにあたっては、各草案を機械的に並列し、順番に紹介・検討する方法も考えられるところではある。しかし両草案の内容は、規定の文言や位置に関して細かな違いはあれ、内容的に見て実質的に広範に重なる。そのため、議論の重複を避けるためにも、一つの分析軸を設定する必要がある。その際参考になるのが、過去にはW・クレプス（Walter Krebs）によって、また最近ではH・バウアー(116)によって提案された研究スタイルであって、契約に妥当する法理論を時系列的に考察するという方法である。例えばW・クレプスは、契約法理を時系列的に考察する必要性を次のように述べている。(117)

「行政契約は、行政と私人のコミュニケーション関係を法形式の中に移動させる。このコミュニケーション関係は、非常に短時間で終わる場合もあるが、……長期間にわたる場合もまた存在する。行政契約を協力する国家の表現手法と理解することにより、受諾の探求、決定の形成そして合意の探求が、手続的に進行することが想起される。つまり契約の締結は、法形式的には行政手続の一断面に過ぎないのである。行政手続は、契約が締結される以前に、——場合によっては、契約の締結という目標設定が一度も行われることなく――既に開始しており、また行政手続は、契約の締結を以て終了しなければならないわけでもない。……その限りで、契約締結の事前効果と事後効果もまた考慮されなくてはならない。したがって、契約のドグマーティクは、これを手続的に考察し、行政契約の公法的特殊性を段階的に考察することが自然である。」

本書も右に述べたW・クレプスの研究スタイルを参考に、協働契約に関するシュッペルト草案とツィーコー草案の規定を、「協働契約の一般的許容要件に関する規定」（第三節）、「契約手続に関する規定」（第四節）、「契約内容に関する規定」（第五節）、「契約の存続効に関する規定」（第六節）とに分類した上で、これらを個別に紹介・分析し、両者の異同を明確にしつつ、協働契約に適用される規定の全体像（及びそこに現れた協働契約に妥当すべき法理論）を明らかにしたいと考える。なお、以下に引用する各草案の条文は、一括して、本編末尾に資料として掲載している。

第三節　協働契約の一般的許容要件

そもそも「協働契約による法律関係の規律」が法的に許容されない場合に、契約を通じて公的任務の履行を民間事業者に委託することが許容されないことは言うまでもない。したがって、協働契約の許容要件論は、協働契約に妥当する法理論を議論する際の出発点に位置づけられる。とはいえ、現在行われている連邦行政手続法の改正論議を鳥瞰した場合、この問題は必ずしも議論の中心に位置づけられているわけではないように思われる。というのも、O・マイヤー（Otto Mayer）以来のドイツ行政法学が、行政主体と私人間で締結される公法上の契約について、その可能性及びその許容性をめぐって様々な見解を展開し、その後連邦行政手続法の模範草案が、その四〇条で「法規定に反しない限り（契約による法律関係の規律が法規定により禁止されていない限り）」という許容要件を提示した後に於いても、その是非をめぐって活発な議論が展開された事実[118]とは対照的に、協働契約をめぐる近時の議論は、協働契約の許容要件をめぐる問題には深く関わらず、むしろ「実際に締結される協働契約をいかに統制するか」という問題に比重を置いているからである。[119]連邦行政手続法の中に新たに挿入されるべき協働契約に関する規定の適用領域を「公法上の協働契約」に限定しようとする連邦内務省の行政手続法審議会が、既に法律上確立された公法上の契約の許容要件をそのまま（公法上の）協働契約の許容要件とすることはもちろんであるが、[120]右審議会の見解とは対照的に、公法上の契約か私法上の契約かを問わず、全ての協働契約に適用される規定を同法の中に創設すべきことを主張したシュッペルト草案やツィーコー草案を見ても、協働契約が——従来の公法上の契約の場合と同じく——「法規定に反しない限り」で許容される旨を規律する（ツィーコー草案「五三b条」）か、あるいは、せいぜいG・F・シュッペルトが、「法規定」に加え、「優越する公益」を指摘する（シュッペルト草案「五四条」）以外に、協働契約独自の許容要件を模索し、これを規律しようとする動きは見られない。いわんや、シュッペルト草案及びツィーコー草案の各理由書及び各鑑定意見を見ても、「いかなる場合に、協働契約による法律関係の規律（民間委託）が法規定（又は優越する公益）に反して許容されないのか」という点については、全く説明がなされていない。[121]それは、協働契約に妥当する固有の法理論が、その許容要件だけをとっても、今なお明確に確立されたものではない事実を物語っている。H・J・ボンクがライプツィヒで行った講演に於いて、「実行しながら学ぶ（learning by doing）」という言葉を用いたのも、そうした事情を考慮してのことだと思われる。[122]そこで以下に於いても、協働契約による法律関係の規律が、さしあたり、法規定又は優越する公益に反しない限りで一般に許容されることを一応の前提としつつ、ドイツの行政法学が、実際に締結される協働契約に対して、具体的にどのような手続的、又は実体的な統制を加えようとしているのかを中心に論じることにしたい。

第四節　契約手続統制規定

協働契約の交渉手続に於いて遵守すべき事項を規律した規定は、シュッペルト草案では「五五条」及び「五七条三項」に、またツィーコー草案では、第四編の第一節に置かれた「五三c条二項乃至五項」、及び第四編の第三節に置かれた「六二b条」に存在する。

このうち、シュッペルト草案の「五五条」及び「五七条三項」と、ツィーコー草案「五三c条二項第一文」は、協働契約を締結する際の「相手方選択」に関する規定である。

他方ツィーコー草案「五三c条三項・同四項」は、「契約当事者以外の第三者の利益考慮」に関する規定であり、また同草案の「五三c条五項」は、契約を締結するに先立って「契約締結の合目的性を審査する行政庁の義務」を、また「六二b条」は、契約を締結するに先立って「責任の総括表を作成する行政庁の義務」を規律した規定である。

第一款　相手方選択規定

連邦内務省行政手続法審議会が、審議会草案「五六a条の第二文」に於いて、協働契約の相手方選択基準に関する規定を置いたことは先述の通りである。[123]シュッペルト草案の「五五条」及び「五七条三項」、そしてツィーコー草案「五三c条二項第一文」は、これに対応する規定である。

各草案を比較した場合、規定文言に関して若干の違いは見られるものの、およそ共通するのは、協働契約の相手方として公的任務の履行を委託される民間事業者が、専門知識と給付提供能力を持ち、また信頼に足るものでなければならないとする点である。[124]こうした規定を置く必要性は、H・バウアーも認めるところであって、彼は、「倹約的かつ経済的な財政処理の原則」という言葉を用いながら、協働契約の相手方となるべき民間事業者が、専門性、給付提供能力、そして信頼性の三点を備えるべき理由、及びその具体的な意味内容を、次のように説明している。(125)

「その際極めて重要なのは、《相手方選択（Partnersuche）》の手続である。必ずしも統一的に規律されているわけではないが、相手方選択の手続は、部分的に、委託発注法に於いて統制されている。欧州法、国内予算法、及び建築請負法は、公的主体に対して、行政協働の領域に於いてもまた、例えば建築給付やサービス給付又は納品に関する照会を行うことにより、〔協働を行う――筆者註〕相手方を選択するための手続を実施することを義務づけている。委託発注は、原則として、一般的な公募又は競争への参加の勧誘の下で行われる。その際、以下に述べる三種類の委託発注方式に区別されなければならない。すなわち、一般公募手続〔一般競争入札方式――筆者註〕、制限的公募手続〔制限的競争入札方式――筆者註〕、そして随意委託発注〔随意契約方式――筆者註〕である。これらの手続類型の形態は、倹約的かつ経済的な財政の処理という目標に沿うものでなければならず、また差別的取扱いとなってはならない（委託発注に際しての基本原則）。

さらに委託発注法からは、〔相手方の――筆者註〕選択基準、及び相手方たる民間の状況に関する諸々の条件を読みとることができる。実際上の観点に於いて、最も経済的な入札を選択しようとする場合には、単に価格のみならず、――例えば危険負担に関するルールや損害賠償義務への対応その他のリスク分担など――、経済性に影響を及ぼす他のあらゆる諸状況を考慮することが求められる。〔協働の相手方に対して求められる――筆者註〕人的な要件は、専門知識（Fachkunde）、給付能力（Leistungsfähigkeit）、信頼性（Zuverlässigkeit）、及び適性（Eignung）である。志願者が、契約上の義務の履行にとって必要不可欠な保証（例えば技術的設備や適格な人材を登用するなど）を提供することは、これに含まれる。さらに、請負に関する法規定に於いては必ずしも明確に述べられてはいないが、特に委託発注者は、その経済的、財政的な給付能力を証明することを志願者に対して要求することができなければならない。」

第二款　第三者利益の考慮

他方、審議会草案及びシュッペルト草案が、契約手続に関する規定として、右に見た「契約相手方の選択基準」に関する規定のみを置くのに対し、J・ツィーコーはさらに、「五三ｃ条三項」及び「同四項」で、「第三者の利益考慮」に関する規定を置いている。すなわち、「五三ｃ条三項」では、協働契約の締結を目指して交渉を行う行政庁とその契約相手方たる民間事業者が、「契約によって影響を受ける第三者の利益を考慮しなければならないこと」を規律するとともに、「五三ｃ条四項」では、「当該第三者を協働契約の交渉手続に参加させる可能性」が規律されているのである。J・ツィーコーの理解によれば、協働契約は、当事者以外の第三者の基本権に広く影響を及ぼすものである。それゆえ契約は、単に当事者の利害のみならず、同時に第三者の利害をも適切に考慮した上で締結されるべきであり、当事者以外の第三者が契約交渉の手続に参加することには、大きな意義が認められるのである。彼は次のように述べている[(126)]。

「契約の締結によって影響を受け得る諸々の利益を全て、可能な限り早い段階で調査し、確認することが、右に述べた利益マネージメントの前提となろう。その際、協働の相手方、及び潜在的な契約相手方の利益のみならず、おそらくは契約の相手方にはならないであろう主体の利益もまた重要である。……積極的な利益マネージメントという意味に於いてまず始めに指摘されなければならないのは、できるだけ早い段階で通知を行い（Benachrichtigung）、利益収集手続に於いて探求された第三者の利益であって、場合によると〔契約の締結により――筆者註〕影響を受ける第三者の利益を、できるだけ早期に手続に取り込むことである。こうした〔第三者の利益の――筆者註〕取込みによって初めて、契約の適法性に関して事後に疑念が生じるリスクを低下させる複雑な利益調整システムを獲得することが可能になるのである。」

他方、問題となるのは、ツィーコー草案の「五三c条四項の第二文」が、協働契約の締結手続への第三者の参加を法的に義務づけていない（すなわちこの規定はkann規定であり、第三者の手続参加を義務づけるsoll規定又はmuß規定にはなっていない）点である。単に当事者間の利害調整だけでなく、契約当事者以外の第三者の利害を含めた総合的な利害調整を行うことの重要性を主張する彼が、kann規定を通じて第三者の契約手続への参加を契約当事者の裁量に委ねた理由は、どこに求められるのであろうか。この点に関してJ・ツィーコーは、同じく多極的な利害関係の存在を前提に、それを手続に於いて調整することを目指した他の法律（計画確定手続に関する連邦行政手続法の「七一c条二項第二文」や、環境影響評価法「五条第二文」）を例に挙げ、いずれの手続に於いても、第三者の手続参加は法的に義務づけられておらず、行政庁の裁量に委ねられていること、また利害関係人の多さに鑑みると、第三者の手続への参加を法的に義務づけることにより、かえって協働契約の締結交渉に支障が生じるおそれがあること等を、その理由としている。彼は、次のように述べている[127]。

「第三者の利益の早い段階での取込みは、既に現行法上、協働的に基礎づけられた他の手続に於いて規律されている。その具体例が、行政手続法の第七一c条第二項第二文であり、また環境影響評価法の第五条第二文である。これらの規定の特徴は、以下の点に存在する。すなわち、これらの規定は、第三者の〔手続への――筆者註〕参加を強制的なものとはしておらず、それを行政庁の裁量としている点である。なお、行政手続法の第七一c条第二項第二文に従えば、〔計画確定手続に、利害関係を持つ第三者を参加せしめる場合には――筆者註〕将来申請を行う者の同意が必要である。実際、第三者を契約交渉の場面に強制的に参加せしめることは、非生産的（kontraproduktiv）だと評価されなければならないであろう。というのも、実務上現れている契約類型の全てが、当該第三者の〔手続への――筆者註〕参加に適しているわけではないからである。他方、第三者の〔手続への

——筆者註〕参加は、個々の場合に於いて、協働を行う当事者間での本来的な利益調整を危うくするのであり、それは、インフォーマルな交渉メカニズムに立ち戻るきっかけになる。したがって、契約締結前の利益調整への第三者の参加は、法律上、単に活動の選択肢と構成されるべきであろう。」

第三款　契約締結の合目的性審査及び責任総括表の作成

他方、J・ツィーコーはこの他にも、協働契約の交渉手続を統制することを目的とした規定として、「五三c条五項」と、「六二b条」という二つの規定を置くことを提案している。ツィーコー草案「五三c条五項」は、具体的な交渉を経た上で、実際に協働契約を締結することが合目的か否かを判断する行政庁の義務を規律するものであり、他方「六二b条」は、実際に協働契約の締結に踏み切る前に、契約当事者が契約に於いて負うべき責任を総括し、それを一覧表にまとめる行政庁の義務を規律したものである。

このうち、草案「六二b条」が、国家の保証責任と捕捉責任を意識した規定の一つであることは言うまでもない。すなわちJ・ツィーコーは、「契約を締結する前に、国家が負うべき責任を総括し、当該責任を果たすために必要な統制手段を、個々の事案ごとに具体的に考慮する義務を課す」ことを通じて、国家が保証責任や捕捉責任を考慮することなく安易に協働契約を締結することを防止しようとしたのである。彼は次のように述べている。(128)

「保証責任を果たすためには、協働的な任務の遂行を統制する必要がある。この統制は、任務に応じて変化する責任の水準によって、その強度が決まる。したがって、公的な協働の当事者に対しては、可能な限り早い段階で責任を総括する（Verantwortungsbilanzierung）ことが必要不可欠である旨が明らかにされなければならない。保証責任を果たすために必要な具体的な統制手段は、右の責任総括表に基づいて考察されなければならず、その限りで行政協働法は、公的な協働の当事者に対して、利用することのできる〔統制手段の――筆者註〕雛形〔モデル――筆者註〕を提示しなければならない。」

第五節　契約内容統制規定

協働契約の具体的な内容は、右に述べた契約交渉の手続を経ながら徐々に形成され、合意を以て法的に確定される。次に問題となるのは、シュッペルト草案やツィーコー草案が、協働契約の内容を統制するために、どのような規定案を提示しているのかである。

この点に関して、まずシュッペルト草案を見てみると、契約内容を統制する規定として、彼が、五六条「影響力行使の保障」と、五七条「給付契約に関する質の保障」の二箇条を用意していることがわかる。このうち、草案の「五六条」は、特に保証責任と捕捉責任を負う契約当事者たる行政庁が、当該責任を果たすために、契約相手方たる民間事業者との関係で契約上持つべき権利に関する規定であり、他方、同草案の「五七条」は、行政庁の契約相手方たる民間事業者が契約上負うべき義務の内容に関する規定である。

他方、ツィーコー草案に於いては、契約内容の統制に関わる規定は、「六二ｃ条」乃至「六二ｅ条」に見いだし得る。このうち、「六二ｃ条」は、全ての協働契約が例外なく強制的に備えるべき契約内容を規律するもの（最低内容条項）であり、他方、「六二ｄ条」は、契約当事者が交渉を通じて協働契約の内容を具体的に形成するにあたって考慮されなければならない論点と、考慮した上で具体的な契約条項を作成する際に見本となるモデルを提示するもの（考慮条項）である。さらに、「六二ｅ条」は、合意するか否かが契約当事者の任意に委ねられてはいるが、可能な限り合意することが推奨される事項の具体例を例示的に列挙するもの（任意条項）である。[129]

このように、シュッペルト草案とツィーコー草案は、協働契約の内容を統制する諸規定の配置の仕方が異なる。すなわちG・F・シュッペルトが、契約内容を統制する規定を、権利義務関係の主体となる契約当事者に応じて、これを二つに分類したのに対し、J・ツィーコーは、契約内容を統制する規定の法的性質（強行規定か任意規定か）に応じて、これを三つに分類したのである。

とはいえ、規定の配置方法に関する違いはあれ、協働契約の内容統制のあり方、又は協働契約の内容を統制する際に問題となる論点に関して、彼らが認識を共有している事実は見過ごされるべきではなかろう。というのも、――後に詳しく述べるように――、国家が保証責任と捕捉責任を負うことを前提に、それを契約内容に具体的に反映させることを目的とした契約内容統制規定を規律する点で、両草案に何ら違いはないからである。

第一款　保証責任に依拠した契約内容の統制規定

まず保証責任に関連する規定を見てみよう。国家が保証責任を負うことを前提に、契約内容を統制することを目的とした規定は、シュッペルト草案の「五六条（第一項乃至第三項）」に存在する。すなわち、先述の通り[130]、この規定は、まず「一項」に於いて、協働契約を締結する行政庁が保証責任を負うこと、したがって協働契約に於いて、行政庁が民間事業者の活動を監督し、統制する義務を負うことを一般的に規律し、続く「二項」及び「三項」に於いて、当該監督・統制を実施するために必要な具体的な措置として、民間事業者の業務執行報告義務が定款上規律され（二項）、又は情報提供義務が契約上合意されなければならないこと（三項）を要求するものである[131]。

他方、これとほぼ同じくツィーコー草案も、まず初めに「六二b条」に於いて、契約を締結する前に「責任の総括表」を作成する義務を行政庁に課した上で、行政庁が当該責任を果たす上で契約上取得すべき権利（民間事業者が契約上負うべき義務）の具体的事例を「六二d条一項三号乃至四号」に細かく列記し、協働契約が備えるべき内容として、例えば、「任務の履行に関わる情報を記録し、定期的に業務執行報告を行う民間の義務」や、民間事業者の活動を監督・統制するために必要な「情報の提供を求める行政庁の権利」、又は「民間事業者の施設に立ち入り、指示・監督を行う行政庁の権利」等を指摘するのである(132)。

第二款　捕捉責任に依拠した契約内容の統制規定

他方、国家の捕捉責任を意識して、契約内容に統制を加える規定は、シュッペルト草案では、「五六条四項」に、またツィーコー草案では、「六二c条一項六号」、「六二d条一項五号」、及び「六二e条一号」に存在する。

このうち、シュッペルト草案「五六条四項」に対応するのが、ツィーコー草案「六二c条一項六号」である。これらの規定は、国家が捕捉責任を負うことを前提に、協働契約を通じて任務の履行を委託された民間事業者が契約に反して任務を適時かつ適切に履行しない場合に、行政庁が任務を再取得できること（任務再取得権の留保）を規律したものである(133)。

他方、シュッペルト草案には存在しないが、ツィーコー草案の「六二d条一項五号」と「六二e条一号」もまた、国家の捕捉責任の観点から、協働契約の内容統制を行う規定である。

すなわち、「六二d条一項五号」は、民間事業者が契約を適時かつ契約通りに履行しないが故に行政庁が契約を解除して任務再取得権を行使する場合や、契約期間の満了に伴って協働関係が終了した場合に、行政庁又は行政庁から任務の履行を再委託された別の第三者が当該任務の履行を迅速に引き継ぐことができるよう、例えば、「任務を履行するために必要な施設や人的組織を対価補償と引き替えに引き取る行政庁の権利（施設取得権）」や、「任務を履行する上で必要となるノウハウ等の情報を提供する民間事業者の義務」等を、契約条項として合意することを要求するものである(134)。

他方、ツィーコー草案の「六二e条一号」は、協働契約の履行可能性を高めるために、当事者が契約中に於いて任意に「違約罰」や「担保の供与」を合意し得ること、また契約に違反して民間事業者が適時に任務を履行しなかった場合に備えて、「即時執行への服従」を合意し得る旨を規律するもである。(135)

第三款　民間事業者が提供する給付の内容・水準

以上述べた各規定が、国家の保証責任と捕捉責任という観点に立って契約内容を統制する規定であったのに対し、シュッペルト草案の「五七条一項」、「同二項」、及びこれに対応する、ツィーコー草案の「六二c条一項三号」、「六二d条一項一号・同二号」は、特に、民間事業者が契約を履行し、第三者等に給付を提供する上で維持すべき給付の水準等に関して、これを統制することを目的とした規定である。

すなわち、シュッペルト草案の「五七条一項」と「同二項」は、「契約の相手方たる民間事業者によって提供されるべき給付の内容と質が契約上明確に合意されなければならないこと」、さらに、「当該給付の水準を評価するための基準を設定し、当該給付水準の遵守状況を定期的に評価点検するための組織として、契約上、契約当事者の同数が参加する合同委員会を任意に設置し得ること」等を規律するものである。(136)

他方、これにほぼ対応する形で、ツィーコー草案も、その「六二c条一項三号」に於いて、当事者によって提供されるべき給付の内容とその範囲及び質が協働契約に於いて必ず規律されなければならないことを要求しつつ、「六二d条一項一号及び同二号」に於いて、当該給付の水準を維持するために民間事業者が負うべき付随的な義務（例えば給付提供活動を行うために必要な施設の建設・整備保全義務や、給付提供活動に際して、適格な人物を用いる義務など）を合意するよう要求するのである。(137)

第四款　合同委員会・紛争調停委員会の設置

他方、注目されるのは、協働契約をめぐる問題の処理に携わる委員会の設置に関するシュッペルト草案とツィーコー草案の見解の相違である。委員会の設置に関する規定は、シュッペルト草案の「五七条一項第二文」と「五八条三項、同四項」に、またツィーコー草案の「六二e条三号」に存在する。これらの規定を比較すると、両草案には、以下に述べる違いが存在することがわかる。

すなわち、シュッペルト草案は、「契約の履行状況を記録し、又はこれを監視するための組織として、契約当事者から派遣された同数の代表者からなる合同委員会を設置すること」については、これを「契約内容の問題」とした上で、これを「当事者の任意的な合意」に委ねつつも[138]（五七条一項第二文）、「契約当事者間に発生した紛争を解決することを目的とした紛争調停委員会」については、その設置を契約内容の問題とは捉えず、それを法律上の組織として各ラントに「必置」するとともに、具体的な組織構成や権限についても、これを法律上一律に規制し、紛争調停委員会が法的に拘束力を持った決議権限を持つことを前提に、それに不服がある当事者に対しては、行政裁判所への訴訟提起権限を承認するのである[139]（五八条三項、同四項）。

これに対してツィーコー草案では、委員会の設置、その組織構成、さらには委員会の権限の全てが、基本的に「契約内容の問題」として、契約当事者の任意的な合意に委ねられている。すなわち、委員会の設置に関する規定は、契約当事者が任意に合意することのできる事項を規律したツィーコー草案の「六二e条」に配置されており、「委員会を契約当事者から派遣された同数の代表者のみで構成するのか、それとも中立の第三者をもメンバーに加えるのか」、また「委員会に紛争を調停する権限を与えるのか否か」、さらには、「委員会の権限を勧告権限にとどめるのか、それとも契約当事者を法的に拘束する決議権限まで付与するのか」の全てを、基本的に「契約当事者の任意的な合意」に

委ねるのである。(140)

言うまでもなく、今後ドイツが協働契約に関する規定を連邦行政手続法の中に新たに挿入するにあたって、シュッペルト草案に沿う形で、中立の第三者が参加する決議権限を持った紛争調停委員会を必置する方向に向かうのか、それともツィーコー草案に沿う形で、紛争調停委員会の設置、組織形態、権限の全てにわたって、これを契約当事者の任意に委ねる方向に向かうのか、それとも、連邦内務省の行政手続法審議会草案のように、そもそもこうした委員会の設置に関する規定を置かない方向に向かうのかは、その後の展開を待つほかない。ただし、少なくとも、この種の委員会を設置することに、以下に述べる数々の利点が存在する事実を指摘することはできるであろう。すなわち、それは、契約の履行状況を監視し、契約に内在する問題点を発見し、また時に必要となる契約の適状をめぐる事後交渉を行う場を提供すること（契約のマネージメント）に寄与するだけでなく、さらに契約の履行をめぐって生じた紛争を対話によって迅速に処理し、訴訟を回避することにも寄与し得る、ということである。事実、H・バウアーもその有用性を認めて、次のように述べている。(141)

「これと並び、契約をめぐる問題を判断し、かつ協働契約をめぐって生じた紛争を調停するための制度として、審議会（Beirat）を設立することが広く推薦されている。提案されている形態によれば、右の審議会は通常、協働契約に関与した行政主体と民間事業者から派遣された各々二人の代表者から構成される。そしてこれに、《中立の》第三者が審議会の構成員に加わる。この中立の第三者は、契約の両当事者の合意の下で、また時にこの点に関する合意が成立しない場合には、例えば行政裁判所の長官や当該地域について場所的管轄を持つ商工会議所の会頭などといった第三者により任命される。通常、〔審議会の――筆者註〕決定は、単純多数決により下される。審議会が負う任務は、契約の履行をめぐって生じた問題を議論し、これを解決することである。さらに審議会は、契約当事者間の利益調整を促進するとともに、契約上の法的地位の行使や、そのさらなる発展に関する調整を容易にすべきものである。契約の形態にもよるが、審議会は、これらの点に関して勧告を行うことが《でき》、また勧告を行《わなければならない》。――多くの場合がそうであるように――、審議会の任務及び権限が、助言・勧告・決定の準備、及びこれに類する機能に限定されている限りで、それは、対話によって紛争を解決し、契約の適状を専門的知識をもって準備し、契約上の義務を容易に発展させるための合目的的な制度である。それは行政協働法の要素としての審議会を魅力あるものにする。」

第五款　その他（第三者保護条項・費用負担関係）

最後に、契約内容の統制に関して、ツィーコー草案の「六二d条一項七号」、及び「六二e条四号」を取り上げよう。いずれの規定も、審議会草案はもちろん、シュッペルト草案にも存在しないツィーコー草案独自の規定である。

このうち、「六二d条一項七号」は、協働契約の内容を形成するにあたって、契約の履行により影響を受ける第三者の利益を考慮し、当該第三者の利益を保護するために、例えば民間事業者によって提供される給付の価格等を契約上合意することを行政庁に対して義務づけるものである。[142] 先述の通り、協働契約が、契約当事者以外の第三者の基本権に広範な影響を及ぼす点に特色を持ち、かつ国家が当該第三者との関係で契約締結後も基本権保護義務を負い、公的な任務の履行を委託した民間事業者の活動を監督・統制する義務を負うならば、民間事業者の活動を通じて給付の提供を受ける契約当事者以外の第三者が、民間事業者に対して具体的にどのような権利を持ち、又は義務を負うのかを契約上明確に合意する意義は、高いといわなければならないであろう。[143]

他方、「六二e条四号」は、この点に関する契約条項の創設を当事者の任意に委ねつつも、報告義務の履行や監督措置の実施に要する費用の負担関係をあらかじめ合意することを強く勧告するものである。[144]

第六節　協働契約の瑕疵の効果・無効原因

連邦行政手続法の中に新たに挿入されるべき協働契約に関する規定のうち、最後に検討されるべきは、契約の無効原因を規律する規定である。小規模解決を志向する連邦内務省の行政手続法審議会が、その草案の五九条二a項に於いて、極めて抽象的な文言ながら、公法上の協働契約の無効原因を規律した事実は、既に指摘した通りである。(145) これに対し、大規模解決を志向するシュッペルト草案及びツィーコー草案は、協働契約の瑕疵の効果に関して、どのような規定を提案するのであろうか。

この点に関して、結論から先に述べるならば、両草案は、協働契約の瑕疵の効果を規律する規定に関し、それぞれ異なった見解を示している。すなわち、シュッペルト草案が基本的に「審議会草案の延長線上」に位置づけられるのに対し、ツィーコー草案は、協働契約の瑕疵の効果について、全く独自の規定を設けようとするのである。

協働契約の瑕疵の効果に関する規定は、シュッペルト草案では、「五八条」に存在する。この規定の表題は、「協働契約の無効（Nichtigkeit des Kooperationsvertrages）」である。それによると、協働契約は、同草案の「五六条二項（公的任務を遂行に携わる企業が、民間との協力の下、持株会社形式で設立される場合を念頭に、当該持株会社の内部に監視委員会等の統制機関が設置されること、当該統制機関に対して一定の内容と形式を備えた業務執行報告がなされなければならないこと、他方行政庁は、当該統制機関を通じて当該持株会社に対して影響力を行使し得ることが、定款上明確に定められなければならない旨を要求する規定）」及び「五六条三項（協働契約が民間事業者（持株会社以外）との間で締結される場合を念頭に、民間事業者が、契約上、その活動を監督し統制するために必要な情報を、行政庁に対して提供する義務を負わなければならない旨を要求する規定）」、並びに「五七条一項・同二項（民間事業者が提供する給付の内容及び質に関して契約上明確に合意することを要求する規定）」に違反する場合には、直ちに「無効（nichtig）」と評価されることになる。[146]その意味でシュッペルト草案の「五八条一項」は、――それが公法上の協働契約のみを対象としたものではないという違いはあれ――、基本的には既に述べた行政手続法審議会草案の五九条二a項を、より具体化したものと位置づけることができよう。なぜなら、審議会草案の五九条二a項も「公的任務が取り決められた通りに履行されるよう、十分な影響力を行使する機会を確保することなく、行政庁が協働契約を締結した場合」に、契約を「無効」とするからである。

これに対しツィーコー草案には、協働契約を無効にする原因を規律した規定が存在しない。確かに、ツィーコー草案にも、契約内容を統制することを目的とした強行規定である「六二c条一項（最低内容条項）」と、「六二d条一項（考慮条項）」に違反して契約が締結される場合があることを前提に、当該規定に違反して締結された瑕疵ある協働契約の効果を定めた規定として、「六二c条二項（最低内容条項違反）」と「六二d条二項（考慮条項違反）」が存在する。[147]しかしながら、いずれの規定も、瑕疵ある協働契約の無効を命ずるものではない。むしろこれらは、瑕疵ある協働契約を締結した当事者に対して、当該瑕疵を除去することを目的とした事後交渉を命じ、契約の無効効果の発生を回避しようとする規定なのである。事実J・ツィーコーは、次のように述べている。[148]

「行政手続法は、この法律が掲げる契約条項が行政協働契約の中に挿入されなかった場合にどのような効果が発生するのかを規律しなければならない。任意条項（六二e条）に規定された契約条項が契約に存在しない場合、これに対する法的効果は何等生じない。他方、最低基準条項（六二c条）及び考慮条項（六二d条）に規定されている契約条項が契約の中に存在しないとしても、当該〔瑕疵ある――筆者註〕契約に対して無効を命ずることは、必ずしも妥当な対応とは言えないであろう。」

そこで問題となるのは、協働契約がツィーコー草案の「六二c条一項」に違反して締結され、法律上必ず備えなければならない条項が契約中に存在しない場合、又は、協働契約が同草案の「六二d条一項」に違反して締結され、契約内容を形成するにあたって法律上考慮しなければならない事項が考慮されないまま契約が締結された場合に、彼が具体的にどのような事後対応を契約当事者に対して命じているのかである。

この点に関してJ・ツィーコーは、契約が「最低内容条項（六二c条一項）」に違反した場合と、契約が「考慮条項（六二d条一項）」に違反した場合とで、若干異なった規律を設けている。すなわち、両事案ともに、契約に内在する瑕疵を除去することを目指した事後交渉を行う当事者の義務が発生する点では共通するが、「前者（最低内容条項違反）」にあっては、事後交渉に於いて合意に至らなかった場合には、訴訟を通じて契約の瑕疵を是正することを求めるのに対し、「後者（考慮条項違反）」にあっては、仮に事後交渉に於いて合意に至らなかった場合には、「補足的な契約解釈」という方法によって問題が処理されることになるのである。彼は、次のように述べている。(149)

「法律上最低内容条項とされている事項が契約に於いて規律されていない場合（六二c条一項違反――筆者註）、協働の当事者は、法律が規定する契約内容に関する最低基準を実現するよう義務づけられる。契約は、これを挿入することなく締結されてはならなかったのである。したがって、協働の各当事者には、既に締結された契約の中に、法律上規律することが命ぜられている事項を事後的に挿入することを求める権利が帰属しなければならないのであって、場合によると、それを訴訟により貫徹する権利が帰属しなければならない。

右の点は、法律上考慮条項とされている事項が契約に於いて規律されていない場合（六二d条一項違反――筆者註）には当てはまらない。考慮条項にあっては、法律上規定されている問題の具体的解決策は、まさしく契約の当事者に委ねられている。当事者が当該問題を考慮したことが契約から認識できなければならないに過ぎない。……当事者が（期間の限定のない協働を望んだが故に）契約期間に関する条項を意図的に放棄した場合や、（関連する法律規定で十分と判断したが故に）給付妨害のレジームに関する条項を意図的に放棄した場合のように、雄弁なる沈黙（beredtes Schweigen）が契約及び契約締結に際しての諸状況から認識できる場合は別として、行政手続法に於いて考慮条項とされている事項が契約中に存在しないなら、それは、協働の当事者が、契約に於いてこれらの事項を規律する必要性があることを見逃していたことが前提とされなければならない。それ故、差し当たって契約の当事者には、事後交渉に於いて当該問題解決の戦略（Problemlösungsstrategie）を契約の中に盛り込む機会が与えられなければならない。この事後交渉が失敗に終わった場合、規律の隙間は、補足的な契約解釈という方法によって埋められることになるのである。」

(114)　本編末尾に掲載するシュッペルト草案を参照。

(115)　本編末尾に掲載するツィーコー草案を参照。なお Vgl. auch. Ziekow, a.a.O（Fn.5）, S.176.

(116)　Bauer, a.a.O（Fn.32）, S.258f.

(117)　Krebs, a.a.O（Fn.62）, S.258f.

(118)　O・マイヤー以来のドイツ行政法学（公法契約論）の発展経過、及び連邦行政手続法公法契約規定の成立過程については、参照、本書第一部第一章。

(119)　協働契約に妥当する法理論を詳しく検討したH・バウアーにあっても、議論の関心は、協働契約の手続的・内容的統制に置かれており、反面、協働契約の許容要件に関する議論は行われていない（Bauer, a.a.O（Fn.32）, S.258ff.）。

(120)　本編末尾に掲載する審議会草案五四条を参照。

(121)　Vgl. Schuppert, a.a.O（Fn.4）, S.131.

(122)　Bonk, a.a.O（Fn.1）, S.147.；とはいえ、ドイツの行政法学が、「私人（民間事業者）に対する行政権限の委任」について、その「憲法上の限界」を議論してきたことは見過ごされるべきではなかろう（この点については、米丸・前掲註（32）書四九頁以下及び三五五頁以下、角松・前掲註（37）論文九三頁以下、大脇・前掲註（32）論文二〇三頁以下などを参照）。ただし、そこで蓄積されてきた議論が、「協働契約の許容要件」論と具体的にどのような関係にあり、結局、協働契約による法律関係の規律（民間委託）が、個々具体的に、いかなる場面で、どのような理由に基づいて法的に許容されないのかについては、現時点に於いて、ドイツ行政法学説上、緻密かつ明確な形で議論されているとは言えない。なお、フランスに於ける議論状況については、亘理・前掲註（13）論文一九二頁以下を参照。これによれば、今日のフランスの行政法学説に於いては、民間事業者に委託可能な行政事務の範囲（民間事業者に委託することのできる事務と委託できない事務の境界線）を明確にすべく活発な議論が行われており、判例上、一定の議論の蓄積を見ているようである。なお、どのような事務が、いかなる条件の下で民間委託の対象になり得るのか（どのような事務が、その性質上民間委託の対象になり得ないのか）という問題に関し、碓井光明教授は「かくて、法律によっても民間委託の対象にできない（あるいはすべきではない）事務を画する実質的な基準は何かを統一的に把握することが困難になりつつある」と指摘した上で、「極端なことを言えば、今後は、典型的な公権力の行使である滞納処分でさえも民間委託される時代が来ないとは言い切れない。」と述べる（碓井光明『公共契約法精義』〔信山社、二〇〇五年〕二八九頁）。なお、権力的な作用を民間事業者に委任する可能性とその法的限界、並びに法的統制のあり方を詳しく検討した最近の論文として、高橋明男「ドイツにおける警察任務の『民営化』、民間委託、民間との協同――国家の権力独占をめぐる法状況その二」『二十一世紀の法と政治（大阪大学法学部創立五十周年記念論文集）』（有斐閣、二〇〇二年）一一九頁以下、米丸恒治「『民』による権力行使――私人による権力行使の諸相とその法的統制」小林武ほか編『「民」による行政――新たな公共性の再構築』（法律文化社、二〇〇五年）五二頁以下を参照。

(123)　参照、本編第二章第二節第一款。なお、契約の相手方とすべき民間事業者の選択基準及び選択手続のあり方については、本書第二部第二編に於て改めて詳しく検討するが、この点に関する我が国の優れた先行研究業績として、碓井・前掲註(122)書二八九頁以下、亘理格「フランスのＰＦＩ的手法――『公役務の委任』（Délégation de service public）を素材に」会計検査研究二五号（二〇〇二年）一一九頁以下を参照。

(124)　Schuppert, a.a.O (Fn.4)., S.131. は次のように述べている。曰く、「第五五条及び第五七条第三項は、この鑑定意見の第一部で獲得された認識――すなわち、公私協働の中心的な調整ネジ（zentrale Stellschraube）が、協働相手方の選択（Auswahl des Kooperationspartners）であるとの認識――を実行するものである。それ故、第五五条は、協働相手方の専門知識（Sachkunde）及び信頼性（Zuverlässigkeit）が、適切な方法により証明されなければならないことを要求するのである。第五七条第三項は、給付契約（Leistungsvertrag）という類型に関して、右に述べた思考を個々に明確にしたものである。」と。また連邦内務省行政手続法審議会の委員長であるＨ・Ｊ・ボンクも次のように述べている（Bonk, a.a.O (Fn.1)., S.148.）。曰く、「民間と行政庁の協力に際し、最低限度の実体的な基準が常に遵守されるよう公益を考慮しつつ……、次のような規定を置くことが可能であろう。すなわち、行政庁の契約の相手方は、基本的に、専門知識のある（sachkundig）、信頼に足る（zuverlässig）、給付能力を備えた（leistungsfähig）ものでなければならないという規定がそれである。〔契約相手方の――筆者註〕選択は、契約締結の前閾に於ける一つのテーマであるが、もちろん、複数の民間人との間で交渉を行うことは排除されない。」と。なお、協働の相手方となる民間事業者が備えるべき資質については、山本・前掲註（16）論文一五五頁、同「公私協働の法構造」『公法学の法と政策（下）（金子宏先生古稀祝賀論文集）』（有斐閣、二〇〇〇年）五六二頁、磯村・前掲註（54）論文一七七頁以下を併せて参照。

(125)　Bauer, a.a.O (Fn.32), S.259f.；なおH・バウアーは、契約の締結交渉に携わる「行政職員の資質」についても議論を行い、次のように述べている（Bauer, a.a.O (Fn.32), S.261f.）。曰く、「なるほど行政協働法は、民間部門に求められる資質要件を規律することに限定されてはならず、むしろ行政サイドの資質をも考慮しなければならない。……第一に、法学的な交渉技能を磨くために、より強化された教育が求められる。数多くの行政学的な観点によれば、それは、交渉プロセスの経過及び経過モデルに関する深い知識や、局面、譲歩、及び合意に方向づけられた交渉という意味での交渉の進め方に関する深い知識、競争的かつ協働的な交渉スタイルや、準備、枠組条件、戦略、及び成果を上げる交渉の処世訓に関する深い知識が前提となっている。《交渉する行政（verhandelnde Verwaltung）》は、その他の関係に於いてもまた、これらの知識を必要としている。第二に、契約の加工、及び契約条項の作成に関する付加的な知識の獲得が求められる。それは既に、財政的な理由だけからしても必要である。というのも、契約の形成は、往々にして費用中立的ではないからである。他方、契約の加工に関する知識は不可欠である。なぜなら、不十分かつ、個々の利益及び問題状況を十分に考慮していない一連の契約は、協働関係を不成功に終わらせるだけでなく、結果として事後的なコストをもたらし得るからである。」と。なお、小幡・前掲註（32）論文七六五頁以下（七七一頁註（8））もまた、右に見たH・バウアーと同旨の見解を主張している。

(126)　Ziekow, a.a.O (Fn.5), S.144ff.

(127)　Ziekow, a.a.O (Fn.5), S.146.

(128)　Ziekow, a.a.O (Fn.5), S.182.

(129)　Ziekow, a.a.O (Fn.5), S.191f. は、次のように述べている。曰く、「契約条項に関する条件を規律した規定は、（分野ごとに）強制的なものと任意的なものとに区別される。契約条項に関する強行的な条件は、さらに以下の二つに区分することができる。すなわち、協働契約の中で規律されるべき（最低限の）内容を強制的に設定する法律条項（Mindestinhaltsklausel）と、特定の問題が契約に於いて解決されなければならないことを指示するに過ぎず、他方、当該問題がどのように解決されるべきなのかを、協働の当事者に委ねる法律条項（考慮条項（Berücksichtigungsklausel））である。……行政協働を成功させるために決定的な役割を果たす本質的事項や、行政が固有の責任を果たすことができるようにするための本質的事項は、内容に関する最低限の条項とされる。考慮条項は、右に述べた本質的な事項を具体的に転換するその他の領域に関連する。これに対し任意条項は、契約によって達成される協働システムを個々的に補足する可能性を提供するものである。」と。

(130)　参照、本編第二章第二節第二款。

(131)　Schuppert, a.a.O (Fn.4), S.131f.

(132)　Ziekow, a.a.O (Fn.5), S.193.; なお、Bauer, a.a.O (Fn.32), S.272. も、行政庁が保証責任を行使し得るよう、契約に於いて、情報権、統制権、監督権及び指示権が合意されるべきことを主張している。これらとほぼ同じ見解を示す我が国の文献として、参照、原田尚彦『〔新版〕地方自治の法としくみ〔改訂版〕』（学陽書房、二〇〇五年）一三八頁以下。

(133)　ただし、この点に関して、シュッペルト草案とツィーコー草案には、以下に述べる違いが存在する。すなわちシュッペルト草案では、同草案の「五八条三項」により設置された紛争調停委員会が認める限りで、任務の再取得が機械的に認められる（任務再取得条項が契約中に存在する必要はない）のに対し、ツィーコー草案では、それが同草案の「六二c条」に於いて強制されているとはいえ、あくまで任務再取得条項が契約中で合意されなければならないのである。なお、任務再取得権については、Vgl. auch Bauer, a.a.O (Fn.32), S.266ff.

(134)　Bauer, a.a.O (Fn.32), S.269f. も、こうした合意条項の必要性を認めて次のように言う。曰く、「最後に、協働〔関係──筆者註〕の終了の効果に関する契約規律は、〔契約の──筆者註〕形態をめぐって非常に重要な問題を提示している。この点に関しては、期間満了、解約その他の理由に基づいて契約関係が終了した後に於いても、継続して任務の処理が行われることを保障するための契約条項の存在が確認される。それは特に廃棄物処理の領域に於いて、放棄することのできない任務の処理に関する最終責任が法律上行政に対して指示されている場合に、極めて大きな意義を持っている。具体例は目下のところ下水処理に関する法である。下水処理に関して業務の停滞が発生するようなことがあってはならないため、行政は、協働〔関係──筆者註〕が終了した場合には、下水の処理を直ちに自ら引き継ぐことができる。その際、以下に述べるような契約合意が必要となる。すなわち、特に当該下水処理業務を実施する際に用いられる土地、施設及び設備の引受け、さらには、操業かつ施設の整備に関する民間の専門知識の伝達に関する契約合意である。」と。なお、行政の任務再取得権限について言及する我が国の文献として、参照、磯村・前掲註（54）論文一七七頁、人見剛「ドイツにおける市町村生活基盤配慮行政の（再）公営化」広渡清吾ほか編『日本社会と市民法学（清水誠先生追悼論集）』（日本評論社、二〇一三年）三九九頁以下。

(135)　Ziekow, a.a.O (Fn.5), S.194.; なお、Bauer, a.a.O (Fn.32), S.267f. のほか、我が国に於いては原田・前掲註（132）書一四〇頁が、違約罰の合意や即時執行への服従の合意を積極的に活用すべきことを主張する。

(136) Schuppert, a.a.O (Fn.4), S.132f.
(137) Ziekow, a.a.O (Fn.5), S.193.
(138) Schuppert, a.a.O (Fn.4), S.132.
(139) Schuppert, a.a.O (Fn.4), S.133.
(140) Ziekow, a.a.O (Fn.5), S.194f. は、協働契約が、通常、契約当事者以外の第三者の利害関係に広く影響を及ぼすものであることに鑑み、設置される合同委員会には、単に契約当事者の代表のみならず、利害関係人や中立の第三者を参加させることが好ましいとする。ただし、契約当事者以外の第三者が参加する合同委員会が設置される場合、その権限は、原則として勧告権限にとどめられるべきこと（仮に合同委員会に対して法的拘束力を持った決議権限を与えるにせよ、この場合には、契約当事者に対して、決議に対する拒否権が与えられなければならないこと）を主張して、次のように述べている。曰く、「この種の合同委員会は、特に、複雑かつ長期に及ぶ行政協働〔公私協働――筆者註〕に於いて、契約の履行に関して生じた紛争を解決すべきものである。それは、協働システムを継続的に適状し、さらに発展させるための手段であり、これを通じて、協働を安定化させる効果を持っている。合同委員会のメンバーは、履行されるべき任務の性質によって異なる。基本形態は、協働当事者が委員を同数派遣するか、場合によると、中立の第三者をこれに加えるというものである。例えば都市の再開発プロジェクトの場合がそうであるように、行政協働〔公私協働――筆者註〕が、協働の当事者以外の者にも影響を及ぼす場合に、〔協働当事者以外の――筆者註〕利害関係人を合同委員会に参加させ、これによって第三者の利益の考慮を保障することは、有意義なことである。他方、合同委員会の権限に鑑みると、紛争を調停する機能を持つ合同委員会と、決議機能を持つ合同委員会とに区別されなければならない。紛争を調停する機能を持つ合同委員会は、行政協働〔公私協働――筆者註〕の当事者を拘束しない単なる勧告を行うに過ぎない。これに対し、決議機能を持つ合同委員会の場合、行政協働〔公私協働――筆者註〕の当事者に対しては、決議への拘束が生じる。合同委員会の決議に拘束力を持たせる方法は、ドイツ民法典の第三一七条によれば可能である。……しかしながらこの方法は、協働当事者による統制が喪失するという欠点を抱えている。既に述べたように、こうした事態は、行政協働〔公私協働――筆者註〕の両当事者にとって、根本的なリスクである。したがって、合同委員会は、そこに協働当事者の代表以外の者が参加している場合には、決議権限を持つべきではないというべきであろう。少なくとも、協働の各当事者は、決議に対する拒否権（Vetorecht）を持たなければならず、これにより彼らは、拘束力を持つ決議草案を阻止することができなければならない。以上述べてきたことは、合同委員会に中立の第三者が関与する場合にもまた当てはまるべきである。したがって、この場合に於いてもまた、拘束力を持った合同委員会の決議は、協働当事者の同意がある場合に初めて成立し得ることになる。」と。なお、Bauer, a.a.O (Fn.32), S.268f. もまた、右に引用したJ・ツィーコーとほぼ同じ見解を主張している。

(141) Bauer, a.a.O (Fn.32), S.268f.

(142) Ziekow, a.a.O (Fn.5), S.193.

(143) Gusy, a.a.O (Fn.30), S.131. もまた、同旨の見解を主張する。

(144) Ziekow, a.a.O (Fn.5), S.195.

(145) 参照、本編第二章第二節第一款。

(146) Schuppert, a.a.O (Fn.4), S.133.

(147) なお、同じく契約内容に関する規定であるツィーコー草案の「六二e条」については、瑕疵の効果に関する規定は存在しない。というのも、六二e条は、契約当事者が任意に合意し得る事項を列記した任意条項であるため、当該任意条項に規定された事項が契約に於いて規律されなかったからといって、それは契約の瑕疵を意味しないからである。

(148) Ziekow, a.a.O (Fn.5), S.195.

(149) Ziekow, a.a.O (Fn.5), S.195.

終章　おわりに

戦後の日本は、先進諸外国と同様、医療保険や年金、介護保険等の社会保険や社会福祉制度の整備・充実に取り組み、社会福祉国家への道を突き進んできた。現代国家が果たす役割又は機能は、夜警国家といわれた近代国家が果たしてきた社会秩序維持機能（警察・国防・消防）とは比較にならないほど広範囲に及んでいる。この結果、行政機能は拡大し、国民の行政への依存度が飛躍的に高まるという現象が生じた。そして行政サイドもまた、国民又は地域の住民が求めるサービス（公共サービス）を、公的資金と自らが持つ人的・物的資源（官僚組織と行政組織）を用いながら、これを単独で処理してきたのである。これが、公共サービスの行政サービス化といわれる現象である。[150]しかしながら、経済の低成長、本格的な少子高齢化社会を迎え、厳しい財政状況にさらされている国・地方公共団体は、もはや国民・住民が求める公共サービスの全てを、従来通り行政サービスとして処理することに限界があることを認めざるを得なくなっており、従来、行政サービスとして無条件に処理してきた数々の公共サービスの内容それ自体を根底から見直すとともに、その提供方法を抜本的に見直す必要性に迫られている。[151]その際用いられる視点が、「公共経営」、「ＮＰＭ（New Public Management）」、そして「公私協働（Public Private Partnership）」である。これらは、民間企業を対象として発展してきた経営の視点を公共部門の活動に取り込むことによって、厳しい財政状況の下で行わざるを得ない国や地方公共団体の活動を最大限効率化しつつ、他方では、可能な限り民間事業者の活力やノウハウを活用することによって、真に必要な公共サービスを維持しつつ、その質を向上させようとする考え方、取組みを意味する。[152]近年、いわゆるＰＦＩ法が制定され、[153]また二〇〇三年には、地方自治法の改正により、従来の管理委託制度に代えて、新たに指定管理者制度が導入されるに至ったが[154]、これらもまた、公共経営、ＮＰＭ、そして公私協働という考え方を基盤とするものであり、我が国に於いても、今後ますます、公的任務の民間委託を内容とした契約（ドイツ法的にいえば、協働契約）が、行政主体と民間事業者との間で締結されることが予想される。それだけに、行政契約に妥当する法理論を探求し、これを体系化してゆくことは、各時代の行政の特色を精確に認識しながら理論的に発展・変容してゆくべき行政法学にとって、重要な課題の一つに位置づけられよう。

もっとも、ドイツの行政法学を基盤に独自の発展を遂げてきた我が国の行政法学が、契約という行政の行為形式について、そこに妥当する法理論を議論してこなかったわけではない。むしろ、契約という行為形式は、「法律→行政行為→強制行為」という、いわゆる「三段階構造モデル」[155]が行政過程の基本的骨格とされた伝統的な行政法理論にあって、当該三段階構造モデルの「例外」に位置づけられてはきたものの、あくまで「伝統的な」行政の行為形式の一つに数えられてきたのであり[156]、その意味で、契約という行為形式それ自体は、我が国の行政法学にとって、何ら目新しいものではない。それにもかかわらず、現在、協働契約を通じて、改めて行政契約への関心が高まっているとするならば、それは、本書が考察の対象とした協働契約が、行政法学の伝統的な理論枠組みの中で議論されてきた行政契約とは根本的に異なった、その意味で、行政法学の伝統的な理論枠組みによっては捉えきれないものであるからに他ならない。

すなわち、ドイツ及び我が国の伝統的な行政法学は、あらゆる法主体を「行政主体」と「それ以外の法主体（私人）」とに分け、これら二つの法主体が相互に「対立関係」に立つこと（行政主体と私人の二元的対立思考モデル）を前提として、国家行政に対抗して国民の権利・利益を保護するための法理論を確立することに主たる関心を払ってきた[157]。その当然の帰結として、伝統的な行政法学が、右の思考枠組みの中で議論の対象としてきた行政上の契約は、――それが最終的には合意によって成立しようとも――、あくまで行政主体と私人という、相対立する二つの法主体間で締結されるものであった。それ故に、伝統的な行政法学も、かかる対立関係に於いて、優越的な立場を利用しながら契約の締結交渉を行う行政主体の恣意を防止し、もって行政主体の契約相手方たる私人の権利・利益を保護するための契約法理を確立することに、関心を示してきたのである。[158] O・マイヤー以来のドイツの伝統的な行政法学が、行政主体と私人の二元的対立思考モデルを基盤として、相対立する行政主体と私人が、三段階構造モデルの例外として、契約を通じて公法上の法律関係を規律することの是非（公法上の契約の可能性及び許容性）を議論し、また、一九七六年に成立したドイツの連邦行政手続法が、その第四編（五四条乃至六二条）に於いて、「行政行為の発動に代替して締結される公法上の契約（行政行為代替型契約＝従属法契約）」に妥当すべき法理論の一部を規律することによって、行政行為の発動権限を背景に優越的な地位に立って契約交渉を行う行政主体の恣意から私人の権利・利益を保護しようとしている事実は、それを明確に物語っている。[159]

これに対し、本書第二部が考察の対象とする協働契約は、同じ行政契約であっても、ドイツ及び我が国の行政法学が議論の前提としてきた行政主体と私人の二元的な対立思考モデルという伝統的な理論枠組みの中で把握しきれるものではない。協働契約は、行政主体と私人が対立する関係の中で締結されるものではなく、むしろ、行政主体と私人（民間事業者）が、公的任務の遂行に関して、協力又は協働する関係の中で締結されるものである。その意味で協働契約は、伝統的な行政法学が議論してきた古典的な行政契約の類型とは質的に異なる新たな（あるいは現代的な）行政契約の類型と評価しえよう。[160] それだけに、連邦行政手続法の改正論議を行う過程で、協働契約に妥当する法理論の確立を目指し、従来から存在する公法上の契約に関する規定とは別に、協働契約に固有の統制規定を新設することを目指すドイツの立法動向は、行政契約論の発展・展開という視点で見た場合、非常に興味深い。

とはいえ、公的任務遂行の民間委託（公私協働）をめぐる議論は、我が国はもとより、ドイツに於いてもまた、最近になってようやく本格的に始まったばかりである。したがって、ドイツで議論されている協働契約論は今なお発展途上にあり、今後解明を必要とする論点が複数残されている。

まず初めに、「協働契約の相手方となるべき民間事業者の選択」については、専門知識と給付提供能力を持ち、信頼に足る事業者を選択する必要があることは先述の通りであるが、これら抽象的要件をどのように具体化し、またどのような要件審査をいかなる手続の下で実施すべきなのか、という問題が挙げられよう。(161) またこれと関連して、協働契約の相手方として不適切と思われる民間事業者が選択された場合に、契約の締結を拒否された他の民間事業者や一般の私人が、いかなる形で法的救済手段を認められるべきなのか、という問題もまた存在する。この問題については、既に我が国に於いても碓井光明教授や亘理格教授によって詳細な研究が行われているが、(162) 本書では、ドイツで展開されている一般的・抽象的な議論を紹介するにとどまり、それ以上に突っ込んだ議論を行うことができなかった。

他方、特に問題となるのが、契約に於ける「リスク分担（リスクマネージメント）」である。本書で議論した公私協働は、それがＰＦＩ事業であれ、指定管理者制度の活用事業であれ、一定の期間を定めて、公的な任務の遂行を民間事業者等に委ねるものである。この点、常に念頭に置かなければならないのは、「行政主体と協働関係に入った民間事業者は、あらかじめ定められた期間内に於いて契約上委託された公的任務の遂行を行い、これによって利潤を追求することを意図している」ということである。(163) いうまでもなく、その際の「利潤」とは、「行政主体から支払われるサービス対価と個々の利用者から個別に徴収する施設利用料等の総計額（収入総額）」から「事業実施に要する総コスト（支出総額）」を差し引いた部分を意味し、また「事業実施に要する総コスト（支出総額）」は、「公的任務の履行に携わる民間事業者が負担するリスク対処費用の総体」を意味する。(164) したがって、民間事業者は、「行政主体から定期的に支払われるサービス対価が減額されることがあるとすれば、それはいかなる場合なのか」、「事業を行うにあたって、いかなるリスクを、どの程度で負わなければならないのか」につき、とりわけ強い関心を持つことになる。というのも、確実に得ることのできる利益と自己が負うべきリスクの内容が判明して初めて、民間事業者は、当該リスクが顕在化した場合に生じるであろう損害や追加的経費を予測し、事業実施に要する総コスト額を算定できるとともに、事業実施により得られる利潤の幅を予測することができるようになる（それが最終的に事業に参入するか否かの判断を分ける）からである。したがって、協定・契約を締結するにあたっては、「どのような場合に、サービス対価が減額されることになるのか」、「事業を行う上で、いかなるリスクの発生が予想され、当該リスクが現実のものとなった場合に、どの程度の損害や追加的経費の発生が予想されるのか」、そして、「それを行政側が負担するのか、それとも民間事業者が自己の責任に於いて負担すべきなのか（あるいは、行政と民間事業者の双方が共同で負担すべきなのか）」を、事前に、かつ可能な限り明確に合意しておくことが重要となろう。[165]

とはいえ、実際には、「どのようなリスクや不測の事態が発生するのか予想しがたい部分が多く、まさに、未知の世界に入っていく期待と不安の入り交じった状況にある。」との声が聞かれ、「リスクをマネジメントしていくノウハウを早く確立してゆくこと」が緊急の課題となっている。[166]

本書では、右に述べたリスクマネージメントをめぐる問題について、詳細かつ網羅的な検討を行うことはできなかったが、少なくとも言えることは、協働契約を締結するに先立って、考え得るリスクをあらかじめ類型化した上で、当該リスクが一般の民間事業者にも生じ得る性質のものか否か、一般の民間事業者が自己の業務を行う上で、当該リスクに対処するために具体的にどのような方策を用いているのか、そして行政の協働の相手方として公的任務の履行に携わる民間事業者に対してもまた、他の一般の民間事業者と同じような形でリスクの分担を要求することに、実質的かつ合理的な理由が存在するのか否かを考える必要がある、ということである。

すなわち、協定に於いてマネージメントされるべきリスクには、不可抗力リスク（地震等の自然災害の発生によって施設が損傷し、これに伴ってサービスを提供することが一定期間不可能になった場合や、施設改修のため追加支出が必要となる場合、さらには、金利変動・物価変動によって必要経費が当初の予定を越える場合など）を初め、法令変更リスク（協定締結後に消費税法が改正され税率がアップした場合や、例えばアスベストを使用した施設であるが故に、法律でその利用が事業期間中に禁止された場合など）、さらには需要リスク（当初見込まれていた施設利用の需要が実際には思ったほどの成果を上げず、それに伴って利用者から徴収する利用料収入が低迷する場合）など、様々なものが存在するが、自然災害リスクなどのように、他の一般の民間事業者と同じく、協働の相手方たる民間事業者が保険等を活用することによって対処すべきリスクもあれば[167]、同じ不可抗力リスクの中でも、金利変動や物価変動リスクのように、協働契約の相手方たる民間事業者にのみ負わせることが必ずしも合理的とはいえず、一定限度、行政主体側が分担すべきリスクも存在する[168]。いずれにせよ、リスク分担のやり方如何では、協働の相手方たる民間事業者の収益に大きな影響が生じることに鑑みれば、今後、リスク分担のあり方について、より緻密な基準作りが必要となることに疑いの余地はなく、この問題を比較法的に検討・分析するにあたっては、単に、ドイツ法のみならず、ＰＦＩ的手法について実績を持つイギリス法にまで視野を広げる必要性があろう[169]。

他方、協働契約に於いては、民間事業者を通じて公的サービスの提供を受ける一般の私人以外にも、通常、民間事業者が公的任務を遂行する上で必要となる資金を融資し、その限りで協働契約に利害関係を有する「金融機関」が契約当事者以外の第三者として存在するが、「当該融資金融機関の法的地位を、どのように位置づけるのか」という点に関しても、今後、詰めた議論を行う必要性があるように思われる。例えば、協働契約の相手方たる民間事業者の経営状態が悪化した場合に、金融機関が自らの債権を保全するために融資（資金提供）を打ち切り、あるいは担保権の実行や強制執行を通じて事業資産の処分を行う場合、それにより事業それ自体の継続が困難になることが考えられるが、公共サービスの継続的かつ安定的な供給を確保する必要性に鑑みるならば、少なくとも、他の民間事業者への事業引継ぎが行われるまでの間、こうした事態の発生は回避されるべきであろう。問題解決の方法としては、融資を行う金融機関を協働契約に関与させるか、又は、行政庁と融資金融機関との間で、別途この点に関する契約を締結する方法が考えられるが、その場合、具体的にどのような事項を契約上合意しておくべきなのかが、今後、詳細に検討されなければならないように思われる。(170)

また、これらの論点のほかにも、既に我が国に於いても複数の先行研究が提示するように、国・公共団体から、公的任務の全部又は一部の遂行を委託された民間事業者の活動を通じて、サービスの受給者である第三者たる私人に損害が発生した場合に、当該被害者との関係で、「誰が、いかなる法律（条文）に基づいて損害賠償責任を負うことになるのか」という、国家賠償法上の極めて重要な論点が存在する。(171) とりわけ、道路、空港、下水処理施設などといった、かつては国又は公共団体が自ら設置・管理してきた公共施設が、今後、公私協働の流れの中で、民間事業者によって設置され、又は管理されるようになった場合に、かかる民間事業者によって設置・管理される公共施設が、国家賠償法二条にいう「公の営造物」に該当するのか否か、また該当するとして、その設置・管理を行う主体が民間事業者である場合に、当該設置・管理の瑕疵に基づく損害を賠償する責任を負うのは、一体誰なのかという問題は、今後、理論的に解明する必要性が高いといわなければならないであろう。(172)

本書では、これらの重要な諸論点について深く考察することはできなかったが、連邦行政手続法の改正を志向した議論を行う過程で、同法が一九七七年以来規律してきた行政行為代替型の公法上の契約に妥当する法理論との違いを意識しながら、協働契約に妥当する固有の法理論をドグマーティッシュに議論し、これを体系化しようとするドイツ行政法学の近時及び今後の動向は、我が国の行政法学が、今なお未成熟な行政契約論の発展を志向するにあたって、注目すべきであるように思われる。

(150)　公共サービスの行政サービス化については、参照、宮脇淳『公共経営論』（ＰＨＰ研究所、二〇〇三年）二三頁以下二四頁。

(151)　参照、宮脇・前掲註（150）書二四頁以下二五頁。

(152)　参照、宮脇・前掲註（150）書四六頁以下七六頁。

(153)　ＰＦＩについては、さしあたり、宮木康夫『第三セクターとＰＦＩ〔増補版〕』（ぎょうせい、二〇〇二年）、建設政策研究所編『検証・日本版ＰＦＩ』（自治体研究社、二〇〇二年）、日本経営システム株式会社編『ＰＦＩ・ＰＰＰ実践マニュアル』（ぎょうせい、二〇〇四年）、碓井光明「ＰＦＩ・国有財産有効活用」芝池義一ほか編『ジュリスト増刊　行政法の争点〔第三版〕』（有斐閣、二〇〇四年）二〇四頁以下、同・前掲註（122）書二八三頁以下、猪野積「地方公共団体におけるＰＦＩ事業の現状と課題」自治研究八〇巻三号（二〇〇四年）四三頁以下、小幡・前掲註（32）論文七六五頁以下、亘理・前掲註（123）論文一一九頁以下、柏木昇監修（美原融ほか編）『ＰＦＩ実務のエッセンス』（有斐閣、二〇〇四年）、井熊均『自治体ＰＦＩプロジェクトの実務』（東洋経済新報社、二〇〇三年）、宮脇・前掲註（150）書二〇一頁以下等を参照。

(154)　指定管理者制度を取り扱う論稿は枚挙に暇がないが、さしあたり、地域協働型マネジメント研究会編『指定管理者制度ハンドブック』（ぎょうせい、二〇〇四年）、「特集　指定管理者制度活用への自治体戦略」ガバナンス四八号（二〇〇五年）所収の各論稿、碓井・前掲註（153）論文二〇四頁以下、福士明「指定管理者制度の法的論点・ポイント」自治体法務研究一号（二〇〇五年）六頁以下を参照。

(155)　三段階構造モデルについては、参照、藤田宙靖『第四版　行政法Ｉ（総論）〔改訂版〕』（青林書院、二〇〇五年）二〇頁以下。

(156)　参照、藤田・前掲註（155）書二八四頁以下（二九六頁以下）。

(157)　参照、藤田・前掲註（155）書一五頁以下、同「Ｅ・Ｗ・ベッケンフェルデの国家と社会の二元的対立論――現代西ドイツ公法学研究ノート」同『行政法の基礎理論（上）』（有斐閣、二〇〇五年）八〇頁以下。

(158)　藤田・前掲註（155）書三三頁は、法律による行政の原理を始めとし、行政行為、行政立法、強制執行、行政契約といった諸形式をめぐる従来の行政法理論が、いずれも、行政主体と私人との間には当然に利益の対立が生じ、紛争が生じることを前提として、それを解決するための法的基準は何かを問題とするものであったことを指摘する。なお、原田尚彦「行政契約論の動向と問題点（２・完）」法律時報四二巻三号（一九七〇年）八五頁以下（九四頁）は、行政主体を一方当事者とする契約を全て行政契約とした上で、それによる恣意的な介入と、これに伴う契約相手方たる私人の権利・利益の侵害に歯止めをかけるための法理論を確立する必要性を説く。

(159)　Ｏ・マイヤー以来のドイツ行政契約論の動向、及び連邦行政手続法が規律する公法契約規定の内容については、参照、本書第一部「行政行為代替型契約論」。

(160)　この点については、本編第一章第四節を併せて参照。

(161)　なお、欧州委員会は、二〇〇四年に指令第一八号を制定し、そこで公私協働プロジェクトに於いて委託発注先となる民間事業者を選定するための手続として、所謂「競争的対話」という新たな委託発注手続を導入することを決定し、その国内法化を各加盟国に対して求めた。これに伴いドイツは、同指令の国内法化期限が迫った二〇〇五年になってようやく「公私協働促進法」を制定にこぎ着け、以て競争的対話の導入を実現した。しかしその過程は決して平坦なものではなく、政治的にも、そして学術論議の上でも、大論争となった。欧州委員会が加盟各国に対して競争的対話の導入を求めた背景、競争的対話の具体的内容、そして、この委託発注方式に対するドイツ行政法学上の学術論議、及び公私協働促進法の制定過程については、本書第二部第二編で改めて紹介・分析する。

(162)　参照、碓井・前掲註（122）書四四六頁以下、同「公共契約と司法審査」西谷剛ほか編『政策実現と行政法（成田頼明先生古稀記念）』（有斐閣、一九九八年）三八九頁以下、亘理・前掲註（123）論文一一九頁以下。亘理教授の研究によれば、フランスでは、ドイツ法にいう協働契約にほぼ対応する「公役務委任契約」につき、一九九三年のサパン法に於いて、契約相手方選択手続が定められており、「公開性・競争性」を確保しながら、同時に「契約相手方の質」を確保するために、「契約候補者の公募」、「候補者リストの作成（公共団体は、各応募者が十分な専門能力と資金能力及び適性を持つか否かを審査し、見積書の提出を認められる複数の候補者のリストを作成する）」、「見積書の提出・開封」を経た後、「見積書を提出した各事業者との間での自由な交渉に基づく事業者選定」を行うことが認められている。さらに同法では、公役務委任契約の締結手続に瑕疵がある場合、契約の締結に利益を有し、かつ当該瑕疵により不利益を受ける可能性のある者に対し、行政裁判所に訴訟を提起するための原告適格が認められているとのことである。

(163)　参照、本編第一章第二節第一款。

(164)　柏木・前掲註（153）書一〇五頁。

(165)　柏木・前掲註（153）書八二頁以下八七頁（特に一〇四頁以下一八七頁）は、契約のリスク分担機能、及びリスク分担一般について、極めて緻密かつ網羅的な検討を行っており、非常に有益である。

(166)　鈴木和幸「リスクマネジメントの視点からみた指定管理者制度」自治体法務研究一号（二〇〇五年）二三頁以下（特に二七頁）。

(167)　自然災害リスクについては、柏木・前掲註（153）書一五八頁以下を参照。

(168)　金利変動・物価変動リスクについては、柏木・前掲註（153）書一六五頁以下を参照。

(169)　イギリスに於けるＰＦＩ実務及びリスク分担のあり方をめぐる議論を紹介するものとして、柏木・前掲註（153）書一〇四頁以下（特に一六九頁）、宮脇・前掲註（150）書二〇三頁以下（特に二一〇頁以下）、小幡・前掲註（32）論文七六八頁以下等を参照。

(170)　民間資金等活用事業推進委員会もまた、二〇〇三年六月二三日に公表した「契約に関するガイドライン――ＰＦＩ事業契約における留意事項について」の九五頁以下に於いて、行政庁と融資金融機関との間で締結される協定（直接協定）の必要性及び意義を認めた上で、融資金融機関との間で締結される直接協定に於いて合意されるべき事項として、(1)ＰＦＩ事業契約上の選定事業者の権利、選定事業者発行の株式や事業資産に対する融資金融機関による担保権設定についての管理者の承諾、(2)融資金融機関が有する債権の保全について選定事業者に懸念が生じている場合の融資金融機関から管理者に対する通知、(3)選定事業者の責めに帰すべき契約の解除事由が発生した場合の、管理者から融資金融機関への通知、(4)(2)又は(3)に於ける協議、(5)融資金融機関が担保権を行使するに先立って行われる管理者との協議、等を挙げている。

(171)　この問題を取り扱う論稿として、小幡純子「『公の営造物』概念に関する試論――主に民間委託・民営化等との関連で」三辺夏雄ほか編『法治国家と行政訴訟（原田尚彦先生古稀記念）』（有斐閣、二〇〇四年）四八七頁以下、松塚晋輔『民営化の責任論』（成文堂、二〇〇三年）、稲葉馨「部局数法定制の廃止と指定管理者制度の導入――二〇〇三年地方自治法改正（下）」自治総研三〇巻一号（二〇〇四年）一頁以下、北村和生「『民』による行政執行と国家賠償」小林武ほか編『「民」による行政――新たな公共性の再構築』（法律文化社、二〇〇五年）九八頁以下等がある。なお周知のとおり、塩野宏教授は、「指定法人に関する一考察」同『法治主義の諸相』（有斐閣、二〇〇一年）四四九頁以下（特に四六七頁以下）の中で、「特別の法律に基づき、特定の業務を行うものとして、行政庁により指定される民間の法人（いわゆる指定法人）」を、大きく「行政事務代行型指定法人」と「民間活動活用型指定法人」に分類した上で、各指定法人ごとに、その活動に伴って発生した法的紛争の処理方法（行政不服審査制度、抗告訴訟制度、国家賠償制度又は通常の民事訴訟の可能性）を検討している。指定法人の権限行使と行政不服審査、行政事件訴訟及び国家賠償の関係については、米丸・前掲註（32）書三五四頁、同三八九頁を併せて参照。

(172)　小幡教授は、公共用物としての機能を果たす「公の目的に供される有体物」については、その設置・管理の主体が国・公共団体であるか否かにかかわらず、「公の営造物」として国家賠償法二条を適用する余地があることを前提に、当該公共用物の設置・管理行為が、国又は公共団体の委任を受けて民間事業者に委ねられている場合、被害者を救済するための資力を確保する必要性や、当該施設の設置・管理者が本来的には国・公共団体である事実に鑑みると、対被害者との関係では、国又は公共団体が、国家賠償法上の責任主体に位置づけられるべきであり、他方、国又は公共団体から委任を受けて施設を設置・管理している民間事業者は、責任の分担について規律した契約や、国家賠償法二条二項が定める求償制度に基づいて、対国、又は対公共団体に対する内部責任を負うべき旨の見解を主張している。この点については、小幡・前掲註（171）論文五〇六頁以下、及び五〇九頁以下の註（64）（65）（66）を参照。他方、松塚教授は「公の目的に供されている公共的な施設であって、国又は公共団体の管理を期待しうるもの」を国家賠償法の二条にいう「公の営造物」と理解した上で、民間の事業者により設置又は管理されている公共施設の場合、そこに国家賠償法の二条を適用できるか否かは、結局、「PFI事業者などの民間事業者を、公共団体と位置づけることができるか否か」によるとの見解を展開し、「公共団体」概念の明確化を模索している（参照、松塚晋輔「公共団体とは何か——国家賠償法との関係で」久留米大法学四八号〔二〇〇三年〕七三頁以下、特に八六頁以下）。

資　料

◇連邦内務省連邦行政手続法審議会　公法契約規定改正提案

第五四条　公法上の契約の許容性

(1)　公法領域に於ける法律関係は、法規定に反しない限り、契約を通じて創設され、変更され、又は廃止され得る（公法上の契約）。

(2)　行政庁は、行政行為を発動することに代え、さもなければ行政行為を発動したであろう者との間で、公法上の契約を締結することができる。

(3)　さらに行政庁は、その公的任務の履行に私人を関与させるために、公法上の契約を締結することができる。高権的な権限は、これを民間に委ねることが法規定により予定されている限りに於いて、当該私人に委任され得る。

第五五条　和解契約

第五四条第二項の意味での公法上の契約であって、事実関係又は法的状況の理性的な評価に際して存在する不明確性を互譲により除去するもの（和解）は、行政庁が義務に適った裁量に従い、当該不明確性を除去するために和解を締結することが合目的であると認める場合に、これを締結することができる。

第五六条　交換契約

(1)　第五四条第二項の意味での公法上の契約であって、行政庁の契約相手方に反対給付の提供を義務づけるものは、反対給付が特定の目的のために契約中で約束され、それが行政庁にとって公の任務の遂行に役立つ場合に、これを締結することができる。反対給付は、全事情に従って相当で、かつ行政庁の契約上の給付と実質的な関係に立つものでなければならない。
(2) 行政庁の給付を求める請求権が存在する場合に於いては、行政行為の発動に際して、第三六条の規定に基づく付款の内容となり得る反対給付に限り、これを合意し得る。
第五六a条　協働契約（Kooperationsvertrag）
第五四条第三項の意味での公法上の契約は、公的任務が取り決められた通りに履行されるよう、十分な影響力を行使する機会が行政庁によって確保されている場合に、これを締結することができる。行政庁は、専門知識と給付能力を持ち、かつ信頼にたる者のみを、契約相手方として選択することができる。
第五七条　書面形式（略）
第五八条　第三者及び他の行政庁の同意（略）
第五九条　公法上の契約の無効
(1)〜(2)（略）
(2a) 第五四条第三項の意味での契約は、さらに以下の場合に無効となる。
公的任務が取り決められた通りに履行されるよう、十分な影響力を行使する機会を確保することなく、行政庁が協働契約を締結した場合。
(3)〜(5)（略）
第六〇条　適状及び特殊な場合に於ける解約（略）
第六一条　即時執行への服従
(1) 各契約締結者は、第五四条第二項及び同条第三項の意味での公法上の契約に基づく即時の執行に服すことができる。行政庁は、この場合に於いて、行政庁の主催者、一般代理人又は裁判官資格を有する公務員若しくはドイツ裁判官法第一一〇条第一文の要件を満たす公務員により代理されなければならない。

(2)（略）

第六二条　他の規定の補足適用（略）

◇行政手続法の構成要素としての行政協働法に関する規定の提案（シュッペルト草案）

第四編　民間との協力

第五四条　民間との協働の許容性

(1)　優越する公益又は法規定が妨げない限りで、行政庁は、自らに課せられた任務を遂行するために、第三者の協力を用い、特に民間との協働関係を創設することができる。

(2)　この目的のため、行政庁は、第三者との間で契約を締結することができる（協働契約）。行政協働契約には、以下に掲げる規定が適用される。

第五五条　協働相手方の選択

第五四条第二項に基づく契約の締結は、協働の相手方の専門知識と信頼性が適切な方法に於いて立証される場合に限り、許容される。委託発注法、並びに第五七条第二項の規定は、これにより影響を受けない。

第五六条　影響力行使の保障

(1)　行政庁が第五四条第二項の意味での契約を締結する限りで、行政庁が任務遂行の方法に関して十分な影響力を行使する機会を持つ旨が適切な形で保障されなければならない。

(2)　協働関係が企業法上の性格を持つ場合に於いては、企業規約、定款その他の方法により、行政庁が、特に監視委員会、又はそれに対応する企業の統制機関を通じて、適切な影響力を行使することができる旨が保障されなければならない。企業の各統制機関に対する業務執行報告は、単に業務執行の経済性のみならず、公的任務遂行の方式及び方法にまで及ばなければならない。

(3)　協働関係が、私法上の契約又は公法上の契約に基づくものであって、企業法上の性質を持たない場合に於いては、行政庁が適切な影響力を行使することができるよう、契約に於いて、行政庁が十分な情報権を認められる旨が規律されなければならない。

(4) 非国家的な主体又は民間が、第三項の意味での公的任務の遂行を契約上委託される場合、当該非国家的主体又は民間は、当該公的任務を自己の責任に於いて遂行しなければならない。第五八条第三項の意味での紛争調停委員会（Schiedsstelle）の確認に従い、委託された任務が取り決められた通りに履行されていない場合、行政庁は、当該任務の再委譲（Rückübertragung）を求めることができる。

第五七条　給付契約に関する質の保障

(1) 第三者が、第五六条第三項に従い、契約上、自己の責任に於いて公的任務を遂行することを委託された場合（広義の給付契約）、契約に於いては、当該第三者によって提供されるべき給付の質を評価するための基準、並びに、当該第三者によって請求されるべき報酬対価を評価するための基準が合意されなければならない。記録文書、並びに当該評価基準を検査・点検するために、契約の両当事者から同数が参加する合同委員会（Kooperationsgremien）を設立することができる。

(2) 非国家的な主体又は民間との間で、当該民間の法主体が、行政庁のために、第三者に対して給付を提供することが合意される場合（狭義の給付契約）、契約には以下の点に関する条項が存在しなければならない。

1. 給付提供の内容、範囲及び質（給付の合意）。
2. 給付提供に対する報酬・対価（報酬対価の合意）。及び
3. 給付提供の質を評価するための基本原則、及び評価基準（質の合意）。

(3) 第一項及び第二項による合意は、給付能力及び給付提供の経済性に関する基本原則を考慮した場合に、最も適した者との間で締結されなければならない。

第五八条　協働契約の無効

(1) 第五四条第二項の意味での契約は、それが影響力行使の保障規定（第五六条第二項、同第三項）、並びに、質の保障に関する規定（第五七条第一項、同第二項）に違反して、契約の形成に際して遵守されるべき最低条件が遵守されていない場合には、無効となる。

(2) 契約内容の確定に際して決定的であった関係が、契約締結後、契約当事者に対して、本来の契約規律への拘束を期待すること

ができないほどにまで本質的に変化した場合、契約の一方当事者は、変化した関係に契約の内容を適状するよう請求することができ、適状が不可能である場合、又は契約の一方当事者に対して適状を期待することができない場合には、契約を解約することができる。行政庁は、公共の福祉に対する著しい損害の発生を防止し、又はこれを除去するために必要がある場合に於いても契約を解約することができる。解約は、法規定により別段の形式が定められていない限りで、書面形式を必要とする。解約には理由を付すものとする。

(3)　特に契約上合意された給付基準又は対価報酬基準（第五七条第一項、同第二項）の適用に関して、見解の相違が生じるに至った場合、各州に紛争調停委員会（Schiedsstelle für Streit- und Konfliktfälle）が設置されなければならない。紛争調停委員会は、非党派的な委員長と、契約の両当事者から派遣される同数の代表者をもって構成されなければならない。紛争調停委員会の決定に対しては、行政裁判所に対して訴訟を提起する機会が与えられなければならない。この訴訟は、契約の両当事者を原告・被告とするものであり、委員会を被告とするものではない。事前手続（Vorverfahren）に於ける委員会決定の再審査は不要とする。

(4)　紛争調停委員会は、行政庁の求めに応じ、非国家的主体又は民間が、契約上委託された任務を、取り決められた通りに履行したか否かについてもまた判断する。第三項第三文乃至第五文までの規定を準用する。

第五編　公法上の契約

第五九条　公法上の契約の許容性（略）

第六〇条　和解契約（略）

第六一条　交換契約（略）

第六二条　書面形式（略）

第六三条　第三者及び行政庁の同意（略）

第六四条　公法上の契約の無効（略）

第六五条　即時執行への服従（略）

第六六条　他の規定の補足適用（略）

◇行政手続法改正提案（ツィーコー草案）

第四編　公的任務の履行に際しての共同作業

第五三a条　共同作業

行政庁は、その任務を履行するために、自然人、私法上の法人、権利能力なき社団（以下、「民間」という）又は他の行政庁と共同作業を行うことができる。

第一節　民間との協力（Zusammenarbeit mit Privaten）

第五三b条　民間との協力の概念

行政庁は、法規定がそれを妨げていない限りに於いて、その任務を履行するために、第九条の意味での行政手続外に於いて、民間との間で、法的に拘束力を持たない協定を締結し、又はその他の方法で協力を行うことができる。第一文の意味での協力は、それが行政行為の発動、公法上の契約の締結、行政協働契約の締結、又は法的に拘束力を持たない協定の締結に至らない場合に於いてもまた存在する。

第五三c条　協力の形成

(1) 行政庁は、協力を形成する際、以下に掲げる推奨事項を考慮に入れることができる。

(2) 行政庁は、法規定が別段の事項を定めていない限りで、履行されるべき任務を考慮に入れながら、慎重に、協力を行う相手方の選択を行うものとする。行政庁及び将来の協力の相手方は、可能な限り早期に、協力によって追求される固有の利益について審議を行う。

(3) 行政庁及び協力の相手方は、協力の対象、範囲、手続、及び協力にとって重要なその他の手続について審議を行う。審議を行うにあたっては、当該協力を通じて場合によると影響を受ける第三者の利益を考慮しなければならない。

(4) 協力は、双方の信頼の下で行われる。協力を通じて場合によると影響を受ける第三者を、適切な方法に於いて、当該協力関係に参加せしめることができる。

(5)　行政庁は、協力の相手方との間で討議を行った後、協力によって得られた成果を、行政行為の発動、公法上の契約の締結、行政協働契約の締結という形式に於いてまとめるべきか否かを判断する。行政庁は、行政行為を発動し、又は公法上の契約を締結するに先立って、法的及び事実に関する前提条件の存在、並びに、行政行為又は公法上の契約の合目的性を改めて審査しなければならない。

第二節　公法上の契約（Öffentlich-rechtlicher Vertrag）

第五四条　公法上の契約の許容性（略）

第五五条　事実関係調査に際しての協力（略）

第五六条　行政庁の契約相手方たる私人の反対給付（略）

第五七条　公法上の契約の形式（略）

第五八条　第三者及び行政庁の参加（略）

第五九条　公法上の契約の無効（略）

第六〇条　特殊な場合に於ける適状と解約（略）

第六一条　契約の履行保障（略）

第六二条　規定の補足適用（略）

第三節　行政協働契約（Verwaltungskooperationsvertrag）

第六二ａ条　行政協働契約の概念

(1)　行政庁は、公的任務の遂行に関し、契約を通じて、民間との協力を合意することができる（行政協働）。特に行政庁は契約を通じて以下の点を合意することができる（行政協働契約）。

1.　公的任務の履行に関する責任を民間に委託すること。この場合に於いて行政庁は、任務が実際に遂行されるために必要な措置を講じなければならない。

2.　公的任務の履行を全部又は部分的に民間に委託すること。この場合に於いて、任務の履行に関する責任は行政庁にとどまり

続ける。さらに、
3. 公的任務を履行するにあたり、民間と共同で経営する私法上の法人を設立することなく、民間との協力関係に基づいて共同作業を行う旨を合意すること。
行政協働契約の締結に至る共同作業には、第五三b条及び第五三c条が適用される。公法領域で締結される行政協働契約には、さらに第五四条乃至第六二条の規定が適用される。
(2) 行政協働契約は、以下の場合にもまた存在する。
1. 契約当事者が協力関係に関する個々の問題点を契約を通じて規律し、当該規律が他の行政協働契約の構成要素となっている場合（予備契約）。
2. 契約当事者が、協力関係のうちの限られた一部分を、独立した契約規律に服せしめる場合（部分契約）。又は、
3. さらに別の契約（履行契約）による実施を必要とする協力関係の枠組みが、契約（枠組契約）を通じて規律される場合。
第一文の意味での契約は、行政庁が、行政協働の領域に於いて合意されるべき他の契約への影響をあらかじめ評価した場合に限り、締結されるものとする。

第六二b条　責任の総括
行政庁は、行政協働契約を締結するに先立って、責任の総括表を作成し、行政協働に於いて協働の相手方たる民間との関係で行政庁が負うべき公的任務の履行に関する責任を評価するものとする。この評価は、行政協働契約がどのような形態を持ち、また行政庁がどのような形でその責任を遂行することができるのかという点にまで及ぶものとする。行政協働契約に形態を付与するにあたっては、第六二c条乃至第六二e条に規律された条項、又は、第六二c条及び第六二d条がさらなる要求を行っていない限りで、その他の条項を手がかりとすることができる。

第六二c条　最低内容条項
(1) 行政協働契約に於いては、強制的に、以下の各号に掲げる事項が規律されなければならない（最低内容条項）。
1. 行政協働の目標に関する規定。

2. 第六二b条に基づく責任総括の結果、協働当事者の義務、及び行政庁による責任遂行の実現方法。
3. 協働の当事者によって提供されるべき給付の内容、範囲及び質。
4. 行政庁が公的任務を遂行する場合に遵守すべき法律規定を遵守する協働当事者の義務。
5. 契約の履行にとって重要な全ての情報を相互に提供する協働当事者の義務、行政協働の目標を達成するにあたり、信頼関係の下で協力を行う協働当事者の義務、及び、協働相手方の利益を考慮する協働当事者の義務。
6. 第六二a条第一項第一号が規律する行政協働に於いて、民間が任務を遂行しない場合に、公的任務を自ら遂行し、又は公的任務の遂行を別の第三者に委託する行政庁の権利。

(2) 第一項に掲げられた最低内容条項が行政協働契約の中に存在しない場合、協働の各当事者は、契約の中に、欠如している最低内容条項を挿入するよう求めることができる。

第六二d条　考慮条項

(1) 行政協働契約に、以下の点に関する規律が含まれなければならない。その際、規律内容の確定は、協働の当事者により行われるが、協働の当事者は、規律を放棄する旨を合意することもできる。
1. 第六二c条第一項第三号に於いて規律された給付〔の提供——筆者註〕を保障することに役立つ個々の給付義務及び活動義務の記載。例えば、
a. 給付を提供するために用いられる施設に関し、これを適切に整備し、保守・保全を行い、かつそれをその都度の技術水準に適状させる民間の義務、又は
b. 給付を提供するために用いられる人的及び物的な手段を事前に準備し、必然的に生じる給付規模の拡張に際し、それを適切に増強する民間の義務。
2. 給付及び質の水準の確定。例えば、
a. 個々に記載された質に於いて給付を提供する民間の義務
b. 給付を提供するために用いられる特定の形質を備えた物的手段をあらかじめ準備する民間の義務

c. 記載された方法に於いて、適格な人物を給付の提供に登用する民間の義務、又は、
d. 特別な手続に於いて給付を提供する民間の義務。
3. 目標を達成し、かつ行政協働を改善するために重要な役割を果たす情報の解明及び交換義務に関する合意。例えば、
a. 第一号及び第二号に掲げられた義務の履行、及びその際用いられた手続を記録する民間の義務
b. 決められた時点で、その都度の給付提供の状況を行政庁に対して報告する民間の義務
c. 行政協働の目標達成という視点に立ちながら、給付の提供、給付の提供に際して用いられた手続、及び差し迫ったリスクに関して、継続的又は一定の時期に行政庁と共同で評価を行う民間の義務、又は
d. 給付提供の質を評価するための基本原則、基準、並びに、給付の提供を保証することに適した措置を、行政庁と共同で発展させる民間の義務。
4. 民間に対する行政庁の情報、統制、指示権の確立。特に、
a. 第六二b条に従って突き止められた、公的任務の履行に関する行政庁の責任を遂行する上で必要なあらゆる情報を民間に対して要求する行政庁の権利
b. 民間の領域、土地、施設、設備に立ち入り、これを監視するとともに、他の統制措置を実施する行政庁の権利
c. 民間及び当該民間によって用いられる者に対し、公的任務の履行に関して指示を与える行政庁の権利。
5. 第六〇条第二項に対応する行政協働契約の適状又は解約に関する合意、並びに、契約の終了に際しての権利・義務に関する合意。例えば、
a. 公的任務を履行するために必要不可欠な民間の物的・人的手段を、対価補償と交換に引き取る行政庁の権利
b. これまで民間によって提供されてきた給付を行政庁自らが提供し、又は第三者に提供させる行政庁の権利。
6. 行政協働契約が、期間の限定つきで締結されるべきなのか、それとも期間の限定なく締結させるべきなのかに関する規定。
7. 行政協働契約の履行により影響を受け得る第三者の利益が、行政協働契約に於いてどのような形で考慮されるべきかという点に関する合意。例えば、民間により第三者に対して提供される給付に関し、価格を決定する行政庁の権利。

(2)　行政協働契約に於いて、第一項に従った規律が行われていない場合、協働の各当事者は、相手方当事者に対し、当該規律の挿入に関して合意を行うために事後交渉を行うよう要求することができる。事後交渉に於いて合意に至らなかった場合にあっては、行政協働の当事者が契約を締結する時点で規律の欠如を認識していたであろう場合に、彼らが、協働の誠実な当事者として信義かつ誠実にその利益を適切に考慮することによって合意していたであろう事項が、〔事後交渉に於いて——筆者註〕合意された事項とみなされる。

第六二e条　任意条項

第六二c条及び第六二d条に掲げられた条項のほか、協働の当事者は、以下の各号に掲げた事項に関して合意を行うことができる。

1. 第六一条に従い、合意された給付の保証及び貫徹に関する合意。
2. 高権的権限の民間への委任に関する合意。ただし高権的権限の民間への委任は、それが民間による任務の遂行に必要であって、法律上の根拠に基づくものであり、かつ行政庁に指示権が留保されている場合に限られる。
3. 行政協働を継続的に適状・発展させるため、また行政協働契約の履行に際して生じる紛争を調停するために、特別な合同委員会を設置することに関する合意。合同委員会の決議が協働の当事者を拘束するものである旨を規定することができる。合同委員会には、各協働の当事者から派遣された同数の代表が出席するものとする。合同委員会への第三者の参加を合意することができる。なおこの場合に於いては、協働の当事者を拘束する合同委員会の決議は、当該合同委員会に派遣された協働当事者の代表が、当該決議に異議を唱えない場合に限り、成立する。
4. 契約の履行及び契約に於いて合意された権利の行使及び義務の履行に要した費用の分担に関する合意。

第二編　公私協働促進法の制定とドイツ協働契約論の新展開

——競争的対話（Wettbewerblicher Dialog）の導入を中心に

序章　はじめに

第一節　公私協働の展開

経済の低成長時代及び本格的な少子高齢化社会を迎え、厳しい財政状況にさらされている我が国は、欧米の先進諸外国と同様、国民又は住民が求める公共的なサービスの全てを、従来通り「行政の単独責任」のもとで処理してゆくことに「限界」があることを認めざるを得ず、数々の公共サービスのあり方を――その要否を含め――根底から見直すとともに、その提供方法についても、これを抜本的に見直す必要性に迫られている。その際用いられる視点が、「公共経営」、「ＮＰＭ（New Public Management）」、そして「公私協働（Public Private Partnership［PPP］――ドイツではÖffentlich Private Partnerschaften［ÖPP］）」である。これらは、民間企業を対象として発展してきた経営の視点を公共部門の活動に取り込むことによって、厳しい財政状況下にある国や地方公共団体の活動を最大限効率化しつつ、他方では、可能な限り民間事業者の活力やノウハウを活用することによって、真に必要な公共サービスを維持しつつ、その質を向上させようとする考え方、取り組みを意味する。(1) 今日、様々な行政領域に於いて公私協働の意義が語られ、公共的な事務・事業の遂行を、何らかの形で民間事業者等に委ねる動きが洋の東西を問わず加速し、我が国に於いても、指定確認検査機関制度の導入（一九九八年）、ＰＦＩ法の制定（一九九九年）、指定管理者制度の導入（二〇〇三年）、駐車違反取締業務の民間開放（二〇〇四年）、そして公共サービス改革法の制定（二〇〇六年）等、最近一〇年間に限っ

てみても、公私協働の理念を具体化する法律が相次いで制定・施行されている。(2)

むろん、我が国同様、欧米の先進諸外国に於いても、公私協働という用語のもとで具体的にいかなる範囲の行政現象が理解されるべきなのか（公私協働の外縁）は、必ずしも明確になっているとはいえず、この用語のもとで議論される行政現象の範囲は、論者によりまちまちである。(3)ただ少なくともドイツの行政法学に於いては、公私協働の特徴として、以下の諸要素が指摘されることが通例である。(4)

第一に、公私協働は、公的主体と民間事業者とが責任を共有・分担しながら、公共的な事務・事業を協働で処理する諸々の行政現象を指し示す概念であること、第二に、公共的な事務・事業の遂行が、何らかの形で民間事業者に委ねられること（民間事業者の履行責任）、第三に、事務・事業遂行の民間事業者への委託は、当該事務・事業それ自体の公共性を失わせしめるものではないこと、したがって第四に、国家（行政主体）は、事務・事業の公共性を確保すべく、それが適切に実施・遂行されるよう保証する責任を負い（国家の保証責任）、民間事業者の事務・事業遂行活動を監督・規制する権限を持つほか、例えば、経営破綻などにより、民間事業者が公共的な事務・事業の遂行を継続しえなくなった場合にあっても、それが遅滞なく継続されるよう、事前に対応策を講じておかなければならないこと（国家の捕捉責任・受け皿責任）である。(5)そして、右に述べた意味での公私協働が、多くの場合、行政主体と民間事業者との間で締結される「契約」を通じて法的に構築されることから、特にドイツやフランスでは、公私協働を目的として締結される契約を「協働契約（ドイツ）」又は「公役務委任契約（フランス）」と呼び、例えば民間事業者に委託することのできない行政任務の範囲をはじめ、契約の実体的法規制のあり方（契約内容の統制法理）、ひいては契約をめぐる法的紛争処理のあり方等を議論してきたのである。(6)事実、近年（特に二〇〇〇年以降）、ドイツでは連邦行政手続法が規律する公法契約規定の改正論議とのからみで、協働契約に関する実体的な統制規定を同法の中に新たに規定することを志向した議論が、連邦内務省に設置された行政手続法審議会を中心に展開されており、二人の専門家による鑑

定意見の作成・公表を経て、具体的な規定草案が作成、公表されている。(7)

第二節　委託発注手続に於ける対話の重要性

さて、行政契約論という視点から公私協働にアプローチする場合に、行政法学が取り組むべき課題は多岐にわたるが、このうち、特に解明が求められる論点の一つに、「契約相手方の選定手続のあり方」をめぐる問題が存在する。

そもそも、ＰＦＩに代表される公私協働手法は、民間事業者の持つ資金調達力、ノウハウ及び優れた経営能力を活用することによって、行政主体が単独で当該事業を遂行する場合に比べて事業の経済性・効率性及び質の向上を図り、以て行政支出の軽減を図ることを志向するものである。(8)ゆえに、公私協働プロジェクトの構想段階に於いては、公的に解決されるべき課題は設定されるものの、その課題を「誰」が、「いかなる方法」により解決・処理することが経済性・効率性・質の向上の点から「最適」なのかは、いわばオープンな状態（Offenheit）にあるのが通常である。(9)公私協働事業とは、複数の民間事業者が、各自そのノウハウを活用して多種多様な具体的問題解決策を行政側に提示し、その中から、経済性・効率性・質の向上という点で最も優れた提案を行った事業者を選び出して契約を締結し、事業を遂行してゆくものである。それゆえ、協働の相手方として最も適した民間事業者を発見し、選定する作業は、公私協働プロジェクトの成否を決定づける重要な鍵であると同時に、(10)評価・選定手続に於いては、官民間での「対話」が非常に重要な役割を果たすことになる。(11)というのも、委託発注先を経済性・効率性の観点から正当に評価するにあたり、発注機関たる国家は、各民間事業者の提案内容を正確に理解し、それが「発注者の要求を満たすものか否か」、「改善・修正を提案すべき点があるか否か」、「改善・修正は可能か否か」、可能であるとして、「委託に要する価格にどの程度の変動が生じるか」を把握しなければならず、また最終的には契約を締結する以上、契約条項を構成する諸々の論点——すなわち「事業遂行過程に於ける行政側の監督権限の内容」、「事業遂行過程で民間事業者が負うべき義務の内容・範囲」、「事業破綻等が生じた場合の事後処理方法」及び「事業に伴うリスクの分担方法」などの諸論点——につき、各民間事業者との間で認識を共有しなければならないからである。[12]

実際、内閣府に設置された民間資金等活用事業推進室が、平成一八年（二〇〇六年）に公表した報告書によると、競争入札手続の過程で、説明会、質問回答の場は設定されたものの、対話不足のゆえに、落札者決定後、契約条項を作成する段階になって、官民間の認識に差があることが判明し、金額に影響を及ぼすほどの修正が行われた事例が存在する。[13]言うまでもなく、落札決定後、契約条項の作成段階で、官民間の認識の差や誤解等に基づき、価格に影響を及ぼすほど大規模な委託発注条件等の修正が行われることは、競争の確保及び調達活動の経済性確保の観点からして好ましいものではない。修正された契約条件を前提とした場合、落札者以外の事業者のほうが、優れた提案を行い得た可能性も否定できないからである。[14]それだけに、公私協働プロジェクトに於ける委託発注先の評価・選定手続については、官民間での密接な「対話」が不可欠であることを前提としつつも、「対話を行い得る期間」、「対話の対象・範囲」、そして「対話活動を統制する法原則」を明確に確立する必要が存在するのである。

第三節　検討課題と叙述の順序

右に述べた論点を解明するにあたり、本書では、ＥＵ及びドイツの委託発注法制の展開・発展動向に焦点をあてる。以下で詳しく紹介するように、ＥＵは二〇〇四年に指令第一八号を制定し、そこで公私協働プロジェクトに於ける委託発注先を選定するための手続として、「競争的対話（Wettbewerblicher Dialog）」という委託発注手続を新たに導入することにし、ＥＵ加盟各国の多くは、二〇〇六年一月三一日の国内法化期限を前に、その国内法化を実現した。[15]

この点、ＥＵ加盟国であるドイツは、国内法化の期限が迫った二〇〇五年になって、「公私協働への転換促進及び公私協働に関する法律枠組条件の改善に関する法律（Gesetz zur Beschleunigung der Umsetzung von Öffentlich Privaten Partnerschaften und zur Verbesserung gesetzlicher Rahmenbedingungen für Öffentlich Private Partnerschaften）（以下、単に「公私協働促進法（ÖPP-Beschleunigungsgesetz）」と呼ぶ。）を制定し、その一条で「競争制限防止法（Gesetz gegen Wettbewerbsbeschränkungen）」を、またその二条で「委託発注規程（Vergabeverordnung）」の改正を行い、「競争的対話」の国内法化を完了した。そこで以下では、ＥＵが指令を通じて競争的対話を導入するに至った理由・背景をさぐる（第一章）とともに、競争的対話とは一体どのような手続なのか、その具体的内容を確認し（第二章）、併せて、特にドイツ国内に於いて、この手続が新たに創設されたことの意味、並びに競争的対話に対するドイツ国内に於ける評価を論じ（第三章）、今後我が国が公私協働事業に於ける委託発注先の選定手続を考える場合の知見を得ることとしたい。

（1）　参照、宮脇淳『公共経営論』（ＰＨＰ研究所、二〇〇三年）一七頁以下二五頁。なお、「行政の組織及び活動原理に民間的な手法を導入して行政の効率化を図るとともに、各種行政施策に関する法制度の設計や解釈に際しても、経済学的な手法を用いて結論を導き出そうとする動き」が、所謂「ＮＰＭ理論」の影響を受けて活発化しているが、近年、こうした動きを「行政の経済化」という概念で把握した上で、当該「行政の経済化」現象が見られる先進諸外国のうち、特にドイツ、スイス、フランスに於ける議論動向に焦点をあて、「法律学としての公法学が、行政の経済化現象を、どのように把握し、評価しているのか」を詳細に分析する業績が相次いで公にされている。この点については、高橋滋「行政の経済化に関する一考察（上・下）——法学と経済学との対話・ドイツ公法学の議論を素材として」自治研究八四巻一号四六頁以下、同三号二八頁以下（二〇〇八年）、大西有二「ＮＰＭと法・行政法——『成果志向』による行政統制手法の豊富化？」北海学園大学法学部編『変容する世界と法律・政治・文化（上）（北海学園大学法学部四〇周年記念論集）』（ぎょうせい、二〇〇七年）二二三頁以下、及び、木村琢麿「現代行政における経済性の意義——法的観点からのパブリック・ガバナンス論に向けた基礎的考察（１）〜（５・完）」自治研究八二巻八号七四頁以下、同一一号一〇九頁以下（二〇〇六年）、八三巻二号六六頁以下、同八号七八頁以下、同九号八二頁以下（二〇〇七年）を参照。

（2）我が国に於けるNPM及び公私協働の展開と行政法学の課題を多角的な視点から総合的に考察・検討するものとして、「特集NPMと行政法学の課題」法律時報七八巻九号（二〇〇六年）四頁以下六八頁がある。また特に公共サービス改革法を中心として、近年我が国に於ける公私協働の動向を分析するものとして、参照、「論点講座 エンジョイ！行政法第四回『公共サービス改革』」法学教室三一三号（二〇〇六年）三〇頁以下五一頁。なお、こうした「私人による行政」現象に早くから注目し、その法的統制のあり方を詳細かつ体系的に分析した米丸恒治『私人による行政――その法的統制の比較研究』（日本評論社、一九九九年）をはじめ、山本隆司「公私協働の法構造」碓井光明ほか編『公法学の法と政策（下）（金子宏先生古稀祝賀論文集）』（有斐閣、二〇〇〇年）五三一頁以下、小幡純子「公物法とPFIに関する法的考察」小早川光郎＝宇賀克也編『行政法の発展と変革（上）（塩野宏先生古稀記念）』（有斐閣、二〇〇一年）七六五頁以下は、公私協働に関する我が国の先駆的業績に位置づけられる。

（3）公私協働概念の不明確性を指摘する論稿は枚挙に暇がないが、さしあたり戸部真澄『不確実性の法的制御』（信山社、二〇〇九年）二三七頁以下、紙野健二「協働の観念と定義の公法学的検討」名古屋大学法政論集二二五号（二〇〇八年）一頁以下のほか、本書第二部第一編（第一章第三節）、及びそこで引用した文献を参照。

（4）本書第二部第一編（第一章第二節）、及びそこで引用した文献を併せて参照。

（5）以上の点については、エバーハルト・シュミット―アスマン（太田匡彦ほか訳）『行政法理論の基礎と課題』（東京大学出版会、二〇〇六年）一七二頁以下、大脇成昭「民営化法理の類型論的考察――ドイツ法を中心として」法政研究六六巻一号（一九九九年）二八五頁以下（三〇九頁以下）、人見剛「公権力・公益の担い手の拡散に関する一考察」公法研究七〇号（二〇〇八年）一七四頁以下、角松生史「『民間化』の法律学――西ドイツ Privatisierung 論を素材として」国家学会雑誌一〇二巻一一・一二合併号（一九八九年）七一九頁以下（七三一頁以下）、同「行政事務事業の民営化」芝池義一ほか編『ジュリスト増刊 行政法の争点〔第三版〕』（有斐閣、二〇〇四年）一五二頁以下、戸部真澄「私人による『公権力の行使』」法律時報八〇巻八号（二〇〇八年）一〇一頁以下、ヤン・ツィーコー（磯村篤範訳）「ドイツにおける公私協働論の構造及び戦略」法律時報八一巻三号（二〇〇九年）九〇頁以下、山田洋「『保証国家』とは何か」法律時報八一巻六号（二〇〇九年）一〇四頁以下、ヤン・ツィーコー（高橋明男訳）「国家と私人による公共の福祉の具体化」阪大法学五九巻一号（二〇〇九年）一八三頁以下（一九一頁以下）を併せて参照。

（6）山本隆司「日本における公私協働」稲葉馨＝亘理格編『行政法の思考様式（藤田宙靖博士東北大学退職記念）』（青林書院、二〇〇八年）一七一頁以下（特に一七七頁以下）を参照。なお、フランスの議論状況については、亘理格「フランスのPFI的手法――『公役務の委任』（Délégation de service public）を素材に」会計検査研究二五号（二〇〇二年）一一九頁以下、同「公私機能分担の変容と行政法理論」公法研究六五号（二〇〇三年）一八八頁以下、同「フランスにおける公私協働――行政契約法の基層という視点から」法律時報八一巻五号（二〇〇九年）一三五頁以下、木村琢磨「フランスにおけるＰＦＩ型行政の動向――公私協働契約を中心に」季刊行政管理研究一一〇号（二〇〇五年）五六頁以下等を参照。

（7）本書第二部第一編を参照。

（8）この点を指摘する論稿は枚挙に暇がないが、さしあたりJan Ziekow, Verankerung verwaltungsrechtlicher Kooperationsverhältnisse（Public Private Partnership）im Verwaltungsverfahrensgesetz, in: Bundesministerium des Innern（Hrsg.）, Verwaltungskooperationsrecht（Public Private Partnership）—Gutachten im Auftrag des Bundesministerium des Innern—Juni 2001, S.95ff.；Wolfgang Hoffmann-Riem, Modernisierung von Recht und Justiz—Eine Herausforderung des Gewährleistungsstaates—, 2001, S.24.；Heinz Joachim Bonk, Fortentwicklung des öffentlich-rechtlichen Vertrags unter besonderer Berücksichtigung der Public Private Partnerships, DVBl 2004, S.141ff（S.144）．等を参照。

（9）この点については本編第一章に於いて改めて詳しく述べる。

（10）Hartmut Bauer, Zur notwendigen Entwicklung eines Verwaltungskooperationsrechts—Statement—, in: Gunnar Folke Schuppert（Hrsg.）, Jenseits von Privatisierung und „schlankem" Staat, 1999, S.251ff（S.259ff）．は、特に調達活動の「経済性向上」という観点から、相手方の選択が極めて重要な論点となることを指摘する。

（11）平成一二年三月に公表された「民間資金等の活用による公共施設等の整備等に関する事業の実施に関する基本方針」（総理府告示第一一号）は、所謂ＰＦＩ事業に関し、民間事業者の創意工夫が極力発揮されるよう配慮する観点から、「提供されるべき公共サービスの水準は、必要な限度で示すことを基本とし、構造物、建築物等の具体的な仕様の特定については、必要最小限にとどめる」旨を規定している。それだけに、ＰＦＩ事業に於いて委託発注先（民間事業者）を選定する際、「対話、交渉」は、重要な役割を果たすことになる。この点を指摘するものとして、碓井光明『公共契約法精義』（信山社、二〇〇五年）三一八頁以下三一九頁及び三二八頁を参照。

（12）なお、連邦行政手続法第四編「公法契約」規定の改正（協働契約規定の新規挿入）を志向した論議に於いても、契約相手方となる民間事業者の選択が重要な論点であることが認識されており、二〇〇一年に公表された二つの鑑定意見及び規定草案（シュッペルト鑑定意見及びシュッペルト草案、並びにツィーコー鑑定意見及びツィーコー草案）をはじめ、連邦内務省行政手続法審議会が二〇〇四年に公表した協働契約に関する規定草案（審議会草案）には、契約相手方選択に関する規定が存在する。しかしながら、これらの草案が作成・公表された当時、議論の関心は、主に「協働契約の内容統制（実体規制）」に置かれていたため、相手方選択手続を規律する具体的な規定は、各草案中には盛り込まれなかった（以上は、連邦内務省行政手続法審議会の委員であるフライブルク大学のR・ヴァール〔Rainer Wahl〕教授へのインタビューによる）。その結果、これらの規定草案はいずれも、契約相手方選択に関して、せいぜいのところ、「専門知識」・「給付提供能力」・「信頼性」という三つの選択基準を一般的抽象的に掲げるにとどまっている。この点については、本書第二部第一編（第三章第四節）を参照。

（13）日本総合研究所（内閣府民間資金等活用事業推進室委託）「PFIにおける今後の入札契約制度の在り方に関する調査（報告書概要版）二〇〇六年三月」http://www8.cao.go.jp/pfi/pdf/181110nyusatsu.pdf 一三頁以下（特に一五頁）を参照。なお、碓井・前掲註（11）書一一四頁は、従来、工事請負契約に関しては、特に指名競争入札にあたって、契約対象等について現場説明会を実施することが多かったが、それが談合の機会を付与する機能を持つおそれも意識されて、現場説明会が次第に廃止されるようになった事実を指摘する。

（14）Sung-Soo Kim, Public Private Partnership als neue Form der Erfüllung staatlicher Aufgaben?—Unter besonderer Berücksichtigung des koreanischen Gesetzes über Private Finanzierungsinitiativen—, in: Jong Hyun Seok und Jan Ziekow (Hrsg.), Die Einbeziehung Privater in die Erfüllung öffentlicher Aufgaben (Vorträge auf dem koreanisch-deutschen Symposium zum Verwaltungsrechtsvergleich vom 13. bis 15. September 2007 am Deutschen Forschungsinstitut für Öffentliche Verwaltung Speyer), S.57. は、次のように言う。「交渉に基づいて給付の内容と給付の範囲を変更するにあたり、対等取扱いの原則に抵触する危険がある。というのも、既に排除された入札者の方が、〔交渉を通じて――筆者註〕変更された条件のもとで、より経済的な提供をなした可能性が存在するからである。結局、こうした理由から、多くの事案では、場合によると、最も経済的な提案を行った入札者が勝利するのではなく、交渉手続の進行過程で、適時に、最も経済的な提案を行った入札者が勝利することになるであろう。」と。

（15）競争的対話については、以下で改めて紹介・検討するが、さしあたり、日本総合研究所・前掲註（13）二頁以下、「海外情報　ドイツにおけるPPP事業の促進に関する法律の制定」商事法務一七五一号（二〇〇五年）三〇頁以下、荒木修「公共調達法制の動向――ドイツにおける変容」法律時報八一巻八号（二〇〇九年）一〇八頁以下（一一〇頁以下）を参照。なお、公共調達制度に於ける契約相手方の選定手続のあり方について、欧米諸国に於ける制度改革の動向を紹介しつつ、特に経済法学的観点からこの問題を分析する近時の研究として、楠茂樹「米欧公共調達制度における契約者選定過程――競争性と適正化」産大法学三七巻四号（二〇〇四年）一六一頁以下がある。

第一章　競争的対話導入の背景

第一節　ドイツの状況――交渉手続への逃避

ドイツは、二〇〇五年に公私協働促進法を制定し、「競争的対話」を導入するまで、公私協働事業に於いて委託発注先となる民間事業者を選定するにあたり、我が国の随意契約にほぼ対応する「交渉手続（Verhandlungsverfahren）」を用いる一方、一般競争入札、指名競争入札にほぼ対応する「公開手続（offenes Verfahren）」及び「非公開手続（nichtoffenes Verfahren）」には依拠してこなかった。(16) その理由は、以下に述べる二点に求められる。

第一に、公開手続は、公正な競争及び入札評価を保障するため、発注機関に対し、「発注の対象及び条件」を、あらかじめ可能な限り厳密かつ詳細を確定した上で、これを「公告」することを要求するが、公私協働にあっては、こうした詳細な事前公告を行うことができない、という理由が挙げられる。すなわち、公私協働が本来、民間事業者のノウハウと創意工夫を活用することを目的とするものであるならば、発注機関が「発注の対象や条件」をあらかじめ詳細に決定し、これを公告することは、適切ではない。なぜなら、それは、民間事業者が創意工夫を発揮し、革新的な問題解決策を形成する途を塞ぎかねないからである。また、そもそも発注機関に、そのようなことをなし得る能力はない。したがって、発注機関に対し、発注の対象及び条件をあらかじめ詳細に決定し、これを公告することを要求する公開手続は、公私協働には適さない、というのである。例えばP・バウマイスター（Peter Baumeister）は、次の

ように言う。(17)

「公私協働が魅力的な原因の一つは、公的主体では解決できなかったであろう問題を解決するために、民間のKnow-howを活用し得る点にある。それゆえ協働に於ける民間のパートナーに対しては、手段（Mittel）ではなく、プロジェクト実現に関する目標（Ziel）のみが提示されるのが望ましい。それは、プロジェクトを革新的かつ特に経済的に形成するチャンスを開く。公的主体は、いずれにせよ、あらかじめプロジェクトを革新的かつ経済的に形成することはできないし、場合によると、そうした能力を待ち合わせていないのである。……以上の点は、委託発注法と公私協働との間での目標をめぐる摩擦（Zielkonflikt）を明らかにする。委託発注法は、落札者を選択し決定するに先立ち、発注の対象を、可能な限り厳密に記述すること（möglichst präzise Beschreibung）を要求する。なぜなら、これにより、民間事業者が入札した内容を比較・検討することができるようになり、また、公正な競争が確保されるからである。これに対し、こうした条件設定をあらかじめ行わないことこそが、多数の公私協働の論理必然（Logik）である。さもなければ、数多くの革新性は、最初から断ち切られてしまうであろう。」（傍点筆者）

他方、ドイツの委託発注実務が公私協働事業に於いて交渉手続を広く利用してきた第二の理由として挙げられるのが、委託発注手続に於ける「官民間での柔軟な交渉・対話の必要性」である。すなわち、冒頭でも指摘した通り、公私協働の特徴は、事業の実施方法が、官民間の対話・交渉を通じて徐々に形成されてゆくことにある。これに対し「公開手続」は、――公正な競争確保の観点から――、発注機関に対し、発注の対象及び条件等をできるだけ詳細に決定・公告することを要求しつつ、公告した発注条件等を後に変更し、又は、その内容を「交渉」によって事後的に修正することを、――同じく、公正な競争確保の観点から――、原則、禁止している（事後交渉の禁止）(18)。ゆえに、発注対象等について交渉を行う余地が存在しない公開手続は、対話・交渉を通じて発注対象が徐々に形成される公私協働事業には適さない、と考えられてきたのである。例えばR・P・シェンケ（Ralf Peter Schenke）とS・クリンペル（Stefan Klimpel）は、次のように言う[19]。

「〔欧州の――筆者註〕委託発注法は、様々な提案を総じて意義深く比較検討することができるよう、提供されるべき給付を可能な限り厳密かつ詳細に記載すること（möglichst präzise und genau zu beschreiben）を〔発注機関に対して――筆者註〕要求している。というのも、記述内容が明確であればあるほど、様々な提案をよりよく比較検討することができ、また選択手続もよりフェアーなものになるからである。……また同じ理由から、ドイツの委託発注法上、原則的な手続に位置づけられる公開手続（offenes Verfahren）に於いては、〔発注機関が――筆者註〕公告の中で提示した発注条件を、後に変更することは、限られた場合に於いてしか許容されない。また事後交渉も、原則として、禁止されている。一般に、委託発注手続の厳格な規格化が有意義なものであればあるほど、公私協働へのその適用は、それだけ問題をはらんだものであることが明らかになる。」（傍点筆者）

こうしてドイツの委託発注実務は、発注の対象及び条件等に関して、詳細な「事前公告」を行わなければならず、また「公告内容の事後変更」及び「事後交渉」が原則として禁止される「公開手続」ではなく、公告後も、――それに縛られることなく――、発注対象等について随時自由に提案し、交渉を行うことができる「交渉手続（公告を伴う交渉手続 das Verhandlungsverfahren mit Veröffentlichung einer Bekanntmachung）」を用いて、〔公私協働事業に於ける〕委託発注先を決定してきたのである。R・P・シェンケとS・クリンペルは次のように述べている[20]。

「公私協働の開放性（Offenheit）と委託発注法の硬直性（Rigidität）との間に生じている摩擦を解消するために、公私協働の実務は、従来、所謂交渉手続に逃避してきた（Zuflucht zu dem so genannten Verhandlungsverfahren nehmen）。……交渉手続は、他の委託発注形式とは異なり、契約対象の交渉に際し、公的主体に比較的広範な余地が認められる点に特徴がある。交渉手続は、なるほど、競争・透明性・対等取扱い・差別取扱い禁止の諸原則、並びに、適性・専門性・経済性〔の諸原則——筆者註〕から免れるものではない。しかし、入札期間は求められず、また事後交渉も禁じられていない。」（傍点筆者）

他方、問題となるのは、「公私協働事業に於いて交渉手続を利用することが、交渉手続の許容要件との関係で、法的に正当化され得るのか」である。この点学説は、公私協働事業に於ける交渉手続の利用を法的に正当化するために、次のような法解釈論を展開してきた。

すなわち、「公私協働事業は極めて複雑な委託発注事案であり、民間事業者に対して発注される給付の具体的内容及び形態は、発注機関たる国家と、受注者たる民間事業者との間での対話・交渉を経て徐々に形成され確定される。このため、国家が、委託発注の対象につき、あらかじめ、その内容や発注条件等を詳細に定めることは妥当ではなく、また不可能でもある。他方、欧州の委託発注指令によると、例えば建設委託発注を行うにあたって交渉手続を用いることができるのは、『公開手続及び非公開手続に於いて、承諾することのできる提案がなされなかった場合』（委託発注指令第三〇条第一項a）か、又は『建設給付がその性質上又は当該性質に内在するリスクのゆえに、あらかじめ包括的な価格形成を行うことができない場合』（委託発注指令第三〇条第一項b）であるが、公私協働事業の場合も、その性質上、『事前に包括的な価格形成をなしえない』ことに変わりはなく、ゆえに公私協働事業に於いて交渉手続を利用することは法的に許容される」、というのである。R・P・シェンケとS・クリンペルは、ドイツの委託発注実務がこうした法解釈に依拠してきた事実を次のように説明する。(21)

「むろん、こうした柔軟な交渉手続が許容されるのは、例外的な事案に於いてのみである。……新委託発注指令によると、建設委託発注に於いて交渉手続を用いることができるのは、公開手続及び非公開手続に於いて、承諾可能な提案がなされなかった場合（委託発注指令第三〇条第一項ａ）か、建設給付が、その性質上、又は、当該性質に結びついたリスクのゆえに、事前に包括的な価格形成を行うことができない場合（委託発注指令第三〇条第一項ｂ）に限られる。こうした〔交渉手続に関する――筆者註〕前提条件の存在を根拠づけるために、ドイツの委託発注実務に於いては、これまで、次のような議論がなされてきた。すなわち、公私協働企画は、極めて複雑であって、給付の最終形態は、契約相手方〔たる民間事業者――筆者註〕との協力によってはじめて、これを確定することができる、という議論がそれである。」

第二節　欧州委員会の批判

しかしながら、欧州委員会（Komission der Europäischen Gemeinschaften）は、こうしたドイツの委託発注実務の動向を繰り返し批判してきた。

欧州委員会の理解によると、「調達活動の経済性向上」は「公正な競争」によってもたらされる。そのため、発注機関は、発注対象、発注条件、落札基準等を、可能な限り厳密かつ詳細に決定・公告し、その上で入札参加企業の提案を、適切に比較・検討・評価しなければならない。また、公告した事項が、事後交渉によって修正・変更されることも原則として許されない。ゆえに、入札の形態をとらず、また事後交渉が許容される交渉手続は、例えば、「地質学上不安定な地域や考古学上の地域に於いて建設給付が委託発注される場合」のように、事の性質上、建設給付に要する費用等をあらかじめ包括的に形成することができない、そうした特殊事案に限定されなければならない。他方、「事業の複雑性のゆえに、発注対象や発注条件等を詳細に決定・公告することが困難とされる公私協働事業に於いて、交渉手続を利用することは、本来、法の予定するところではない」のである。[22]

こうして、公私協働と欧州の委託発注法制は、いずれも「調達活動の経済性」という同一の方向を向きながらも、──少なくともドイツに於いては──互いに衝突し、緊張関係に立つことが明らかになったのであり、皮肉なことに、欧州の委託発注法制が、──同じく調達活動の──「経済性・効率性の向上」を目指す公私協働にとって「障害物」とみなされるに至ったのである。[23]

こうした中、欧州議会及び理事会は、欧州の委託発注法制と公私協働との間に存在する緊張関係を解消することを目的として、公開・非公開・交渉の各委託発注手続とは別に、公私協働事業を特に念頭に置いた「第四の委託発注手続」を新たに導入することにした。それが「競争的対話」である。

(16)　Ralf Peter Schenke/Stefan Klimpel, Verhandlungsverfahren versus wettbewerblicher Dialog : Neuere Entwicklungen im Vergaberecht Öffentlich Privater Partnerschaften（ÖPP）/Public Private Partnership（PPP）, DVBl 2006, S.1492ff.

(17)　Peter Baumeister, Public Private Partnership als neue Form der Erfüllung staatlicher Aufgaben? in: Jong Hyun Seok und Jan Ziekow（Hrsg.）, Die Einbeziehung Privater in die Erfüllung öffentlicher Aufgaben（Vorträge auf dem koreanischdeutschen Symposium zum Verwaltungsrechtsvergleich vom 13. bis 15. September 2007 am Deutschen Forschungsinstitut für Öffentliche Verwaltung Speyer）, S.71f. なお、Schenke/Klimpel, a.a.O（Fn.16）, S.1493. も同様に次のように述べる。「委託発注手続の厳格な公式化が一般的に有意義なものであれば、公私協働へのその適用は、それだけ問題をはらんだものであることが明らかになる。公私協働の基本哲学は、望まれた成果を最適な形で実現することができるよう、新種の創造的な問題解決策について、民間事業者に自由な余地を委ねることにある。新しく革新的な形成オプションを可能にし、またその余地を開けておこうとするのであれば、公的主体は、手段（Mittel）ではなく、さしあたって、実現されるべき目標（die zu verwirklichenden Ziele）を提示すべきである。さらに行政は、往々にして、〔目標を実現するための──筆者註〕手段を〔あらかじめ──筆者註〕詳細に記述することができない。というのも、適切なる問題解決策は、相手方たる民間事業者によってはじめて開発されるべきものだからである。それは公的主体に対し、

〔従来とは——筆者註〕異なった調達行動を要求することになる。すなわち、調達条件を細部にわたって提示する旧来の明細型の公告に代わって、調達給付の最低条件のみを提示し、〔当該最低条件のもと——筆者註〕どのような形で〔調達給付を——筆者註〕実施するのかは民間の提供者に委ねる、そうした機能的かつ結果相関的な給付説明を示さなければならないのである。他方、公私協働の論理の中に存在するプロジェクト形成の開放性（Offenheit）は、原則的に給付の仕様説明をあらかじめ詳細に提示することを求める委託発注手続の厳格なる公式化とは、相容れないはずである。」と。

（18）Martin Meißner, Der Wettbewerbliche Dialog, in: Rainer Pitschas und Jan Ziekow（Hrsg.）., Vergaberecht im Wandel（Vorträge auf dem 4. Speyerer Wirtschaftsforum vom 29. bis 30. September 2004 an der Deutschen Hochschule für Verwaltungswissenschaften Speyer）, S.83ff（S.95）.

（19）Schenke/Klimpel, a.a.O（Fn.16）., S.1493.

（20）Schenke/Klimpel, a.a.O（Fn.16）., S.1493f.

（21）Schenke/Klimpel, a.a.O（Fn.16）., S.1494.

（22）Komission der Europäischen Gemeinschaften, Grünbuch zu öffentlich-privaten Partnerschaften und den gemeinschaftlichen Rechtsvorschriften für öffentliche Aufträge und Konzessionen, KOM（2004）327 endg., Brüssel, den 30. 4. 2004（http://eur-lex.europa.eu/LexUriServ/site/de/com/2004/com2004_0327de01.pdf）, S.10（Rn.24）.

（23）Vgl. Baumeister, a.a.O（Fn.17）., S.71.；なお、Schenke/Klimpel, a.a.O（Fn.16）., S.1494. は、次のように述べる。「こうして公私協働領域に於ける民間の相手方選択に際し、相互に逆方向を向いた経済的合理性が相対峙することになる。委託発注法の観点からすれば、公私協働の領域に於いてもまた、給付に関する明確かつ厳密な仕様説明が考慮されなければならない。なぜなら、それが事物に反した、例えば政治的に動機づけられた影響力行使［sachwidrige politisch motivierte Einflussnahmen］を排除するからである。他方、公私協働の観点からすれば、委託発注法が目指す〔手続の——筆者註〕フォーマル化は、非生産的（kontraproduktiv）である。なぜなら、公私協働企画は、〔民間事業者との間での交渉を通じて——筆者註〕創造的かつ革新的な新たな問題解決策〔を形成し、これ——筆者註〕によって、現に存在する自由な余地（Spielräume）を埋めることを目標とするものだからである。」と。

第二章　新委託発注指令の制定とドイツの国内法化作業

第一節　ＥＵ新委託発注指令（二〇〇四年指令第一八号）

競争的対話は、二〇〇四年に制定・公布されたＥＵの委託発注指令（第一八号）の「二九条」によって新たに採用された第四の委託発注手続である。この手続は、その名が示す通り、「競争」の要素と「対話」の要素を組み合わせた点に特徴を有する。[24] 以下では、まずその内容を外観しておこう。[25]

(1)　新委託発注指令二九条の「一項」は、「競争的対話の許容要件」と「一般的な落札基準」を規律する規定である。

これによると競争的対話は、「特に複雑な委託発注」であって、発注機関が「公開手続又は非公開手続に於いて公共委託発注を行うことができないと考える場合」に用いることができる（一項第一文）。公共委託発注は、もっぱら「経済的に最も有利な落札」という基準に従って行われなければならない（同第二文）。

(2)　他方、新委託発注指令二九条の「二項乃至五項」は、競争的対話の実施方法についての規定である。

これによると、発注機関は、競争的対話を実施しようとする場合、まず発注機関側の要求事項を「公告」の中で的確に表現するとともに、公告及び（又は）仕様説明書の中で、これを詳細に説明する（näher erläutern）（二項）。そして発注機関は、公告又は使用説明書の中に記載した要求事項を最適な形で実現することのできる手段を探求するために、あらかじめ一定の基準に従って選抜された複数の事業者との間で、委託発注のあらゆる観点について対話（Dialog）を行う（三項第一文・同第二文）。なお発注機関は、公告又は仕様説明書の中で予告した上で、対話局面で議論される問題解決策の数を段階的に絞り込むために、対話手続を連続する幾つかの局面に分解することができる（四項）。発注機関は、競争的対話手続の終了が宣言されるまでの間、繰り返し、民間事業者との間で対話を継続する（五項）。

(3)　なお、「競争的」対話と呼ばれることからも明らかなように、この手続を実施するにあたり、発注機関と対話を行う各民間事業者は、公正かつ適正な競争状態になければならず、対話の結果、競争が阻害される事態は阻止されなければならない。そこで新委託発注指令二九条は、「三項」に於いて、発注機関に対し、全ての入札予定者を対等に取り扱うべきことを要請し、差別的取扱い、ひいては公正な競争を阻害することになる差別的な情報伝達を禁止するとともに、入札予定者が提示した問題解決策や機密情報を、その了承を得ることなく他の入札予定者に漏洩することを禁止している（三項第三文乃至第五文）。

(4)　新委託発注指令二九条の「六項」は、競争的対話手続の終了に関する規定である。

これによると、発注機関は、対話手続を終了する場合、それを宣言した上で、各民間事業者に対し、対話を基礎として形成された各問題解決策について、その詳細を「最終提案」という形でまとめ、これを提出するよう求める（入札）。落札者は、この最終提案をもとに決定されるが、新委託発注指令は、「官民間での認識の齟齬・誤解を防ぐ」ために、「入札された最終提案」について、その内容を「明確化・厳密化・微調整するための確認手続」を用意する一方、これによって競争の阻害又は特定事業者の優遇若しくは差別が生じることのないよう、当該確認手続に於いて事後交渉を行い、以て「入札された最終提案の本質要素を変更すること」を「禁止」している（六項第三文・同第四文）。

その上で発注機関は、公告又は使用説明書の中に記載した落札基準に従い、入札された最終提案を評価し、経済的に最も有利な提案を行った事業者を選択する（落札）（七項第一文）。

この後、発注機関と落札者は、「落札の対象となった最終提案」をもとに契約文書の作成作業に入るが、新委託発注指令は、この局面に於いても、「落札の対象となった最終提案」について、「詳細な説明を求め、又は内容を確認するための手続」を用意している（七項第二文）。なお、この過程で事後交渉を行い、「落札の対象となった最終提案の本質的要素を変更すること」は、同様に「禁止」されている（七項第三文）。

(5) 最後に、新委託発注指令二九条の「八項」は、競争的対話に参加し、問題解決策を提示した事業者に対し、報奨金又は金銭の支払いを予定し得る旨を規定する。

第二節　欧州委員会の報告書（Grünbuch）の公表とドイツ連邦政府の意見表明

欧州委員会は、右に見た新委託発注指令（二〇〇四年指令第一八号）が二〇〇四年三月三一日に制定された後、同年四月三〇日に報告書（「公私協働並びに公共委託発注及び特許に関する共同体の法規定に関する報告書（Grünbuch zu Öffentlich-privaten Partnerschaften und den gemeinschaftlichen Rechtsvorschriften für öffentliche Aufträge und Konzessionen）」）を公表した。この中で欧州委員会は、公私協働事業に於ける委託発注先の選定にあたり「交渉手続」を用いてきたドイツの委託発注実務を批判しつつ、「競争的対話」が公私協働に極めて適した委託発注手続であることを主張し、併せて、この点に関する意見を募ったのである。欧州委員会は報告書の中で次のように言う。(26)

「二〇〇四年のEU指令第一八号が制定・公布されて以降、特に複雑な委託発注に際しては、所謂競争的対話という新たな手続を選択することができるようになった。この競争的対話という手続は、発注機関が、その発注及びその目的に適した技術的手段を決定することが客観的にできない場合や、あるプロジェクトを法的かつ（又は）資金技術的に起案することが客観的にできない場合に関連するものである。この新手続は、発注機関が受注候補者との間で対話（Dialog）を行うことを容認するのであって、〔この対話の中で、発注機関の――筆者註〕需要に即した解決策が練り上げられるのである。最後に、受注候補者は、この対話を経て突き止められた（諸々の）解決策を、最終的に提案することを求められる。この提案は、プロジェクトを実施するために必要で、かつ不可欠な要素全てを内包するものでなければならない。発注機関は、あらかじめ決められた落札基準に従って、当該提案を評価する。そして入札者のうち、経済的に最も優れた提案を提出したものは、その提案の特定局面を〔さらに詳しく――筆者註〕説明することを求められ、又は、当該提案の特定局面に内在している諸々の義務を確認することを求められることがある。ただし、競争が擬制され、また差別的取扱いが生じることがないよう、〔最終的に――筆者註〕提案され提示された事項の本質的要素が〔この過程で――筆者註〕変更されることはない。……委員会の見解によれば、競争的対話の加盟国法規定への国内法化は、契約に基づく公私協働という制度との関係に於いて実施される公共委託発注に極めて適した、また同時に、経済参加者の基本権を保障する手続を、利害関係者に対して提供することになる。」（傍点筆者）

ドイツ連邦政府は、欧州委員会の報告書が公表された後、直ちにこれに対する意見表明を行った（Stellungsnahme der Regierung der Bundesrepublik Deutschland zu dem Grünbuch der EU-Kommission zu öffentlich-privaten Partnerschaften und den gemeinschaftlichen Rechtsvorschriften für öffentliche Aufträge und Konzessionen. 2004「公私協働並びに公共委託発注及び特許に関する共同体の法規定に関する欧州委員会報告書に対するドイツ連邦政府の意見表明」[27]）。そこには、ドイツ連邦政府の苦悩と、既に指令が制定され、競争的対話の国内法化に向けて外堀を埋められつつあることに対する一種のあきらめ、さらには、最後の抵抗を試みようとする姿勢が複雑ににじみ出ている。[28] 連邦政府は次のように言う。[29]

「連邦政府は、競争的対話という手続が、特定の公私協働の実施にとって、選択し得る有益な手続の一つであることを否定するつもりはない。とはいえ、その公私協働に対する優れた適性に関する〔欧州委員会の――筆者註〕質問は、時期尚早である。言うまでもなく、競争的対話に対する詳細な評価は、この制度がまず加盟国によって国内法化され、実践的な経験が積まれた上ではじめて可能になるからである。

競争的対話が、仮に公私協働に適した唯一の手続であるならば、今日まで実施されてきた数々の公私協働プロジェクトは、申し分なく実施できてこなかったことになる。しかしドイツに於いては、他の諸国と同様、公私協働は、従来妥当してきた委託発注法のもとでも、なんら問題なく実施されてきた。特に、EU全域での参加競争と直結した交渉手続は、明らかに、数多くの公私協働に際して考慮され、優れた経験を積んできた手続である。この交渉手続は、二〇〇四年のEU指令第一八号に記載された特定の前提条件に服す。他方、発注機関は、そこに列記された前提条件のもとで、交渉手続を用いることが当然許される。この点、EU指令は、他の手続が不適当であり、又は不適当である旨が判明し（参照指令第三〇条第一項a）、それ故交渉手続の柔軟性が必要とされる場合に限り、交渉手続を使用することが許容される旨を前提としている。この点、連邦政府は、欧州委員会が要求するほど厳格な要件が満たされない限り交渉手続が許容されない旨の前提には立たない。交渉手続は、（例えば考古学的理由に基づく建設などのように）作業の方法又は規模が全く予測できない、そうした僅かな特殊事案に限定されるわけではない。むしろ交渉手続は、大規模な公私協働が往々にしてそうであるように、法的又は財政的構造が複雑で、かつ当該法的又は財政的構造が提案部分となるべき、そうした公共委託発注に於いてもまた、考慮に値するものである。こうした公私協働事案に於いては、異論のない価格算定を行うために、〔提供されるべき――筆者註〕給付を〔あらかじめ――筆者註〕明確かつ詳細に提示することなど、十分にはなしえない。つまり発注機関は、契約の仕様明細書を、あらかじめ、詳細に、確定すること（genau festlegen）など、できないのである。」（傍点筆者）

このように、連邦政府は、競争的対話の価値を一切否定するわけではない。しかし逆に競争的対話の有用性を高く評価した上で、その積極的導入を志向するわけでもない。むしろ連邦政府は、「交渉手続の許容要件を厳格に解釈することにより、その利用局面を狭く限定しようとする欧州委員会」を「批判」し、交渉手続を用いるドイツの委託発注実務を「擁護する」ことに力点を置いているのである。連邦政府は、――欧州委員会とは異なり――、公私協働への適性という観点で見た場合、交渉手続が競争的対話に劣るとは考えない。連邦政府の理解によると、競争的対話は、各加盟国が選択し得る委託発注手続の一類型に過ぎないのであって、公私協働が「競争的対話」と直結し、「交渉手続」に取って代わらなければならないわけではないのである。(30)

第三節　ドイツの国内法化作業

こうしたドイツ連邦政府の基本姿勢（競争的対話導入に対する消極的態度）は、そのまま、国内法化作業の遅れにつながり、連邦議会議員の中に、期限（二〇〇六年一月三一日）内での国内法化実現を危ぶむ声が生じることになる。なるほど競争的対話を国内法上導入するか否かは加盟国の自由に委ねられてはいたが、(31)指令の制定をうけて、数多くの加盟国が国内法化の動きを見せるなか、ドイツも、指令を国内法化するための準備作業に入ることになる。ただし、それは、基本法七六条の一項が規定する「連邦議会議員による立法企画」という形態をとったのである。

すなわち、国内法化の過程を詳細に述べたM・フレッケンシュタイン（Martin Fleckenstein）によると、まずＳＰＤの連邦議会議員団の執行部役員が、二〇〇五年の連邦議会夏期休会までの間に「公私協働の実施促進及び公私協働に関する法律上の枠組条件の改善に関する法律草案」を提出することを目標として、二〇〇四年一〇月四日、「公私協働促進法に関するプロジェクト作業部会」を組織した。その後、これと並行して、連邦議会の議員から構成されたプロジェクト作業部会が組織され、そのなかに「公共料金法、委託発注法、財政・予算及び助成法並びに租税法に関する専門作業部会」が組織された。この過程で、公私協働の促進・展開を妨げる「障害物」とみなし得る幾つかの国内法制度がピックアップされ、これらを一括改正することを目的とした「公私協働促進法案」が作成され、議会に上程された。法律案は異例の早さで審議され、当初の予想を裏切る形で二〇〇五年六月八日に連邦参議院を通過し、同年七月三〇日に連邦議会の第三読会で可決され、同年九月七日に公布、翌日施行された。(32) 公私協働促進法は、全一〇箇条から成る法律であり、右の叙述からもわかるように、この法律は、公私協働の促進を妨げる既存の法律規定群を同法の中で一括して改正する役割を負っている（Artikelgesetz）。本稿との関係で重要なのは、公私協働促進法の「一条」による「競争制限防止法の改正」と、同「二条」による「委託発注規程の改正」である。EU指令が規律した競争的対話は、これにより最終的にドイツに於いて国内法化されたのである。(33)

では、ドイツは競争的対話について、具体的にどのような法律規定を設けたのであろうか。以下では、連邦議会議事録に掲載された立法理由書も併せながら、競争的対話に関するドイツの国内法規定を確認することにしよう。

(1)　公私協働促進法一条（競争制限防止法一〇一条新五項の創設）

競争的対話は、公私協働促進法の「一条」によって改正された競争制限防止法（Gesetz gegen Wettbewerbsbeschränkungen）「一〇一条」の新「五項」の中で、ドイツ国内法上、委託発注手続としての位置づけを得た。改正競争制限防止法一〇一条の五項は、次のように規定する。(34)

「競争制限防止法　第一〇一条

(5)　競争的対話は、発注機関たる国家が、特に複雑な委託発注を行うために用いる手続である。この手続に於いては、参加の要請が行われたのち、選択された事業者との間で、委託発注に関するあらゆる詳細について、交渉が行われる。」

この規定は、競争的対話の定義規定であり、「特に複雑な委託発注を行うため」という一般的な許容要件を抽象的に規律するほかは、その詳細について何も語っていない。ドイツは、競争的対話を国内法化するにあたり、まずはじめに、公私協働促進法の一条によって競争制限防止法を改正し、その中に「競争的対話」に関する一般・抽象的な明文規定を置くことを通じて、「対話」の要素と「競争」の要素を兼ね備えた新たな委託発注手続を導入することを対外的に宣言したのである。(35)

(2) 公私協働促進法二条（委託発注規程六a条の創設）

競争的対話の具体的内容については、公私協働促進法の「二条」によって改正された委託発注規程（Vergabeverordnung）の中で詳細に規定される。改正委託発注規程に新規挿入された「六a条」がそれである(36)（条文中の（第○文）は筆者が補足したものである）。

「委託発注規程　第六a条　競争的対話（Wettbewerblicher Dialog）

(1) 発注機関は、閾値を超える物品調達、役務又は建設の委託発注に関し、以下の各号に掲げた事項を客観的に行うことができない限りで、競争的対話を実施することができる。

1. 発注機関の欲求と目標を実現することのできる技術的手段を、あらかじめ提示すること。又は

2. 計画の法的又は財政的条件（rechtliche oder finanzielle Bedingung）をあらかじめ提示すること。

(2) 発注機関は、その欲求と必要条件を欧州全域に公告しなければならない。当該必要条件事項の説明は、公告又は仕様説明書の中で行うものとする。

(3) 第二項による公告に引き続き、選択された複数の事業者との間で、対話（Dialog）が開始されなければならない。この対話

に於いて、発注機関は、自己の欲求を最適な形で実現することのできる方法を探求し、これを確定する（第一文）。この対話に於いて発注機関は、選択された複数の事業者との間で、委託発注に関するあらゆる詳細事項を議論することができる（第二文）。発注機関は、対話手続に於いて全ての事業者が対等な取扱いをうけるよう配慮しなければならない（第三文）。特に発注機関は、特定の事業者が優遇されるような情報伝達をしてはならない（第四文）。発注機関は、特定の事業者が提示した問題解決策又は秘密情報を、その同意を得ることなく他の事業者に漏洩してはならず、また当該問題解決策又は秘密情報は、委託発注手続の領域に於いてのみ、これを用いるものとする（第五文）。

(4)　発注機関は、公告又は仕様説明書に記載された落札基準に依拠しながら、対話局面に於いて議論されるべき問題解決策の数を絞り込むために、対話を連続する幾つかの局面（Phase）に分解することを予定することができる（第一文）。第一文に従って手続を〔複数の局面に――筆者註〕分解する場合、〔発注機関は――筆者註〕その旨を、公告又は仕様説明書の中で提示しなければならない（第二文）。提示された問題解決策が直後の対話段階に進む見込みのないものである場合、発注機関は、当該問題解決策を提示した事業者に対し、その旨の情報を伝達しなければならない（第三文）。

(5)　発注機関は、以下の場合に於いて、対話を終結する旨を宣言する。

1. その欲求を実現する一つの問題解決策(37)が発見された場合。又は
2. 問題解決策を発見することができないことが明らかな場合。この場合、発注機関は、事業者に対して、その旨の情報を伝達しなければならない（第一文）。

本項第一文の第一号に於いて対話終結が宣言される場合、発注機関は、既に提出され、対話段階に於いて詳細に説明された問題解決策を基礎とした最終提案を提出するよう、事業者に対して求めなければならない（第二文）。この最終提案は、プロジェクトを実施するために必要なあらゆる詳細事項を記載したものでなければならない（第三文）。発注機関は、当該最終提案に関して、厳密化、明確化及び補足を行うよう求めることができる（第四文）。ただし、この厳密化、明確化、及び補足は、競争を阻害し又は差別的な結果をもたらしかねない、そうした提案又は提示事項の本質的要素の変更をもたらすものであってはならない（第五文）。

(6)　発注機関は、公告又は仕様説明書に定められた落札基準に従って当該〔最終——筆者註〕提案を評価し、かつ最も経済的な提案を選択しなければならない（第一文）。発注機関は、最も経済的な提案を行った事業者に対し、提案事項の特定の細目について、これを詳細に説明し、又は提案の中に含まれる確約事項を確認するよう求めることができる（第二文）。ただし、この場合に於いて、提案又は提示された事項の本質的な観点が変更されるようなことがあってはならず、また競争が歪められ、又は手続に参加した他の事業者が差別されることになってはならない（第三文）。

(7)　発注機関が、競争的対話に参加した事業者に対して、草案・計画・設計図・見積書その他の基礎資料の作成を求めた場合、要求された資料を適時に提出した全ての事業者に対しては、画一的に、これに対する適切な費用弁済を与えなければならない。」

右規定は、完全にそのままではないにせよ[38]、EUの新委託発注指令二九条を、ほとんど引き写したに等しい外観及び内容を持っていることは一目瞭然である。実際、連邦議会の議事録に添付された立法理由書をみても、「競争的対話の具体的な流れと手続ルール」を規律した「二項以下」については、事実上何ら説明は存在せず、むしろ関心は、——競争制限防止法一〇一条の五項が規律する競争的対話の一般的・抽象的な許容要件を具体化する——「一項」に集中している。それは、ドイツの立法者が、「競争的対話の中身」というよりはむしろ、これまで交渉手続に依拠してきた行政実務に対して、「競争的対話の利用局面を明確に提示すること」に神経を使ったことを明確に物語っている。立法理由書は、この点について次のように述べる[39]。

「競争的対話の実施は、特定の前提条件の存在と結びつけられている。競争制限防止法の第一〇一条第五項によれば、極めて複雑な給付でなければならない。ある給付が極めて複雑とみなされるのは、発注機関が、その欲求を満たすために必要な技術的手段又は法的若しくは財政的条件を、あらかじめ提示することが客観的に不能である場合である。そして、客観的に不能とは、それが発注機関の責めに帰すべからざることを意味する。発注機関の不十分性又は瑕疵ある意思に基づく主観的な不能は、〔競争的対話手続を用いるに――筆者註〕十分な前提とはならない。とはいえ、初めて実施する委託発注であって、その性質上、発注機関が仕様説明を行うために必要な知識を獲得するために極端に高額の費用（及び／又は）時間的手間を要する場合であるとか、給付の複雑性のゆえに、技術的手段又は法的若しくは財政的条件を事前に記載することが、かえって、必然的に競争を著しく狭める結果を招いてしまう場合など、給付の特殊な性質のゆえに、発注機関が技術的手段又は法的若しくは財政的条件を記述することができない場合は、〔競争的対話手続を用いる理由として――筆者註〕十分である。」

(3)「企画立案者問題」への対応――委託発注規程四条新五項の創設

他方、新委託発注規程は、競争的対話に関して、右に見た「六a条」を新規創設したほか、これと密接に関わる規定として、「四条」に新たに「五項」を挿入している点が注目される。この規定は、所謂「企画立案者問題（Projektantenproblematik）」に対処するための規定である。

企画立案者問題とは、将来委託発注の対象となる事業（プロジェクト）の公告及び仕様説明書の作成段階（委託発注手続の開始以前）に於いて既に何らかの形で事業の企画・構想・立案に関与した民間事業者（企画立案者）が、委託発注手続の開始後に、応募者又は入札予定者として手続に参加することの是非を、公正な競争及び平等性の確保の観点から議論するものである。[40] 連邦議会は、企画立案者が後の委託発注手続に入札予定者として参加してくる事例がドイツに於いても多々見受けられること、またそれが公正な競争を阻害する危険性をはらんだものであることを認識して次のように言う。

「公私協働事業に於いて、企画立案者問題は、かなりの程度で生じている。なぜなら、発注機関は早い段階で外部の専門知識に頼らざるを得ないからである。さらに発注機関は、公私協働事業に際し、当該事業の市場通用性（Marktfähigkeit）及び実現可能性（Realisierbarkeit）を早期に確定するために、〔委託発注手続が開始される――筆者註〕前の段階で、後に入札者となる者の専門知識を〔やむを得ず――筆者註〕頻繁に起用する。また、公私協働事業は、多くの場合、潜在的な提供者のイニシアチブに依拠する。(41)」

「『委託発注手続の準備段階に於いては、発注機関に助言を行い又は発注機関を支援する一方、委託発注手続が開始された後に於いては、引き続き入札参加企業として手続に参加することを望む、そうした事業者及び助言者〔企画立案者――筆者註〕と、一体どのような形でつきあわなければならないのか』という問題、これが、企画立案者問題である。こうした事案に於いては、委託発注をめぐり、競争が阻害される危険性が存在する。というのも、委託発注手続の準備活動に関与した企画立案者は、〔他の入札参加企業に比べ――筆者註〕往々にして、情報の点で、著しく優位な状況にあるからである。また他方で、企画立案者は、場合によると、その準備活動を通じて、例えば給付の仕様説明が当該企画立案者にとって有利なものになるよう、委託発注手続に対して一方的に影響力を行使することがあり得るからである。(42)」

委託発注規程の四条に新たに挿入された「五項」は、この企画立案者問題に対応するための規定である。(43)

「委託発注規程　第四条

(5)　入札者又は応募者が手続の開始前に発注機関に対して助言その他の援助を行った場合、発注機関は、当該入札者又は応募者の〔手続への――筆者註〕参加によって競争が阻害されることのないよう保障しなければならない。」

立法化にあたって検討されたのは、競争確保の観点から、企画立案者を後の競争的対話手続から一律全面的に排除すべきか否かであったが、この点、ドイツの立法者は、この問題に関する過去の欧州司法裁判所の判例理論に沿う形で、企画立案者の一律排除は行わないという結論を導く一方、公正な競争が阻害されることのないよう、企画立案者の取扱いにつき、配慮を求める規定を盛り込むに至ったのである。(44) 理由書は、次のように述べている。(45)

「欧州司法裁判所は、……二〇〇五年三月三日の判決に於いて、企画立案者に関するベルギーの明文規定について判断を下している。欧州司法裁判所は、まず、企画立案者が〔後の――筆者註〕委託発注手続に於いて入札者として参加することが、秩序ある競争を阻害しかねないものであるとの結論に達している。とはいえ、欧州司法裁判所は、委託発注手続の準備作業に参加・協力した者全てが、〔後の――筆者註〕委託発注手続から一律全面的に排除されなければならない旨を規律した〔ベルギーの――筆者註〕法規定は、極端であり、共同体法上違法であるとの評価を行った。むしろ〔委託発注手続開始前の段階での――筆者註〕参加が、後々〔競争に対して――筆者註〕否定的な影響をもたらし得るか否かを探ることが必要だというのである。新規定は、欧州司法裁判所が提示した右の準則を引き継ぐものであって、〔委託発注規程四条の――筆者註〕第五項は、所謂企画立案者を用いることによって競争が阻害されることのないよう保障する義務を、発注機関に課すものである。それは特に、他の入札者又は応募者と比べ、企画立案者が往々にして情報面で優位に立つ状況を、発注機関が調整することを意味する。競争阻害を阻止するための適切な措置を講じることができない場合に限り、企画立案者を委託発注手続から排除することが考慮されるのである。」

(24)　競争的対話が、その名が示す通り「競争」の要素と「対話・交渉」の要素を併せ持ったものであることにつき、Vgl. Meißner, a.a.O（Fn.18）, S.95.；Kim, a.a.O（Fn.14）, S.58.；Schenke/Klimpel, a.a.O（Fn.16）, S.1494.；Claudio Franzius, Gewährleistung im Recht―Grundlagen eines europäischen Regelungsmodells öffentlicher Dienstleistungen（2009）, S.527f.；Entwurf eines Gesetzes zur Beschleunigung der Umsetzung von Öffentlich Privaten Partnerschaften und zur Verbesserung gesetzlicher Rahmenbedingungen für Öffentlich Private Partnerschaften（BT-Drucksache15/5668（http://dip21.bundestag.de/dip21/btd/15/056/1505668.pdf））, S.11.

(25) Richtlinie 2004/18/EG des Europäischen Parlaments und des Rates vom 31. März 2004 über die Koordinierung der Verfahren zur Vergabe öffentlicher Bauaufträge, Lieferaufträge und Dienstleistungsaufträge（http://eur-lex. europa.eu/LexUriServ/LexUriServ.do?uri=OJ:L:2004:134:0114:0240:DE:PDF）；なお、ＥＵの新委託発注指令が規律する競争的対話を見通しよく紹介・分析するものとして、Vgl., Meißner, a.a.O（Fn.18）, S.83ff（S.88ff）.

(26) Komission der Europäischen Gemeinschaften, a.a.O（Fn.22）, S.10f.（Rn.25ff.）.

(27) Vgl., Stellungsnahme der Regierung der Bundesrepublik Deutschland zu dem Grünbuch der EU-Kommission zu öffentlich-privaten Partnerschaften und den gemeinschaftlichen Rechtsvorschriften für öffentliche Aufträge und Konzessionen. 2004（http://www.bmwi.de/BMWi/Redaktion/PDF/S-T/stellungnahme-der-regierung-der-bundesrepublik-deutschland-zu-dem-gruenbuch, property=pdf, bereich=bmwi, sprache=de, rwb=true.pdf）.

(28) Schenke/Klimpel, a.a.O（Fn.16）, S.1495 は、連邦政府の意見表明には、競争的対話を導入しようとする欧州委員会に対するあからさまな猜疑心（Skepsis）がにじみ出ているという。

(29) Stellungsnahme der Regierung der Bundesrepublik Deutschland zu dem Grünbuch der EU-Kommission zu öffentlich-privaten Partnerschaften und den gemeinschaftlichen Rechtsvorschriften für öffentliche Aufträge und Konzessionen, a.a.O（Fn.27）, S.13f.

(30) こうした連邦政府の立場が、交渉手続に依拠してきたドイツの伝統的な委託発注実務の動向（及びそれを支持する学説）と同一線上にあることは明らかである（本編第1章第1節を参照）。

(31) Stellungsnahme der Regierung der Bundesrepublik Deutschland zu dem Grünbuch der EU-Kommission zu öffentlich-privaten Partnerschaften und den gemeinschaftlichen Rechtsvorschriften für öffentliche Aufträge und Konzessionen, a.a.O（Fn.27）, S.13. は次のように言う。「競争的対話を導入するか否かは加盟国の自由に委ねられている（Der wettbewerbliche Dialog ist ein Verfahren, dessen Einführung den Mitgliedsstaaten freisteht.）」と。

(32) Martin Fleckenstein, Abbau von Hemmnissen für Public Private Partnership：Das ÖPP-Beschleunigungsgesetz, DVBl 2006, S.76.

(33) なお、公私協働促進法による一括改正の対象となった法律としては、競争制限防止法、委託発注規程のほか、「長距離道路建設に於ける民間資金の活用に関する法律（Fernstraßenbauprivatfinanzierungsgesetz）、連邦予算法（Bundeshaushaltsordnung）、土地取得税法（Grunderwerbsteuergesetz）、土地税法（Grundsteuergesetz）、投資信託法（Investmentgesetz）がある。その概略については、前掲註（15）『商事法務』三〇頁以下を参照。

（34）BT-Drucksache15/5668, a.a.O（Fn.24）., S.4.

（35）BT-Drucksache15/5668, a.a.O（Fn.24）., S.11.

（36）BT-Drucksache15/5668, a.a.O（Fn.24）., S.5

（37）なおM・フレッケンシュタインは、競争的対話の終結について、その要件を規律した委託発注規程六a条五項第一文「一号」が、「発注機関の欲求を実現する一つの問題解決策が発見された場合」と規定している点を批判して、次のように述べている。「最後に、委託発注規程第六a条第五項第一文の第一号に基づく〔競争的対話手続の――筆者註〕終結宣言に関しては、以下の点が求められなければならない。すなわち、〔同条に於いては、発注機関の欲求を満たし得る一つの問題解決策（eine Lösung）が発見された場合に、競争的対話手続の終結宣言が行われることになっているが――筆者註〕、しかし、この文言にもかかわらず、委託発注規程第六a条第五項第一文の第一号に基づく競争的対話手続の終結宣言は、一つの問題解決策〔の発見――筆者註〕ではなく、委託発注法の論理的必然からすれば、複数の問題解決策（mehrere Lösungen）〔の発見――筆者註〕が前提とされなければならない、ということである。」と（Vgl. Fleckenstein, a.a.O（Fn.32）., S.78.）。

（38）競争的対話の手続を詳細に定めたドイツの新委託発注規程の六a条と、EUの新委託発注指令（二〇〇四年指令第一八号）二九条を比較した場合、両者には以下に述べる違いが存在する。

第一に、競争的対話が実施される際に行われる「公告」に関し、EUの新委託発注指令（二九条二項）は、規定文言上、発注機関の欲求及び必要条件事項を公告又は仕様説明書の中で詳細に説明する（näher erläutern）ことを要求しているが、これに対し、ドイツの新委託発注規程六a条を見る限り、「詳細に（näher）」という文言が存在しない（この点については、改めて検討する）。

第二に、競争的対話を幾つかの連続する局面に分割し、委託発注先となる事業者を段階的に絞り込んでゆく場面に関し、ドイツの新委託発注規程六a条には、次の対話局面で検討の対象から外されることになった事業者に対し、その旨の情報を伝達する発注機関の義務に関する規定が存在する（委託発注規程六a条四項の第三文）が、これに対しEUの新委託発注指令二九条には、そのような規定が存在しない。

第三に、ドイツの新委託発注規程は、競争的対話の終結宣言が行われる場合として、「発注機関の欲求を満たす問題解決策が発見された場合」と、「競争的対話を実施してはみたものの、結果的に発注機関側の欲求を満たす問題解決策を発見できなかった場合」の二つを挙げ、後者（問題解決策の発見に至らなかったがために競争的対話の終結を宣言する場合）に於いては、その旨を、対話手続に参加した事業者に対して伝達する発注機関の義務を規律した規定（委託発注規程六ａ条の「五項第一文二号」）を置くが、これに対しＥＵの新委託発注指令にはそのような規定は存在しない。

最後に、競争的対話の終結後、入札評価までの間に行われる、「最終提案書」の確認手続に関し、ＥＵの新委託発注指令二九条（六項の「第三文」「同第四文」）では、「厳密化・明確化、微調整（Feinabstimmung）」という表現が用いられるのに対し、ドイツの新委託発注規程六ａ条（五項の「第四文」）では「厳密化・明確化及び補足（Ergänzung）」という表現になっている。

(39) BT-Drucksache15/5668, a.a.O（Fn.24）, S.13.
(40) BT-Drucksache15/5668, a.a.O（Fn.24）, S.11.
(41) BT-Drucksache15/5668, a.a.O（Fn.24）, S.12.
(42) BT-Drucksache15/5668, a.a.O（Fn.24）, S.11.
(43) BT-Drucksache15/5668, a.a.O（Fn.24）, S.4.
(44) Michael Uechtritz/Olaf Otting, Das „ÖPP-Beschleunigungsgesetz“: Neuer Name, neuer Schwung für „öffentlich-private Partnerschaften“?, NVwZ 2005, S.1105ff（S.1107）; Fleckenstein, a.a.O（Fn.32）, S.79.
(45) BT-Drucksache15/5668, a.a.O（Fn.24）, S.12.

第三章　競争的対話と交渉手続の優劣関係

以上の通り、ドイツは、二〇〇五年に公私協働促進法を制定し、競争制限防止法と委託発注規程を改正することによって、競争的対話の国内法化を一応は完了した。そこで以下では、公私協働事業に際し、これまで「交渉手続」に依拠してきたドイツの委託発注実務が、競争的対話の国内法化に伴い、その後、どの程度の変容を迫られたのかを検討することにしよう。

第一節　競争的対話と交渉手続の対等性・選択可能性承認論

結論から述べると、競争的対話は、ドイツに於いて国内法上正式に導入されはしたものの、その後数年の動向を見る限り、その利用はいまだ限定的なものにとどまっており、委託発注実務に、必ずしも劇的な変化は見られないようである(46)。その際、要因の一つとして指摘されるのが、「連邦政府の意見表明」の存在である(47)。実際、競争的対話が国内法化された後（特に二〇〇六年以降）に公表された文献を見ると、競争的対話が国内法化されたにもかかわらず、なお「交渉手続の存続」を主張し、「競争的対話と交渉手続の選択可能性」を主張する論者が複数見られるのである(48)。

例えばP・バウマイスターは、二〇〇七年の九月にドイツ・シュパイヤー行政大学で開催された独韓比較法シンポジウムに於いて基調講演を行ったが、そこに於いて彼は競争的対話についても言及し、「ドイツの委託発注実務が、一体どの程度で競争的対話というやり方を採用することになるのかは、その後の展開を見てみなければわからない。」

と述べ、競争的対話導入後のドイツ委託発注実務が、直ちに交渉手続から競争的対話への転換を図っているわけではない旨を指摘している。[49] 彼はそれ以上に競争的対話に対して積極的評価も消極的評価も行わないが、少なくとも、競争的対話が国内法化された現在に於いてもなお、交渉手続が存続する可能性を認め、優劣関係については沈黙しつつも、競争的対話と交渉手続の併存を暗黙のうちに前提としている点が注目される。

他方、競争的対話と交渉手続の併存を承認しつつ、交渉手続の利用をより積極的に肯定することにより、両者（競争的対話と交渉手続）の間の優劣関係を明確に否定したのが、M・フレッケンシュタイン、M・ウェヒトリッツ（Michael Uechtritz）そしてO・オッティング（Olaf Otting）である。彼らの理解によれば、競争的対話の国内法化は、競争的対話と交渉手続の間に優劣関係（ヒエラルヒー）を設定するものではなく、発注機関は、個々の事案に応じて、両者を自由に選択することができるのである。例えばM・ウェヒトリッツは次のように言う。[50][51]

「競争制限防止法の第一〇一条第五項に於ける定式化によると、競争的対話は、特に複雑な委託発注を行うための新たな手続である。欧州委員会の理解によると、競争的対話は、公私協働領域に於ける公共委託発注に極めて適したものである。とはいえ我々は、右の事実から、公私協働事業に於ける委託発注に於いて、いまや交渉手続に代えて競争的対話を強行的に用いる義務があるなどという結論を導き出すことなどできないであろう。例外的な〔許容——筆者註〕要件を充足する限り、交渉手続は、今後も引き続き許容されるのである。競争的対話は、付加的な提供と理解されなければならないのであり、それが公私協働事業に於ける委託発注に関する強行的な法的枠組みと理解されてはならない。立法理由書は、特に複雑な委託発注の例として、例えば、著しく統合された交通社会基盤整備プロジェクトや大規模なコンピューターネットワーク、又はその法的及び財政的構造を事前に説明することができないほど複雑な資金調達を伴う措置を挙げている。必ずしも全ての公私協働事業が、こうした意味に於いて特に複雑というわけではないであろう。が、これにより……交渉手続の選択を可能にする構成要件の前提が明確に否定されなければならないわけではないのである。」（傍点筆者）

このように、ドイツに於いては、――競争的対話の国内法化が完了した二〇〇五年以降に於いてもなお――、交渉手続の利用を法的に正当化することを試みる見解が根強く存在している。その意味で、「競争的対話を導入することによって交渉手続の利用を原則として否定しようとした欧州委員会」と、「競争的対話導入後も交渉手続の存続を模索するドイツ」の間には、依然として、大きな溝が存在するのである。

その背景には、ドイツの委託発注実務及び学説が、競争的対話に対して、以下に述べるマイナスイメージを払拭できていない事実が存在する。

第一に、競争的対話が、「能率性（Effizienz）又は迅速性（Eilbedürftigkeit）の点で交渉手続に劣る」とのマイナスイメージが存在する。

すなわち、「交渉手続」の場合、発注機関が複数の民間事業者との間で同時並行的に交渉を行うことは希であり、極端なケースでは、最初から最後まで一つの民間事業者としか交渉を行わないことも多々存在する。(52)これに対して「競争的対話」の場合、発注機関は、――手続を幾つかの連続する局面に分解し、入札予定者を段階的に絞り込んでゆくことができるとはいえ――、あくまで複数の入札予定者との間で同時並行的に対話を進めなければならない。したがって競争的対話は、交渉手続と比較した場合、「組織的に多大な負担（ein größerer organisatorischer Aufwand）となる可能性がある」というのである。(53)

第二に、競争的対話が、「柔軟性（Flexibilität）の点でも交渉手続に劣る」とのマイナスイメージが存在する。すなわち、既に指摘したように、ドイツの支配的見解は、発注機関が公私協働事業に際し、その要求事項を「公告及び仕様説明書」の中で詳細に説明することは「不可能」であると同時に、事業の革新性を削ぐことにもなるため「好ましくない」と考える。ゆえに、競争的対話を実施するにあたり、欧州全域に「公告」を行うにせよ、その中で発注機関が行う要求事項の説明は「抽象的」なものにならざるを得ない。ドイツの委託発注規程六a条の二項が、「公告及び仕様説明書」の中で行われる「要求事項の説明」につき、単に「説明（Erläuterung）」と規定するにとどめ、「詳細に説明する（näher erläutern）」ことまでは求めなかったのも、右に述べた公私協働の特性を考慮してのことと思われる。(54)

他方、これに対し、ドイツの新委託発注規程六a条（二項）の基となったEUの新委託発注指令二九条（二項）の規定文言によると、発注機関は、競争的対話を実施するにあたり、その要求事項を、「公告及び仕様説明書」の中で詳細に説明（näher erläutern）しなければならない。(55) すなわち、EUの新委託発注指令（二九条二項）と、ドイツの新委託発注規程（六a条二項）の間には、規定文言上、明らかに「齟齬」が存在するのである。

この事実が、ドイツの委託発注実務をして競争的対話の利用を消極的ならしめる最大の要因となっている。なぜなら、――仮にEUの新委託発注指令（二九条二項）が規律するところに従い――、競争的対話を実施するにあたって、発注機関がその要求事項等を「公告又は仕様説明書」の中で詳細に説明しなければならないとすれば、――そのような能力を持ち合わせていない――発注機関は、公告を行うために、所謂「企画立案者」の助力を得なければならなくなる。(56) また、公告及び仕様説明書の内容が詳細であればあるほど、「対話の余地（自由度）」は、それだけ狭められることになる。民間事業者の提案、それをめぐる官民間の対話、そして入札評価及び落札者の決定は、いずれも、公告及び仕様説明書の中で詳細に規定された発注条件や落札基準を基盤に実施されるからである。また競争的対話は、発注対象や条件等を随時提案し、自由に交渉することが認められる交渉手続とは違い、競争的対話の終結宣言後に於いては、もはや、発注対象等につき、対話・交渉を行うことができない。すなわち、「競争的対話の終結宣言」を起点として、それ以降の手続（入札の実施、落札者の決定、契約の締結）に於いては、「入札書類の明確化、補足及び合意事項の確認に伴う対話」以外、認められないのである（ドイツ委託発注規程六a条五項及び同六項）。

こうして、競争的対話は、交渉手続と比較した場合、「対話の自由度及び柔軟性」の点で「交渉手続に劣る」とイメージされることになる。[57]事実、R・P・シェンケ及びS・クリンペルは、競争的対話に対するこうしたマイナスイメージを払拭できずに、それが国内法化された現在に於いてもなお、交渉手続の存続に固執しようとするドイツの委託発注実務の現状を、次のように述べている。[58]

「交渉手続は、契約内容の提案が随時交換される点に、その特色がある。すなわち、交渉手続の場合、契約内容の提案及びその修正は、委託発注法の実体原理の遵守を通じてのみ、限界づけられるに過ぎない。

これに対し、競争的対話にあっては、基本的に、公開手続及び非公開手続に匹敵する事後交渉の禁止が存在する。特に〔競争的対話の終結が宣言され、入札が実施された後に於いては――筆者註〕、提案事項や価格の修正を目的として交渉を行うことは許されていないのである（委託発注規程第六a条第六項）。

こうして必然的に、公私協働措置は、今や強制的に競争的対話という新たな委託発注方式の中で公募されなければならないのか、それとも、柔軟な交渉手続もまた依然として許容されるのか、という問題が提起されることになる。競争という観点からすれば、競争的対話の利用強制が歓迎されなければならないであろう。というのも、競争的対話という厳格な構造を付与された手続は、選択手続の客観性と清廉潔白性を保障することができるからである。しかしながら、発注機関側の観点からすれば、競争的対話には、事前にコンセプトを打ち出さなければならず、それだけ選択プロセスに影響を及ぼす可能性を喪失するという欠点が存在するのである（委託発注規程第六a条第六項第一文）。まさにこうした理由から、競争的対話は、委託発注実務に於いて極めて控えめにしか用いられていないのである。」（傍点筆者）

第二節　競争的対話の交渉手続に対する優越性肯定論

もちろん、二〇〇六年以降のドイツ行政法学説の中にも、これとは異なった見解を主張する論者も複数存在する。例えばR・P・シェンケとS・クリンペルは、「交渉手続に依拠するドイツの委託発注実務を公正な競争確保の観点から繰り返し批判してきたEUが、対話・交渉の意義を認め、ドイツ等の加盟国に配慮し、妥協する形で競争的対話の導入に踏み切った事実」に鑑みるなら、「競争的対話は今や、交渉手続との関係で、優先的地位を認められなければならない」と言うのである。(59) 彼らは次のように述べている。(60)(61)

「新委託発注指令の成立は、競争的対話の優位という方向性を志向するものである。欧州委員会が、公私協働プロジェクトに於ける交渉手続の利用は許容されない、と考える一方、競争的対話を導入することを通じて、今や加盟国の異議に譲歩しようとしたのであれば、交渉手続が……競争的対話という新たな手続とともに今後も許容されると結論づける見解は、これを支持することはできない。他方では、体系的な説明もまた、競争的対話の優位性を裏づける。委託発注指令の第三〇条第一項aは、競争的対話に於いて適切な提案が何らなされなかった場合に於いてもまた交渉手続を許容している。交渉手続のこうした非優位性(Nachrang)により想起される結論は以下の通りである。すなわち発注機関は、競争的対話と交渉手続との間を自由に選択する途を開かれているのではなく、原則として、競争的対話に優位性が存在するということである。それゆえ、相手方となる民間の選択に関する法領域は、将来、競争的対話を通じて規定されることになろう。(62)」（傍点筆者）

（46） Schenke/Klimpel, a.a.O（Fn.16）., S.1495.

（47） Schenke/Klimpel, a.a.O（Fn.16）., S.1495. は、ドイツの委託発注実務が、競争的対話の国内法化が完了した後に於いてもなお、その利用に消極的である（あるいは必ずしも積極的ではない）原因として、「ドイツ連邦政府の欧州委員会報告書に対する意見表明の存在」と、「競争的対話に対して静観的又は冷ややかな評価を行う論文が複数公表されている事実」を指摘している。

(48) Kim, a.a.O (Fn.14), S.59. も「実務及び法学説上、競争的対話と交渉手続の関係をめぐる問題が提起されている。すなわち、これら二つの手続のうち、具体的にどちらの手続が優先的地位を獲得し得るのか、という問題提起である。この点については、ドイツの法律文献に於いて、依然として見解の錯綜が存在する。」と言う。

(49) Baumeister, a.a.O (Fn.17), S.72f.

(50) Uechtritz/Otting, a.a.O (Fn.44), S.1106f.

(51) Fleckenstein, a.a.O (Fn.32), S.78. も同旨の見解に立ち、次のように言う。「競争的対話は、ＥＵの立法提案の核心の一つである。その国内法化は、本来二〇〇六年の一月末までに終了すべきものであった。当該目標を達成することが不可能であるように思われたため、立法者は、〔競争的対話という——筆者註〕新たな手続に関する規定を制定することを決断したのである。連邦政府は、欧州委員会の報告書に対する意見表明の中で、公私協働プロジェクトに於ける委託発注方法としての交渉手続を、少なくとも〔競争的対話手続と——筆者註〕等価値（Gleichwertig）とみなしている。実際、交渉手続は、所謂《階層化された手続（gestuftes Verfahren）》として、実務上、かなりの程度で法的安定性を備えていること、また……〔交渉手続を実施するための——筆者註〕例外的要件は、公私協働の場合に於いても通常肯定され得ることが前提とされなければならない。競争制限防止法第一〇一条第六項もまた、競争的対話についての要件が整っている場合に、競争的対話が交渉手続との関係で優越することを説いているわけではない。」と（傍点筆者）

(52) Vgl. Kim, a.a.O (Fn.14), S.57.

(53) Vgl. Meißner, a.a.O (Fn.18), S.96.; なお Fleckenstein, a.a.O (Fn.32), S.78. も、こうした点を考慮してか、競争的対話を「手間のかかる手続（aufwendiges Verfahren）と酷評している。

(54) ドイツの新委託発注規程六ａ条（二項）は、後掲註（55）で示すＥＵの新委託発注指令二九条（二項）とは異なり、発注機関が公告及び仕様説明書の中で行う要求事項の説明につき、規定文言上、詳細さを求めていない（ドイツ委託発注規程六ａ条二項には、「詳細に（näher）」という文言が存在せず、単に「説明（Erläuterung）」としか規定されていない）。なお、議会立法理由書を見る限り、それが意図的に行われたのか否かを含め、こうした修正（又は削除）が行われた理由は述べられていない。そのため、実際問題として、ドイツの新委託発注規程（六ａ条二項）が、ＥＵの新委託発注指令（二九条の二項）との関係で、どのように解釈・運用されるのか（「詳細に」という文言が存在しない事実を重視してよいのか）は、明確になっているとはいえない。

(55) Vgl., Meißner, a.a.O（Fn.18）, S.88f.：なお、ＥＵの新委託発注指令（前掲註（25））の二九条二項は、「Die öffentlichen Auftraggeber veröffentlichen eine Auftragsbekanntmachung, in der sie ihre Bedürfnisse und Anforderungen formulieren, die sie in dieser Bekanntmachung und/oder in einer Beschreibung näher erläutern.（発注機関は、公告を行い、その中で、発注機関の欲求及び必要条件事項を適切に表現する。発注機関は、その欲求及び必要条件事項を、公告（及び／又は）仕様説明書の中で詳細に説明する。）」と規定し、ドイツの新委託発注規程六ａ条の二項とは対象的に、規定文言上、公告及び仕様説明書の中で発注機関が行う要求事項の説明につき、詳細さを求めている。ただし、「特に複雑な委託発注」であって、「発注機関が、公開手続又は非公開手続に於いて委託発注を行うことができないと考える場合」という競争的対話の利用局面に於いて、「そもそも、発注機関に対し、その要求事項を、公告及び仕様説明書の中で詳細に説明することを求めることができるのか」、また求めるとして、「どの程度の詳細さが必要とされるのか」については、明確に説明されているとは言えない。

(56) 企画立案者の概念及びそれをめぐる法的問題については、本編第二章第三節(3)を参照。

(57) ドイツ連邦政府も、「交渉手続と比較した場合、競争的対話に柔軟性の点で利点があるかは『疑わしい』という」（Stellungsnahme der Regierung der Bundesrepublik Deutschland zu dem Grünbuch der EU-Kommission zu öffentlich-privaten Partnerschaften und den gemeinschaftlichen Rechtsvorschriften für öffentliche Aufträge und Konzessionen, a.a.O（Fn.27）, S.14.）。

(58) Schenke/Klimpel, a.a.O（Fn.16）, S.1495.

(59) なお、ＥＵの新委託発注指令が競争的対話を規律した後、ドイツに於いてその国内法化が未だ完了していない段階で公にされた論文ではあるが、Ｍ・マイスナー（Martin Meißner）は、ＥＵの新委託発注指令を前提に、競争的対話が、公開手続・非公開手続との関係では劣位に、他方、交渉手続との関係では優位にというヒエラルヒーが存在することになる旨を指摘している（Vgl., Meißner, a.a.O（Fn.18）, S.94.）。

(60) Schenke/Klimpel, a.a.O（Fn.16）, S.1495.

(61) なおFranzius, a.a.O（Fn.24）, S.528. も、「交渉手続との関係で、競争的対話に優先的な地位が認められることについては、多くの者が賛成している。」と言う。

(62) なお、Ｒ・Ｐ・シェンケとＳ・クリンペルは、論文の結語部分に於いても、競争的対話の優位性を改めて主張し、次のように総括している。「公私協働という形式に於ける機能的民営化を通じて、公的主体は民間主体の持つノウハウと、より規模の大きい柔軟性を獲得しようと試みる（協働化）。その際、新たな革新的な問題解決策を実現するため、行政は、プロジェクトの仕様説明を行うにあたり、民間事業者に対して、目標を達成するための手段を詳細に提示するのではなく、さしあたり実現されるべき目標を提示するにとどまるのである。こうした白地性（Offenheit）が、入札者の機会平等の利益のために委託発注手続の厳格なフォーマル化を志向する欧州の委託発注法の基本的思考と相容れないのである。すなわち、欧州の委託発注法は、給付の仕様説明が厳密に行われれば行われるほど、競合する提案を相互に比較検討することができ、また契約相手方選択への事物に反した影響力行使が排除され得るということを基本思考としているのである。実務に於いて、公私協働の論理と委託発注法との間に存在するこうした対立は、これまで比較的柔軟な交渉手続〔の利用――筆者註〕を通じて、また委託発注法の基本思考に負担をかけることによって、解消されてきた。こうした従来のやり方は、新委託発注指令（2004/18/EG）の発効により、もはや維持され得ない。」と（Schenke/Klimpel, a.a.O（Fn.16）, S.1496f.）。

終章　おわりに

以上、ＥＵの新委託発注指令により導入され、公私協働促進法の制定（競争制限防止法及び委託発注規程の改正）を経て国内法化された競争的対話について、導入に至った背景の一端を紹介するとともに、競争的対話の具体的内容を紹介・分析し、併せて、この新たな委託発注手続に関する法律論議を概観した。以下では、若干の指摘と今後の課題を提示して本編を締めくくりたい。

先述の通り、競争的対話は、二〇〇四年に制定されたＥＵの新委託発注指令（二〇〇四年指令第一八号）によって導入された新たな委託発注手続の一類型であるが、欧州委員会が指摘したように、これと類似の委託発注手続は、右委託発注指令が制定・公布される以前から、既に幾つかの主要加盟国の国内法上存在している。すなわち、フランスでは一九九三年の所謂「サパン法」が、イタリアでは一九九四年の「メルローニ法」が、またスペインでは「建設特許に関する二〇〇三年五月二三日の法律」が、それぞれ本編で検討した競争的対話に類似する委託発注手続を国内法上独自に規律していたのである(63)。

このうち、我が国に於いて、フランスのサパン法が規律する「公役務委任契約（ドイツ法にいう協働契約にほぼ対応する）」の契約締結手続を詳細に紹介・分析したのが亘理格教授である。亘理教授の研究によると、フランスは、ＥＵ指令が競争的対話を導入する以前から、既にサパン法上「交渉を組み込んだ入札手続」を確立し、入札後、契約相手方決定までの間に、入札参加事業者との間で、契約条件に関する個別交渉を行う可能性を認めてきたのである(64)。

むろん、サパン法が規律する公役務委任契約の締結手続は、ＥＵ指令に提示された競争的対話そのものではないが、少なくとも両者は、「公私協働事業に於ける委託発注先の選定手続であること」、また「公開性・競争性・交渉可能性を内在したものであること」の二点に於いて本質的に同質である。その意味でフランスは、ドイツとは対照的に、競争的対話の導入を決めたＥＵの新委託発注指令の制定に、それほど大きな影響を受けなかったのである。二〇〇八年にドイツ・フライブルク大学に於いて開催された独仏比較法シンポジウム（テーマ「委託発注者としての国家」）に於いて、フランス・パリ第一大学のＤ・カピタン（David Capitant）教授が講演の中で次のように述べた事実は、それを明確に物語っている。[65]

「フランスの動向は……欧州の展開と比較した場合、往々にしてその一歩先を進んできた。例えば競争的対話についてみるならば、フランスでは、一九九三年三月二七日のデクレ（Dekret）によって、競争的対話が二〇〇四年のＥＵ指令第一八号で採用される前から、既に、調達された給付を基礎としつつも交渉の余地をなお留保した委託発注というやり方に於いて（im Wege der verhandelbaren Auftragsvergabe auf Grundlage bisher erbrachter Leistungen）、競争的対話（にほぼ対応する委託発注方式——筆者註）が広く定着していたのであって、フランスは、ＥＵ指令第一八号が競争的対話を導入したことによって、抜本的な改革を行う必要はなかったのである。」（傍点筆者）

ＥＵの新委託発注指令の制定をうけ、ドイツと同じく交渉手続に依拠してきたイギリスが競争的対話への転換を図っている事実、[66]またドイツと並びＥＵ加盟国の中でも主要な地位を占めるフランス・イタリア・スペインといった国々が、——ＥＵの新委託発注指令制定以前から——既に競争的対話に類似する委託発注手続を国内法上独自に導入していた事実等に鑑みると、競争的対話を国内法化してもなお交渉手続の存続を模索し、競争的対話と交渉手続の対等性（選択可能性）を主張するドイツの委託発注実務及び学説状況が、今後、どのような対応を迫られることになるのかは、注目に値しよう。

ともあれ、ＰＦＩ等の公私協働事業に於いて、交渉・対話の重要性を認識しつつも、あくまで「競争入札の枠組み」のなかで、委託発注先となる民間事業者を選定してきた我が国に於いて、「競争」と「対話」という二つの要素を兼ね備えた「新たな委託発注手続」を導入し、対話不足に起因する諸々の弊害を解消する必要性が主張されている現在、欧州全域で導入された競争的対話は、——それをそのまま我が国に導入するか否かはともかく——、有益な一つのモデルに位置づけられよう。

この点、競争的対話への転換を図ろうとするＥＵの動向を常に批判・牽制し、競争的対話の国内法化を実現した現在に於いてもなお、その問題点を指摘しつつ、交渉手続の存続を法的に正当化することを志向するドイツの実務及び学説動向は、——その是非はともかく——、今後我が国が公私協働事業を念頭に置いた入札制度のあり方を議論し、立法化を目指した具体的な制度設計を行うにあたって、処理すべき重要な論点を提示するものとなっている。その一つが、「公告又は仕様説明書のあり方」である。

この点、内閣府民間資金等活用事業推進室は、平成一八年（二〇〇六年）一一月二二日に「ＰＦＩ事業に係る民間事業者の選定及び協定締結手続」をテーマとする「関係省庁連絡会議幹事会」を開催し、欧州の競争的対話を我が国のＰＦＩ事業にも一部取り入れることを前提に、幾つかの論点を整理した上で、同月二七日、「申合せ」事項を文書化し、公表している。(67) そこでは、所謂「性能発注」を基本とするＰＦＩ事業に於ける「対話の意義と重要性」が改めて指摘される一方、「公正な競争及び審査体制」を確保する観点から、「要求水準書・契約書案・選定基準等を入札公告前に公表する必要性」や、「対話過程で得た事業者情報の管理体制」、さらには、「落札決定後の契約条件等の変更の可否」等が議論されており、欧州の議論等を参考に、我が国に於いても一定のルール化を図ろうとする意図が読み取れる。

これを本編との関係でみると、特に問題となるのは、発注機関のみの能力で要求水準書等を作成することが困難な状況下に於いて、「発注機関は、一体どの程度の要求水準書（選定基準）を、いかなる体制のもとで作成・公表すべきか」である。

この点、右「申合せ」は、「審査基準の作成にあたり、できるだけ絞込みの効果がでるよう、例えば、あらかじめ定めた基準に従い、事業計画の概要提案を、点数化することが望ましい。」としつつ(68)、他方では、「民間事業者が創意工夫を発揮しやすい要求水準書等を作成する」ために、「入札公告を行う前の段階」で、「民間事業者と対話し、意見を求めること」を認めている(69)。

しかし、——我が国に於いても既に碓井光明教授が指摘したように——、そもそも「性能発注を基本とするＰＦＩ事業に於いて、客観的な評価基準を設定することが一体どの程度で可能なのか」、また「そこで求められる客観性とは具体的に何を意味するのか」は、必ずしも解明されているわけではない(70)。

また、「要求水準書等の作成」にあたり、「民間事業者と対話し、又は民間事業者から意見聴取を行うこと」を認めるにせよ、「要求水準書の作成等に何らかの形で関与した民間事業者」と「当該作業に関与しなかった他の一般の民間事業者」との間に生じる「情報格差」を是正するために、「発注機関は、具体的にどのような措置を講じなければならないのか」、また、事業の企画・立案に携わった当該民間事業者——企画立案者——が、「公正な競争の阻害」を理由に、後の入札手続から「排除」されなければならないとすれば、「それは具体的にいかなる場面なのか」といった点についても、緻密かつ体系的な議論がなされているとは言えない。

これらの論点のうち、前者については、——競争的対話に於ける——公告及び仕様説明書のあり方に関するＥＵ及びドイツの——その後の——議論動向が、また後者については、企画立案者の取扱いをめぐる欧州裁判所の判例動向、及び、企画立案者に関して一定の立法措置（委託発注規程四条の五項）を講じたドイツの規定解釈・運用の動向が、有益な検討素材を提供するものと思われる。このほかにも、「事業の企画立案―事業実施の決定―競争的対話の実施―対話手続の終結―入札評価―落札者決定―契約の締結―そして契約の履行に至る一連のプロセス」に於いて、「契約当事者以外の第三者が具体的にどのような法的地位を保障されるべきなのか[71]」、また、これら一連のプロセスに於いて「議会又は中立の第三者機関が、いかなる形で関与すべきなのか[72][73]」といった重要論点が存在するが、これらの詳細な検討については、委託発注手続の瑕疵に関する訴訟法理[74]の解明とともに、筆者に課せられた今後の課題としておきたい。

(63)　Komission der Europäischen Gemeinschaften, a.a.O（Fn.22）., S.12（Rn.31）.

(64)　亘理・前掲註（6）「フランスのＰＦＩ的手法」一一九頁以下（一二九頁以下）、同・前掲註（6）「フランスにおける公私協働」一三五頁以下（一三八頁）。

(65)　David Capitant, Öffentliche Auftragsvergabe in Frankreich, in: Uwe Blaurock（Hrsg.）., Der Staat als Nachfrager―Öffentliches Auftragswesen in Deutschland und Frankreich―Refarate des 12. deutsch-französischen Juristentreffens am 28. und 29. Juni 2007 in Freiburg im Breisgau, 2008, S.41.

(66)　参照、日本総合研究所・前掲註（13）九頁。

(67)　内閣府民間資金等活用事業推進室「ＰＦＩ事業に係る民間事業者の選定及び協定締結手続きについて」（平成一八年一一月二二日　民間資金等の活用による公共施設等の整備等の促進に関する関係省庁連絡会幹事会申合せ）（http://www8.cao.go.jp/pfi/pdf/181110nyusatsu.pdf）。

(68)　参照、内閣府民間資金等活用事業推進室・前掲註（67）別紙一頁。

(69)　参照、内閣府民間資金等活用事業推進室・前掲註（67）別紙三頁。

(70)　碓井光明教授は、「客観性を求める気持ちはわかる」としながらも、民間事業者が提出した個別の提案をどのように評価するかに関し、客観的な基準を設定することは「容易ではない」旨の指摘を行う（参照、碓井・前掲註（11）書三一七頁以下三一八頁）。

(71)　契約の締結及び内容に利害関係を持つ第三者の権利保護システムに関するドイツの最近の議論状況については、山本・前掲註

（6）論文一七八頁以下及び二〇三頁以下、ハンス・クリスティアーン・レール（守矢健一訳）「契約による行政」日独法学二二号（二〇〇五年）六頁以下を参照。また、この点に関するフランスの議論状況については、亘理格「行政上の命令・強制・指導――社会的合意論の視点からの展望」岩村正彦ほか編『政策と法（岩波講座　現代の法　第四巻）』（岩波書店、一九九八年）二四五頁以下（特に二六九頁以下）、同・前掲註（6）「フランスにおける公私協働」一三五頁以下（特に一三七頁以下）、同、前掲註（6）「公私機能分担の変容と行政法理論」一八八頁以下（特に一九三頁以下）が有益である。

（72）碓井・前掲註（11）書三一〇頁以下は、「PFI方式に付することについての事前の議決を求める方式がよいのかを含めて、立法政策として検討する必要がある」との見解を主張する。

（73）なお、亘理・前掲註（6）「フランスのPFI的手法」一一九頁以下（特に一三一頁以下）によると、フランスでは、地方公共団体及びその公施設法人の場合に限ってではあるが、「公役務の遂行を民間事業者へ委任すること自体の妥当性の判断」、及び、「受任した事業者によって提供されるサービスの内容等の基本部分の決定」は、「当該地方公共団体等の議事機関の議決」によらなければならず、また契約締結権者が行った「事業者選定の結果」は、「地方議会等の議事機関の承認」を得なければならない。また同様に地方公共団体の場合に限ってではあるが、フランスでは、契約締結権限を持つ行政庁が見積書を提出した候補者との間で「自由な交渉」（競争的対話にほぼ匹敵する）を行うに先立ち、「首長及び三名乃至五名の議員」から構成される「開封委員会」が、当該見積書を開封し、これを事前に評価する手続が用意されている。亘理教授の指摘によると、開封委員会の評価は、契約締結権限を持った行政庁を法的に拘束するものではないが、落札者の決定については、後に地方議会の承認を得なければならない関係上、議員を構成メンバーとする開封委員会の評価は、事実上、これを尊重せざるを得ない仕組みになっているとのことである。こうした法制度設計は、我が国が今後競争的対話を参考に新たな委託発注手続を構築する際、有益なモデルになるように思われる。

（74）委託発注手続の瑕疵をめぐるドイツの法制度改革及び議論の動向については、米丸恒治「ドイツ公共調達法と司法審査の保障」立命館法学二六一号（一九九九年）二二頁以下、同「公共調達に関する権利救済とその実効性」立命館法学二七一・二七二合併号（二〇〇〇年）一一一五頁以下、荒木・前掲註（15）論文一一〇頁以下を参照。なお、瑕疵を帯びた委託発注手続の司法統制については、近年、隣国である韓国及び台湾でも、判例・学説上、活発な議論が展開されているようであり注目される。この点については、荒木修「韓国における公私協働――PFI制度を中心に」法律時報八〇巻六号（二〇〇八年）七〇頁以下（七二頁）、金光洙（李孝慶訳）「韓国における公私協働関連法の現状と課題」法律時報八一巻一号（二〇〇九年）八三頁以下（八五頁）、蔡秀卿「台湾における協働論――PFI法とETC事件を中心に」法律時報八二巻一号（二〇一〇年）八八頁以下（特に九一頁以下）を参照。

第三部　規範制定契約論

（行政計画・行政立法代替型契約論）

序章　問題提起

第一節　公私協働の展開

国家と社会の二元的対立思考モデルを基盤に構築された古典的行政法学は、国家を「社会管理機能を担う中核的な主体」と位置づけた上で、当該社会管理機能を担う国家の活動を、組織法・作用法の両面にわたって法的に統制することを主眼としてきた。そこでは、所謂「三段階構造モデル（法律→行政行為→強制執行）」が社会管理作用の典型的発現形態と理解され、国家は、社会管理機能をほぼ独占し、これを単独で行う責任主体と位置づけられた(1)。

これに対し現代国家は、もはや社会管理機能のほぼ全てを独占し、これを単独で行う責任主体ではなくなりつつある。行政需要が質的に変化し、また量的にも恒常的に拡大するなか、少子高齢化社会及び経済の低成長時代にあって厳しい財政状況に曝されている現代の国家は、公共的な事務事業の全てを、従来通り、その単独責任のもと自ら遂行することに限界があることを認めざるを得なくなっている。加えて、解決すべき社会問題の複雑化、解決に際して必要となる知見や技術の高度化が、それに拍車をかける。現代国家はもはや、社会との協働なくして、適時かつ適切に社会管理機能を営むことが困難となりつつある(2)。洋の東西を問わず、我が国を含めた先進諸国に於いて、規制緩和・民間委託・民営化等を推進する動きが加速しているのも、そのためである(3)。

第二節　問題関心

他方、国家と社会の協働は、なにも公共的な事務事業の「実施・遂行局面」に限られない。現代国家は、規制の法的根拠となるべき法律（及び法律の委任に基づいて制定される各種行政立法）の制定局面に於いてですら、社会との間で協働せざるを得なくなっている。命令等に関する意見公募手続は、我が国に於いても既に制度化された「規範制定局面に於ける協働」の典型例に位置づけられるが、このほかにも、立法過程に於ける聴聞手続や民間規格・国際標準規格の立法への取込みなど、(4)――協働の程度や方法に細かな違いはあれ――、規範制定局面に於ける国家と社会の協働現象は様々な行政領域の中に浸透しつつある。(5)本書が考察の対象とする「交渉・合意・契約を通じた規範の共同形成（契約による立法）」もまた、それがいかなる理由（又は正当化根拠）を基盤に一体どの程度で法的に許容され得るのかは兎も角、規範制定局面に於ける公私協働の推進を目指した動きの中に位置づけられる。(6)

他方、これら規範制定局面に於ける公私協働の諸現象は、伝統的な行政法理論との関係で検討・解明されるべき幾つかの課題を提示している。民間規格や国際標準規格の立法への取込みであれ、契約による立法であれ、いずれも、「民主的正統性を持った主体・組織による規範の定立」という法治国原理の前提に対して、修正を迫るものだからである。(7)

本書第三部は、右に述べた基本視角のもと、「契約による規範の共同形成」を立法上推進し、一定の条件下で契約に規範代替機能を認めようとするドイツの動向に焦点を当て、「契約による立法」が、その正当化根拠をどの点に見いだすのかを検討しようとするものである。以下では、「契約による立法」をめぐって展開されてきたドイツ行政法学説の議論動向を時系列的に考察し、これを適宜整理した上で、右の問題に関する最近の議論状況を紹介・分析し、以て「規範形成局面に於ける契約の機能的限界」につき一定の知見を得たいと考える。なお、規範の制定及び非制定に係わる行政契約は、ドイツ行政法学上、論者によって、様々な用語・名称が用いられる状態にある。そこで、具体的な考察に先立ち、使用文言・用語の統一を図っておくことにしたい。

第三節　用語の統一・整理

規範の形成に関わる契約は、一般に規範関連契約（normbezogener Vertrag）と呼ばれる。F・ベッカー（Florian Becker）の整理によると、規範関連契約は、（a）契約それ自体が規範的効果を持ち、法規範と契約とが、謂わば「一心同体」となっている「規範契約（Normenvertrag）」と、（b）契約に於いて将来特定の内容を持った規範を制定し又は制定しない旨が合意される「規範制定契約（Normsetzungsvertrag）」に分類される。そして後者――規範制定契約は、特定の内容を持った規範の制定が合意される「真正規範制定契約（echter Normsetzungsvertrag）」と、逆に特定の内容を持った規範を制定しない旨が合意される「不真正規範制定契約（unechter Normsetzungsvertrag）」とに区別される。なお、不真正規範制定契約は、これにより規範の制定が回避され、又は契約が規範に代替する機能を果たすことから、論者によっては、規範回避型契約（normvermeidender Vertrag）又は規範代替型契約（normersetzender Vertrag）と呼ばれることもある。[8]

（1）参照、遠藤博也『行政法Ⅱ（各論）』（青林書院、一九七七年）三頁以下、藤田宙靖「行政と法」同『行政法の基礎理論（上）』（有斐閣、二〇〇五年）三頁以下、同『第四版　行政法Ⅰ（総論）〔改訂版〕』（青林書院、二〇〇五年）七頁以下。

（2）例えばW・ブローム（Winfried Brohm）は、次のように言う。曰く、「複雑で、急速に変化し、また適応への絶え間ない圧力と個別の事案ごとの特殊性、さらに特異な専門的知見が多様に存在している現代産業社会の状況は、国家の統制について新たな問題をもたらしている。こうした現代産業社会の状況は、今日、国家と社会が相互に幾重にも網目状に結合した関係に立たざるを得ない事態を招いている。この事実は、一方的な命令に向かい合っている協働的な形式に対して浮力を与えている。」と（Winfried Brohm, Rechtsgrundsätze für normersetzende Absprachen—Zur Substitution von Rechtsverordnungen, Satzungen und Gesetzen durch kooperatives Verwaltungshandeln—, DÖV 1992, S.1025ff (S.1025).）。

（3）　規制緩和・民営化・民間委託に関する学術文献は枚挙に暇がないが、さしあたり、板垣勝彦『保障行政の法理論』（弘文堂、二〇一三年）、大脇成昭「民営化法理の類型論的考察――ドイツ法を中心として」法政研究六六巻一号（一九九九年）二八五頁、岡村周一＝人見剛編『世界の公私協働』（日本評論社、二〇一二年）、小幡純子「官（公）と民の役割分担――行政法における最近の変化」法律時報八一巻九号（二〇〇九年）四頁以下、同「公物法とＰＦＩに関する法的考察」小早川光郎＝宇賀克也編『行政法の発展と変革（上）（塩野宏先生古稀記念）』（有斐閣、二〇〇一年）七七三頁以下、角松生史「『民間化』の法律学――西ドイツPrivatisierung 論を素材として」国家学会雑誌一〇二巻一一・一二合併号（一九八九年）七一九頁、同「行政事務事業の民営化」芝池義一ほか編『ジュリスト増刊　行政法の争点〔第三版〕』（有斐閣、二〇〇四年）一五三頁、木村琢麿『ガバナンスの法理論――行政・財政をめぐる古典と現代の接合』（勁草書房、二〇〇八年）、榊原秀訓編『行政サービス提供主体の多様化と行政法――イギリスモデルの構造と展開』（日本評論社、二〇一二年）、原野翹ほか編『民営化と公共性の確保』（法律文化社、二〇〇三年）、晴山一穂『行政法の変容と行政の公共性』（法律文化社、二〇〇四年）、三橋良士明＝榊原秀訓編『行政民間化の公共性分析』（日本評論社、二〇〇六年）、山本隆司「公私協働の法構造」碓井光明ほか編『公法学の法と政策（下）（金子宏先生古稀祝賀論文集）』（有斐閣、二〇〇〇年）五三一頁、同「日本における公私協働」稲葉馨＝亘理格編『行政法の思考様式（藤田宙靖博士東北大学退職記念）』（青林書院、二〇〇八年）一七一頁、米丸恒治『私人による行政――その法的統制の比較研究』（日本評論社、一九九九年）、同「第三者認証機関論」神長勲ほか編『公共性の法構造（室井力先生古稀記念論文集）』（勁草書房、二〇〇四年）九七頁等を参照。

（4）　行政立法手続に於ける参加・協働のあり方につき、欧米諸外国の動向を踏まえつつ、我が国の課題を総合的に検討する近時の先行研究業績として、宇賀克也『アメリカ行政法〔第二版〕』（弘文堂、二〇〇〇年）一二頁以下、大橋洋一「行政立法手続の比較法研究」同『対話型行政法学の創造』（弘文堂、一九九九年）三四頁以下、常岡孝好編『行政立法手続　諸外国の動向と日本法の課題』（信山社、一九九八年）所収の各論稿、常岡孝好「Reg-Neg の実験とアメリカ行政手続法の基層（1）～（4）」自治研究六九巻六号四〇頁以下、同一〇号五五頁以下、同一一号六五頁以下、七〇巻一号六二頁以下（一九九三年～一九九四年）、中川丈久「米国行政法におけるインフォーマルな行政手法論」同『行政手続と行政指導』（有斐閣、二〇〇〇年）三〇七頁以下（特に三二五頁以下）、比山節男「アメリカ合衆国規則制定協議法制定の経緯とその意義」大阪経済法科大学法学論集三五巻（一九九五年）八三頁以下等を参照。なお、行政手続法が規律する意見公募手続に関する論稿は枚挙に暇がないが、さしあたり、宇賀克也『行政手続法の解説〔第五次改訂版〕』（学陽書房、二〇〇五年）一七〇頁以下、角松生史「手続過程の公開と参加」磯部力ほか編『行政法の新構想Ⅱ　行政作用・行政手続・行政情報法』（有斐閣、二〇〇八年）二八九頁以下、常岡孝好『パブリック・コメントと参加権』（弘文堂、二〇〇六年）等を参照。

（5）　民間規格や国際標準規格の立法による取込み現象をめぐる行政法学上の議論を紹介・分析する先行研究業績として、齋藤誠「グローバル化と行政法」磯部力ほか編『行政法の新構想Ⅰ　行政法の基礎理論』（有斐閣、二〇一一年）三三九頁以下、高橋滋「行政上の規範――安全基準を中心とした一考察」同二四五頁以下、戸部真澄『不確実性の法的制御』（信山社、二〇〇九年）二二六頁以下、ハンス・クリスティアン・レール（大橋洋一訳）「多層型システムにおける行政法学」新世代法政策学研究六号（二〇一〇年）八七頁以下、原田大樹「多元的システムにおける行政法学――日本法の観点から」新世代法政策学研究六号（二〇一〇年）一一五頁以下、同「本質性理論の終焉？――国際金融市場規制を素材として」新世代法政策学研究一一号（二〇一一年）二五九頁以下、同「政策実現過程のグローバル化と国民国家の将来」公法研究七四号（二〇一二年）八七頁以下、山本・前掲註（3）「日本における公私協働」一七一頁以下（一九四頁以下）等を参照。なお、国際機関又は国際的な民間組織がグローバルな政策基準の大枠を決定し、それが国内に於いて不確定法概念の解釈や行政基準の変更を通じて取り込まれることによって、国家の立法機関に「政策基準の内容を決定する余地」が実質的に残されておらず、当該グローバルな政策基準が国家の立法者を介在せずに国内で実現されてゆく諸々の現象に焦点を当て、「グローバル化時代に於ける法の概念」、「グローバル化が伝統的な公法・私法理論にもたらす影響」等につき、これを総合的かつ実証的に分析し、以て「今後の公法・私法関係」を展望した近時の優れた研究業績として、浅野有紀ほか編『グローバル化と公法・私法関係の再編』（弘文堂、二〇一五年）がある。同書所収の各論稿を併せて参照。

（6）　規範制定局面に於ける契約形式の利用可能性につき、近年のＥＵ及びドイツの議論動向を紹介した研究業績として、参照、柴田優人「環境保全手法としての規範代替型契約の意義および課題――ＥＵ環境協定をめぐる議論を素材として」立教大学大学院法学研究四四号（二〇一三年）一頁以下。なお、環境法領域に於ける協働原則の発現形態の一つに位置づけられる環境協定について、ＥＵ諸国に於ける議論動向を総合的かつ体系的に紹介・分析する先行研究として、松村弓彦『環境協定の研究』（成文堂、二〇〇七年）を参照。

（7）原田・前掲註（5）「本質性理論の終焉？」二五九頁以下は、近年「国際機構レベルでの法規範形成」が急速に浸透しつつある現状を踏まえ、バーゼル銀行監督委員会が策定する「銀行に対する自己資本比率規制」や国際会計基準委員会が策定する「国際会計基準」等の国際標準規格の実態を詳細に紹介・分析し、民主的正統性確保の観点から、当該国際標準規格を国内立法に取り込む際の前提要件と議会の役割を考察する。また戸部・前掲註（5）書一二六頁以下（特に一三四頁以下）は、ドイツの連邦イミッション防止法上の法規命令や行政規則が、かなりの頻度で、「ドイツ技術者協会（ＶＤＩ）」や「ドイツ規格化協会（ＤＩＮ）」等の「私的機関」が策定した「民間規格」の参照を指示（援用）している事実を踏まえつつ、当該民間規格を立法上取り込むための条件整備に積極的に取り組んできたドイツの動向（民間規格化団体の組織及び規格策定手続の改革）を紹介・分析する。

（8）Vgl. Florian Becker, Kooperative und konsensuale Strukturen in der Normsetzung, 2005, S.575.

第一章　契約による立法

第一節　行政実務と立法動向

真正・不真正を問わず、規範制定契約を通じた規範の共同形成（契約による立法）は、ドイツに於いて、過去には都市建設法領域で、また近年では環境法領域で展開されてきた。その際、前者——都市建設法領域にあっては、行政実務が真正規範制定契約を通じて、後者——環境法領域にあっては、立法実務が不真正規範制定契約を通じて契約による立法を実践し又は推進する主導的役割を果たしてきた。

すなわち、前者にあっては、条例（Satzung）として制定される地区詳細計画（Bebauungsplan：以下、Ｂプランという。）の内容が、ゲマインデと民間法主体（特に開発区域内の土地所有者や開発事業者等）との間で交渉され、所謂地区施設整備契約（Erschließungsvertrag）や開発費用負担契約（Folgekostenvertrag）等に於いて、特定の内容を持ったＢプラン（条例）の制定が契約上合意される（真正規範制定契約）。[9] これに対し後者にあっては、法規命令（Rechtsverordnung）の制定権限を持った行政権と民間法主体との間で交渉が行われ、民間法主体が一定の義務を負うことを条件に、当該義務を課すために予定されていた法規命令の制定放棄が契約上合意される（不真正規範制定契約）。例えば一九九八年に公表された『環境法典独立専門家委員会草案』は、その三六条で「規範代替型契約」に関する規定を置き、同草案一三条の意味に於ける法規命令——施設及び施設の操業方法、汚水及び廃棄物の処理、特定物質の分類・製造・流通・利用・処理・加工及び生産、並びに遺伝子工学上の作業及び遺伝子組換生物の流通等に関する要求事項を定める法規命令——の制定に代えて、連邦政府が経済団体や個別企業との間で公法上の契約を締結する可能性を認めている。(10)

他方、法規命令の制定に代替する契約を規律する明文規定は、右の環境法典独立専門家委員会草案以外にも存在する。その代表例がドイツ連邦自然保護法である。(11)連邦自然保護法は、自然保護法上の目的を転換するための一手法として「保護区域指定（Unterschutzstellung）」を挙げ、特別保護区域の指定にあっては土地の利用及び変更の絶対的禁止を、通常の保護区域指定にあっては、土地の利用等に関して許可又は届出制を敷くとともに、土地所有者、占有者、利用者及び一般大衆に対して、特定の作為義務、受忍義務、不作為義務を課す仕組みを導入している（二二条二項）。そして同法は、右保護区域指定が「法的拘束力を持って行われなければならない」と規定し（二三条）、これを基盤に各ラントの法律は、景観行政庁に対し、保護区域指定を行うための法形式として法規命令を制定する権限を付与しているのである。(12)ここで特に注目されるのが、連邦自然保護法の三条三項である。この規定は「自然保護及び景観保全の措置に際しては、当該目的を契約によっても適切な費用で達成することができるか否かについて、優先的に検証しなければならない。」と規定し、保護区域指定を含む自然保護及び景観保全措置が「契約によって代替されること」を認め、むしろそれを推奨しようとしているのである。これを受けて各ラントの自然保護法も、法規命令形式を通じて保護区域指定を行うことに代え、関係する土地の所有者等との間で協定を締結する可能性を管轄行政庁に対して認める規定を置いている。(13)「ドイツに於ける自然保護の伝統的手法は、古典的な秩序法という形式レパートリーの中にこれを見て取ることができるが、他方、ここ数年来、次第に、契約による自然保護（Vertragsnaturschutz）という行政法に於ける契約思考が一般的に出現するまでに発展・展開してきた。(14)」とされる所以がここにある。

都市建設法領域に於けるBプラン策定契約——真正規範制定契約であれ、環境法領域に於ける法規命令代替型契約

――不真正規範制定契約であれ、そこに共通するのは、(a)「契約の内容」が(b)契約上制定又は非制定が合意される「法規範の内容」と「基本的に一致する」という点である。[15] その意味で、真正・不真正を問わず、規範制定契約の成立は「契約による立法」であり、「契約による規範の共同形成」なのである。問題は、その法的正当化根拠の有無及びその具体的内容である。

第二節　Bプラン策定契約原則不許容論の展開

ドイツの学説及び判例は、都市建設法領域に於いて実務上頻繁に締結されるBプラン策定契約の法的許容性を議論するなかで「契約による立法」という現象についての法律論議を開始した。契約による立法現象に対する行政法学説の関心は、右実務動向によって呼び起こされたのであり、Bプラン策定契約の許容性をめぐる議論は、今なお、――真正・不真正を問わず――規範制定契約の許容性をめぐる議論の出発点であり、基盤に位置づけられている。[16]

この点、既に我が国に於いても複数の先行研究が示す通り、ドイツの学説及び判例は、真正規範制定契約に分類されるBプラン策定契約に対して強い不信感を露わにし、その許容性を基本的に否定してきた。というのも、この種の契約は、地区詳細計画を策定するにあたってゲマインデがなすべき「関係諸利益の適正なる衡量」を毀損する危険性を持つからである。[17] 例えばF・ベッカーは次のように言う。

「衡量は、計画化行為の真の中核であって、衡量を行う上で重要な諸々の利害を事前に収集することなくして計画化という行為を目指すことはできない。計画化を行う官庁は、かかる衡量に於いてはじめて、計画化を通じて影響を受ける多種多様な公的利害及び私的利害を可能な限り慎重に調整することができる。衡量原則［Abwägungsgebot］は、法治国的要求に適合した形で計画化を行うことを義務づけるものであり、またこれとともに、――法律による実定化に関係なく――、法治国原理の直接的な流出物［Ausfluß］として理解されなければならない。瑕疵の効果に関する個別規定（建設法典第二一四条第三項、第二一五条第一項第二号）によると、その遵守は、建設管理計画の有効性要件である。(18)」

「ゲマインデが、地区詳細計画を策定・公布するより前の段階で、既に契約を通じて内容的に拘束されているならば、そこには、以下に述べる危険性が存在する。すなわち、こうした、逃れることのできない計画化の法的拘束という印象の下で、顕著な私的利害及び公的利害が初めから的確に表現されない、という危険性である。そこに何ら瑕疵が存在しないとしても、それは、ゲマインデがその法的拘束の背後で、他のあらゆる利害を蔑ろにしている［hintan stellen］旨が容易に想起されるのである。〔特定の――筆者註〕私人との間で合意されたイメージに従って計画を策定する契約上の義務が事前に引き受けられることによって、公的利害及び〔他の――筆者註〕私的利害は、見通しがたい混沌状況［Gemengelage］に陥ることになろう。契約によって基礎づけられた私人の権利は、他の私的権利及び公的権利に対して優先的な地位［Vorrangstellung］を獲得する。契約上の規範制定義務の法的拘束性（又は、さらに単なる事実上の考慮尊重）は、自由な衡量を行う場合には主張できたであろう――又は衡量の不均衡を回避するためには主張しなければならなかったであろう――他の公的利害・私的利害の考慮・尊重を断ち切ってしまうことになるのである。(19)(20)」

他方、Ｂプラン策定契約――真正規範制定契約は、衡量を行う上で踏むべき手続（計画策定手続又は規範制定手続）を回避し、これを形骸化させる危険性を持っている。

「地区詳細計画の公布又は変更に関する決定は、法律上、数多くの安全装置と利害関係者を包括した特定の法制定手続［Rechtsetzungsverfahren］の中に取り込まれている。公衆と他の行政主体の早い時点での参加は、計画化にとって重要なあらゆる事実を可能な限り完全な形で取り上げることを保障し、同時に、計画化によって影響を受ける利害の包括的な衡量に寄与する。建設法典第二条第二項が規律する内容に関する実体的要請（建設管理計画は近隣のゲマインデ相互で調整されなければならない）と同法第四条が規律する形式的な調整手続［Abstimmungsverfahren］は、ゲマインデが、この調整手続に於いて、計画化によりその任務領域に影響を受ける行政庁及びその他の公的利害主体の態度決定を可能な限り早い段階で獲得しなければならない旨を適切に表現している。

他方、建設法典第三条第一項によると、地区詳細計画を策定するゲマインデの住民もまた同様に、計画化の一般的な目標及び目的、地域を新たに形成し又は展開するために考慮される本質的に区別された諸々の解決策、そして予想される計画化の影響効果に関して、早い段階で公に情報を提供されなければならない。住民には、これを基盤に発言と議論を行う機会が与えられなければならないのである（前倒しされた住民参加［Vorgezogene Bürgerbeteiligung］）。こうした住民参加の形式は、主として、ゲマインデによる情報の獲得と、衡量に際して重要な利害の広範な編成に寄与する。住民が〔計画の内容に――筆者註〕影響力を行使する可能性が空振りに終わる［ins Leere laufen lassen］ことのないよう、計画の内容は、この段階で固められていてはならないのである。(21)」

こうして、ドイツの行政法学説は、一般に、法治国原理の発現形態に位置づけられる衡量原則（及び衡量の質を担保・保証することを目指した手続参加規定）の中に、「契約形式の禁止（契約による法律関係形成の禁止）」を読み込み、真正規範制定契約に分類されるBプラン策定契約の原則不許容及び原則無効を結論づけるのである。(22)判例も基本的に同じであって、所謂「板ガラス判決（Flachglasentscheidung）」に於いて連邦行政裁判所は、(23)衡量原則違反を根拠にBプラン策定契約を原則不許容（無効）と判断しており、極めて例外的に、①契約による先取拘束に伴う衡量の不足が事物に即して正当であること、②計画法上の権限管轄秩序が遵守されていること、③契約によって先取りされた衡量決定が、結果として内容的に異議を唱えられるようなものでないこと、の以上三要件を満たす場合に限り、Bプラン策

定契約が例外的に無効評価を免れる旨の見解を示している。(24)

第三節　無効行為の転換——損害保証契約への解釈変更

しかしながら、行政実務の現場に於いては、依然として、Bプラン策定過程に於いてゲマインデと民間法主体の双方が計画の内容に関して交渉を行い、そこで何らかの合意を行うことを完全には排除できない事情が存在する。というのも、民間法主体は土地価格の上昇可能性と投資適性を判断するために、計画の策定段階で、その具体的内容について見通しを持ちたいと考えるからである。他方ゲマインデは、計画の内容に対する民間法主体の評価・反応を無視できない。なぜならゲマインデは、計画の実施に伴う財政的負担——地区施設整備費用や開発費用の負担——を軽減するために地区施設整備契約や開発費用負担契約による負担の肩代わりを目論むが、それを成功に持ち込むためには、計画の内容を民間投資に適したものにする必要があるからである。すなわちゲマインデは、計画の実現可能性を探るためにも、関係する民間法主体との折衝を避けて通ることはできないのである。衡量原則違反を理由にBプラン策定契約が基本的に許容されない旨を唱えたF・ベッカーも、次のように述べている。(25)

「計画に関する諸々の決定の前には、事前合意及びインフォーマルな交渉が存在する。ここに於いて計画官庁は、特に大規模プロジェクトの場合、予定される計画化が、これに興味関心を持つ民間投資家によって実際に実現されることを達成しようと努める。必要とされる衡量プロセスの許容されない先取拘束であるとして、あらゆる形式の事前合意を非合法の領域に放逐することは、単に建設計画上の理由からしてほとんど望ましくないだけでなく、非現実的である。と同時に、有意義かつ実現に方向付けられた計画化にとっては、全くもって有害であろう。これを通じて計画化は、一方では現実離れしたものになろう。」

かくして行政法学説は、一方では衡量原則違反を根拠にBプラン策定契約の許容性を原則否定しつつも、他方では、計画の内容を形成するにあたって民間法主体との間での交渉・合意を不可避とする実務の実際を考慮して、Bプラン策定契約の存在それ自体を全面的に否定するのではなく、そこに一定の解釈を施すことによって、契約に一定の法的意味を持たせようとする動きを示し始めるのである。その解釈は、以下に述べる二方向から行われている。

第一に、「地区施設整備契約や開発費用負担契約等に於いて合意されたBプランの策定に関する契約条項は、契約上合意された内容でBプランを策定するゲマインデの法的義務を基礎づけず、したがって民間の法主体は、契約に沿ったBプランの策定を求める法的請求権（履行請求権）を持たない」という解釈である。すなわち、地区施設整備契約や開発費用負担契約は、仮にその中に特定の内容を持ったBプランの策定に関する契約条項が存在しようとも、そこに法的拘束力は認められず、ゲマインデを法的に義務づけない。この契約は、民間法主体に対してのみ法的拘束力を発揮するのであって、Bプランが実際に契約条項に沿う形で策定された暁には、民間法主体が地区施設整備費用又は開発費用の負担を引き受けることを内容とする「片務的義務契約」とみなされるわけである。

「開発費用負担契約もまた、実務上、〔規範制定契約を――筆者註〕押さえ込む態度を示してきた判例を基盤に、もはや、明示的な規範制定の約束とは結びつけられていない。むしろ、開発費用の支払いは、片務的義務契約として、『意図・予定された計画が実現化される場合には』という留保が付された状態にある［unter dem Vorbehalt der Realisierung der beabsichtigten Planung stehen.］。開発費用の支払いに関する民間投資家との約束の中に、計画を実現することに関する著しい圧力が生じることは確かである。しかし、こうした圧力は、法的な性質のものではなく、単なる事実上の性質のものであるに過ぎないのである。(26)」

第二は、「契約に沿う形でBプランが策定されなかったことにより民間法主体に損害が生じた場合、信頼毀損を理由とした損害賠償請求権を基礎づける」とし、契約に対して補充的な法的効果を認める解釈の実施である。すなわち、Bプラン策定契約を「損害保証契約（Garantievereinbarung）」とみなし、そこに──又はその限りに於いてのみ──法的意味を持たせようとするわけである。

「判例は、以上述べた第一次的な拘束の例外事案と並び、ゲマインデの副次的な義務（とりわけ損害賠償義務）の発展・展開を通じて、間接的な拘束事例を認めてきた。……連邦通常裁判所の観点によると、建設管理計画を実行し又は実行しない旨のゲマインデの契約上の義務は効力を持たない。しかしながら私的な契約相手方は、これに対する損害賠償請求権［Schadensersatzanspruch］を持っている。（連邦行政手続法第六二条と結びついた）民法典第一四〇条に基づいて、ゲマインデの規範制定の約束──これは無効と評価される──を、私法上又は公法上の建設計画損害保証契約［Bauplanungsgarantievertrag］へと転換することによって、私的な契約相手方は、〔契約上──筆者註〕目指されていた計画化が実現されなかった場合でも損害を被ることのない状態に置かれ得ることになる。(27)」

右叙述にも明確に示されているように、こうした解釈方法を採用し、Bプラン策定契約に一定の法的拘束力を認めてきたのは連邦通常裁判所の判例(28)であった。問題は、Bプラン策定契約を解釈上損害保証契約とみなし、そこに一定の法的効果を承認する判例の立場に対する行政法学説の評価であるが、管見の限り、この点に関する学説の評価は、必ずしも一致しているとは言えない。というのも、次章で取り上げるU・ディ＝ファビオ（Udo Di Fabio）(29)のように判例理論に沿った理論展開を行う見解が存在する一方、F・ベッカーのように、Bプランの策定を内容とする契約が損害賠償請求権の法的基礎となることを前提としつつも、むしろそこに「ゲマインデに対する事実上の拘束――協定に沿ったBプランを策定する事実上の圧力――」を見いだし、これを問題視した上で、Bプラン策定契約を「損害保証契約」とみなすことを否定する論者もまた存在するからである(30)。

「〔民間投資家が契約上――筆者註〕支払うべき金額が高ければ高いほど（また、既に支払われた金銭の返還請求がゲマインデを脅かす場合はなおのこと）、〔契約に沿った形で計画化を行う――筆者註〕圧力は非常に重みのある――法的な――補充的拘束であることが明らかとなるのであって、こうした背景のもとで行われる計画化には、いずれにせよ、衡量の欠落が存在する。このように、無効行為の転換を通じて継続せしめられる拘束が衡量プロセスに対して純然たる事実上の影響を及ぼしている現実に対しては、『間接的な拘束に過ぎず危惧する必要はない』との評価が極めて安易になされている。しかし、損害賠償請求権を通じた法的拘束という純然たる危険性は、既に衡量のプロセスに対して事前影響力を発揮している。『民間投資家の意向に沿う形で計画化をしなければ損害賠償請求権に曝される』ことをゲマインデが考慮しなければならないとすれば、それは、衡量の結果・結論に対して影響を及ぼしていることになる。以上のことから、当該〔無効な――筆者註〕契約の転換もまた不可能である旨の結論が導かれる。すなわち、こうした損害保証契約の締結は……不可能ということになろう。」

(9)　ドイツ建設法典の内容・基本構造、及び地区施設整備契約や開発費用負担契約等、都市建設領域に於いて締結される行政契約については、大橋洋一「行政契約の比較法的考察――建設法領域を中心として」同『現代行政の行為形式論』（弘文堂、一九九三年）一六一頁以下、ヴィンフリート・ブローム（大橋洋一訳）『都市計画法の比較研究――日独比較を中心として』（日本評論社、一九九五年）、都市開発制度比較研究会編『諸外国の都市計画・都市開発』（ぎょうせい、一九九五年）、原田純孝ほか編『現代の都市法』（東京大学出版会、一九九三年）等を参照。

(10)　Bundesministerium für Umwelt, Naturschutz und Reaktorsicherheit (Hrsg.), Umweltgesetzbuch (UGB—KomE) Entwurf der Unabhängigen Sachverständigenkommission zum Umweltgesetzbuch beim Bundesministerium für Umwelt, Naturschutz und

Reaktorsicherheit, 1998, S.121f.：同草案三六条が規定する規範代替型契約については、本編第二章第四節を併せて参照。

（11）ドイツ連邦自然保護法の概略及び全体構成等については、近時の改正点を含め、参照、渡部富久子「ドイツの連邦自然保護法改正——二〇〇六年連邦制改革を受けて」国立国会図書館調査及び立法考査局「外国の立法」二四五号（二〇一〇年）五六頁以下。

（12）Becker, a.a.O（Fn.8）, S.636. は、保護区域指定を行うための法形式として法規命令の制定を景観行政庁に対して授権するラント法の代表例として、ノルトライン＝ヴェストファーレン州自然保護法四二ａ条一項、バイエルン州自然保護法三七条三項第一文、ニーダーザクセン州自然保護法二四条一項、ブランデンブルク州自然保護法一九条一項を挙げる。

（13）Becker, a.a.O（Fn.8）, S.636f. は、法規命令形式による保護区域指定に代えて、土地所有者等との間での契約の締結可能性を認めたラント法の代表例として、ノルトライン＝ヴェストファーレン州自然保護法三ａ条一項第一文、バイエルン州自然保護法二ａ条二項第一文、ブランデンブルク州自然保護法二条、ヘッセン州自然保護法二ｂ条一項を挙げる。

（14）Vgl. Becker, a.a.O（Fn.8）, S.634.

（15）なお、下記第二章及び第三章に於いても紹介する通り、法規命令形式による保護区域指定に代替して自然保護契約を締結することが法的に許容されるのは、「契約の内容（土地所有者等が契約上負う義務の内容）が、法規命令形式に於いて保護区域指定が行われた場合に土地所有者等が負うことになる義務の内容と一致し、したがって契約の成立を以て法規命令が制定された場合と同様の法律効果が達成される（契約により法規命令の制定が不要となる）場合」に限られる。その意味では、（ａ）自然保護契約——不真正規範制定契約（法規命令代替型契約）の内容と、（ｂ）契約の対象となった法規命令（契約によって代替され、契約によって制定放棄の対象となった法規命令）の内容は一致する（厳密に言えば一致しなければならない）。ただし、景観行政庁が金銭的な補償・援助等を行うことを条件に、契約相手方たる私人（土地所有者等）が、契約上、「超過義務（法規命令形式によって保護指定を行う場合には課すことができなかったであろう義務）」の履行を任意に引き受けることは、基本権の任意処分（又は基本権行使）とみなされるが故に、法的に許容されるのであって、その限りでは、（ａ）自然保護契約——不真正規範制定契約の内容と、（ｂ）契約の対象となった法規命令の内容は、必ずしも一致せず、(a)≧(b)となることはあり得る。F・ベッカーは次のように言う。曰く「かかる考慮に依拠すると、契約相手方たる私人が、なるほど法規命令形式による保護区域指定に於いて課すことのできる義務の範囲を超えるものではあるが、しかし、自然保護契約という方法により、補償金の支払いと引き替えに〔当該超過——筆者註〕義務を引き受けることは許容されるのであって、この点に関して何ら疑義は存在しない。」と（Becker, a.a.O（Fn.8）, S.649.）。

（16）Willy Spannowsky, Grenzen des Verwaltungshandelns durch Verträge und Absprachen, 1994, S.148.：Elke Gurlit,

Verwaltungsvertrag und Gesetz, 2000, S.263：なお、F・ベッカーは、Bプラン策定契約が、規範制定契約一般にとって「教義上の典型」であるとして、次のように言う。曰く「法律より下位の法規範〔法規命令——筆者註〕の制定を内容とする契約〔der untergesetzliche Normsetzungsvertrag〕は、建設計画法領域に於ける建設計画の合意［Bauplanungsabrede］という形態の中に、その根本的な考察〔素材——筆者註〕を見いだしてきた。その際、——比較的最近の立法動向に関する印象に於いてもそうであるが——、学説及び判例は、それらが、法律より下位の法規範〔法規命令——筆者註〕の制定を内容とする契約について議論を行う際、以下に述べる共通了解に達している。すなわち、法律より下位の法規範〔法規命令——筆者註〕の制定に関わる契約は、《行政法各論という特殊領域に於いて発展・展開せしめられてきた諸々の原則が一体どの程度で当該規範制定契約に一般的に役立てられなければならないのか、という点を背景に……批判的な分析を受けなければならない》という共通了解がそれである。」と（Becker, a.a.O (Fn.8), S.576.）。

(17) 衡量原則については、遠藤博也『計画行政法』（学陽書房、一九七六年）八七頁以下、芝池義一「西ドイツ裁判例における計画裁量の統制原理」法学論叢一〇五巻五号（一九七九年）二二頁、高橋信隆「計画裁量とその裁判的統制」立教大学大学院法学研究一号（一九八〇年）二頁以下、山田洋『大規模施設設置手続の法構造』（信山社、一九九五年）三〇五頁以下等を参照。なお山田洋教授の右著書（九一頁）をはじめ、石井昇「行政計画の策定と信頼保護——ドイツBプラン契約の有効性」一橋論叢一一〇巻一号（一九九三年）一〇五頁以下、大橋洋一「行政契約の比較法的考察——建設法領域を中心として」同『現代行政の行為形式論』（弘文堂、一九九三年）一六一頁以下（一七四頁以下）、村松勲「都市建設法に於ける計画契約手法とその法的規制（1）」福井大学教育学部紀要Ⅲ（社会科学）四九号（一九九五年）一三三頁以下等は、Bプラン策定契約を衡量原則違反と考えるドイツの議論動向を紹介・分析する。

(18) Becker, a.a.O (Fn.8), S.587.

(19) Becker, a.a.O (Fn.8), S.587f.

(20) W・スパンノヴスキー（Willy Spannowsky）もまた、F・ベッカーと同様の見解に立ち、次のように述べている。曰く、「特定の計画化を実施する義務を内容とする計画代替型契約、逆に特定の種類や方法で計画化を実施しない義務を内容とする計画回避型の契約は、いずれも、規範制定契約と同様の原則に従って評価される。事案状況に即して調整されなければならなかったはずの諸々の利害関係が衡量のプロセスに取り込まれていなかったとすれば、当該衡量の欠如は衡量の瑕疵を導く。……計画策定庁が公正な審理の要請に違反している場合や、計画策定庁が〔契約を通じて——筆者註〕事前に拘束されており、それが事実上計画策定庁から計画高権を奪い取っているような場合には、当該先取的拘束に伴って生じ得る衡量の不足は、計画策定決定の瑕疵ではなく、既に計画に代替した契約の瑕疵を導く。」と（Vgl. Spannowsky, a.a.O (Fn.16)., S.152.）。

（21） Becker, a.a.O (Fn.8)., S.590f.

（22） Becker, a.a.O (Fn.8)., S592.；Spannowsky, a.a.O (Fn.16)., S.50f.；Gurlit, a.a.O (Fn.16)., S.370.

（23） BVerwG, Urt. v. 5. 7. 1974 (BVerwGE45, S.310ff.).

（24） BVerwGE45, S.321.；なお、W・スパンノヴスキーの理解によると、「先行計画や上位計画との関係で、計画官庁に計画裁量及び衡量の余地が残されておらず、Bプラン策定契約に於いて合意された内容で地区詳細計画を策定する以外に途がない場合」などといった希な事案に於いてのみ、Bプラン策定契約は、結果論として「衡量原則違反」とはみなされず、例外的に、その許容性を肯定される。曰く、「拘束力を持った規範制定契約は、以下の場合にもまた例外的に、衡量の要請と調和する。すなわち、計画官庁の衡量の余地が、先行計画や特殊計画、上位計画を通じて、いずれにせよ、ある特定の計画化のコンセプトにまで凝縮している場合である。それは例えば、ある道路が、国土整備計画（Raumordnung）や州の国土整備計画（Landesplanung）の目標として決定されており、かつ、当該道路に関する個々の建設基本計画（Bauleitplanung）が都市計画上必要であることが肯定されなければならない場合に認められる。こうした場合に於いては、当該道路の計画化を義務づける隣人とゲマインデとの間での規範制定契約は、計画上の衡量要請には違反しないのである。」（Vgl. Spannowsky, a.a.O (Fn.16)., S.151.）。

（25） Becker, a.a.O (Fn.8)., S.594.

（26） Becker, a.a.O (Fn.8)., S.597.

（27） Becker, a.a.O (Fn.8)., S.596.

（28） Bプラン策定契約を損害保証契約とみなし、その限りに於いてその法的効果を承認した代表的な判決としてBGH, Urt. v. 8. Juni 1978（BGHZ71, S.386（392ff.））がある。連邦通常裁判所の同判例理論については、大橋・前掲註（17）書一七六頁以下を併せて参照。

（29） Udo Di Fabio, Vertrag statt Gesetz?—Gesetzesvertretende und gesetzesausfüllende Verwaltungsverträge im Natur und Landschaftsschutz—, DVBl 1990, S.338ff（S.344）.；なお、U・ディ＝ファビオの見解については、本編第二章第一節に於いて、改めて詳しく紹介・分析する。

（30） Becker, a.a.O (Fn.8)., S.597f.；この点については、大橋・前掲註（17）書一七六頁を併せて参照。

第二章　議論局面のシフト——不真正規範制定契約論

前章で述べた通り、ドイツの判例及び行政法学説は、規範制定契約の許容性をめぐる法律論議を行う際、都市建設法領域で実務上頻繁に締結されるBプラン策定契約（真正規範制定契約）をその中核的な検討素材に位置づけた上で、——当該Bプラン策定契約を損害保証契約とみなし、そこに一定の法的効果を認めるか否かについては対立しつつも——、「右契約は、規範を制定するゲマインデの法的義務を基礎づけない（契約は、民間法主体に対して、契約に沿ったBプランの策定を求める履行請求権を基礎づけない）」とする点では認識を共有している。

他方、ドイツの行政法学説は、一九九〇年代、新たな議論動向を示し始める。すなわち学説は、Bプラン策定契約の原則不許容論を基盤に、真正規範制定契約については、その許容性を一般に否定しつつ、議論軸を次第に不真正規範制定契約に移動させ、不真正規範制定契約については、逆にその許容性を一定の条件下で肯定するための理論を模索・構築する動きを示し始めるのである。その際、主たる検討素材とされたのが、不真正規範制定契約に分類される連邦自然保護法上の「自然保護契約（法規命令制定回避・代替型契約）」であった。

第一節　Udo Di Fabio（一九九〇年）

一九九〇年、「法律に代替する契約?」と題する論文を公表したのがU・ディ＝ファビオ（Udo Di Fabio）である。[31]
彼の見解は、以下の二点にその特徴を見いだし得る。

第一に、彼は不真正規範制定契約の正当性の根拠を、立法裁量権の存在に見いだす。すなわち、計画裁量権であれ、立法裁量権であれ、法律が行政庁に対して自由な判断の余地を認め、権限を行使するか否かにつき行政庁に決定裁量が存在するなら、行政庁は、規範を制定することもできれば、逆に規範を制定しないこともできる。したがって、私人との間で契約が締結されることによって規範を制定する必要がなくなる（法規命令と行政契約の規律が完全に一致する）のであれば、契約の成立を以て規範（法規命令）の制定を見送ったとしても何ら問題はなく、当該契約は、立法裁量権行使の一発現形態として許容される。他方、不真正規範制定契約は、真正規範制定契約とは異なり、形式上、法規命令の制定を合意するものではないため、規範を制定する際に踏まれるべき手続を毀損することもない。したがって、Bプラン策定契約に対して向けられた批判——すなわち適正なる衡量を毀損し、また衡量の質を保証するために踏まれるべき計画化・規範制定の手続を回避し、形骸化させる旨の批判——は、不真正規範制定契約には当たらない、というのである(32)。

「行政が協働及び契約活動の余地を持っているのは、通常、立法者が行政に対して自由な判断の余地を委ねている場合である。裁量の余地であれ、計画の余地であれ、転換に際しての内容形成の委任であれ、法律に於いて白地の規律が行われている領域がそれである。とりわけ、活動すべきか否かについて行政庁が権限を持ち、したがって行政庁が決定裁量を認められている場合、行政庁は、法律によって許容された厳格な法的効果の範囲内で、緩められた法的効果を設定することもできるし、法律上行政庁に対して許容されている市民への授益を、制限的に提供することもできる。……こうした選択の自由は、単純な法律執行の場合だけでなく、行政権の法制定活動についてもまた妥当する。一般的な拘束力を持った規律を行うのか否かをめぐる選択が、立法者としての行政及び立法者としての議会の自由とされているなら、彼らは、これら二つの両極の間に存在する枠内で、無為の上で活動することもできれば、逆に一般拘束性の下で活動することもできる。法律回避型の申合せは、こうした立法上の形成の自由余地に、その正当性を見いだす。法律回避型の合意は、定められた規範制定手続を先取決定し、又は許容されない形で影響力を行使することにはならない。そのため、真正規範制定契約（立法活動義務の引受け）とは違い、許容されるものと考えられるのである。」

他方、第二に、後に取り上げるJ・シェーラー（Joachim Scherer）との比較に於いて、U・ディ＝ファビオの見解を特に特徴づけるのが、「契約に基づき規範を制定しないことを求める私人側の履行請求権の否定」である。すなわち彼の理解によれば、契約は、行政行為と並ぶ個別行為に位置づけられ、法規命令を含む法規範よりも下位にある。法規命令が法律に違反してはならないのと同様、個別行為たる行政行為と行政契約は法規命令に違反してはならないのであって、下位にランクされる契約が、上位にランクされる法規命令の非制定を、法的拘束力をもって決定することなど「法律の優位」原則からして許されない。したがって、不真正規範制定契約は、行政庁に対して「法規命令を制定しない法的義務」を基礎づけない。また契約は、私人に対しては「法規命令を制定しないことを求める法的請求権（履行請求権）」を基礎づけることもない。契約はただ、行政庁が契約の存在にもかかわらず法規命令を制定した場合、私人に対して「損害賠償請求権」を基礎づけるに過ぎないのである。ここにBプラン策定契約を損害保証契約とみなす議論との共通性を見いだし得る。U・ディ＝ファビオは、契約によって——その有効期間中——立法権限が全面的に放棄される事態を懸念するのである[33]。彼は次のように言う[34]。

「我々は、憲法上の考慮から『法規命令の制定放棄を内容とする契約は原則禁止される』という結論に行き着くことはない。しかしながら、こうした契約による法規命令の制定放棄が、果たして法規命令の制定権者に対して法的拘束力を発揮するのかは、別途判断されなければならない。こうした拘束的効果は否定されなければならない。というのも、それは規範と個別行為の間の序列関係に反することになるからである。法律の優位という基本原理は、法律と、下位のランクにある意思表示の間に齟齬がある全ての箇所で作用する。したがって、法規命令が法律に反してはならないのと同様、個々の行政決定は、それが行政行為の形式に於いてであれ、あるいは行政契約の形式に於いてであれ、法規命令に違反してはならないのである。というのも、法規命令は、基本法第二〇条第三項の意味での《法律及び法》の一部分だからである。下位の地位にある法の表出は、上位にある法形式に対する毀損効果と拘束的効果を持たない。とはいえ、法規命令の制定権者が法規命令の制定を契約上放棄した場合に、立法者たる行政庁を保護するために、当該契約をなにも無効とみなす必要はない。立法権を処分する契約という抜け道には、単純に、拘束性が欠如しているのである。契約合意に対する違反〔法規命令の制定——筆者註〕は、ただ国家責任法上の請求権の領域に於いて法的効果を持ち得るに過ぎない。契約当事者たる行政庁が契約上、法規命令形式による保護区域の指定を放棄する旨を約束していたにもかかわらず、それを無視した場合には、直ちに、損害賠償請求権又は補償請求権が市民に対して認められる。首尾一貫した活動を行う職務義務への違反に基づく国家賠償責任（民法典第八三九条・基本法第三四条）も、信頼毀損に基づく損害賠償請求（契約締結上の過失）も、通常はなかなか認められない過失の存在を前提としている。むしろ、連邦通常裁判所によって示唆されている方法が、行政契約関係に於ける市民の保護の必要性に応える。それは、法的に効力を持たない行政の法規範制定義務は、損害賠償の確約［Entschädigungszusage］に解釈変更され得る、というものである。」（傍点筆者）

結局、U・ディ＝ファビオは、行政庁が法規命令の潜在的名宛人との間で個別に義務の引受けを交渉し、契約——又は複数の契約網——の成立によって法規命令による保護区域指定がなされたのと同等の法的効果が達成されるのであれば、当該契約は不真正規範制定契約として法規命令に代替する機能を果たし得る、と結論づけるのである。ただし、右契約は損害賠償の確約としてのみ法的拘束力を持つに過ぎず、法規命令を制定しない行政庁の義務及び法規命令を制定しないことを求める私人の履行請求権を基礎づけることはない。また、右契約が法的に許容されるのは、契約——又は複数の契約網——による規律が法規命令による規律と一致し、法規命令の制定を不要ならしむる場合に限られる。したがってU・ディ＝ファビオの整理によると、契約が法規命令に代替する機能を発揮し得るのは、保護区域指定の対象となる土地の所有者・占有者・利用者の数が比較的少なく、契約成立の見通しが立ちやすい場合であって、かつ、これら土地所有者等にのみ契約上義務を課すことによって自然保護法上の目的が達成される場合に限られる。換言すれば、土地の所有者等の数が相対的に多いが故に契約成立の見通しが不透明である場合や、一般大衆に対して土地への立入制限等の義務を課さなければならない場合には、法規命令形式による保護区域の指定を行うか、あるいは、土地所有者等との間では契約により、また一般大衆に対しては法規命令により義務を課す以外ないのである。(35)

第二節　Joachim Scherer（一九九一年）

他方、U・ディ＝ファビオが前記論文を公表した翌年（一九九一年）に、「環境法領域に於ける国家・産業界間での規範代替型申合せの法的問題」と題する論文を公表したのがJ・シェーラー（Joachim Scherer）である。(36) 彼もまた基本的にU・ディ＝ファビオと同一の見解を示して不真正規範制定契約の許容性を肯定している。両者の間に見いだし得る本質的相異点は、唯一、「私人側の履行請求権の有無をめぐる理解」にある。(37)

先述の通り、U・ディ＝ファビオは、「契約に基づき規範を制定しないことを求める私人側の履行請求権」を否定する。彼の説明によると、行政契約は、行政行為と同様、法規命令を含む法規範よりも下位にランクされる行為形式であるため、法的拘束力を持つ契約によって上位にランクされる法規命令の非制定が決定されることは、「法律の優位」原則からして許されない。ゆえに、不真正規範制定契約が「法規命令を制定しない行政庁の義務」及び「法規命令を制定しないことを求める私人の履行請求権」を基礎づけることはなく、行政庁は、不真正規範制定契約の存在に影響を受けることなく、何時にても法規命令を制定することができるのであって、この場合私人は、損害賠償の確約と解釈される不真正規範制定契約に基づいて「損害賠償請求権」を行使し得るに過ぎないのである。

J・シェーラーは、U・ディ＝ファビオの右見解を批判する。J・シェーラーの理解によると、「損害賠償の確約」としてのみ不真正規範制定契約に法的効果を認め、他方、「規範を制定しないことを求める私人の履行請求権（規範を制定しない行政庁の義務）」の存在を否定するU・ディ＝ファビオの右見解は一貫性を欠くのであって、不真正規範制定契約が締結された以上、行政庁は規範を制定しない法的義務を負い、他方私人はその履行を求めて訴訟提起することができなければならないのである。彼によれば、このように理解したとしても、行政庁は法規命令制定権限を全面放棄することにはならない。なぜなら行政庁は、「契約締結後の事情変更又は公共の福祉への重大な損害発生の防止を理由とした契約の適状及び行政庁の一方的解約権」を規律した連邦行政手続法六〇条の直接又は間接適用[38]により、不真正規範制定契約を適状・解約することができ、規範制定権限を再度取り戻す途を保持し続けているからである[39]。

J・シェーラーは次のように述べている[40]。

「契約によって生み出された私人の請求権、すなわち、特定の法規範を制定しないことを求める私人の請求権の貫徹は、学説上、極めて希にではあるが、多少大雑把な理由づけによって否定されている。つまり、行政行為又は契約という平面に於ける単一の行政活動を通じて、規範制定権者の自由〔規範を制定するか否かの自由――筆者註〕を制限することはできないというのである。そして、同時に、不真正規範制定契約に基づく規範制定権者の義務には、『総じてある一つの意味』が存在し、債権者たる私人には、公的主体に対して積極的契約侵害に基づく〔損害賠償――筆者註〕請求権を行使する可能性が残されているという。このように、不真正規範制定契約を、公法上不完全な拘束力しか持たないものと資格づけることは、明らかに一貫性を欠くように思われる。またそれは、連邦行政手続法に規定された契約的拘束からの様々な解消可能性とは調和しないようにも思われる。というのも、仮に、規範制定権者に対して、契約上規範を制定しない旨を約束し得ることを認めるのであれば、これにより、規範制定権者の自由は、『単一の行政活動を通じてこれを制限することができる』旨が容認されるからである。規範制定権者は原則として、契約上有効に生み出された規範を制定しない旨の義務に拘束され続けているのであり、債権者たる私人は、その履行を求めて訴訟提起し得る。規範制定権者の〔規範を制定するか否かに関する――筆者註〕決定の自由は、連邦行政手続法の第六〇条第一項により、十分かつ多種多様に保護されている。連邦行政手続法の第六〇条第一項によって開かれた解約可能性は、学説上時折懸念され、実際に憲法上も問題のある法制定権限の一般的放棄という状態が生じることを阻止するのである。」（傍点筆者）

第三節　Willy Spannowsky（一九九四年）

他方、一九九〇年代のドイツ行政法学説の中には、不真正規範制定契約の許容性を肯定し、そこに何らかの意味で法的効果を認めようとする右一連の見解に対して強い不信感を表明するものも存在した。その代表的論者がW・スパンノヴスキー（Willy Spannowsky）である。彼は一九九四年に公刊した教授資格論文『契約及び申合せを通じた行政活動の限界』の中で、先に見たU・ディ＝ファビオやJ・シェーラー等の見解を厳しく批判している。W・スパンノヴスキーの見解に見られる特徴は、以下の一点に集約される。

すなわちW・スパンノヴスキーは、「規範制定契約を真正と不真正とに分け、不真正規範制定契約が規範を制定する際になされるべき衡量（及び衡量手続）を毀損しないことを前提に、その許容性をBプラン策定契約（真正規範制定契約）の原則不許容論から解き放ったU・ディ＝ファビオとJ・シェーラーの理論構成」を厳しく批判したのである。W・スパンノヴスキーの理解によれば、「規範を制定しない旨の判断」又は「計画を策定しない旨の判断」それ自体が「衡量の結果」なのであり、真正規範制定契約が衡量の毀損を理由に原則許容されないのであれば、不真正規範制定契約もまた、衡量の毀損を理由に原則許容されてはならないのである。[41]

「真正規範制定契約と不真正規範制定契約との区別は、正当化されるものではない。規範を制定しない旨の義務が、単に、規範制定の発議に関して契約による拘束を招くに過ぎないことを理由に、不真正規範制定契約を一般に適法だと考える別の見解は、否認されなければならない。なぜなら、規範を公布しない、あるいは計画化しない旨の決定は、契約拘束期間中、衡量を必要とする実体的決定を含むからである。」

第四節　環境法典独立専門家委員会（一九九八年）

こうしたなか、「規範代替型契約——不真正規範制定契約」に関する規定を環境法典の中に挿入し、法律の明文規定によって「契約による立法」を推進しようとしたのが、一九九八年に公表された『環境法典独立専門家委員会草案』である。[42] 同草案は、連邦自然保護法の「三条三項（自然保護及び景観保全の措置に際しては、当該目的を契約によっても適切な費用で達成することができるか否かについて優先的に検証しなければならない。）」に対応する規定を置いており、七条二項は、「行政庁は、環境法上の規定に基づく措置を行うにあたっては、この法典の目的が、利害関係人との間で締結される協定を通じてもまた同じように達成され得るかを審査するものとする。」と規定している。[43] 他方、同草案は、規範代替型契約に関する規定として「三六条」を置き、同草案が規律する一定の条件を満たす限りに於いて、連邦政府が経済団体や個別企業との間で公法上の契約を締結し、以て草案一三条が規律する法規命令の制定を放棄することを許容している。草案三六条は、次のように規定する。[44]

「第三六条　規範代替型契約

(1)　連邦政府は、以下の各号の要件を満たす場合には、経済団体、その他の団体、又は個別の企業との公法上の契約を通じてもまた、第一三条の意味に於ける条件について合意することができる（第一文）。

1.　第一三条の意味に於ける法規命令を発動するための条件が存在する場合。

2.　契約の内容が、この法典の条件に適合する場合。

3.　保護に値する第三者の利益又は公共の利益が毀損されない場合。

4.　契約の有効期間が、五年を超えない場合。

契約に代替された法規命令が連邦参議院の同意を必要とするものである場合、契約は連邦参議院の同意を必要とする（第二文）。第二文は、第一八条第一項、第二〇条及び第二一条の要件についても準用される（第三文）。契約は、連邦官報に掲載されなければならない（第四文）。公法上の契約に関する連邦行政手続法の規定は、第五七条と第六〇条を除き、適用されない（第五文）。

(2)　第一項による契約の規定は、団体加盟者と、自ら契約を締結した企業に対して拘束力を持つ（第一文）。拘束力は、契約が終了するまでの間、その団体構成員としての地位に関係なく、団体加盟者に対して及ぶ（第二文）。契約に於いて規律された義務の遵守は、第一三三条乃至第一五〇条による監視に服し、行政行為を通じて強制され得る（第三文）。

(3)　環境又は人に対するリスクに配慮するための条件が、契約を通じて排他的に確定される限りで、許可決定又は事後的な命令に於いて、さらなる条件が付されてはならない。

(4)　対応する法規命令の規定が、第三者を保護するものである限りで、契約の規定は、第三者の保護に仕える。

(5)　第三四条第三項を準用する。」

右規定に於いて注目すべき点は、①「契約締結後の事情変更を理由とした契約の適状」及び「公共の福祉への重大な損害の発生防止を理由とした行政庁による契約の一方的解約権」を規律した連邦行政手続法六〇条が規範代替型契約にも適用されることを規定した「一項第五文」と、②契約によって代替され、制定放棄される法規命令を「危険防御を目的とする法規命令」と「リスク事前配慮を目的とする法規命令」とに分けた上で、後者――リスク事前配慮に仕える法規命令の制定が契約上放棄された場合に、「連邦政府が契約の有効期間中、後の許可決定や事後命令に於いて更なる条件を付すこと」を禁じた「三項」である。すなわち、環境法典独立専門家委員会は、――先に紹介したJ・シェーラーと同じく――、三六条に基づいて規範代替型契約が締結された場合、連邦政府は――原則として――契約に拘束され、その有効期間中、「契約を通じて放棄された法規命令を制定できない」ことを前提としているのである。独立専門家委員会の理解によると、連邦政府が契約の有効期間中に「法規命令を制定」し、又は後の許可決定や事後命令に於いて「さらなる条件を付す」ことができるとすれば、それは、①行政庁が連邦行政手続法六〇条に従って契約を一方的に解約し得る場合か、②契約によって代替され、制定放棄された法規命令が「危険防御」目的に仕えるものであって、当該危険防御の目的を達成するためには、――契約の存在にもかかわらず――後の許可決定や事後命令に於いて「契約上合意された条件よりも厳しい条件を付すことが必要であること」が判明した場合に限られなければならないのである。事実、独立専門家委員会草案は、三六条に対する個別理由書の中で、次のように述べている。

「この規定は、公法上の契約の特殊な形式を規律している。契約を締結する一方の当事者は連邦政府であり、他方の当事者は、経済団体、その他の団体、個別の企業である。契約の対象は、第一三条の意味に於ける条件（Anforderungen）、すなわち施設、生産方法、原材料、加工、製品に関する条件である。第三四条及び第三五条の場合とは異なり、第三六条にあっては、環境リスク（Umweltrisiken）に対する配慮を行うための条件のみならず、環境危険（Umweltgefahr）からの保護を行うための条件もまた、契約の対象となり得る。規範代替型契約は、直接執行可能であるため、それが遵守されない危険性はそれほど高くない。また、それゆえ、――目標設定方式や自主規制とは対照的に――、既に生じている危険（Gefahr）に対処することに適しているように思われる。規範代替型契約の適用領域は、第一に、産業界の構造が、次のような性質を備えている場合に存在する。すなわち、僅かな関係者との交渉により、非常に広範な統制効果を達成することができる場合である。他方、規範代替型契約は、ある種の領域実験という方法に於いて、実際の転換可能性を確かめるために、利害関係を持つ経済界のうち、交渉の用意のある者との間で契約上確立された厳しい環境条件を合意することにも寄与し得る。契約は、対応する内容を持った第一三条の法規命令に代替する。それは同時に次のことを意味する。すなわち連邦政府は、一度契約によって規律を行う旨を決定した場合には、原則として当該決定に拘束される、ということである。したがって、対応する内容を持った法規命令の制定が問題となるのは、契約の有効期限が切れた場合か、連邦行政手続法第六〇条第一項の要件下で、適時に契約が解約された場合のみである。これが行われるためには、関係の本質的変化（行為基礎の喪失）、又は、公共の福祉に対する重大な損害の発生防止・除去という要件の存在が必要である。この規定〔連邦行政手続法第六〇条一項――筆者註〕を通じて、一方では、連邦政府の決定の自由が十分かつ多種多様に保護され、他方でそれは、契約の存在に対する経済界の利益を考慮しているのである。」[45]（傍点筆者）

「〔草案第三六条の――筆者註〕第三項は、許可決定及び事後命令に於いて付される条件と規範代替型契約との関係を規律している。契約が既に排他的な規定を持つ限り、〔リスク事前――筆者註〕配慮領域にあっては、許可決定や事後命令に於ける〔新たな――筆者註〕条件〔設定――筆者註〕は排除されるべきである。……こうした規定は、契約を締結した経済集団に対する信頼保護の観点からして必要であろう。それは、規範代替型契約の締結へのインセンティブを高めることになる。なぜなら、こうした規定は、契約の有効期間（最長五年間）が継続する間、契約に於いて排他的に定められた配慮条件を超えた条件が付され得ないことを保障するからである。むろん、第三項の反対解釈からは、以下の点が明らかにされている。すなわち、危険防御（Gefahrenabwehr）のための条件は、こうした制約を受けず、何時にても、――事後的命令によってもまた――これを付すことができる、ということである。」[46]（傍点筆者）

第五節　中間総括

このように、一九九〇年代のドイツ行政法学説は、真正規範制定契約については、Bプラン策定契約の原則不許容論を基盤にその許容性を原則的に否定する方向でまとまりつつも、不真正規範制定契約については議論状況が錯綜し、①許容性を全面的に否定する見解（W・スパンノヴスキー）、②損害保証契約としてのみ法的拘束性を認める見解（U・ディ＝ファビオ）、③許容性を全面的に肯定する見解（J・シェーラー並びに環境法典独立専門家委員会）(47)に分かれて対立していた。一九八〇年代に「板ガラス判決」を基盤に展開された「Bプラン策定契約の原則不許容論」は、「契約による立法に関する学術論議」に於いて、常に「中核かつ基盤」に置かれながらも、実際は「限定的なインパクト」しか持たなかったのである。その理由及び背景を説明するF・ベッカーの見解を見てみよう。(48)

一九九〇年代のドイツ行政法学説は、いずれも、不真正規範制定契約の許容性を議論する際、Bプラン策定契約――真正規範制定契約との比較検討を行い、これら二つの契約類型が「衡量原則違反を招くか否か」を問題としてきた。しかしF・ベッカーの理解によると、「衡量原則との関係でBプラン策定契約の許容性を原則的に否定する理論構成」を他の真正規範制定契約一般にまで及ぼし、以て真正規範制定契約の許容性を全般的に否定することには理論的飛躍がある。なぜなら、Bプラン策定契約に於いては、なるほど条例（Satzung）としてのBプランの策定が合意されるという意味で「真正規範制定契約」が登場する。しかしその実態は、契約による「計画裁量の事前拘束の是非」をめぐる問題である。他方、規範制定契約の許容性は、真正・不真正を問わず、計画裁量とは一応区別される「立法裁量権行使局面に於ける契約形式の利用可能性」をめぐる議論である。したがって、計画裁量との関係で議論される衡量原則への違反を論拠としたBプラン策定契約の原則不許容論は、それがそのまま機械的に「真正規範制定契約一

般」、さらには「不真正規範制定契約一般」に直結しなければならないわけではないのである。彼は次のように言う。(49)

「我々が、こうした『法律より下位の規範制定に一般に存在する広範な形成余地〔立法裁量——筆者註〕』を思い浮かべるなら、……『契約による建設管理計画の〔事前——筆者註〕合意の禁止』を、『法律より下位の規範が制定される全ての事案』に転用することができるのかは、極めて疑わしい。……『法律より下位の規範制定に於ける形成の自由〔立法裁量——筆者註〕』を計画裁量の構造に依拠・準拠させることを推奨する見解も存在するところではある。しかしながら連邦行政裁判所は、〔法規——筆者註〕命令の制定と計画上の決定との違いを強調し、統制基準を同一視することを退けている。両者を区別する決定的な基準は、『これら二つの規律が、具体化の程度［Konkretisierungsgrad］に関して異なっている』ということである。計画法上の決定は、通常一般的・抽象的な効果を持つ『法律より下位の規範の制定』とは異なり、《具体的な状況に鑑みて》行われる。すなわち、それは、個別・具体的な関係を規律し、個々の事案の正当性を樹立するために、相対立する個々の利益を相互に衡量することを志向するものである。このことから明らかになるのは、——特に地区詳細計画［Bプラン］がそうであるように——、『計画化行為に於いては、往々にして、個々人の自由の行使に対する排他的な決定が行われるが、それ故に、この段階で既に、あらゆる利益を入念・綿密に取り込むことが必要となる』ということである。存続効を持った計画の実施段階では遅すぎるからである。〔他方——筆者註〕一般的・抽象的な規範化の場合は、通常、こうした状況は起こり得ない。なぜなら、一般的・抽象的な規範化の場合、規範の転換［Normumsetzung］という独自に評価される行為が必要となるからである。法律より下位の『一般的・抽象的な規範の制定』に於ける『形成の可能性』は、計画化の場合〔に於ける形成の可能性——筆者註〕よりも大きい。前者は、具体的かつ実際上の前提条件には結びつけられてはいないからである。」（傍点筆者）

こうしてF・ベッカーは、立法裁量権行使局面に於ける契約形式の利用可能性につき、真正・不真正を問わず、一から検討し直す必要性があることを主張するのである。次章では、二〇〇五年に公表された教授資格論文『規範制定に於ける協働及び交渉の構造』を取り上げ、この問題に関するF・ベッカーの見解を紹介・分析することにしよう。

(31) Di Fabio, a.a.O (Fn.29), S.338ff.

(32) Di Fabio, a.a.O (Fn.29), S.342f.

(33) 「不真正規範制定契約を通じて、法規命令の制定権限が――契約期間中――全面的に放棄されること」を懸念する見解は、U・ディ＝ファビオのほか、E・グルリット（Elke Gurlit）によってもまた主張されている。とはいえ、両者の見解は、以下の点で大きく異なる。すなわち、本文でも既に述べた通り、U・ディ＝ファビオは、不真正規範制定契約を「損害賠償の確約」とみなし、その限りで契約に法的効果を認めつつも、他方では、契約が「法規命令を制定しない行政側の法的義務」及び「法規命令の非制定を求める私人側の履行請求権」を基礎づけることは「ない」と結論づける。彼は、こうした解釈を施すことによって、「法規命令制定権限が不真正規範制定契約を通じて全面的に放棄される事態は回避・阻止される」と考えたのである。したがって、――本文でも後に指摘するように――、U・ディ＝ファビオの理解によれば、不真正規範制定契約の規律内容が法規命令の規律内容と完全に一致することはあってよい（むしろ、契約の規律内容が法規命令の規律内容と一致するからこそ、又は、両者が一致する限りに於いてのみ、契約の成立を以て法規命令を制定する必要がなくなる）のである。これに対しE・グルリットは、規律強度及び規律効果の点で法規命令に匹敵し、それを先取りするような規範代替型契約――不真正規範制定契約は「法規命令制定権限の全面放棄」につながるため許容されないという。すなわちE・グルリットの理解によると、不真正規範制定契約は、それが「法規命令制定授権の範囲」を「完全に行使し尽くすことがない場合＝契約が法規命令の規律対象の一部を規律するに過ぎない場合」に限り許容されるのであって、U・ディ＝ファビオとは異なり、不真正規範制定契約の規律内容が法規命令の規律対象と完全に一致することは、むしろ「あってはならない」のである。Gurlit, a.a.O (Fn.16), S.266. に見られる以下の叙述――「法規命令制定権限の授権範囲を行使し尽くさない、そうした契約については、契約による規律・形成を行う余地が認められる。」、「規範代替型契約〔不真正規範制定契約――筆者註〕を部分的に考慮し得るのは、行政がその立法裁量の範囲内で、正式なる保護区域指定〔法規命令形式による保護区域指定――筆者註〕を完全に思いとどまり、かつ、これに関連する契約的合意が、将来に於ける規範の制定を完全には排除しない場合に限られる。」――は、こうしたE・グルリットの立場を明確に示している。

(34) Di Fabio, a.a.O (Fn.29), S.344.

(35) U・ディ＝ファビオは、次のように言う。曰く「自然保護と自然景観保護の目標が任意的な合意を通じて達成される限りで、法的拘束力をもった公法上の契約は、さもなくば発動されたであろう法規命令に、一部又は全部にわたって代替し得る。なるほど、それは以下の場合には不可能である。すなわち、保護措置の規律の中核が、不特定多数の、又は多数の名宛人に向けられている場合である。なぜなら、第三者の負担となる契約は締結され得ないからであり、全く実現不可能な、又はほとんど実現不可能な、連邦行政手続法第五八条が規律する同意要件が生じるからである。これに対し、保護区域の指定が、一乃至若干名の土地所有者に向けられているに過ぎない場合には、規律技術的にみて、行政契約という行為手法に対する妨げは存在しない。さらに、保護のコンセプトを、一般的な拘束力をもった法規命令と、個々の利害関係人との間での一乃至複数の行政契約に分配することも考えられる。したがって例えば、一般大衆に関連する立入禁止は、これを警察命令の意味での法規命令で行い、他方、利用制限や保護措置については、これを土地の所有者との間での契約により確立することは可能である。最後に、基本的事項について法規命令を発動し、これに対して細目と転換方法について、詳細な形成を行政契約に委ねることも可能である。」と（Di Fabio, a.a.O (Fn.29), S.340f.）。なお、F・ベッカー（Becker, a.a.O (Fn.8), S.640f.）もまた、右に引用したU・ディ＝ファビオと同じ見解を示している。

（36）Joachim Scherer, Rechtsprobleme normersetzender Absprachen zwischen Staat und Wirtschaft am Beispiel des Umweltrechts, DÖV 1991, S.1ff.

（37）それ以外の論点については、U・ディ＝ファビオとJ・シェーラーの間に、立場・見解の本質的な相違点を見いだすことはできない。すなわちJ・シェーラーもまた、U・ディ＝ファビオ同様、衡量原則違反及び衡量手続違反を理由としたBプラン策定契約の原則不許容論を基盤に、真正規範制定契約一般については、その許容性を原則的に否定しつつ、他方、規範代替型契約――不真正規範制定契約については、それが真正規範制定契約とは異なり、規範を制定する際になすべき衡量を毀損することもなければ、規範制定手続に違反することもないことを根拠に、その許容性を肯定する立場に立っているのである（Vgl. Scherer, a.a.O (Fn.36), S.4f.）。

（38）連邦行政手続法六〇条については、参照、本書第一部第三章（第四節）。

（39）「連邦行政手続法の第四編が規律する公法契約規定（五四条乃至六二条）の規範制定契約への適用可能性」については、学説上、肯定説と否定説の対立が見られる。否定説の代表がJ・クネーベル（Jürgen Knebel）である（Jürgen Knebel/Lutz Wicke/Gerhard Michael, Selbstverpflichtungen und normersetzende Umweltverträge als Instrumente des Umweltschutzes, 1999, S.173ff.）。彼は、連邦行政手続法の九条が「本法に於いて行政手続とは、行政行為の要件の審査、準備及び発動、又は公法上の契約の締結を目的とした外部に対して効力を持つ行政庁の活動をいう。これには行政行為の発動又は公法上の契約の締結が含まれる。」と規定することから、「同法は、個々具体的な事案を規律する執行行為と一般抽象的な規律（規範行為）とを区別している。」とし、「同法は、前者

――すなわち、執行行為としての行政行為と行政行為代替型の公法上の契約についてのみ適用を見る。」と考える。J・クネーベルの理解によると、規範制定契約を締結する行政庁の活動は「規範制定活動」である。他方、行政庁の規範制定行為は、連邦行政手続法の規律対象ではない。故に、「連邦行政手続法が、――第四編公法契約規定を含め――、規範制定契約に直接適用されることはない。」と結論づけるのである。とはいえ、J・クネーベルは、連邦行政手続法が規律する公法契約規定が、規範代替型環境協定――不真正規範制定契約に対して「類推適用」されることは認めている（S.175）。したがってJ・シェーラー（Scherer, a.a.O（Fn.36）, S.4.）が指摘するように、連邦行政手続法の適用可能性をめぐる学説の論争は、実務上、それほど大きな意味を持っていない。なお、環境法典独立専門家委員会草案三六条一項は、公法上の契約の締結につき書面形式を要求する連邦行政手続法五七条と、契約締結後の事情変更又は公共の福祉への重大な損害の発生を理由とした公法上の契約の適状及び行政庁による一方的解約権を規律する同法六〇条についてのみ、同草案三六条が規律する規範代替型環境協定への適用を認める明文規定（草案）を置いている。環境法典独立専門家委員会草案三六条については、本章の第四節を併せて参照。

（40） Vgl. Scherer, a.a.O（Fn.36）., S.6.

（41） Vgl. Spannowsky, a.a.O（Fn.16）., S.149f.

（42） 環境法典独立専門家委員会草案三六条が規律する規範代替型契約については、参照、ミヒャエル・クレプファー（神橋一彦訳）「環境法典草案（独立専門家委員会草案 UGB-KomE）における自己規律について」栗城壽夫ほか編『人間・科学技術・環境』（信山社、一九九九年）一八九頁以下。

（43） UGB-KomE, a.a.O（Fn.10）., S.111f.

（44） UGB-KomE, a.a.O（Fn.10）., S.121f.

（45） UGB-KomE, a.a.O（Fn.10）., S.510.

（46） UGB-KomE, a.a.O（Fn.10）., S.511f.

（47） ただし、環境法典独立専門家委員会は、「契約締結手続」に関しては、J・シェーラーとは根本的に異なった見解を示している。先述の通りJ・シェーラーは、――U・ディ＝ファビオ同様――、不真正規範制定契約が「規範制定手続を毀損することはない」と考える。彼らの理解によれば、不真正規範制定契約は「規範の制定を回避する」ものであるため、「規範を制定する際の手続」を踏む必要は「ない」のである。これに対し環境法典独立専門家委員会は、「《契約締結手続》と《法規命令の制定手続》との《完全一致》」を要求する。すなわち、環境法典独立専門家委員会草案の三六条一項「第二文」「同第三文」によると、契約によって代替される法規命令が、制定・公布に先立って「連邦参議院の同意」「環境委員会の聴聞」「連邦議会の同意」「公衆参加」を必要とするなら、これに代替する契約もまた、その締結に先立って「連邦参議院の同意」「環境委員会の聴聞」「連邦議会の同意」「公衆参加」を必要とするのである。環境法典独立専門家委員会は、こうした規定草案を提案した理由を次のように述べる。曰く、「〔三六条一項——筆者註〕第二文及び同第三文は、連邦参議院、連邦議会の関与権、並びに、環境委員会と公衆の聴聞権が、対応する内容を持った法規命令に代えて締結された契約によって空洞化されることがないことを保障するものである。したがって、規範代替型契約は、手続法上、対応する内容を持った法規命令と同じ要件を満たさなければならないのである。」と（Vgl. UGB-KomE, a.a.O（Fn.10）, S.511.）。なお、J・クネーベルもまた、右に見た環境法典独立専門家委員会草案と同様、「規範代替型契約は法規命令制定手続と同じ手続を踏まなければならない」との立場に立脚しつつ、この事実を根拠として、「規範代替型契約には、公法上の契約に関して一般に指摘される諸々の利点——迅速性、柔軟性、行政労力の低減等の利点——は、存在しない」との見解を示している（Knebel, a.a.O（Fn.39）, S.221f.）。

（48）Vgl. Becker, a.a.O（Fn.8）, S.673-679.

（49）Vgl. Becker, a.a.O（Fn.8）, S.678f.

第三章　規範制定契約と民主的正統性の確保

第一節　立法権限の一部放棄・委譲・私人による立法権限の共同行使

Ｆ・ベッカーの理解によると、――真正・不真正を問わず――、規範制定契約の法的許容性を議論する際に検討されるべき重要論点は、「法規命令制定権限及びそこに付随する立法裁量権の意味」である。すなわち彼は、「規範形成の自由（立法裁量）が、規範制定権限を任意に処分することを正当化する法律上の権限とみなされてよいのか」、あるいは「規範形成の自由（立法裁量）は、一方的に規範を制定・公布することに代え、規範を準備し又は規範に代替する規範関連契約の締結を許容するための手掛かりとみなされてよいのか」を解明する必要がある、という。(50)その際、注目すべきは彼の基本スタンスである。Ｆ・ベッカーは、規範（特に法規命令）の制定権限を法律上委任された行政権が、特定範囲の私人との間で契約を締結し、――真正であれ不真正であれ――、当該契約形式を通じて規範内容を「共同形成」することについて、「そこに憲法上の限界はないのか」を問うのであって、明文の規定を以て契約による立法を後押ししようとする近時の立法動向を所与の前提とするのではなく、むしろこれを憲法原理との関係で批判的に検討しようとするのである。(51)

Ｆ・ベッカーの理解によると、ドイツの立法実務は、法律上行政権に対して法規命令の制定権限が委任され、そこに立法裁量権が与えられた場合、――法律の趣旨・目的から法規命令形式による規律が強制され、契約形式の利用が禁じられていると解される場合は別として[52]――、行政権には、法規命令と契約という二つの行為形式を選択する自由（形式選択裁量）が認められる旨を当然の前提としている。彼によると、その代表例が環境法典独立専門家委員会草案である[53]。事実、草案理由書は次のように述べている[54]。

「規範を制定・公布し、又は依然として不作為のままでいることが基本的に執行権の裁量に委ねられているのであれば、さらに、形式間の選択についても、執行権の裁量に委ねられていなければならない。」

行為形式の選択裁量は、環境法典独立専門家委員会草案が初めて提示した考え方ではない。行為形式の選択裁量を裁量権行使の一発現形態と位置づけ、これを承認してきたのは、むしろ行政法学説の側であった。ただし、従来の行政法学説が行為形式間の選択裁量を議論するにあたってイメージしていたのは、通常の行政裁量が存在する局面に於ける「行政行為と契約」間の選択裁量、あるいは、「公法上の法形式と私法上の法形式」間での選択裁量であった。例えばJ・ブアマイスター（Joachim Burmeister）は、一九九二年に開催されたドイツ国法学者大会に於ける基調講演の中で、次のように述べている[55]。

「行政活動の法形式は、――比喩的に言えば――、ある特定の活動に関して法秩序が用立てた衣服であって、具体的な活動を実施するにあたり、法が別の衣服を用立てている場合には、当該衣服は別の衣服と交換可能である。この場合、行為主体には、様々な法形式間での選択の自由が存在するのである。……こうした、異なった法形式間での利用裁量を考慮する可能性に対し、法原則上、疑義が主張されてはならない。とりわけ、……憲法上の適法性の基準からは、選択裁量権行使に関する法律の留保は導き出され得ない。現在の行為形式学説もまたそう考えている。行政活動の法形式には、行政行為、公法上の契約、そして――

一致した見解に従うと――私法上の権利形成手段、とりわけ売買契約、勤務契約、請負契約といった典型例が存在する。連邦行政手続法第五四条第二文に於いて、行政行為に対する代替機能が公法上の契約に対して原則的に認められていることからも明らかなように、これらの法形式間には、法律の留保なしでの利用選択裁量が存在する。他方では、行政行為による活動と私法上の契約による活動にも、行政の選択裁量が存在する。例えば、土地収用回避契約はその事例である。行政庁は、土地収用の前提条件が存在する場合に、土地収用行為を発動することに代えて、売買契約を通じて、当該土地を購入することができるのである。」

これに対し、環境法典独立専門家委員会は、従来、行政裁量の行使局面に於いて展開されてきた行政行為と契約との間での形式選択裁量をめぐる議論を、立法裁量の局面にまで広げ、法規範と契約の間にも、原則として、行為形式の選択裁量が認められると考えているのである。(56)

F・ベッカーが問題とするのは、こうした行為形式の選択裁量を根拠に法規命令制定権限を持った行政権が特定範囲の私人との間で契約を締結し、――真正又は不真正規範制定契約を通じて――法規命令の内容を「法的拘束力をもって共同決定すること」の是非である。この問題を検討するにあたり、彼はまず初めに、契約等を通じた規範内容の共同決定が、「行政権による規範制定権限の一部放棄」、「私人に対する規範制定権限の一部委譲」及び「当該規範制定権限の私人による共同行使」を意味する、と考える。(57)

「規範制定権者たる国家は、規範制定行為に関連する契約的拘束を通じて、また共同による規範制定を通じて、規範制定権者に認められた権限を部分的に私人に委ね、これにより規範制定権者に認められた権限を低減しているのである。国家サイドは、以前は単独で決定することができたとしても、今や、――限界の中で――申し合わされた拘束の内容に方向づけられなければならない。元来、規範制定権者たる国家に帰属したところの権限が〔私的な契約相手方に――筆者註〕一部委譲されるからといって、それは、基本権的自由の一要素となるわけではない。したがって、規範制定プロセスに於ける拘束的な共同決定権

〔Mitspracherecht〕の行使は、全て私人による権限の行使である。」

F・ベッカーは、かかる基本認識を基盤に、「行政権による立法権限の一部放棄」、「私人に対する立法権限の一部委譲」及び「私人による立法権限の共同行使」を意味する規範制定契約の締結が、「果たして憲法上正当化されるのか」を問うのである。

第二節　基本法八〇条一項——法規命令制定権限名宛人範囲の限定

右の問題を考える上でF・ベッカーが注目したのが、法規命令制定権限を法律上委任することのできる範囲を連邦政府、連邦大臣及びラント政府に限定した基本法八〇条一項である。[58] 彼は、基本法八〇条一項が法規命令制定権限を委任し得る主体を限定列記している意味・趣旨を探り、そこに「立法権限が行使される局面に於いて民主的正統性の連鎖を維持しようとした基本法制定者の意思」を読み取る。F・ベッカーの理解によると、基本法八〇条一項に列記され、——したがって間接的とはいえ——民主的正統性の連鎖の中にある複数の法主体に対して「規範内容を共同決定する権限」を個別法上付与することについては、憲法上、基本的に疑義は存在しない。[59] しかしながら、直接的にも間接的にも民主的正統性を持たない民間法主体との間で締結される契約を通じて、法規命令の内容を「法的拘束力を以て共同決定する」となると話は別である。基本法は、法規命令制定権限を法律上委任し得る名宛人の範囲を限定し、民主的正統性を持たない民間法主体にまでこれを拡張することを認めていないからである。F・ベッカーの理解によれば、民主的正統性のない民間法主体との間での規範制定契約は、——真正規範制定契約であれ、不真正規範制定契約であれ——、仮にそれを認める明文規定が個別法上存在しようとも、憲法上許されないのである。[60]

「基本法第八〇条第一項に於いて明らかにされている『委任立法権限の名宛人の排他性』は、『それ以外の関係者が、原理的に、委任立法権限の分け前にあずかってはならないこと』を前提としている。憲法が、規範制定権限を委任することのできる法主体を指名する場合、それが意味するところは、『憲法上指名された当該法主体のみが規範制定権限を委任され得る』ということである。憲法による受任者の明示的かつ終局的な列記は、暗に、他のあらゆる法主体が規範制定権者となることを排除している。というのも、規範制定権限の分配は、その限りで、憲法上規定されている法制定者の権限を狭め、縮減することになるであろうからである。仮に我々が、それ以外の関係者、とりわけ私人に対して、法律よりも下位の規範制定に影響力を行使する可能性を認めようとするならば、馴染みのない、また当該正統化の意味連関からは遠く離れた法制定権者の入場を認めることになるのであって、これにより、当該規範制定の公共の福祉適合性を保障する正統化の意味連関——通常は受任者の人的民主的正統性——は、相対化されることになるであろう。

したがって、いずれにせよ、議会以外の規範制定権限の潜在的保有者に関する憲法上の制限は、基本的に、規範制定権者に関する当該範囲の拡張を阻止しているのである。……基本法第八〇条第一項に列記された潜在的な一次受任者の範囲拡張——それは憲法に違反する——が存在するのは、規範制定権限が、基本法第八〇条第一項第一文に掲げられていない他の主体、——場合によると私的法主体——に対して全面的に委ねられる場合に限られない。それは、法律制定権者が、規範の制定・公布に際し、法的に拘束力を持った形での影響力行使権を他の法主体に認める場合や、委任立法権限の保持者が、その規範制定権限又は規範制定権限に内在する消極的形成裁量に基づいて、私人に対して共同決定権を認める場合にもまた存在する。潜在的な規範制定権者の限定が目的とするところは、委任立法行為の民主的正統性の確保である。他方、それは、契約による規律を通じて妨げられる。……委任立法権限は、基本法第八〇条第一項第一文乃至第四文が規定する委任の名宛人と関係づけられている。したがって、この規定に於いて受任者として列記されていない第三者に対して拘束力を持った共同決定権を認めることは、——仮に明示的な法律上の指示に基づく場合であろうが、又は、単に規範制定権限〔に内在する立法裁量権——筆者註〕に基づくに過ぎない場合であろうが——、憲法に違反するのである。」（傍点筆者）

第三節　契約による規範内容共同決定の禁止

このようにF・ベッカーは、真正・不真正を問わず、規範制定契約が、民主的正統性のない民間の法主体に対する「規範内容の共同決定権の付与（民間法主体による立法権限の一部行使の容認）」とみなされる限りに於いて、そこに憲法上の疑義を提起する。彼の理解によると、法規命令の制定権限は、基本法上、民主的正統性を持った法主体――すなわち行政権に対してのみ、法律を通じてこれを委任することができ、法規命令の制定権限は、民主的正統性の連鎖の中にある行政権が単独でこれを行使すべきものである。規範制定契約は――真正・不真正ともに――この原理を毀損し、民主的正統性を持たない民間の法主体に対して「規範内容の共同決定権＝法規命令制定権限の共同行使権」を付与する。それは、「民主的正統性の確保という観点から法規命令制定権限の名宛人の範囲を限定列記した基本法の趣旨に反する」のである。右の見解に依拠する限り、環境法典独立専門家委員会草案がその三六条で提案した法規命令代替型契約は、憲法上重大な疑義に直面し、憲法違反の疑いをかけられることになろう。(61)

他方、これとの関係で興味深いのは、連邦自然保護法が規定する自然保護契約の許容性をめぐるF・ベッカーの評価である。というのも彼は、真正・不真正を問わず規範制定契約の許容性について憲法上の疑義を繰り返し主張しながらも、他方では、自然保護契約（法規命令回避・代替型契約）の許容性については、――U・ディ＝ファビオやJ・シェーラーと同様――、基本的に何ら異論を唱えないからである。(62) 一見すると矛盾する結論でありながら、しかし仔細に検討すると、そこには理論的一貫性を見いだし得る。

既に述べた通り、F・ベッカーが真正・不真正を問わず規範制定契約に対して疑義を提起したのは、それが「民主的正統性を持たない民間法主体に対して《法規命令制定権限を共同行使》させ、以て、当該民間法主体に対して《規範内容を共同決定する権利を付与》することになる」と考えたからである。

これに対し、法規命令形式による保護区域指定に代えて締結される自然保護契約は、なるほど保護区域指定（法規命令）に代替し、契約の成立を以て法規命令の制定が放棄されるという意味に於いて、不真正規範制定契約ではある。しかしこの契約は、「法規命令の形式によって保護区域の指定が行われた場合に保護区域内の土地所有者等が課せられる法律上の義務の実施・引受け」を内容とする。すなわち、この契約は、「連邦自然保護法の第二二条が規律する法律上の義務の実施契約」なのであって、「民主的正統性のない民間法主体に対して、法規範の内容を共同決定する権利・権限を付与するものではない」のである。それ故、規範制定契約に対して憲法上の疑義を提起したF・ベッカーによってもまた、法規命令形式による保護区域指定に代替する自然保護契約の許容性は否定されないのである。(63)

「個々の命令や禁止の契約による引受け、又は、保護区域指定に伴う保存措置や発展措置、原状回復措置といった保護策（参照、新連邦自然保護法第二二条第二項及び各ラントの対応規定）の実施は、……総じて〔法規命令形式による——筆者註〕保護区域指定に並行する契約に留保されてよい。この見解に対する疑義は、連邦自然保護法の改正法により、もはや無意味なものである。行政庁は、〔法規命令形式によって——筆者註〕保護区域指定を制定・公布することを義務づけられない。故に、契約による規律が第三者利害関係人〔一般大衆等——筆者註〕に対して、規範による規律の場合と同程度の規律能力を持ち得ない事実に焦点が当てられる必要などない。行政庁が、そのような形で〔第三者に対して法的義務を課すために——筆者註〕一般拘束的な規律を必要だと考えるなら、行政庁は、意のままに、当該一般拘束的な規律〔法規命令——筆者註〕を制定公布することができる。一般拘束的な規律を必要だとは考えない事案である限りに於いて、行政庁は、契約による規律及び主観的に制約されたその作用力で満足してよいのである。」（傍点筆者）

（50）Vgl., Becker, a.a.O（Fn.8）, S.679.

（51）　F・ベッカーは言う。「憲法上の評価にあたっては、以下に述べる二つの観点が区別されなければならない。第一段階に於いては、規範制定権限の行使に関する法律制定上の関与の度合いが重要である。すなわち、《委任若しくは授権を行った議会が、法律上の明文規定を以て、同意権の留保［Zustimmungsvorbehalt］や契約締結権限［Vertragsschlußbefugnis］、又は協定による規範制定［Normsetzung durch Vereinbarung］を規律しており、これにより、名宛人に対して――明示的に――法律より下位にランクされる規範の制定にあたって共同すること［Zusammenarbeit］を強要（又は授権）しているのか?》、それとも、《立法者は、第三者が規範の制定に拘束力をもって参加することがあり得るということ、そしてそれによって、〔規範制定――筆者註〕権限が、全部又は一部、処分可能であることを、少なくとも黙示的に知らせているのか?》である。これらの二つのケースのうちの一方が存在するなら、第二段階に於いて、当該〔規範制定権限を――筆者註〕《処分可能なものにすること［Verfügbarmachung］》についての憲法上の限界が探求されなければならない。立法者は、規範契約――すなわち、国家規範を、国家と社会の間で締結される協定を通じて生み出す方法――を導入するにあたって、又は、規範を準備するための申合せ［normvorbereitende Absprache］を許容するにあたって、一体どの程度で自由なのであろうか?」と（Becker, a.a.O（Fn.8）, S.679f.）。

（52）　法規命令の制定権限を授権する法律規定の趣旨・目的からして、唯一、「法規命令」形式に於いてのみ法律関係を規律することが許され、逆に契約形式による規律（契約による法規命令への代替）が法律上禁止されていると考えられる場合が存在する。こうした「法規命令形式の利用強制（契約形式の禁止）」が、具体的にどのような局面に存在するのか」を個別に検討したのが、H-W・レンゲリング（Hans-Werner Rengeling）とJ・クネーベルである。彼らの共通理解によると、法規命令制定授権を行う各種法律のうち、例えば「原子力法」は、放射性物質の取扱いや原子力施設の設置・操業等に際して必要となる「許認可」等の「審査基準」につき、「法規命令」形式による規律を委任しているが、「保護法益の重要性」、「潜在的危険性の高さ」、「強い国家監督の必要性」等に鑑みると、これらの審査基準は、必ず「一般拘束性」をもって規律される必要があり、したがって、原子力法に於いては、その全領域に於いて「黙示的な契約形式の禁止」が前提とされなければならないという。また、これと同様の理由から、「遺伝子工学法」領域等に於いても、法規命令形式の利用強制＝契約形式の禁止が見いだされるという。この点については、Vgl. Knebel, a.a.O（Fn.39）, S.180ff.：Hans-Werner Rengeling, Das Kooperationsprinzip im Umweltrecht, 1988, S.189.

（53）　Vgl. Becker, a.a.O（Fn.8）, S.681f.

（54）　UGB-KomE, a.a.O（Fn.10）, S.505f.

（55）　Joachim Burmeister, Verträge und Absprachen zwischen der Verwaltung und Privaten, VVDStRL 52, 1993, S.207f.

（56）真正・不真正を問わず規範制定契約の許容性をほぼ全面的に否定する論者は別として、少なくとも不真正規範制定契約（法規命令代替型契約）につき、――細かな見解の違いはあれ――、その許容性を一定の条件下で許容する論者は、U・ディ＝ファビオ（Vgl. Di Fabio, a.a.O (Fn.29), S.342f.）であれ、H-W・レンゲリング（Vgl. Rengeling, a.a.O (Fn.52), S.190.）であれ、J・クネーベル（Vgl. Knebel, a.a.O (Fn.39), S.159.）であれ、E・グルリット（Vgl. Gurlit, a.a.O (Fn.16), S.264f.）であれ、いずれも、法規命令制定権限に付随する立法裁量権の中に、「法規命令形式と契約形式間での行為形式選択裁量」が含まれることを前提としている。

（57）Vgl. Becker, a.a.O (Fn.8), S.682.

（58）Vgl. Becker, a.a.O (Fn.8), S.687ff.

（59）F・ベッカーは、次のように言う。「まずはじめに問題となるのは、立法者が、（例えば協定又は同意留保を通じて）複数の規範制定権者が協働して法の制定を行うことを指示しており、両関係者が等しく憲法上、規範制定権限の排他的な受任権限[Delegatare]を持ち得るような場合である。基本法第八〇条第一項の領域に於いては、《基本法第八〇条第一項に掲げられた名宛人のうちの二つによって共同行使され得る》というやり方に於いて法規命令〔の制定権限――筆者註〕を授権することにつき、これを阻害する要因は何ら存在しない。」と（Becker, a.a.O (Fn.8), S.688f.）。

（60）Vgl. Becker, a.a.O (Fn.8), S.689f.

（61）なお、環境法典独立専門家委員会草案は、草案三七条が規定する要件を満たす場合に於いて、草案三六条が規律する法規命令代替型契約の法的拘束力の及ぶ範囲を、契約当事者以外の第三者にまで及ぼすこと（これを一般拘束宣言という）を認めている。環境法典独立専門家委員会は、「法規命令代替型契約の締結に応じた事業者団体（及びその加盟企業等）が契約上の義務を負う一方、契約を締結しない団体（及びその加盟企業等）が、謂わばアウトサイダーとして、契約上の義務はもちろん、法規命令――それは他者が締結した契約により制定が放棄されている――によってもまた義務を課されない状態（フリーライド）となることを阻止する」ために、「労働協約に関する一般拘束宣言」を規定した労働協約法五条を参考に、このような規定の創設を提案したのである。問題は、その評価である。M・クレプファー（Michael Kloepfer）のように、この規定を「法的新境地〔rechtliches Neuland〕に足を踏み入れるもの」と評する論者（Vgl. Michael Kloepfer/Wolfgang Durner, Der Umweltgesetzbuch-Entwurf der Sachverständigenkommission, DVBl 1997, S.1081ff. (S.1086).）が存在する一方、E・グルリットのように、「労働協約が、一般拘束宣言により、その効力範囲を協定締結当事者以外にも及ぼし得るのは、基本法の第九条がそれを認めているからである」とし、「こうした憲法上の正当化根拠もなく、草案第三六条が規律する法規命令代替型契約に対して一般拘束宣言制度を導入することは不可能である」とする見解もまた存在するところである（Vgl., Gurlit, a.a.O（Fn.16）., S.317f.）。

（62）　Vgl., Becker, a.a.O（Fn.8）., S.634ff.

（63）　Vgl., Becker, a.a.O（Fn.8）., S.643f.；なお、J・ツィーコー（Jan Ziekow）及びT・ズィーゲル（Thorsten Siegel）（Jan Ziekow/Thorsten Siegel, Entwicklung und Perspektiven des öffentlich-rechtlichen Vertrages, VerwArch 94（2003）, S.593ff., VerwArch 95（2004）, S.133ff.）もまた、法規命令形式による保護区域指定に代替する「自然保護契約（法規命令代替型契約）」が、規範内容の共同形成に関わるものではなく、むしろ、連邦自然保護法の適用・実施に関わる行政契約であることを認めて次のように言う。「連邦自然保護法の新版は、連邦自然保護法の領域に於いて制定される法規命令を実施するための措置を講ずるにあたり、その目的が契約的合意を通じてもまた達成され得るか否か審査するよう、ラントに求めている。また連邦土壌保護法新版の第一三条第二項及び同第三項に従って行われる保護区域指定の場合、〔法規命令によった場合と——筆者註〕同等の保護が契約的合意を通じて保障される場合には、〔法規命令による——筆者註〕保護区域宣言は行わないことができる（連邦土壌保護法第一三条第四項）。これら二つの規定は、契約による自然保護という目的の追求可能性を強調し、またこれにより、契約による自然保護という考え方に広範な余地を開くことを意図している。……このように個別法は、公法上の契約の締結に関してあらかじめ規範上の整序を行っているが、全体として見れば、それが目的とするところは、何よりもまず、契約の内容となり得る事項を法規定に於いて指摘し、当該法規定を手掛かりとしながら契約という行為形式を選択する裁量が与えられている旨を、法の適用にあたる行政庁に対して指摘することにある。こうすることによって、契約形式を利用するための準備が促進されることを意図しているのである。」（傍点筆者）（Vgl., VerwArch 94（2003）, S.602f.）。

終章　おわりに

第一節　要　約

以上、立法局面に於ける公私協働現象のうち、特に契約による法規命令の内容の共同決定に焦点を当て、ドイツ行政法学説及び判例の議論動向を素材に、規範制定契約の法的限界について考察を行った。本研究から得られた知見は以下の通りである。すなわち、法規命令の制定を法律上委任された行政権は、民主的正統性を持たない民間法主体との間で締結される契約を通じて法規命令の内容を「法的拘束力」をもって共同形成することは許されない。真正規範制定契約であれ、不真正規範制定契約であれ、およそ規範制定契約は通常、民主的正統性がなく、したがって本来的には法規命令の制定権限を付与・行使することが認められない民間法主体に対して規範内容を共同決定する権利又は法的権限を付与するのであって、それは、仮にそれを明文で認める法律規定が存在しようとも憲法上許容されないのである。したがって、法規命令の制定局面に於いて専門知識の不備を補い、その実効性・受容可能性を高めるために関係する民間法主体（法規命令の潜在的被規制者等）との間での協働が必要不可欠であるとしても、許容される協働の形式は「聴聞」まででであり、それを超えて契約形式にまで踏み込むことには憲法上大きな疑義が提起されるのである。ここに我々は、契約が行政の行為形式として果たし得る機能に一つの大きな「限界」があることを認めざるを得ない[64]のであって、契約は、同じく個別行為としての行政行為には——一定の条件下に於いて——代替し得ても、行政立法に代替する機能を承認することは、――前章に見た自然保護契約のような場合は別として――できない（少なくとも管見の限り、契約に行政立法への代替機能を認めることについては、ドイツの行政法学上、有力な疑義・批判が提起されている）のである。こうした見解を強力に主張したのがF・ベッカーであって、彼は次のように結論づけるのである。(65)

「以上の理由から、基本法第八〇条第一項第一文に列記された第一次受任者（場合によると、可能性として存在する第二次受任者＝再受任者）は、委任を行った法律の枠内に於いて、法規命令の内容と法規命令の制定・公布に関し、単独かつ法的に自由な状態で、これを決定することができなければならない。その限りで、『特に聴聞手続に於いて認められている他の国家的法主体又は他の私的法主体による規範制定権者に対する一方的な影響力の行使』と、『基本法第八〇条第一項第一文に掲げられた法主体以外の主体との間での許容されていない共同決定』との間には、重要な憲法上の限界線が伸びている。『法的に拘束力を持った選択肢の制限形式（同意留保［Zustimmungsvorbehalt］、拒否権［Vetorecht］）』もまた、単独かつ自由に規律を行う可能性を第一次受任者から奪いとってしまうのであって、憲法上許容されない共同決定の中に含まれる。」（傍点筆者）

第二節　今後の課題

他方、問題となるのは、法的拘束力を持たない申合せ（Absprache）の位置づけである。法規命令の内容を実効性あるものとするためには、潜在的な被規制者等、専門知識を持つ利害関係者との間で交渉する必要性がある。その一方で、民主的正統性を持たない民間法主体との間での契約を通じて法規命令の内容を共同決定することには、憲法上重大な疑義が生じる。そのため行政実務は、これら二つの相反する要請の狭間で「法的拘束力のない申合せ」を多用してきた。そこに共通するのは、法規命令の制定権限の存在を背景とした国家の強い影響力行使のもとで、（a）産業界が特定の措置を任意に実施することを書面で約束し（自主規制）、（b）行政庁は、当該自主規制を歓迎する旨の声明を発表し、併せて事案についての法的規律をさしあたって見送る旨が宣言される。ドイツの行政法学説は、これを「不真正規範制定の申合せ」「規範回避・代替型申合せ」等と呼び、本書で検討した規範制定契約同様、その法的許容性をめぐって活発な議論を展開している。[66]その評価は様々であり、規範回避・代替型の申合せが——法的拘束力のないものとはいえ——実態として不真正規範制定契約とほぼ同じであり、事実上の拘束力も軽視できないこと等を理由に、不信感を顕わにする論者も存在する。[67]

詳しい検討は別稿に譲るが、本書で得られた知見——とりわけ前章で紹介したF・ベッカーの見解——に依拠する限り、申合せの法的許容性を否定することはできないように思われる。というのも、申合せが事実上の拘束力しか持たず、その締結によっても行政庁が法規命令の制定放棄を法的に義務づけられないこと、したがって、法規命令の制定権限は、申合せの成立後も間接的民主的正統性を持った行政庁によって単独留保され、行政庁が——法的には——常に法規命令制定権限を単独行使し得る状態にあることからすれば、不真正規範制定契約に関して見られたU・ディ＝ファビオやF・ベッカーらの懸念は、申合せには当たらないからである。[68]申合せの全面不許容論を唱える学説が少数説にとどまり、むしろ多くの論者が、申合せの許容性が肯定されることを前提に、それを統制する法理を組織法、手続法及び実体法の各方面から議論しているのも、そのためであろうと思われる。[69]

他方、本書第三部では、「契約による立法」現象のうち、法規範（特に法規命令）の制定・非制定が合意される「真正・不真正規範制定契約」に焦点を当て、その法的問題性を議論したが、「契約による立法」という場合の「契約」は、なにも法規命令制定権者たる行政権と民間法主体間で締結される規範制定契約に限られない。序章でも触れた通り、規範制定に関連する契約（規範関連契約）には、もう一つの契約類型として「規範契約」が存在する。規範契約は、規範制定契約——すなわち、規範と契約が別個の存在として相互に独立し、契約によって規範の制定・非制定が合意される契約――とは違い、契約それ自体が法規範たる性格を持つ。換言すれば、契約の成立が同時に法規範の成立を意味するのであって、契約と法規範は「一心同体」の関係にあるわけである。

この規範契約を多用しているのが社会保障法領域である。既に我が国に於いても社会保障法学者を中心とした多数の先行研究が示す通り、ドイツの社会法典（Sozialgesetzbuch：SGB）は、保険対象となる療養給付や治療薬等の具体的範囲、レセプト点数、診療報酬額等につき、その決定を「契約」に委ねている。[70] 契約の一方当事者は「保険者団体（機能的自治団体＝公法上の団体である疾病金庫等の団体）」であり、他方当事者は「給付提供者団体（医師団体や製薬企業が加盟する事業者団体等）」である。[71] この契約に於いて合意される内容は、単に契約の両当事者の権利義務関係にとどまらない。というのも、右契約は、必然的に、契約当事者以外の第三者（典型的には個々の被保険者等）の権利義務関係をも一般的・抽象的に規律し、したがって右契約の成立は、同時に、規範の成立をも意味しているからである（規範契約）。本書では、検討・考察の対象を「規範制定契約」に限定し、規範制定契約と並び「契約による立法」の一領域を占める右「規範契約」については、敢えてこれを考察の対象から除外している。しかしそれは、筆者が今後、行政法学的分析軸に依拠しながら（又は行政契約論の視点から）「規範契約」に関する理論研究を行うにあたり、「規範制定契約」に関するドイツの議論を検討し、これを分析することが基礎・基盤になると考えたからにほかならない。規範契約に関する諸々の論点――とりわけ規範契約という規範規律手法と規範制定局面に於ける民主的正統性確保の要請との関係等――についての詳細な検討は、筆者に課せられた今後の課題としておきたい。[72]

（64）　ドイツ連邦行政手続法第四編「公法契約規定（五四条乃至六二条）」は、まさしく、行政行為代替型契約に関する実体統制規定を規律するものである。右規定の内容及び成立過程等については、本書第一部「行政行為代替型契約論」を参照。

（65）　Vgl. Becker, a.a.O (Fn.8), 690.：なお、ＥＵに於いては近年、欧州委員会を中心に、ＥＵの指令を国内法化する手段として環境協定を活用することが志向されており、実際、二〇〇〇年の中古車両指令では初めて「指令の一部を環境協定により代替し得ること」が明文の規定をもって認められ、併せて、環境協定に関する内容上及び形式上の要求が盛り込まれたようである（参照、柴田・前掲註（6）論文二三頁以下）。柴田氏の説明（同論文二四頁）によると、「指令の国内法化に関連する右環境協定は、法令による公式の国内法化と結びつけられており、指令を国内法化するために制定される公式の国内法令は、（a）協定を締結し、それを遵守する当事者に対しては適用されず、（b）協定を締結しない者に対しては適用される関係にある」とのことである（指令を国内法化する法規範と協定の併存）。筆者（岸本）にとっての関心は、「ＥＵの指令を国内法化するために制定され、協定を締結しない事業者等に適用されることになる法規範の内容が、具体的にどのようなプロセスを経て決定されてゆくのか」にある。実態が必ずしも明らかではないため、最終的な評価は留保せざるを得ないが、仮に「協定に併存する国内法令の規定内容が、《協定を締結し、以て当該国内法令の適用を免れることになる民間法主体との間での交渉・合意・契約》を通じて共同決定されている」とすれば、それは「民主的正統性のない一部の民間法主体に対して、契約上、法的拘束力をもって規範内容を共同決定する権限を付与した」ことになり、――少なくとも本書で紹介したＦ・ベッカーの理論構成に依拠する限り――、憲法上の疑義が提起される可能性も否定できないようにも思われる。欧州司法裁判所は指令の国内法化に関連する右環境協定手法に対して否定的な立場をとっているようであるが、その理由の分析をはじめ、右環境協定に対する行政法・環境法学説の評価及び議論動向に注目したい。

（66）　法的拘束力のない申合せ（Absprache）については、Vgl. Brohm, a.a.O（Fn.2）, S.1025ff. ; Eberhard Bohne, Informales Verwaltungs- und Regierungshandeln als Instrument des Umweltschutzes, VerwArch 75(1984), S.343ff. ; Spannowsky, a.a.O（Fn.16）, S.449ff.

（67）　Spannowsky, a.a.O（Fn.16）, S.155f.

（68）　事実Ｆ・ベッカーは、法的拘束力を持たない「申合せ」にあっては、行政庁が、少なくとも法的には、常に単独で法規命令制定権限を行使し得る状態にあることを理由に、その許容性を全面否定する見解には立っていない（Vgl. Becker, a.a.O（Fn.8）, S.690.）。

（69）　Ｗ・ブローム（Brohm, a.a.O（Fn.2）, S.1031.）は、法的拘束力を持たない申合せのうち、特に不真正規範制定型の申合せ（法規命令代替型申合せ）に焦点を当て、実務上実践された複数の事例（例えば、アスベスト産業の団体が健康を損なうアスベストのセメント製品に於ける含有量を一定期間内に五〇％にまで削減する旨を約束した後、暫定的に、連邦イミッション防止法三五条一項、化学物質規制法一七条第一文一号に基づく法規命令の制定が放棄された事例等）を紹介しつつ、当該自主規制・申合せの意義と統制法理を検討・分析している。彼の理解・説明によると、自主規制・申合せには、「幾つかの利点」――すなわち、①法的命令という複雑な形式の付与を回避し、場合によると長期化しかねない紛争を迅速に一掃することに寄与する、②国家と産業界との間での包括的かつ相互的な情報交換を促進し、問題状況の正確な把握と認識の共有に役立つ、③企業のノウハウを獲得することに寄与する、④国家は、変化した状況に迅速かつ柔軟に対応することが可能となり、他方、産業界は、国家によってあらかじめ設定された方法にとらわれずに、革新的で市場に適した形での新たな問題解決策を展開するチャンスを与えられる――が存在する一方、逆に「欠点又は疑念」として、①法治国的・民主的保障を本質的に構築している行為形式や手続が、国家と経済界の協働により、空洞化され、又は回避される危険性、及び②決定を行った行政庁の明確な責任が弱められ、関係人、特に申合せに関与していない第三者利害関係人の権利保護が不十分なものになる危険性が存在する。W・ブロームは、かかる認識を基盤に、「組織法」・「実体法」・「手続法」の各局面にわたって、以下に述べる申合せの統制法理を提示している。すなわち、彼の理解によると、法的拘束力のない申合せは、①その内容を規範（法規命令）によって一方的に規律し得たであろう機関のみが締結し得る（組織法的統制）。他方、②申合せは、過剰規制禁止原則及び比例原則に違反してはならず、したがって、申合せの内容、目的、規模は、申合せによって制定を見送られる法規命令の授権範囲を超えてはならない（実体法的統制）。さらに、③非拘束的な申合せを事実上解約し、その上で、より強い拘束力を持ち、かつ法治国的により強く保護されている法規命令や条例といった形式での一方的命令を発動する可能性が常に担保されていなければならない（立法権限放棄の禁止）のである。残る問題は、申合せに対する手続統制であるが、W・ブロームは、例えば環境保護団体や連邦参議院など、法規命令の制定手続に関与し得る法主体の手続参加が、申合せの締結によって回避・形骸化される危険性を認めつつも、申合せに対して法規命令の制定手続を類推適用することには反対している。インフォーマルな申合せによって意図されている手続の複雑さの回避と、これに伴う手続の迅速化という効果が、これにより大幅に損なわれるからである。ただしW・ブロームは、申合せが手続的統制から完全に自由であると考えているわけではない。彼は、「インフォーマルな申合せは、行政に対し、試行錯誤しながら〔im Wege des trial and error〕、状況を暫定的に改善する可能性を模索するチャンスを与える。環境保護団体は、こうした規範的規律の前域に於いて申合せの成果を批判的に監視監督し、申合せの成果が不十分で、高権的介入が必要となった限りで、拘束力を持った規律の制定に参加することの中に、その機能を見いだす。その限りで環境保護団体の参加権は、いわば時間的に延期されるのである。」と言い、申合せの「実験的性格」を強調しつつ、そのための前提として、申合せの「公開義務」を主張するのである。右に紹介したW・ブロームの見解を含め、自主規制・申合せに関するドイツ行政法学説の議論動向の紹介及び分析については、改めて別稿にて行いたい。

(70)　ドイツの医療保険制度、とりわけその中核をなす疾病保険制度については、その制度史を踏まえつつ、現行の法システムを体系的かつ詳細に紹介し分析した先行研究業績として、倉田聡『医療保険の基本構造――ドイツ疾病保険制度史研究』（北海道大学図書刊行会、一九九七年）のほか、門脇美恵「ドイツ疾病保険における保険者自治の民主的正統化（一）～（四・完）」名古屋大学法政論集二四二号二六一頁以下、二四七号四九頁以下、二五一号三四七頁以下、二五二号一五五頁以下（二〇一一年～二〇一三年）、原田大樹「福祉契約の行政法学的分析」法政研究（九州大学）六九巻四号（二〇〇三年）一〇九頁以下（特に一三四頁以下）等を参照。

(71) ドイツの社会法典が規律する「規範契約」の全貌については、Becker, a.a.O (Fn.8), S.598-633. を参照。

(72) F・ベッカーは、ドイツの社会保障制度に於いて長い伝統を持ち、戦後も社会法典の中に取り込まれ、規律された規範契約についても、本書が考察の対象とした規範制定契約同様、民主的正統性確保の観点から、多角的かつ批判的な分析を行っている(Becker, a.a.O (Fn.8), S.692-723)。規範契約に関してF・ベッカーが展開した議論の紹介及び分析については、他日、別稿で改めて論じたい。

結論　本書の要約と今後の展望

本書は、明治期以来今日に至るまで、我が国の行政法理論並びに立法及び判例実務の動向等に対して、――陰に陽に――多大な影響を及ぼしてきたドイツに焦点を当て、行政行為と並ぶ行政の伝統的な行為形式の一つに数えられてきた「行政上の契約」に関するドイツ行政法学上の学術論議並びに立法及び判例の発展・展開動向を紹介・分析することを通じて、彼の地に於ける行政契約論の体系化の現状を解明し、以て、美濃部達吉博士以来今日に至るまで我が国に於いて繰り返し指摘される「行政契約論の未発達」又は「体系性の不備」を補うための視点又は基盤を得ようとするものである。以下、本書の内容を概略的に要約しつつ、ドイツ行政契約論――又はドイツに於ける行政契約論の体系化の現状――につき、我が国への示唆という観点からその意義を筆者なりの視点で整理するとともに、今後の展望を示して本書を締めくくりたい。

一　本書第一部では、「公法上の法律関係に於ける国家意思の一般的優越性」というテーゼを基盤に、公法上の法律関係が〝対等な意思の合致〟を本質的な要素とする〝契約〟を通じて形成・改廃される可能性を全面的に否認したO・マイヤーの理論――公法契約否認論――を学術論議のスタートラインとせざるを得なかったドイツの公法学が、その後ヴァイマール期から戦後にかけて、「契約による公法上の法律関係の規律可能性」に関する多種多様な学術論議の展開を経て、――個々に対立しながらも――、次第にO・マイヤーの理論を克服し、「契約による公法上の法律関係の規律可能性」が理論的に肯定されてゆく過程、またその後、「契約による法律関係の規律可能性及びその許容要件」をめぐる当時の学術論議の成果を基盤に、ドイツ連邦行政手続法の中に「公法契約規定（第四編五四条乃至六二条）」が創設され、以て契約が――行政行為と並び――公法上の法律関係を規律する行政の行為形式として立法上確固たる地位を獲得するに至った過程に焦点を当てた。

ドイツの行政契約論は、《公法上の法律関係の契約による規律可能性を全面的に否認することによって――同時に――行政行為概念を確立したO・マイヤーの公法契約否認論》、これを理論的に克服し、《契約による公法上の法律関係の規律可能性を肯定した上で、その許容要件を模索したその後の学術論議》、そして、その成果を部分的に取り込む形で起草された《連邦行政手続法「公法契約規定」の成立（一九七六年）》を以て、第一の転換点を迎えた。しかしそれは同時に、連邦行政手続法「公法契約規定」成立後の学術論議の方向性にも決定的な影響を及ぼすものであった。

二　O・マイヤー以降のドイツ行政法学は、公法の世界から契約を駆逐した彼の理論を克服し、公法上の法律関係が契約によってもまた規律される可能性を肯定し、以て公法上の契約を行政行為と並ぶ行為形式として真正面から承認することに躍起であった。それは、かかる学術論議の成果を取り込む形で起草・制定された連邦行政手続法の中にも、これを明確に見て取ることができる。行政手続の概念を規律する連邦行政手続法の九条は、「この法律の意味に於ける行政手続とは、行政行為の要件の審査、準備及び発動に向けられ、又は公法上の契約の締結に向けられた外部に向かって効力を生ずる行政庁の作用をいう。これには行政行為の発動又は公法上の契約の締結が含まれる。」と規定する。他方、公法上の契約の許容要件を規定した同法の五四条第二文は、「特に行政庁は、行政行為を発動することに代え、行政庁がさもなければ行政行為を発動したであろう相手方との間で、公法上の契約を締結することができる。」と規定している。このように、ドイツの学術論議並びに実定法規定に於いて基盤・中核に置かれてきた行政上の契約は、行政主体と私人間で締結される公法上の契約であって、特に、公法上の法律関係を規律する際の原則的な行為形式である行政行為に代替して締結されるものであった。「従属法上の契約＝行政行為代替型契約」がこれである。連邦行政手続法の五五条が規律する――従属法上の――和解契約（行政行為の発動要件事実等につき客観的な不明確性がある場合に行政主体と私人が互譲＝和解し、以て――行政行為によってではなく――契約によって公法上の法律関係を規律する契約類型）であれ、同法五六条が規律する――従属法上の――交換契約（例えば、私人が一定の作為義務又は不作為義務を負うことを反対給付として、行政主体が授益処分を行うこと又は不利益処分を行わないこと〔行政給付〕を合意し、以て――行政行為ではなく――契約によって公法上の法律関係を規律する契約類型）であれ、ドイツがこれまで主たる考察対象としてきたのは、行政行為に代替して法律関係を規律し、その意味で、《行政行為と相互排他的に選択関係に立つ契約》であった。連邦行政手続法「公法契約規定」成立（一九七六年）後のドイツ行政法学は、①《公法の世界から契約を駆逐したO・マイヤー》、②《それを克服し公法上の契約に対して行政行為と並ぶ行為形式たる機能を承認しようとしたヴァイマール期以降の学術論議》、そして③《その成果を部分的に取り込む形で、行政行為と公法上の契約の選択可能性を承認し、これを基盤に、行政行為に代替して締結される契約＝従属法上の契約（行政行為代替型契約）の統制法理を規律した連邦行政手続法「公法契約規定」》に引きずられる形で、その後も、およそ三〇年余りにわたって、議論の対象を基本的に「行政行為代替型契約」に限定してきたのである。連邦行政手続法「公法契約規定」との関係で議論されるドイツ公法契約論が公法上の契約に妥当すべき法理論を語る際、常に、当該契約によって代替されることになる行政行為の法理論を意識しながら両者の関係性に目を向け、基本的に、両者に妥当する法理論の基本的同質性を確保・維持しようとする動きを示したのも、そのためである（第一部：行政行為代替型契約論）。

三　他方、行政上の契約は、連邦行政手続法「公法契約規定」の枠内に収まりきれるものでない。実際、ドイツの行政法学は、この時期、地区施設整備契約や開発費用負担契約などといった都市建設法領域に於いて締結される契約についても――謂わば行政契約法の各論として――学術論議を展開している。(1) また近年――とりわけ二〇〇〇年以降――、所謂「公私協働」が世界的な潮流となるなか、行政上の契約は、それまで国家・行政主体が単独責任のもと自ら履行してきた公的事務事業の遂行を民間事業者等に委ねる手法（民間委託型契約＝協働契約）として脚光を浴びるようなった（第二部：公私協働契約論）。さらにほぼ同時期、「契約による立法内容の共同形成」（契約による立法）という現象も出現した（第三部：規範制定契約論〔行政計画・行政立法代替型契約論〕）。ここに至ってドイツの行政法学は、従来の行政行為代替型契約論の枠を抜け、この枠内に収まらない他の契約類型についても、その統制法理について、本格的な学術論議を開始した。行政契約論の体系化という場合、一体何を以て――又はどのレヴェルを以て――体系化とみなし得るのかは、評価の分かれる問題であって、連邦行政手続法「公法契約規定」の成立（及びそれをめぐる学術的知見の確立）を以て体系化と評価し得るのかは兎も角、長らく行政行為代替型契約論を中核・基盤としてきたドイツの行政契約論が、今世紀に入って、第二の転換点を迎えたことは確かであろう。

とはいえ、一九九〇年代から二〇〇〇年代初頭にかけて第二の転換点を迎えたドイツ行政契約論は、これを仔細に観察すると、特に議論の組み立て方の点で、依然、行政行為代替型契約論に顕著な伝統的思考様式を維持しているようにも思われる。

まず指摘し得るのは、ドイツの行政法学が行政上の契約について学術論議を行う場合、必ずと言ってよいほど、契約の《他の行為形式への代替可能性》に言及する点である。

第二部「公私協働契約論」に於いて指摘した通り、ドイツは二〇〇〇年以降、連邦内務省が中心となって、行政事務事業の遂行を民間事業者等に委任・委託することを目的とした契約＝公私協働契約について、その統制規定を連邦行政手続法第四編「公法契約規定」の中に新規挿入することを志向した学術論議を展開し、複数の規定草案を作成・公表したが、管見の限り、公私協働契約が「伝統的な契約類型――行政行為代替型契約――の枠から外れる新たな契約類型である」との認識のもと、ここでは、「民間委託を内容とする法律関係は、基本的に、契約によって形成される」との認識が、暗黙の（又は所与の）前提になっている。

他方、第三部「規範制定契約論（行政計画・行政立法代替型契約論）」に於いても指摘した通り、契約相手方たる私人が一定の作為又は不作為義務を負うことを反対給付として、法規命令の制定権限を持った行政庁が特定の内容を持った法規命令の制定を放棄すること（行政給付）が合意される「不真正規範制定契約＝法規命令代替型契約」の是非をめぐる学術議論は、「行政主体に行為形式選択裁量なるものが存在することを前提に、契約が、法規命令形式による法規範の定立に代替し得るのか」を争点とするものである。行政行為代替型契約論に於ける「法律の執行局面での契約と行政行為の選択可能性」をめぐる議論は、ここに於いては「立法局面での契約と法規命令の選択可能性」をめぐる議論へと姿を変えている。

こうした《行政行為代替型契約論（契約か然らずんば行政行為か）》、《公私協働契約論（契約による法律関係の原則的規律）》、《法規命令代替型契約論（契約か然らずんば法規命令か）》という形で展開されるドイツ行政契約論には、小早川光郎教授・磯部力教授・亘理格教授が、また近年では田尾亮介教授が、主としてフランス法を素材とした比較法研究から獲得した「契約と行政行為の並存・交錯」という視座──すなわち、「ひとつの法律関係につき、契約による規律と行政行為による規律とが交錯するという状況が生じ得る」という視点(2)──はない。むしろ、その当否は別として(3)、ドイツの行政契約論は、「契約と行政行為とを、法律関係の設定・変更についての二つの方式として同一の平面で対置するという伝統的な思考枠組み」を確固たる基盤として維持しているのである。

我が国の行政法学は、様々な議論領域に於いて、明治期以来常にドイツ行政法学の発展・展開動向に目を向け、そこから数多くの有益な視点や視座を獲得しながら独自の発展を遂げてきた。この点、〝行政上の契約〟について見るならば、──政府調達契約等の所謂私法上の契約を通じて法律関係が規律される場合は別として──、そもそも、契約によって法律関係が規律される具体的事案が少なかったこと（あるいは──報償契約や公害防止協定等を除き──行政法学の興味関心の対象となる素材が必ずしも多くなかったこと）も一因であろうが、これまで我が国の行政法学に於いては、行政契約論の体系化の必要性が繰り返し唱えられながらも、これを横断的・総論的に探求する動きに乏しかった。他方、我が国の行政法学が常に目を向けてきたドイツ行政法学に於ける契約に関する学術論議が、長らく〝行政行為代替型契約論〟の域にとどまっていたこととも相まって、行政上の契約に関するドイツの伝統的な学術論議は、これを行政契約論の体系化という視点で見た場合、我が国の行政法学にとって必ずしも十分に寄与し得るものではなかったようにも思われる。しかしながら、先述の通り、ドイツの行政契約論は、概ね二〇〇〇年以降、〝行政行為代替型契約論〟という古典的な議論領域から抜け出し、所謂〝公私協働契約〟に関して我が国より数段緻密な学術論議を展開しつつある。(4) ＰＦＩ法の制定を契機に〝公共的な事務事業の遂行を民間事業者等に委託することを目的とした契約〟が実務上多数出現し、我が国の行政法学に於いても、その統制法理を解明する必要性が明確に認識されるに至った現在、少なくとも公私協働契約をめぐるドイツの学術論議は、我が国の行政法学にとって一つの有益な道標となろう。またそれは、今後我が国が民間委託について新たに法制度設計を行う場合や、――例えば指定確認検査機関制度のように――、〝形式的には必ずしも契約そのものが登場するわけではないが、法律関係の実態分析からすれば、当該法律関係をめぐる紛争を契約的に処理することが可能又は必要であると考えられる場合〟に於いて、議論の道筋又はあるべき結論を考察する上で有益な視点又は視座を提供するものであると考える。(5) すなわち、法律関係の設定・変更の選択的な方式として契約と他の行為形式を同一の平面上に対置する伝統的な思考枠組みに依拠しながら展開されてきたドイツの行政契約論は、これを単に、行政上の契約に関する法理としてのみ参照し、継受するのではなく、形式的には必ずしも契約そのものが登場しないが、しかし法律関係の実態分析からすれば、当該法律関係をめぐる紛争を契約的に処理することが可能又は必要であると考えられる場合等に於いてもまた、問題解決を探求する際の道標として、これを適宜活用する視点が重要であるように思われるのである。

ともあれ、先述の通り、行政契約論の体系化という場合、一体何を以て（又はどのレヴェルを以て）体系化とみなし得るのか（又はみなすべきなのか）は、論者によって評価の分かれる問題である。――行政契約の母国と称されるフランスのように――、私法上の契約から区別され、その争いが行政裁判所の管轄に服し、民法典とは異なった独自の公法的規律に服す契約を〝行政契約〟という範疇で括り、「王の行為の理論」や「不予見の法理」等、――以上述べた意味での――行政契約に共通して適用される「行政契約固有の一般法理論」と並んで、「行政契約の各類型に固有の法理論――例えば政府契約に固有の法理論又は特許契約に固有の法理論――」が立法上又は特に判例上確立されていることを以て〝行政契約法の体系化〟とみなすなら、本書が考察の対象としたドイツの行政契約論は、少なくともそのような意味での体系化とは、趣を異にしている。

ドイツの行政契約論は、行政主体を一方当事者とする契約（行政上の契約）を「公法上の契約」と「私法上の契約」とに分類した上で、特に前者――公法上の契約につき、他の行為形式への代替可能性（又は代替機能）という視点から、これを《行政行為代替型契約》、《公私協働契約》、《規範関連（規範制定）契約》に細分類し、これら各契約類型の特性を視野に入れながら、その統制法理を――分節的に――模索・解明することを志向している。ドイツ行政法学に於ける行政契約論の体系化は、各法領域に於いて締結される諸々の契約を整序・類型化する作業と密接不可分の関係に立つ(6)。現時点に於いてドイツの行政契約論を構成する三つの柱――すなわち、《行政行為代替型契約論》、《公私協働契約論》、そして《規範関連（規範制定）契約論》――は、立法上規定され又は実務上実際に締結されている多種多様な行政上の契約について、――それが締結される行政領域の特殊性を考慮に入れながら――その統制法理を個別に議論する際に起点となるべき一般的（総論的）な分析軸なのであって、それを段階的かつ継続的に発展・展開させる営為こそが、行政契約論の体系化を志向する行政法学の課題に位置づけられているのである(7)。

こうした――フランスとは異なった形で独自に――行政契約論の体系化を段階的に志向するドイツの行政契約論をそのままの形で我が国に直輸入することの是非は、慎重に判断されるべきであろう。しかし現代行政の行為形式としての契約が果たし得る《機能》とその《限界》を個々に解明しながら行政契約論の体系化を段階的に志向し続けているドイツの動向は、我が国の行政法学が今後も引き続き判例上又は実務上問題となる各種行政契約に妥当すべき法理論を議論し、ひいては我が国が独自に行政契約論の体系化を志向する上で、常に参照すべき有益な比較法研究の素材となることは確かであるように思われる。

グローバル化の波の中で、また特にEUの主要加盟国であるドイツは、EU法の影響の下、様々な行政法領域に於いて、同じくEUの主要加盟国であるフランスやイタリア、スペイン等の法制度又は法理論との調整のため、自国の法理論や法制度の変革を恒常的に行う圧力に晒されている。そのような中で、本書が検討の対象としたドイツの行政契約論（及びこれと関連する様々な法制度）が、将来的にどの程度で（また如何なる形で）変容を迫られ、また実際に変容していくのかを検討し、解明することは、引き続き筆者に課せられた今後の研究課題としておきたい。

（1） 大橋洋一「行政契約の比較法的考察——建設法領域を中心として」同『現代行政の行為形式論』（弘文堂、一九九三年）一六一頁以下（特に一七三頁以下）、同「地域整備における契約・協定手法の法理と実態」『地域整備における契約的手法に関する研究』（河中自治振興財団、一九九〇年）二四頁以下、山下淳「諸外国における契約的手法の概要 Ⅰ西ドイツ」同三五頁以下等を参照。

（2） 契約と行政行為の並存・交錯をめぐる学術論議については、小早川光郎「契約と行政行為」芦部信喜ほか編『岩波講座 基本法学4——契約』（岩波書店、一九八三年）一一五頁以下（特に一二四頁以下）、磯部力「諸外国における契約的手法に関する研究 Ⅱ フランス」前掲註（1）書『地域整備における契約的手法に関する研究』四五頁以下（特に四六頁）、濱西隆男「『行政契約』私論（上）（下）」自治研究七七巻一号六四頁以下、同九号三八頁以下（二〇〇一年）、亘理格「保育所利用関係における合意の拘束力——保育期間中における保育所廃止・民営化に対する法的制約の存否問題を素材に」小林武ほか編『「民」による行政——新たな公共性の再構築』（法律文化社、二〇〇五年）二〇八頁以下、田尾亮介「契約と行政行為の並存・交錯状況——フランスの場合」宇賀克也＝交告尚史編『現代行政法の構造と展開（小早川光郎先生古稀記念）』（有斐閣、二〇一六年）六八五頁以下等のほか、本書序論註（57）を併せて参照。

（3）　小早川・前掲註（2）論文一二九頁以下は、次のように言う。「契約と行政行為の交錯ということは、……具体的には種々の側面を有しているが、いずれにせよこれらの現象は、契約と行政行為という二つの概念の関係について従来通用していた理解に対し、根本的な再検討を迫るものであろう。すなわち、ここで問題とされなければならないのは、契約と行政行為とを、法律関係の設定・変更についての二つの方式として同一の平面で対置するという、従来の考えかたの枠組みそれ自体の当否である。そのような枠組みから離れて、行政行為の観念を、契約の観念とは別の平面での、もっぱら争訟手続上のものとしてとらえなおすという方向も、十分考慮に値するところであろう。」と。

（4）　参照、本書第二部第一編、同第二編。

（5）　参照、亘理・前掲註（2）論文二〇九頁以下二一〇頁。碓井光明『行政契約精義』（信山社、二〇一一年）五一一頁以下（特に五一三頁）。

（6）　Walter Krebs, Verträge und Absprachen zwischen der Verwaltung und Privaten, VVDStRL 52, 1993, S.278 は、次のように言う。曰く「契約の類型化は、何よりもまず、真理の発見を助ける機能（heuristische Funktion）を果たす。したがってそれは、問題解決策の感度を高めること（Problemsensibilisierung）に寄与するとともに、問題解決策の相対化（Relativierung von Problemen）、そして問題解決策の準備（Vorbereitung von Problemlösungen）に役立つのである。」と。

（7）　一九九二年に開催されたドイツ国法学者大会に於いて基調報告を行ったW・クレプス（Walter Krebs）は、個々の契約が締結される法領域の特殊性を抽象化した上で（die Besonderheiten der jeweiligen Einsatzbereiche abstrahieren）、行政実務上実際に締結される諸々の契約を

①営利経済活動領域に於ける契約（Verträge im Rahmen erwerbswirtschaftlicher Betätigung）、

②調達契約／民間化契約（Beschaffungs-/Privatisierungsvertrag）、

③公的任務の共同履行に関連する契約（協働契約）（Verträge zur gemeinsamen Erfüllung öffentlicher Aufgaben ["Kooperationsverträge"]）、

④高権的行為を準備し、その前提を整え、高権的行為を補足することに仕える契約（Verträge zur Vorbereitung, Erleichterung und Ergänzung von Hoheitsakten）、

⑤高権的行為に代替する契約（Hoheitsaktersetzende Verträge）、

に分類し、それぞれの契約類型ごとに、個々の契約が締結される法領域の特殊性を捨象した一般的（総論的）な法理論を解明すべき

ことを提唱したが、その際彼は、行政上の契約に関する右五つのカタログが、例えば給付行政領域に於ける契約類型を取り込んでおらず、したがって完全性（Vollständigkeit）を備えてはいないこと、また特に③の協働契約については、今後、より細分化する必要性があることを認めている。W・クレプスの見解は、一九九〇年代の初頭、ドイツ行政契約論が未だ連邦行政手続法「公法契約規定（第五四条乃至第六二条）」の枠内で議論され、所謂「行政行為代替型契約論」（本書第一部）の枠組みを抜け出していない時代のものであるが、本書で明らかな通り、その後のドイツ行政法学説・行政契約論の発展・展開動向を見る限り、W・クレプスの学会報告は、行政契約論の体系化を志向するドイツ行政法学に特有の思考枠組みを的確に言い表しているように思われる。

事 項 索 引

さ　行

た　行

な　行

は　行

ま　行

ら　行

わ　行

A～Z

人　名　索　引

《著者紹介》

岸本太樹（きしもと　たいき）

1972年生まれ

2000年　北海道大学大学院法学研究科博士後期課程修了　博士（法学・北海道大学）

北九州大学（北九州市立大学）法学部専任講師・同助教授，名城大学法学部助教授・同准教授，熊本大学法学部准教授を経て，

現　在　北海道大学大学院法学研究科教授

北海道大学大学院法学研究科叢書(21)

行政契約の機能と限界

Funktionen und Grenzen der Verträge zwischen der Verwaltung und Privaten

2018年12月10日　初版第1刷発行

著　者　岸本太樹

発行者　江草貞治

発行所　株式会社　有斐閣

東京都千代田区神田神保町2-17

電　話　(03)3264-1314〔編集〕

(03)3265-6811〔営業〕

郵便番号　101-0051

http://www.yuhikaku.co.jp/

印刷・萩原印刷株式会社　製本・大口製本印刷株式会社

ISBN978-4-641-22759-0